이 책의 목차

[2권] 기출 공략

예제 파일 다운로드

예제 파일 및 부록 실습 자료는 SD에듀 사이트(www.sdedu.co.kr/book/)의 [프로그램]에서 「유선배 GTQ 포토샵」을 검색한 후 첨부파일을 다운로드 받아주세요.

유튜브 선생님에게 배우는

유선배

PART 4
최신
기출유형

※ 본문에서는 일부 레이어 스타일의 값을 아래와 같이 적용하였으니 참고하시기 바랍니다.

Bevel and Emboss(경사와 엠보스)
- Style(스타일) : Inner Bevel(내부 경사)
- Depth(깊이) : 100%
- Size(크기) : 7px

Plus@

Style(스타일) : Pillow Emboss(쿠션 엠보스)의 효과
가 출제될 경우도 있으니 출력형태를 반드시 확인하
고 적용한다.

▲ Inner Bevel   ▲ Pillow Emboss

Inner Shadow(내부 그림자)
- Opacity(불투명도) : 60~70%
- Angle(각도) : 90~120°
- Distance(거리) : 5~7px
- Choke(경계 감소) : 0%
- Size(크기) : 5~7px

Inner Glow(내부 광선)
- Opacity(불투명도) : 60~70%
- Choke(경계 감소) : 0%
- Size(크기) : 10~15px

Outer Glow(외부 광선)
- Opacity(불투명도) : 60~70%
- Spread(스프레드) : 0~10%
- Size(크기) : 10~15px

Drop Shadow(그림자 효과)
- Opacity(불투명도) : 60~70%
- Angle(각도) : 90~120°
- Distance(거리) : 5~7px
- Spread(스프레드) : 0~10%
- Size(크기) : 5~7px

Plus@

Angle(각도) 부분이 기존의 각도와 다를 수 있으니 출
력형태를 반드시 확인하고 적용한다.

▲ 기본 Angle(각도) : 120°

▲ Angle(각도) : 45°,
Use Global Light(전체 조명 사용) 체크 해제

제1회 기출유형문제
[S/W:포토샵]

01

급수	문제유형	시험시간	수험번호	성명
1급	A	90분		

수험자 유의사항

- 수험자는 문제지를 받는 즉시 응시하고자 하는 과목 및 급수가 맞는지 확인한 후 수험번호와 성명을 작성합니다.
- 파일명은 본인의 "수험번호−성명−문제번호"로 공백 없이 정확히 입력하고 답안폴더(내 PC₩문서₩GTQ)에 jpg 파일과 psd 파일의 2가지 포맷으로 저장해야 하며, jpg 파일과 psd 파일의 내용이 상이할 경우 0점 처리됩니다. 답안문서 파일명이 "수험번호−성명−문제번호"와 일치하지 않거나, 답안 파일을 전송하지 않아 미제출로 처리될 경우 불합격 처리됩니다.
- 문제의 세부조건은 '영문(한글)' 형식으로 표기되어 있으니 유의하시기 바랍니다.
- 수험자 정보와 저장한 파일명, 저장 위치가 다를 경우 전송이 되지 않으므로, 주의하시기 바랍니다.
- 답안 작성 중에도 주기적으로 '저장'과 '답안 전송'을 이용하여 감독위원 PC로 답안을 전송하셔야 합니다.
  (※ 작업한 내용을 저장하지 않고 전송할 경우 이전의 저장내용이 전송되오니 이점 반드시 유념하시기 바랍니다.)
- 답안문서는 지정된 경로 외의 다른 보조기억장치에 저장하는 행위, 지정된 시험 시간 외에 작성된 파일을 활용한 행위, 기타 허용되지 않은 프로그램(이메일, 메신저, 게임, 네트워크 등) 이용 시 부정행위로 간주되어 자격기본법 제32조에 의거 본 시험 및 국가공인 자격시험을 2년간 응시할 수 없습니다.
- 시험 중 부주의 또는 고의로 시스템을 파손한 경우와 〈수험자 유의사항〉에 기재된 방법대로 이행하지 않아 생기는 불이익은 수험자의 책임임을 알려 드립니다.
- 시험을 완료한 수험자는 최종적으로 저장한 답안파일이 전송되었는지 확인한 후 감독위원의 지시에 따라 문제지를 제출하고 퇴실합니다.

답안 작성요령

- 온라인 답안 작성 절차
  수험자 등록 ⇒ 시험 시작 ⇒ 답안파일 저장 ⇒ 답안 전송 ⇒ 시험 종료
- 내 PC₩문서₩GTQ₩Image 폴더에 있는 그림 원본파일을 사용하여 답안을 작성하시고 최종답안을 답안폴더(내 PC₩문서 ₩GTQ)에 저장하여 답안을 전송하시고, 이미지의 크기가 다른 경우 감점 처리됩니다.
- 배점은 총 100점으로 이루어지며, 점수는 각 문제별로 차등 배분됩니다.
- 각 문제는 주어진 〈조건〉에 따라 작성하고, 언급하지 않은 조건은 《출력형태》와 같이 작성합니다.
- 배치 등의 편의를 위해 주어진 눈금자의 단위는 '픽셀'입니다.
- 그 외는 출력형태(효과, 이미지, 문자, 색상, 레이아웃, 규격 등)와 같게 작업하십시오.
- 문제 조건에 서체의 지정이 없을 경우 한글은 굴림이나 돋움, 영문은 Arial로 작업하십시오. (단, 그 외에 제시되지 않은 문자 속성을 기본값으로 작성하지 않은 경우는 감점 처리됩니다.)
- Image Mode(이미지 모드)는 별도의 처리조건이 없을 경우에는 RGB(8비트)로 작업하십시오.
- 모든 답안 파일은 해상도 72pixels/inch로 작업하십시오.
- Layer(레이어)는 각 기능별로 분할해야 하며, 임의로 합칠 경우나 각 기능에 대한 속성을 해지할 경우 해당 요소는 0점 처리 됩니다.

문제1 [기능평가] 고급 Tool(도구) 활용

20점

다음의 《조건》에 따라 아래의 《출력형태》와 같이 작업하시오.

조건

원본이미지	문서\GTQ\Image문서\GTQ\1급-1.jpg, 1급-2.jpg, 1급-3.jpg		
파일 저장 규칙	JPG	**파일명**	문서\GTQ\수험번호-성명-1.jpg
		크기	400 × 500 pixels
	PSD	**파일명**	문서\GTQ\수험번호-성명-1.psd
		크기	40 × 50 pixels

1. 그림 효과

① 1급-1.jpg : 필터 – Poster Edges(포스터 가장자리)
② Save Path(패스 저장) : VR 모양
③ Mask(마스크) : VR 모양, 1급-2.jpg를 이용하여 작성
　레이어 스타일 – Stroke(선/획)(4px, 그레이디언트(#ffcc00, #339933)), Inner Shadow(내부 그림자)
④ 1급-3.jpg : 레이어 스타일 – Outer Glow(외부 광선)
⑤ Shape Tool(모양 도구) :
　– 전구 모양 (#336666, 레이어 스타일 – Outer Glow(외부 광선))
　– 검색 모양 (#ffffff, #ffcc33, 레이어 스타일 – Drop Shadow(그림자 효과))

2. 문자 효과

① Metaverse Platform (Times New Roman, Regular, 42pt, 레이어 스타일 – 그레이디언트 오버레이(#99ff33, #ff9900), Stroke(선/획)(2px, #663366))

출력형태

문제2 [기능평가] 사진편집 응용

20점

다음의 《조건》에 따라 아래의 《출력형태》와 같이 작업하시오.

조건

원본이미지			문서₩GTQ₩Image문서₩GTQ₩1급-4.jpg, 1급-5.jpg, 1급-6.jpg
파일 저장 규칙	JPG	파일명	문서₩GTQ₩수험번호-성명-2.jpg
		크기	400 × 500 pixels
	PSD	파일명	문서₩GTQ₩수험번호-성명-2.psd
		크기	40 × 50 pixels

1. 그림 효과
① 1급-4.jpg : 필터 - Dry Brush(드라이 브러시)
② 색상 보정 : 1급-5.jpg - 파란색, 노란색 계열로 보정
③ 1급-5.jpg : 레이어 스타일 - Outer Glow(외부 광선)
④ 1급-6.jpg : 레이어 스타일 - Bevel and Emboss(경사와 엠보스)
⑤ Shape Tool(모양 도구) :
 - 격자 모양 (#99ccff, 레이어 스타일 - Stroke(선/획)(2px, #ffffff), Opacity(불투명도)(70%))
 - 비행기 모양 (#ffffcc, 레이어 스타일 - Inner Shadow(내부 그림자))

2. 문자 효과
① Digital Media Tech (Arial, Regular, 30pt, 48pt, 레이어 스타일 - 그레이디언트 오버레이(#00ccff, #ffff99, #cc66cc), Stroke(선/획)(2px, #000033))

출력형태

문제 3 [실무응용] 포스터 제작

25점

다음의 《조건》에 따라 아래의 《출력형태》와 같이 작업하시오.

조건

원본이미지		문서₩GTQ₩Image문서₩GTQ₩1급-7.jpg, 1급-8.jpg, 1급-9.jpg, 1급-10.jpg, 1급-11.jpg	
파일 저장 규칙	JPG	파일명	문서₩GTQ₩수험번호-성명-3.jpg
		크기	600 × 400 pixels
	PSD	파일명	문서₩GTQ₩수험번호-성명-3.psd
		크기	60 × 40 pixels

1. 그림 효과

① 배경 : #6699cc
② 1급-7.jpg : Blending Mode(혼합모드) – Overlay(오버레이), 레이어 마스크 – 가로 방향으로 흐릿하게
③ 1급-8.jpg : 필터 – Texturizer(텍스처화), 레이어 마스크 – 세로 방향으로 흐릿하게
④ 1급-9.jpg : 필터 – Film Grain(필름 그레인), 레이어 스타일 – Stroke(선/획)(4px, 그레이디언트(#003300, #ffffff))
⑤ 1급-10.jpg : 레이어 스타일 – Inner Glow(내부 광선), Drop Shadow(그림자 효과)
⑥ 1급-11.jpg : 색상 보정 – 녹색 계열로 보정, 레이어 스타일 – Drop Shadow(그림자 효과)
⑦ 그 외 《출력형태》 참조

2. 문자 효과

① 알파세대 메타버스 시대의 주역 (굴림, 42pt, 33pt, 레이어 스타일 – 그레이디언트 오버레이(#ff9900, #006666, #cc33ff), Stroke(선/획)(2px, #ffffff), Drop Shadow(그림자 효과))
② Metaverse Alpha Generation (Arial, Regular, 18pt, #003366, 레이어 스타일 – Stroke(선/획)(2px, #cccccc))
③ 또 다른 일상의 기록 '라이프로깅' (돋움, 16pt, #3300ff, 레이어 스타일 – Stroke(선/획)(2px, 그레이디언트(#66ffff, #ff6633)))
④ AR / VR / XR (Times New Roman, Regular, 20pt, #ffffff, #ff9900, 레이어 스타일 – Stroke(선/획)(2px, #330066))

출력형태

Shape Tool(모양 도구) 사용
레이어 스타일 –그레이디언트
오버레이(#99ff33, #ff6600),
Drop Shadow(그림자 효과)

Shape Tool(모양 도구) 사용
#0099ff, 레이어 스타일 –
Outer Glow(외부 광선)

Shape Tool(모양 도구) 사용
#ffff00, #ffffff, 레이어 스타일 –
Drop Shadow(그림자 효과),
Opacity(불투명도)(60%)

문제 4 [실무응용] 웹 페이지 제작

35점

다음의 《조건》에 따라 아래의 《출력형태》와 같이 작업하시오.

조건

원본이미지	문서₩GTQ₩lmage문서₩GTQ₩1급-12.jpg, 1급-13.jpg, 1급-14.jpg, 1급-15.jpg, 1급-16.jpg, 1급-17.jpg		
파일 저장 규칙	JPG	파일명	문서₩GTQ₩수험번호-성명-4.jpg
		크기	600 × 400 pixels
	PSD	파일명	문서₩GTQ₩수험번호-성명-4.psd
		크기	60 × 40 pixels

1. 그림 효과

① 배경 : #99cccc

② 패턴(전구, 장식 모양) : #ffffff, #336699

③ 1급-12.jpg : Blending Mode(혼합모드) - Hard Light(하드 라이트), 레이어 마스크 - 대각선 방향으로 흐릿하게

④ 1급-13.jpg : 필터 - Paint Daubs(페인트 덥스/페인트 바르기), 레이어 마스크 - 세로 방향으로 흐릿하게

⑤ 1급-14.jpg : 레이어 스타일 - Inner Shadow(내부 그림자), Outer Glow(외부 광선)

⑥ 1급-15.jpg : 필터 - Poster Edges(포스터 가장자리), 레이어 스타일 - Inner Glow(내부 광선)

⑦ 1급-16.jpg : 색상 보정 - 녹색 계열로 보정, 레이어 스타일 - Bevel and Emboss(경사와 엠보스)

⑧ 그 외 《출력형태》 참조

2. 문자 효과

① 또 하나의 세상, 메타버스 세계 (굴림, 20pt, 레이어 스타일 - 그레이디언트 오버레이(#3300ff, #ff6600), Stroke(선/획)(2px, #ffff99))

② https://science.seoul.go.kr (Times New Roman, Bold, 16pt, #330066, 레이어 스타일 - Stroke(선/획)(2px, #ccffff))

③ 메타버스 게더타운 스페이스 (궁서, 15pt, 27pt, #993300, #003333, 레이어 스타일 - Stroke(선/획)(2px, #ffffcc))

④ 관람안내 고객소통 체험행사 (돋움, 18pt, #000000, 레이어 스타일 - Stroke(선/획)(2px, #ffffff, #ff9900))

출력형태

Shape Tool(모양 도구) 사용
#33ff99, 레이어 스타일 -
Bevel and Emboss(경사와 엠보스)

Shape Tool(모양 도구) 사용
#cc6699, Opacity(불투명도)(70%),
레이어 스타일 - Drop Shadow(그림자 효과)

Pen Tool(펜 도구) 사용
#99cccc, #ffcccc,
레이어 스타일 -
Drop Shadow(그림자 효과)

Shape Tool(모양 도구) 사용
레이어 스타일 - 그레이디언트
오버레이(#996699, #ff9900,
#ffffff), Stroke(선/획)
(2px, #663366, #cc6600)

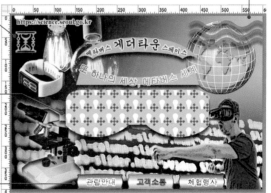

사용 이미지 미리보기

1급-1.jpg

1급-2.jpg

1급-3.jpg

사용자 정의 모양 미리보기

사용 기능

필터	[Filter(필터)]-[Filter Gallery(필터 갤러리)]-[Artistic(예술효과)]-[Poster Edges(포스터 가장자리)]
클리핑 마스크	Create Clipping Mask(클리핑 마스크 만들기, Alt + Ctrl + G)
이미지 추출	Quick Selection Tool(빠른 선택,)
이미지 사이즈	[Image(이미지)]-[Image Size(이미지 크기)](Alt + Ctrl + I)

01 새 캔버스 생성 및 필터

1 [File(파일)]−[New(새로 만들기)](Ctrl + N)를 선택한 후 아래의 조건으로 설정하고 [Create(만들기)]를 누른다.

· PRESET DETAILS(사전 설정 세부정보)
  : 수험번호−성명−1
· 단위 : Pixels
· Width(폭) : 400
· Height(높이) : 500
· Resolution(해상도) : 72Pixels/Inch
· Color Mode(색상모드) : RGB
· Backgound Contents(배경색) : White

2 [Edit(편집)]−[Preferences(속성)]−[Guides, Grid & Slices(안내선, 격자 및 분할 영역)](Ctrl + K)를 선택한 후 'Grid(격자)'의 Gridline Every(격자 간격) : 100Pixels, Subdivisions(세분) : 1로 설정하고 OK 를 누른다.

3 [View(보기)]−[Show(표시)]−[Grid(격자)](Ctrl + ')와 [View(보기)]−[Rulers(눈금자)](Ctrl + R)를 나타낸다.

4 [File(파일)]−[Save as(다른 이름으로 저장)](Shift + Ctrl + S)를 클릭한 후 '내 PC₩문서₩GTQ' 폴더에 '수험번호−성명−1.psd'로 입력하고 [저장]을 누른다.

5 [File(파일)]−[Open(열기)](Ctrl + O)을 선택한 후 '1급−1.jpg'를 불러온다.

6 Ctrl + A 로 전체 선택한 후 Ctrl + C 로 복사하고 작업파일을 선택한 후 Ctrl + V 로 붙여넣기 한다.

7 Ctrl + T 로 크기/위치를 조절하고 Enter 를 누른다.

8 [Filter(필터)]−[Filter Gallery(필터 갤러리)]−[Artistic(예술효과)]−[Poster Edges(포스터 가장자리)] 필터를 적용한 후 OK 를 누른다.

02 패스 제작 및 패스 저장

1 Pen Tool(펜, ✐)을 선택한 후 옵션 바에서 Pick Tool Mode(선택 도구 모드) : Path(패스, Path), Path operations(패스 작업) : Exclude Overlapping Shapes(모양 오버랩 제외, ⬚)로 지정한다.

2 Layer 1(배경 이미지)의 눈 아이콘(👁)을 클릭해 숨기게 한 다음 패스를 그리기 위해 [Path(패스)] 패널을 누른다. (선택사항)

❸ 다음과 같이 펜 툴로 그린다.

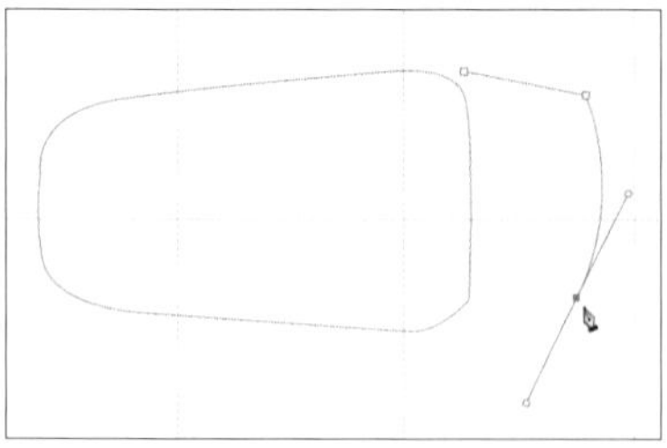

❹ 곡선을 그리다 직선으로 변경하고 싶은 경우 기준 점에서 Alt +클릭 후 방향선을 끊은 후 그린다.

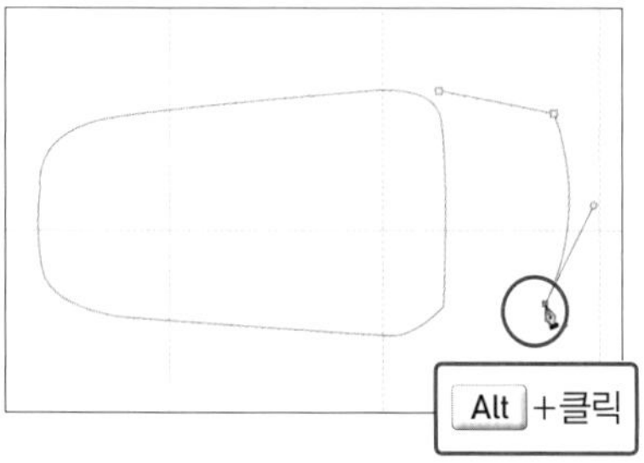

❺ 두 번째 파트를 복사한 후 작게 줄이기 위해 Path Selection Tool(패스 선택,)을 선택한다. 그림과 같이 Alt +드래그해 복사하고 Ctrl + T 로 크기/위치를 조절한 후 Enter 를 누른다.

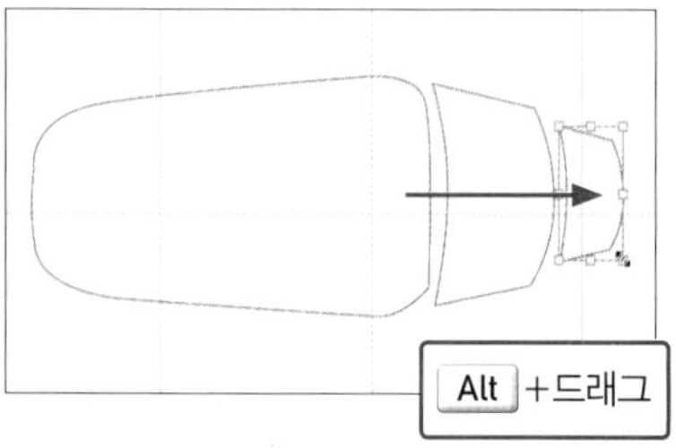

❻ Pen Tool(펜,)을 선택한 후 VR 모양을 완성한다.

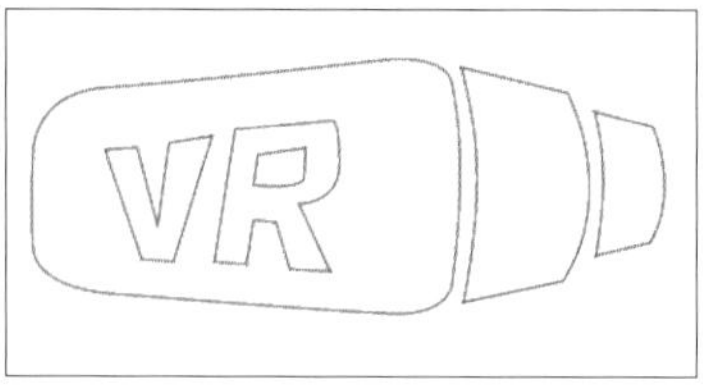

❼ 패스를 저장하기 위해 [Path(패스)] 패널의 Work Path(작업 패스) 이름 부분을 더블클릭한 후 Save Path(패스 저장) 대화상자가 나오면 VR 모양을 입력하고 OK 를 누른다.

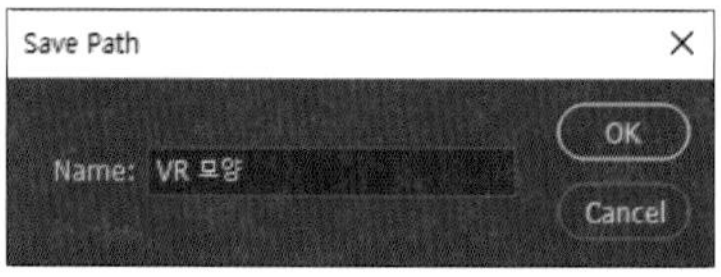

❽ 패스를 선택영역으로 지정하기 위해 Ctrl +Path Thumbnail(패스 축소판)을 클릭한 후 선택영역이 생기면 [Layers(레이어)] 패널을 선택하고 하단의 Create a new layer(새 레이어, , Shift + Ctrl + N)를 클릭해 추가한다.

❾ 임의의 색을 채우기 위해 Alt + Delete 를 눌러 전경색()을 채운다.

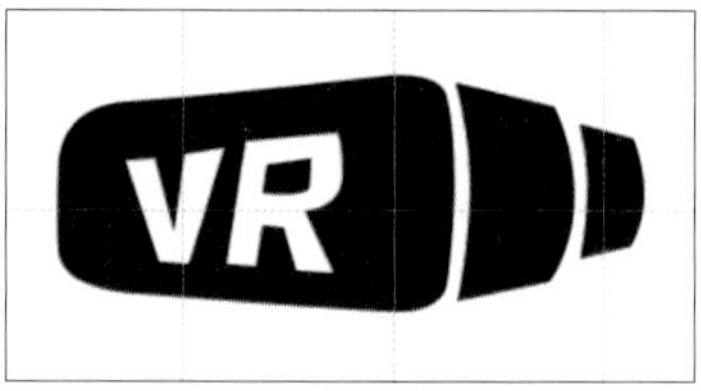

❿ 배경 이미지의 눈 아이콘()을 클릭해 보이게 한다.

⑪ 레이어 스타일을 적용하기 위해 [Layers(레이어)] 패널 하단의 fx를 눌러 Stroke(획)을 선택한 후 아래와 같이 값을 변경한다.
- Size(크기) : 4px
- Position(위치) : Outside(바깥쪽)
- Fill Type(칠 유형) : Gradient(그레이디언트)
- Style(스타일) : Linear(선형)
- Angle(각도) : 90°

Plus@

[Layers(레이어)] 패널에서 해당 레이어의 회색 영역을 더블클릭해도 적용할 수 있다.

⑫ Gradient(그레이디언트) 편집 창()을 클릭하고 Color Stop(색상 정지점)을 더블클릭한 후 좌측 : #ffcc00, 우측 : #339933으로 값을 변경하고 OK를 누른다.

⑬ 레이어 스타일을 추가하기 위해 Inner Shadow(내부 그림자)를 선택해 적용하고 OK를 누른다.

Plus@

만약 레이어를 이동할 때 그림과 같이 패스의 흔적이 남아있다면 [Path(패스)] 패널을 선택해 아래의 여백을 클릭하면 사라진다.

03 ▶ **클리핑 마스크 및 레이어 스타일 적용**

① [File(파일)]−[Open(열기)](Ctrl+O)을 선택한 후 '1급−2.jpg'를 불러온다.

② Ctrl+A로 전체 선택한 후 Ctrl+C로 복사하고 작업파일을 선택한 후 Ctrl+V로 붙여넣기 한다.

③ Ctrl+T로 크기/위치를 조절하고 Enter를 누른다.

④ 클리핑 마스크를 적용하기 위해 [Layers(레이어)] 패널의 Layer 3(물감)에서 마우스 오른쪽 클릭 후 Create Clipping Mask(클리핑 마스크 만들기, Alt+Ctrl+G)를 선택한다.

Layer 2와 Layer 3의 위치를 조절하고 싶다면 [Shift]와 함께 선택한 후 [Ctrl] + [T]로 크기/위치를 조절하고 [Enter]를 누른다.

5 [File(파일)]−[Open(열기)]([Ctrl] + [O])을 선택한 후 '1급−3.jpg'를 불러온다.

6 Quick Selection Tool(빠른 선택, 🖌)로 선택영역을 지정한다.

7 [Ctrl] + [C]로 복사하고 작업파일을 선택한 후 [Ctrl] + [V]로 붙여넣기 한다.

8 [Ctrl] + [T]로 크기/위치를 조절하고 [Enter]를 누른다.

9 레이어 스타일을 적용하기 위해 [Layers(레이어)] 패널 하단의 *fx*를 눌러 Outer Glow(외부 광선)를 선택해 적용하고 (OK)를 누른다.

04 ▶ 모양 지정 및 레이어 스타일

1 Custom Shape Tool(사용자 정의 모양, 🌠)을 선택한 후 옵션 바에서 Pick Tool Mode(선택 도구 모드) : Shape(모양), Stroke(획) : 색상 없음(▱)으로 설정하고 모양 선택(Shape: →)을 눌러 아래의 모양을 찾아 그린다.
  • 기본 경로 : Legacy Shapes and More(레거시 모양 및 기타) − All Legacy Default Shapes(모든 레거시 기본 모양)
  • Object(물건) − 전구 2(💡)

2 색을 적용하기 위해 [Layers(레이어)] 패널의 Layer Thumbnail(레이어 축소판, 🖼)을 더블클릭한 후 #336666를 입력하고 (OK)를 누른다.

3 레이어 스타일을 적용하기 위해 [Layers(레이어)] 패널 하단의 *fx*를 눌러 Outer Glow(외부 광선)를 선택해 적용하고 (OK)를 누른다.

4 다른 모양을 추가하기 위해 다음의 모양을 찾아 그린다.
Web(웹) − 웹 검색(🔍)

5 색을 적용하기 위해 [Layers(레이어)] 패널의 Layer Thumbnail(레이어 축소판, 🖼)을 더블클릭한 후 #ffcc33를 입력하고 (OK)를 누른다.

6 레이어 스타일을 적용하기 위해 [Layers(레이어)] 패널 하단의 *fx*를 눌러 Drop Shadow(그림자 효과)를 선택해 적용하고 (OK)를 누른다.

7 [Ctrl] + [J]를 눌러 복제한다.

Move Tool(이동)을 선택한 후 Shape(모양)를 [Alt]와 함께 드래그하여 이동복사할 수 있다.

⑧ Ctrl + T 로 좌우대칭하기 위해 조절점 안쪽에서 마우스 오른쪽 클릭 후 Flip Horizontal(가로로 뒤집기)을 선택한 후 크기/위치를 조절하고 Enter 를 누른다.

⑨ 색을 적용하기 위해 [Layers(레이어)] 패널의 Layer Thumbnail(레이어 축소판, )을 더블클릭한 후 #ffffff를 입력하고 OK 를 누른다.

05 ▶ 문자 효과

① Type Tool(수평 문자, T)을 선택한 후 빈 캔버스를 클릭한다. Metaverse Platform을 입력한 후 Ctrl + Enter 하여 완료한다.

② 옵션 바나 [Character(문자)] 패널에서 Times New Roman, Regular, 42pt로 설정한다.

③ 레이어 스타일을 적용하기 위해 Gradient Overlay(그레이디언트 오버레이)를 선택해 값을 변경한다.
- Opacity(불투명도) : 100%
- Style : Linear(선형)
- Angle(각도) : 0°
- Scale(비율) : 100%
- Reverse(반전)에 체크

④ Gradient(그레이디언트) 편집 창(▬▬▬▬)을 클릭한 후 Color Stop(색상 정지점)을 더블클릭하여 좌측 : #99ff33, 우측 : #ff9900으로 값을 변경하고 OK 를 누른다.

⑤ 레이어 스타일을 적용하기 위해 [Layers(레이어)] 패널 하단의 fx.를 눌러 Stroke(획)을 선택한 후 아래와 같이 값을 변경한다.
- Size(크기) : 2px
- Position(위치) : Outside(바깥쪽)
- Fill Type(칠 유형) : Color(색상)
- 색상값 : #663366

⑥ 텍스트를 뒤틀기 위해 Type Tool(수평 문자, [T])을 선택한 후 옵션 바의 Create warped text(뒤틀어진 텍스트 만들기, [𝑇])를 클릭하여 아래와 같이 값을 변경하고 (OK)를 누른다.

- Style(스타일) : Rise(상승)
- Bend(구부리기) : −50%

06 ▶ PSD, JPG 형식으로 저장하기

① [File(파일)]−[Save(저장)](Ctrl + S)를 선택한 후 기존 파일에 덮어쓰기 한다.

② JPG 파일형식으로 저장하기 위해 [File(파일)]−[Save as(다른 이름으로 저장)](Shift + Ctrl + S)를 선택한 후 파일 형식을 클릭해 JPEG로 선택한다. '내 PC₩문서₩GTQ' 폴더에 '수험번호−성명−1'로 입력한 후 [저장]을 누른다.

③ PSD 파일의 사이즈를 1/10로 줄이기 위해 [Image(이미지)]−[Image Size(이미지 크기)](Alt + Ctrl + I)를 선택한 후 단위 : Pixel, Width(폭) : 40px, Height(높이) : 50px, Resolution(해상도) : 72Pixels/Inch로 설정 후 (OK)를 누른다.

④ [File(파일)]−[Save(저장)](Ctrl + S)를 선택한 후 작은 사이즈로 최종 저장한다.

⑤ 완성된 파일을 확인하기 위해 파일 탐색기를 열어 '내 PC₩문서₩GTQ' 폴더에서 확인한다.

⑥ 시험장의 작업표시줄에 나타나는 'Koas 수험자용'을 클릭해 우측의 답안 전송 을 클릭한 후 해당하는 번호에 체크한다. 하단의 답안 전송 을 클릭한 후 닫기 를 누르면 최종 전송된 답안으로 채점이 이루어진다.

문제 2 **[기능평가] 사진편집 응용** `20점`

1급-4.jpg

1급-5.jpg

1급-6.jpg

사용자 정의 모양 미리보기

사용 기능

필터	[Filter(필터)]–[Filter Gallery(필터 갤러리)]–[Artistic(예술효과)]–[Dry Brush(드라이 브러시)]
색상 조정	[Image(이미지)]–[Adjustment(조정)]–[Hue/Saturation(색조/채도)](Ctrl + U))
이미지 추출	• Quick Selection Tool(빠른 선택, 🖌) • Magic Wand Tool(자동 선택, 🖌)
이미지 사이즈	[Image(이미지)]–[Image Size(이미지 크기)](Alt + Ctrl + I))

1 [File(파일)]−[New(새로 만들기)](Ctrl + N)를 선택한 후 아래와 같이 설정하고 [Create(만들기)]를 누른다.

· PRESET DETAILS(사전 설정 세부정보)
  : 수험번호−성명−2
· 단위 : Pixels
· Width(폭) : 400
· Height(높이) : 500
· Resolution(해상도) : 72Pixels/Inch
· Color Mode(색상모드) : RGB
· Backgound Contents(배경색) : White

2 [Edit(편집)]−[Preferences(속성)]−[Guides, Grid & Slices(안내선, 격자 및 분할 영역)](Ctrl + K)를 선택한 후 'Grid(격자)'의 Gridline Every(격자 간격) : 100Pixels, Subdivisions(세분) : 1로 설정한 다음 OK 를 누른다.

3 [View(보기)]−[Show(표시)]−[Grid(격자)](Ctrl + ')와 [View(보기)]−[Rulers(눈금자)](Ctrl + R)를 나타낸다.

4 [File(파일)]−[Save as(다른 이름으로 저장)](Shift + Ctrl + S)를 클릭한 후 '내 PC\문서\GTQ' 폴더에 '수험번호−성명−2.psd'로 입력한 후 [저장]을 누른다.

5 [File(파일)]−[Open(열기)](Ctrl + O)을 선택한 후 '1급−4.jpg'를 불러온다.

6 Ctrl + A 로 전체 선택한 후 Ctrl + C 로 복사하고 작업파일을 선택한 후 Ctrl + V 로 붙여넣기 한다.

7 Ctrl + T 로 크기/위치를 조절하고 Enter 를 누른다.

8 [Filter(필터)]−[Filter Gallery(필터 갤러리)]−[Artistic(예술효과)]−[Dry Brush(드라이 브러시)] 필터를 적용한 후 OK 를 누른다.

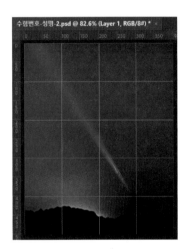

1 [File(파일)]−[Open(열기)](Ctrl + O)을 선택한 후 '1급−5.jpg'를 불러온다.

2 Quick Selection Tool(빠른 선택, ✏)로 배경을 선택영역으로 지정한 후 반전하기 위해 [Select(선택)]−[Inverse(반전)](Shift + Ctrl + I)를 누른다.

Plus@

수정할 부분은 Lasso Tool(올가미, ⬭)이나 Polygonal Lasso Tool(다각형 올가미, ⬙) 등을 이용해 Shift 와 함께 영역을 추가할 수 있고 Alt 와 함께 영역을 제외할 수 있다.

그리드로 인해 선택에 지장이 있다면 Alt + ' 하여 숨기거나 [View(보기)]−[Snap To(스냅 옵션)]−[Grid(그리드)]의 선택을 해제하면 그리드의 영향을 받지 않는다.

③ Ctrl + C 로 복사하고 작업파일을 선택한 후 Ctrl + V 로 붙여넣기 한다.

④ Ctrl + T 로 크기/위치를 조절하고 Enter 를 누른다.

⑤ 왼쪽 신호등 부분만 파란색 계열로 보정하기 위해 Quick Selection Tool(빠른 선택,)로 지정한 후 [Image(이미지)]−[Adjustment(조정)]−[Hue/Saturation(색조/채도)](Ctrl + U)를 선택한다.

⑥ Colorize(색상화)에 체크한 후 Hue(색조) : 220, Saturation(채도) : 50으로 값을 변경하고 OK 를 누른다.

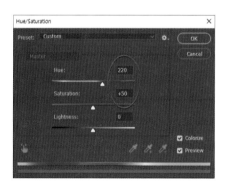

⑦ 선택영역을 해제하기 위해 [Select(선택)]−[Deselect(해제)](Ctrl + D)를 누른다.

⑧ METAVERSE 부분만 노란색 계열로 보정하기 위해 Quick Selection Tool(빠른 선택,)로 지정한 후 [Image(이미지)]−[Adjustment(조정)]−[Hue/Saturation(색조/채도)](Ctrl + U)를 선택한다.

⑨ Colorize(색상화)에 체크한 후 Hue(색조) : 60, Saturation(채도) : 70으로 값을 변경하고 OK 를 누른다.

⑩ 선택영역을 해제하기 위해 [Select(선택)]−[Deselect(해제)](Ctrl + D)를 누른다.

⑪ 레이어 스타일을 적용하기 위해 [Layers(레이어)] 패널 하단의 fx 를 눌러 Outer Glow(외부광선)를 선택해 적용하고 OK 를 누른다.

1 [File(파일)]—[Open(열기)](Ctrl + O)을 선택한 후 '1급-6.jpg'를 불러온다.

2 Magic Wand Tool(자동 선택, 🪄)을 선택한 후 옵션 바의 Tolerance(허용치)를 32로 변경하고 배경을 클릭한다.

Plus α

옵션 바의 contiguous(인접)에 체크가 해제되어 있다면 모든 이미지에 걸쳐 추출되니 확인해야 한다.

3 선택영역을 반전하기 위해 [Select(선택)]—[Inverse(반전)](Shift + Ctrl + I)를 누른다.

4 Ctrl + C 로 복사하고 작업파일을 선택한 후 Ctrl + V 로 붙여넣기 한다.

5 Ctrl + T 로 좌우대칭하기 위해 조절점 안쪽에서 마우스 오른쪽 클릭 후 Flip Horizontal(가로로 뒤집기)을 선택한다. 크기/위치를 조절하고 Enter 를 누른다.

6 레이어 스타일을 적용하기 위해 [Layers(레이어)] 패널 하단의 *fx* 를 눌러 Bevel and Emboss(경사와 엠보스)를 선택해 적용한 후 (OK)를 누른다.

1 Custom Shape Tool(사용자 정의 모양, 🎏)을 선택한 후 옵션 바에서 Pick Tool Mode(선택 도구 모드) : Shape(모양), Stroke(획) : 색상 없음(⬜)으로 설정한다. 모양 선택(Shape: → ∨)을 눌러 다음의 모양을 찾아 그린다.
Tiles(타일) — 격자(▦)

2 Ctrl + T 로 원근감을 주기 위해 조절점 안쪽에서 마우스 오른쪽 클릭 후 Perspective(원근)을 선택한다. 그림과 같이 안쪽으로 드래그한 후 Enter 를 누른다.

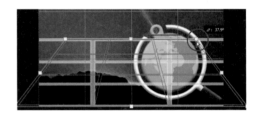

3 색을 적용하기 위해 [Layers(레이어)] 패널의 Layer Thumbnail(레이어 축소판, 🖼)을 더블클릭한 후 #99ccff를 입력하고 (OK)를 누른다.

4 레이어 스타일을 적용하기 위해 [Layers(레이어)] 패널 하단의 *fx* 를 눌러 Stroke(획)을 선택한 후 아래와 같이 값을 변경하고 (OK)를 누른다.
- Size(크기) : 2px
- Position(위치) : Outside(바깥쪽)
- Fill Type(칠 유형) : Color(색상)
- 색상값 : #ffffff

5 불투명도를 조정하기 위해 [Layers(레이어)] 패널의 Opacity(불투명도)를 70%로 설정한다.

6 지구본 레이어를 선택한 후 맨 위로 배치하기 위해 Ctrl + Shift +] 를 누른다.

7 다른 모양을 추가하기 위해 다음의 모양을 찾아 그린다.

Symbols(기호) − 비행기(✈)

8 색을 적용하기 위해 [Layers(레이어)] 패널의 Layer Thumbnail(레이어 축소판, 🖼)을 더블클릭한 후 #ffffcc를 입력하고 (OK)를 누른다.

9 레이어 스타일을 적용하기 위해 [Layers(레이어)] 패널 하단의 *fx.*를 눌러 Inner Shadow(내부 그림자)를 선택해 적용하고 (OK)를 누른다.

10 Ctrl + J 를 눌러 복제한다.

> **Plus@**
>
> Move Tool(이동)을 선택한 후 Shape(모양)를 Alt 와 함께 드래그하여 이동복사할 수 있다.

11 Ctrl + T 로 좌우대칭하기 위해 조절점 안쪽에서 마우스 오른쪽 클릭 후 Flip Horizontal(가로로 뒤집기)을 선택한다. 크기/위치를 조절하고 Enter 를 누른다.

12 신호등 레이어를 선택한 후 맨 위로 배치하기 위해 Ctrl + Shift +] 를 누른다.

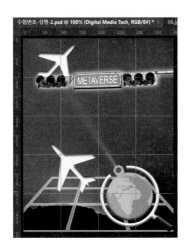

1 Type Tool(수평 문자, **T**)을 선택한 후 빈 공간을 클릭한다. Digital Media Tech을 입력한 후 Ctrl + Enter 하여 완료한다.

2 옵션 바나 [Character(문자)] 패널에서 Arial, Regular, 30pt로 설정한다.

3 D, M, T만 선택한 후 48pt로 변경한다.

4 레이어 스타일을 적용하기 위해 [Layers(레이어)] 패널 하단의 *fx.*를 눌러 Gradient Overlay(그레이디언트 오버레이)를 선택한 후 아래와 같이 값을 변경한다.
- Opacity(불투명도) : 100%
- Style : Linear(선형)
- Angle(각도) : 90°
- Scale(비율) : 100%

5 Gradient 편집 창(▬▬▬)을 클릭한 후 Color Stop(색상 정지점)을 더블클릭하여 좌측 : #00ccff, 중간 : #ffff99, 우측 : #cc66cc으로 값을 변경하고 (OK)를 누른다.

6 레이어 스타일을 추가하기 위해 Stroke(획)를 선택한 후 아래와 같이 값을 변경하고 (OK)를 누른다.
- Size(크기) : 2px
- Position(위치) : Outside(바깥쪽)
- Fill Type(칠 유형) : Color(색상)
- 색상값 : #000033

7 텍스트를 뒤틀기 위해 Type Tool(수평 문자, T)을 선택한 후 옵션 바의 Create warped text(뒤틀어진 텍스트 만들기, ⊥)를 클릭한다. Style(스타일) : Arc(부채꼴), Bend(구부리기) : +50%로 값을 변경한 후 (OK)를 누른다.

06 ▶ PSD, JPG 형식으로 저장하기

1 [File(파일)]−[Save(저장)](Ctrl + S)를 선택한 후 기존 파일에 덮어쓰기 한다.

2 JPG 파일형식으로 저장하기 위해 [File(파일)]−[Save as(다른 이름으로 저장)](Shift + Ctrl + S)를 선택한 후 파일 형식을 클릭해 JPEG로 선택한다. '내 PC₩문서₩GTQ' 폴더에 '수험번호−성명−2'로 입력한 후 [저장]을 누른다.

3 PSD 파일의 사이즈를 1/10로 줄이기 위해 [Image(이미지)]−[Image Size(이미지 크기)](Alt + Ctrl + I)를 선택한 후 단위 : Pixel, Width(폭) : 40px, Height(높이) : 50px, Resolution(해상도) : 72Pixels/Inch로 설정하고 (OK)를 누른다.

4 [File(파일)]−[Save(저장)](Ctrl + S)를 선택한 후 작은 사이즈로 최종 저장한다.

5 완성된 파일을 확인하기 위해 파일 탐색기를 열어 '내 PC₩문서₩GTQ' 폴더에서 확인한다.

6 시험장의 작업표시줄에 나타나는 'Koas 수험자용'을 클릭해 우측의 답안 전송 을 클릭한 후 해당하는 번호에 체크한다. 하단의 답안 전송 을 클릭한 후 닫기 를 누르면 최종 전송된 답안으로 채점이 이루어진다.

사용 이미지 미리보기

1급-7.jpg   1급-8.jpg

1급-9.jpg   1급-10.jpg   1급-11.jpg

사용자 정의 모양 미리보기

사용 기능

혼합모드	Overlay(오버레이)
색상 조정	[Image(이미지)]-[Adjustment(조정)]-[Hue/Saturation(색조/채도)](Ctrl + U)
필터	• [Filter(필터)]-[Filter Gallery(필터 갤러리)]-[Texture(텍스처)]-[Texturizer(텍스처화)] • [Filter(필터)]-[Filter Gallery(필터 갤러리)]-[Artistic(예술 효과)]-[Film Grain(필름 그레인)]
이미지 추출	• Quick Selection Tool(빠른 선택, 🖌) • Magnetic Lasso Tool(자석 올가미, 🧲)
레이어 마스크	Add layer mask(레이어 마스크 추가, ▣)
클리핑 마스크	Create Clipping Mask(클리핑 마스크 만들기, Alt + Ctrl + G)
이미지 사이즈	[Image(이미지)]-[Image Size(이미지 크기)](Alt + Ctrl + I)

01 ▶ 새 캔버스 생성 및 배경에 색 채우기

1 [File(파일)]−[New(새로 만들기)](⌃Ctrl + N)를 선택한 후 아래와 같이 설정하고 [Create(만들기)]를 누른다.
- PRESET DETAILS(사전 설정 세부정보)
  : 수험번호−성명−3
- 단위 : Pixels
- Width(폭) : 600
- Height(높이) : 400
- Resolution(해상도) : 72Pixels/Inch
- Color Mode(색상모드) : RGB
- Backgound Contents(배경색) : White

2 [Edit(편집)]−[Preferences(속성)]−[Guides, Grid & Slices(안내선, 격자 및 분할 영역)](⌃Ctrl + K)를 선택한 후 Grid(격자)의 Gridline Every(격자 간격) : 100Pixels, Subdivisions(세분) : 1로 설정하고 OK를 누른다.

3 [View(보기)]−[Show(표시)]−[Grid(격자)](⌃Ctrl + ')와 [View(보기)]−[Rulers(눈금자)](⌃Ctrl + R)를 나타낸다.

4 [File(파일)]−[Save as(다른 이름으로 저장)](Shift + Ctrl + S)를 클릭한 후 '내 PC₩문서₩GTQ' 폴더에 '수험번호−성명−3.psd'로 입력하고 [저장]을 누른다.

5 배경에 색을 채우기 위해 도구상자의 Set foreground color(전경색, ■)을 클릭한 후 #6699cc를 입력하고 OK를 누른다. 전경색을 채우기 위해 Alt + Delete를 누른다.

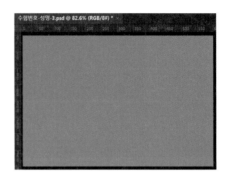

02 ▶ 혼합모드 및 레이어 마스크

1 [File(파일)]−[Open(열기)](⌃Ctrl + O)을 선택한 후 '1급−7.jpg'를 불러온다.

2 Ctrl + A로 전체 선택한 후 Ctrl + C로 복사하고 작업파일을 선택한 후 Ctrl + V로 붙여넣기 한다.

3 Ctrl + T로 크기/위치를 조절하고 Enter를 누른다.

4 혼합모드를 적용하기 위해 [Layers(레이어)] 패널의 Blending Mode(혼합모드, Normal ⌄)를 'Overlay(오버레이)'로 선택한다.

5 레이어 마스크를 적용하기 위해 [Layers(레이어)] 패널 하단의 Add layer mask(레이어 마스크 추가, ◉)를 클릭한다.

⑥ 도구상자에서 Gradient Tool(그레이디언트, ▨)을 선택한 후 옵션 바에서 Gradient Presets(그레이디언트 사전설정)을 클릭해 Basics(기본 사항)-'Black & White(검정, 흰색)'을 선택한다.

⑦ 그림과 같이 가로 방향으로 드래그한다.

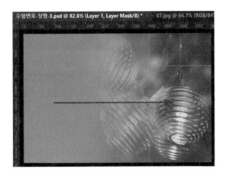

⑧ [File(파일)]-[Open(열기)](Ctrl + O)을 선택한 후 '1급-8.jpg'를 불러온다.

⑨ Ctrl + A 로 전체 선택한 후 Ctrl + C 로 복사하고 작업파일을 선택한 후 Ctrl + V 로 붙여넣기 한다.

⑩ Ctrl + T 로 크기/위치를 조절하고 Enter 를 누른다.

⑪ [Filter(필터)]-[Filter Gallery(필터 갤러리)]-[Texture(텍스처)]-[Texturizer(텍스처화)] 필터를 적용하고 OK 를 누른다.

⑫ 레이어 마스크를 적용하기 위해 [Layers(레이어)] 패널 하단의 Add layer mask(레이어 마스크 추가, ▣)를 클릭한다.

⑬ ⑤~⑥을 참고해 레이어 마스크를 적용하여 세로 방향으로 드래그한다.

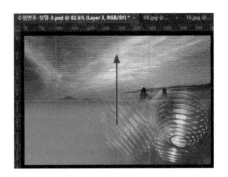

03 ▶ 클리핑 마스크 및 필터

① Custom Shape Tool(사용자 정의 모양, ✿)을 선택한 후 옵션 바에서 Pick Tool Mode(선택 도구 모드) : Shape(모양, Shape ▾), Stroke(획) : 색상 없음(▨)으로 설정한다. 모양 선택(Shape: ➡▾)을 눌러 다음의 모양을 찾아 그린다.
Nature(자연) - 구름 1(✿)

2 레이어 스타일을 적용하기 위해 [Layers(레이어)] 패널 하단의 *fx*를 눌러 Stroke(획)을 선택한 후 아래와 같이 값을 변경하고 OK 를 누른다.

- Size(크기) : 4px
- Position(위치) : Outside(바깥쪽)
- Fill Type(칠 유형) : Gradient(그레이디언트)
- Style(스타일) : Linear(선형)
- Angle(각도) : 90°

3 Gradient(그레이디언트) 편집 창( )을 클릭한 후 Color Stop(색상 정지점)을 더블클릭하여 좌측 : #003300, 우측 : #ffffff로 값을 변경하고 OK 를 누른다.

4 [File(파일)]−[Open(열기)](Ctrl + O)을 선택한 후 '1급−9.jpg'를 불러온다.

5 Ctrl + A 로 전체 선택한 후 Ctrl + C 로 복사하고 작업파일을 선택한 후 Ctrl + V 로 붙여넣기 한다.

6 Ctrl + T 로 좌우대칭하기 위해 조절점 안쪽에서 마우스 오른쪽 클릭 후 Flip Horizontal(가로로 뒤집기)을 선택한다. 크기/위치를 조절하고 Enter 를 누른다.

7 [Filter(필터)]−[Filter Gallery(필터 갤러리)]−[Artistic(예술 효과)]−[Film Grain(필름 그레인)] 필터를 적용한 후 OK 를 누른다.

8 클리핑 마스크를 적용하기 위해 [Layers(레이어)] 패널의 Layer 3(여성)에서 마우스 오른쪽 클릭 후 Create Clipping Mask(클리핑 마스크 만들기, Alt + Ctrl + G)를 선택한다.

9 [File(파일)]−[Open(열기)](Ctrl + O)을 선택한 후 '1급−10.jpg'를 불러온다.

10 Magic Wand Tool(자동 선택,)을 선택한 후 옵션 바의 Tolerance(허용치)를 40으로 변경하고 배경을 클릭한다.

11 선택영역을 반전하기 위해 [Select(선택)]−[Inverse(반전)](Shift + Ctrl + I)를 누른다.

⑫ Ctrl + C 로 복사하고 작업파일을 선택한 후 Ctrl + V 로 붙여넣기 한다.

⑬ Ctrl + T 로 좌우대칭하기 위해 조절점 안쪽에서 마우스 오른쪽 클릭 후 Flip Horizontal(가로로 뒤집기)을 선택한다. 크기/위치를 조절하고 Enter 를 누른다.

⑭ 레이어 스타일을 적용하기 위해 [Layers(레이어)] 패널 하단의 fx.를 눌러 Inner Glow(내부 광선)를 선택한 후 적용한다.

⑮ 레이어 스타일을 추가하기 위해 Drop Shadow(그림자 효과)를 선택해 적용하고 (OK)를 누른다.

04 **이미지 추출 및 색상 보정**

① [File(파일)]−[Open(열기)](Ctrl + O)을 선택한 후 '1급−11.jpg'를 불러온다.

② Magnetic Lasso Tool(자석 올가미,)을 선택한 후 옵션 바의 Frequency를 100으로 설정하고 첫 점을 클릭하여 이미지의 형태를 따라 추출한다.

③ Ctrl + C 로 복사하고 작업파일을 선택한 후 Ctrl + V 로 붙여넣기 한다.

④ Ctrl + T 로 크기/위치를 조절하고 Enter 를 누른다.

⑤ 액정부분만 녹색 계열로 보정하기 위해 Quick Selection Tool(빠른 선택,)로 지정한 후 [Image(이미지)]−[Adjustment(조정)]−[Hue/ Saturation(색조/채도)](Ctrl + U)를 선택한다.

⑥ Colorize(색상화)에 체크한 후 Hue(색조) : 110, Saturation(채도) : 50으로 값을 변경하고 (OK)를 누른다.

⑦ 선택영역을 해제하기 위해 [Select(선택)]− [Deselect(해제)](Ctrl + D)를 누른다.

⑧ 레이어 스타일을 적용하기 위해 [Layers(레이어)] 패널 하단의 fx.를 눌러 Drop Shadow(그림자 효과)를 선택해 적용하고 (OK)를 누른다.

1 Custom Shape Tool(사용자 정의 모양, [아이콘])을 선택한 후 옵션 바에서 Pick Tool Mode(선택 도구 모드) : Shape(모양, [Shape ∨]), Stroke(획) : 색상 없음([아이콘])으로 설정한다. 모양 선택([Shape: →∨])을 눌러 다음의 모양을 찾아 그린다.
Nature(자연) – 구름 2([아이콘])

2 Ctrl + T 로 회전/크기/위치를 조절하고 Enter 를 누른다.

3 색을 적용하기 위해 [Layers(레이어)] 패널의 Layer Thumbnail(레이어 축소판, [아이콘])을 더블클릭한 후 #ffff00를 입력하고 OK 를 누른다.

4 불투명도를 조정하기 위해 [Layers(레이어)] 패널의 Opacity(불투명도)를 60%로 설정한다.

5 레이어 스타일을 적용하기 위해 [Layers(레이어)] 패널 하단의 *fx.*를 눌러 Drop Shadow(그림자 효과)를 선택해 적용하고 OK 를 누른다.

6 Ctrl + J 를 눌러 복제한다.

7 Ctrl + T 로 크기/위치를 조절하고 Enter 를 누른다.

8 색을 적용하기 위해 [Layers(레이어)] 패널의 '구름 2 복사' Layer Thumbnail(레이어 축소판, [아이콘])을 더블클릭한 후 #ffffff를 입력하고 OK 를 누른다.

9 다른 모양을 추가하기 위해 다음의 모양을 찾아 그린다.
Symbols(기호) – 자동차 1([아이콘])

10 레이어 스타일을 적용하기 위해 [Layers(레이어)] 패널 하단의 *fx.*를 눌러 Gradient Overlay(그레이디언트 오버레이)를 선택한 후 아래와 같이 값을 변경한다.
- Opacity(불투명도) : 100%
- Style : Linear(선형)
- Angle(각도) : 90°
- Scale(비율) : 100%

11 Gradient(그레이디언트) 편집 창([아이콘])을 클릭한 후 Color Stop(색상 정지점)을 더블클릭하여 좌측 : #99ff33, 우측 : #ff6600으로 값을 변경하고 OK 를 누른다.

12 레이어 스타일을 추가하기 위해 Drop Shadow(그림자 효과)를 선택해 적용하고 OK 를 누른다.

13 다른 모양을 추가하기 위해 다음의 모양을 찾아 그린다.
Web(웹) – 동영상([아이콘])

14 색을 적용하기 위해 [Layers(레이어)] 패널의 Layer Thumbnail(레이어 축소판, [아이콘])을 더블클릭한 후 #0099ff를 입력하고 OK 를 누른다.

15 레이어 스타일을 적용하기 위해 [Layers(레이어)] 패널 하단의 *fx.*를 눌러 Outer Glow(외부 광선)를 선택해 적용하고 OK 를 누른다.

06 문자 효과

1 Type Tool(수평 문자, **T**)을 선택한 후 빈 공간을 클릭한다. 알파세대 메타버스 시대의 주역을 입력한 후 Ctrl + Enter 하여 완료한다.

2 옵션 바나 [Character(문자)] 패널에서 굴림, 42pt, 왼쪽 정렬로 설정한 후 메타버스 시대의 주역만 선택하고 33pt로 변경한다.

3 레이어 스타일을 적용하기 위해 [Layers(레이어)] 패널 하단의 **fx**를 눌러 Gradient Overlay(그레이디언트 오버레이)를 선택한 후 아래와 같이 값을 변경한다.
- Opacity(불투명도) : 100%
- Style : Linear(선형)
- Angle(각도) : 90°
- Scale(비율) : 100%

4 Gradient 편집 창(■■■■■)을 클릭한 후 Color Stop(색상 정지점)을 더블클릭하여 좌측 : #ff9900, 중간 : #006666, 우측 : #cc33ff로 값을 변경하고 OK 를 누른다.

5 레이어 스타일을 적용하기 위해 [Layers(레이어)] 패널 하단의 **fx**를 눌러 Stroke(획)를 선택한 후 아래와 같이 값을 변경한다.
- Size(크기) : 2px
- Position(위치) : Outside(바깥쪽)
- Fill Type(칠 유형) : Color(색상)
- 색상값 : #ffffff

6 레이어 스타일을 추가하기 위하여 Drop Shadow(그림자 효과)를 선택해 적용하고 OK 를 누른다.

7 텍스트를 뒤틀기 위해 Type Tool(수평 문자, **T**)을 선택한 후 옵션 바의 Create warped text(뒤틀어진 텍스트 만들기, **T**)를 클릭하여 Style(스타일) : Fish(물고기), Bend(구부리기) : +50%로 값을 변경하고 OK 를 누른다.

8 Type Tool(수평 문자, **T**)을 선택한 후 빈 공간을 클릭하고 Metaverse Alpha Generation을 입력하고 Ctrl + Enter 하여 완료한다.

9 옵션 바나 [Character(문자)] 패널에서 Arial, Regular, 18pt, #003366로 설정한다.

10 레이어 스타일을 적용하기 위해 [Layers(레이어)] 패널 하단의 **fx**를 눌러 Stroke(획)을 선택한 후 아래와 같이 값을 변경하고 OK 를 누른다.
- Size(크기) : 2px
- Position(위치) : Outside(바깥쪽)
- Fill Type(칠 유형) : Color(색상)
- 색상값 : #cccccc

11 텍스트를 뒤틀기 위해 Type Tool(수평 문자, **T**)을 선택한 후 옵션 바의 Create warped text(뒤틀어진 텍스트 만들기, **T**)를 클릭하여 Style(스타일) : Arc(부채꼴), Bend(구부리기) : -30%로 값을 변경하고 OK 를 누른다.

12 Type Tool(수평 문자, **T**)을 선택한 후 빈 공간을 클릭한다. 또 다른 일상의 기록 '라이프로깅'을 입력한 후 Ctrl + Enter 하여 완료한다.

13 옵션 바나 [Character(문자)] 패널에서 돋움, 16pt, #3300ff로 설정한다.

⑭ 레이어 스타일을 적용하기 위해 [Layers(레이어)] 패널 하단의 **fx**를 눌러 Stroke(획)를 선택한 후 아래와 같이 값을 변경하고 OK 를 누른다.
- Size(크기) : 2px
- Position(위치) : Outside(바깥쪽)
- Fill Type(칠 유형) : Gradient(그레이디언트)
- Style(스타일) : Linear(선형)
- Angle(각도) : 90°

⑮ Gradient 편집 창( )을 클릭한 후 Color Stop(색상 정지점)을 더블클릭하여 좌측 : #66ffff, 우측 : #ff6633으로 값을 변경하고 OK 를 누른다.

⑯ Type Tool(수평 문자, **T**)을 선택한 후 빈 공간을 클릭한다. AR / VR / XR을 입력한 후 Ctrl + Enter 하여 완료한다.

⑰ 옵션 바나 [Character(문자)] 패널에서 Times New Roman, Regular, 20pt, #ffffff로 설정한 후 XR만 선택하여 #ff9900으로 변경한다.

⑱ 레이어 스타일을 적용하기 위해 [Layers(레이어)] 패널 하단의 **fx**를 눌러 Stroke(획)를 선택한 후 아래와 같이 값을 변경하고 OK 를 누른다.
- Size(크기) : 2px
- Position(위치) : Outside(바깥쪽)
- Fill Type(칠 유형) : Color(색상)
- 색상값 : #330066

07 PSD, JPG 형식으로 저장하기

① [File(파일)]−[Save(저장)](Ctrl + S)를 선택한 후 기존 파일에 덮어쓰기 한다.

② JPG 파일형식으로 저장하기 위해 [File(파일)]−[Save as(다른 이름으로 저장)](Shift + Ctrl + S)를 선택한 후 파일 형식을 클릭해 JPEG로 선택한다. '내 PC₩문서₩GTQ' 폴더에 '수험번호−성명−3'로 입력한 후 [저장]을 누른다.

③ PSD 파일의 사이즈를 1/10로 줄이기 위해 [Image(이미지)]−[Image Size(이미지 크기)](Alt + Ctrl + I)를 선택한 후 단위 : Pixel, Width(폭) : 60px, Height(높이) : 40px, Resolution(해상도) : 72pixels/inch로 설정 후 OK 를 누른다.

④ [File(파일)]−[Save(저장)](Ctrl + S)를 선택한 후 작은 사이즈로 최종 저장한다.

⑤ 완성된 파일을 확인하기 위해 파일 탐색기를 열어 '내 PC₩문서₩GTQ' 폴더에서 확인한다.

⑥ 시험장의 작업표시줄에 나타나는 'Koas 수험자용'을 클릭해 우측의 답안 전송 을 클릭한 후 해당하는 번호에 체크한다. 하단의 답안 전송 을 클릭한 후 닫기 를 누르면 최종 전송된 답안으로 채점이 이루어진다.

사용 이미지 미리보기

1급-12.jpg

1급-13.jpg

1급-14.jpg

1급-15.jpg

1급-16.jpg

1급-17.jpg

사용자 정의 모양 미리보기

사용 기능

패턴 정의 및 적용	• [Edit(편집)]-[Define Pattern(패턴 정의)] • 레이어 스타일 : Pattern Overlay(패턴 오버레이)
혼합모드	Hard Light(하드 라이트)
색상 조정	[Image(이미지)]-[Adjustment(조정)]-[Hue/Saturation(색조/채도)](Ctrl + U)
필터	• [Filter(필터)]-[Filter Gallery(필터 갤러리)]-[Artistic(예술효과)]-[Paint Daubs(페인트 덥스/페인트 바르기)] • [Filter(필터)]-[Filter Gallery(필터 갤러리)]-[Artistic(예술 효과)]-[Poster Edges(포스터 가장자리)]
이미지 추출	• Magic Wand Tool(자동 선택,) • Quick Selection Tool(빠른 선택,) • Elliptical Marquee Tool(원형 선택,) • Magnetic Lasso Tool(자석 올가미,)
레이어 마스크	Add layer mask(레이어 마스크 추가,)
이미지 사이즈	[Image(이미지)]-[Image Size(이미지 크기)](Alt + Ctrl + I)

01 새 캔버스 생성 및 배경에 색 채우기

1 [File(파일)]−[New(새로 만들기)]($\boxed{Ctrl}$＋$\boxed{N}$)를 선택한 후 아래와 같이 설정하고 [Create(만들기)]를 누른다.
- PRESET DETAILS(사전 설정 세부정보)
  : 수험번호−성명−4
- 단위 : Pixels
- Width(폭) : 600
- Height(높이) : 400
- Resolution(해상도) : 72Pixels/Inch
- Color Mode(색상모드) : RGB
- Backgound Contents(배경색) : White

2 [Edit(편집)]−[Preferences(속성)]−[Guides, Grid & Slices(안내선, 격자 및 분할 영역)]($\boxed{Ctrl}$＋$\boxed{K}$)를 선택한 후 'Grid(격자)'의 Gridline Every(격자 간격) : 100Pixels, Subdivisions(세분) : 1로 설정하고 $\boxed{OK}$를 누른다.

3 [View(보기)]−[Show(표시)]−[Grid(격자)]($\boxed{Ctrl}$＋$\boxed{'}$)와 [View(보기)]−[Rulers(눈금자)]($\boxed{Ctrl}$＋$\boxed{R}$)를 나타낸다.

4 [File(파일)]−[Save as(다른 이름으로 저장)]($\boxed{Shift}$＋$\boxed{Ctrl}$＋$\boxed{S}$)를 클릭한 후 '내 PC₩문서₩GTQ' 폴더에 '수험번호−성명−4.psd'로 입력하고 [저장]을 누른다.

5 배경에 색을 채우기 위해 도구상자의 Set foreground color(전경색, ■)을 클릭한 후 #99cccc를 입력하고 $\boxed{OK}$를 누른다. 전경색을 채우기 위해 $\boxed{Alt}$＋$\boxed{Delete}$를 누른다.

02 패턴 제작 및 등록

1 Pattern(패턴)을 만들기 위해 [File(파일)]−[New(새로 만들기)]($\boxed{Ctrl}$＋$\boxed{N}$)를 선택한 후 아래와 같이 설정하고 [Create(만들기)]를 누른다.
- 단위 : Pixels
- Width(폭) : 40
- Height(높이) : 40
- Resolution(해상도) : 72Pixels/Inch
- Color Mode(색상모드) : RGB
- Backgound Contents(배경색) : White

2 Custom Shape Tool(사용자 정의 모양, ⬟)을 선택한 후 옵션 바에서 Pick Tool Mode(선택 도구 모드) : Shape(모양, $\boxed{\text{Shape} \vee}$), Stroke(획) : 색상 없음(▱)으로 설정하고 다음의 모양을 찾아 그린다.
Object(물건) − 백열전구 1(🔲)

3 색을 적용하기 위해 [Layers(레이어)] 패널의 Layer Thumbnail(레이어 축소판, ▦)을 더블 클릭한 후 #ffffff을 입력하고 $\boxed{OK}$를 누른다.

4 [Layers(레이어)] 패널 하단의 Background(배경)의 눈 아이콘(◉)을 클릭해 해제한다.

⑤ 다른 모양을 추가하기 위해 다음의 모양을 찾아 그린다.

Ornaments(장식) − 장식 4(✦)

⑥ 색을 적용하기 위해 [Layers(레이어)] 패널의 Layer Thumbnail(레이어 축소판, ▦)을 더블 클릭한 후 #336699을 입력하고 ⟨ OK ⟩를 누른다.

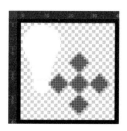

⑦ 패턴을 정의하기 위해 [Edit(편집)]−[Define Pattern(패턴 정의)]를 눌러 확인 후 ⟨ OK ⟩를 누른다.

---

03 **혼합모드 및 레이어 마스크**

① [File(파일)]−[Open(열기)](⟨Ctrl⟩+⟨O⟩)을 선택한 후 '1급−12.jpg'를 불러온다.

② ⟨Ctrl⟩+⟨A⟩로 전체 선택한 후 ⟨Ctrl⟩+⟨C⟩로 복사하고 작업파일을 선택한 후 ⟨Ctrl⟩+⟨V⟩로 붙여넣기 한다.

③ ⟨Ctrl⟩+⟨T⟩로 크기/위치를 조절하고 ⟨Enter⟩를 누른다.

④ 혼합모드를 적용하기 위해 [Layers(레이어)] 패널의 Blending Mode(혼합모드, ⟨Normal⟩) 'Hard Light(하드 라이트)'로 선택한다.

⑤ 레이어 마스크를 적용하기 위해 [Layers(레이어)] 패널 하단의 Add layer mask(레이어 마스크 추가, ◉)를 클릭한다.

⑥ 도구상자에서 Gradient Tool(그레이디언트, ▮)을 선택한 후 옵션 바에서 Gradient Presets(그레이디언트 사전설정)을 클릭하고 Basics(기본사항)−'Black & White(검정, 흰색)'을 선택한다.

⑦ 그림과 같이 대각선 방향으로 드래그한다.

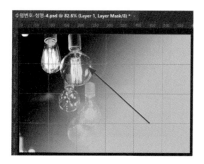

⑧ [File(파일)]−[Open(열기)](⟨Ctrl⟩+⟨O⟩)을 선택한 후 '1급−13.jpg'를 불러온다.

⑨ ⟨Ctrl⟩+⟨A⟩로 전체 선택한 후 ⟨Ctrl⟩+⟨C⟩로 복사하고 작업파일을 선택한 후 ⟨Ctrl⟩+⟨V⟩로 붙여넣기 한다.

⑩ ⟨Ctrl⟩+⟨T⟩로 크기/위치를 조절하고 ⟨Enter⟩를 누른다.

11 [Filter(필터)]−[Filter Gallery(필터 갤러리)]−[Artistic(예술효과)]−[Paint Daubs(페인트 덥스/페인트 바르기)] 필터를 적용한 다음 (OK)를 누른다.

12 **5**~**6**을 참고해 레이어 마스크를 적용하여 세로 방향으로 드래그한다.

3 안쪽 부분은 Shift 와 함께 추가로 선택한 다음 반전하기 위해 [Select(선택)]−[Inverse(반전)](Shift + Ctrl + I)를 누른다.

> **Plus@**
>
> 옵션 바의 contiquous(인접)에 체크가 해제되어 있다면 모든 이미지에 걸쳐 추출되니 확인해야 한다.

4 Ctrl + C 로 복사하고 작업파일을 선택한 후 Ctrl + V 로 붙여넣기 한다.

5 Ctrl + T 로 크기/위치를 조절하고 Enter 를 누른다.

6 레이어 스타일을 적용하기 위해 [Layers(레이어)] 패널 하단의 *fx* 를 눌러 Inner Shadow(내부 그림자)를 선택해 적용한다.

7 레이어 스타일을 추가하기 위하여 Outer Glow(외부 광선)를 선택해 적용하고 (OK)를 누른다.

8 [File(파일)]−[Open(열기)](Ctrl + O)을 선택한 후 '1급−15.jpg'를 불러온다.

9 Quick Selection Tool(빠른 선택,)로 선택영역을 지정한다.

> **Plus@**
>
> 선택영역의 거친 부분을 완만하게 하고 싶다면 [Select(선택)]−[Modify(수정)]−[Smooth(부드럽게)]를 이용해 2px 정도의 값을 준다.

10 Ctrl + C 로 복사하고 작업파일을 선택한 후 Ctrl + V 로 붙여넣기 한다.

---

04 **이미지 추출 및 색상 보정**

1 [File(파일)]−[Open(열기)](Ctrl + O)을 선택한 후 '1급−14.jpg'를 불러온다.

2 Magic Wand Tool(자동 선택,)을 선택한 후 옵션 바의 Tolerance(허용치)를 32로 변경하고 배경을 클릭한다.

⓫ Ctrl + T 로 좌우대칭하기 위해 조절점 안쪽에서 마우스 오른쪽 클릭 후 Flip Horizontal(가로로 뒤집기)을 선택한다. 크기/위치를 조절하고 Enter 를 누른다.

⓬ [Filter(필터)]−[Filter Gallery(필터 갤러리)]−[Artistic(예술효과)]−[Poster Edges(포스터 가장자리)] 필터를 적용한 후 OK 를 누른다.

⓭ 레이어 스타일을 적용하기 위해 [Layers(레이어)] 패널 하단의 fx 를 눌러 Inner Glow(내부 광선)를 선택해 적용하고 OK 를 누른다.

⓮ [File(파일)]−[Open(열기)](Ctrl + O)을 선택한 후 '1급−16.jpg'를 불러온다.

⓯ Elliptical Marquee Tool(원형 선택, ◯)로 지구본의 임의의 중심에서부터 Alt + Shift 와 함께 드래그하며 정원의 형태로 선택영역을 지정한다.

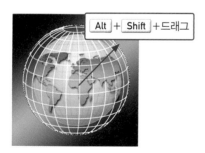

Plus α

그리드로 인해 선택에 지장이 있다면 Alt + ' 하여 숨기거나 [View(보기)]−[Snap To(스냅 옵션)]−[Grid(그리드)]의 선택을 해제하면 그리드의 영향을 받지 않는다.

Plus α

• 선택영역을 키보드의 방향키로 이동하여 맞출 수 있다.
• 이미 지정된 선택영역의 크기를 조절하고 싶다면 [Select(선택)]−[Transform Selection(선택영역 변형)]을 이용한다.

⓰ Ctrl + C 로 복사하고 작업파일을 선택한 후 Ctrl + V 로 붙여넣기 한다.

⓱ Ctrl + T 로 크기/위치를 조절하고 Enter 를 누른다.

⓲ 녹색 계열로 보정하기 위해 [Image(이미지)]−[Adjustment(조정)]−[Hue/Saturation(색조/채도)](Ctrl + U)를 선택한다.

⓳ Colorize(색상화)에 체크한 후 Hue(색조) : 110, Saturation(채도) : 50으로 값을 변경하고 OK 를 누른다.

⓴ 레이어 스타일을 적용하기 위해 [Layers(레이어)] 패널 하단의 fx 를 눌러 Bevel and Emboss(경사와 엠보스)를 선택해 적용하고 OK 를 누른다.

㉑ [File(파일)]−[Open(열기)](Ctrl + O)을 선택한 후 '1급−17.jpg'를 불러온다.

㉒ Magnetic Lasso Tool(자석 올가미, )을 선택한 후 옵션 바의 Frequency를 100으로 설정하고 첫 점을 클릭하여 이미지의 형태를 따라 추출한다.

수정할 부분은 Shift 와 함께 영역을 추가할 수 있고, Alt 와 함께 영역을 제외할 수 있다.

㉓ Ctrl + C 로 복사하고 작업파일을 선택한 후 Ctrl + V 로 붙여넣기 한다.

㉔ Ctrl + T 로 크기/위치를 조절하고 Enter 를 누른다.

---

05 패스 제작 및 패턴 적용

① Pen Tool(펜,)을 선택한 후 옵션 바에서 Pick Tool Mode(선택 도구 모드) : Path(패스, Path), Path Operations(패스 작업) : Combine Shapes(모양 결합,)로 지정한다.

② 배경 레이어의 눈 아이콘( )을 Alt +클릭해 나머지 레이어의 눈을 끈다. (선택사항)

배경 레이어를 선택하지는 않는다. 새 레이어 추가 시 맨 위로 생성되지 않기 때문이다.

③ 그림을 참고해 반만 그린 다음 패스의 유실을 방지하기 위해 [Path(패스)] 패널을 선택한 후 Work Path(작업 패스) 이름 부분을 더블클릭한다. Save Path(패스 저장)가 나오면 OK 를 누른다. (선택사항)

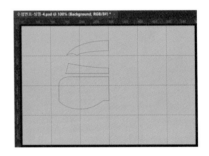

④ Path Selection Tool(패스 선택,)로 모두 드래그하여 선택한 후 Alt 와 함께 드래그해 복제한다.

⑤ Ctrl + T 로 조절점 안쪽에서 마우스 오른쪽 클릭 후 Flip Horizontal(가로로 뒤집기)을 선택하여 배치하고 Enter 를 누른다.

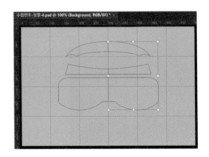

⑥ 안경 부분만 레이어로 지정하기 위해 Path Selection Tool(패스 선택, ▶)로 바깥쪽에서 드래그하여 모두 선택한다. [Path(패스)] 패널 하단의 'Load as a selection(패스를 선택영역으로 지정, ◌)'을 클릭하여 선택영역으로 지정한다.

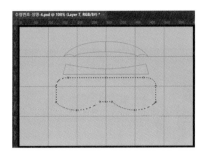

⑦ [Layers(레이어)] 패널로 이동한 후 하단의 Create a new layer(새 레이어, ⊞, Ctrl + Shift + N)를 클릭해 추가한다.

⑧ 색을 채우기 위해 도구상자의 Set foreground color(전경색, ■)를 클릭한 후 #ffcccc를 입력하고 (OK)를 누른다. 전경색을 채우기 위해 Alt + Delete 를 누른다.

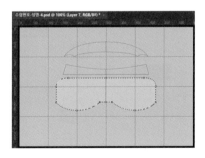

⑨ 나머지 부분을 레이어로 지정하기 위해 Path Selection Tool(패스 선택, ▶)로 바깥쪽에서 드래그하여 모두 선택한 후 [Path(패스)] 패널 하단의 'Load as a selection(패스를 선택영역으로 지정, ◌)'을 클릭한다.

⑩ [Layers(레이어)] 패널로 이동한 후 하단의 Create a new layer(새 레이어, ⊞, Ctrl + Shift + N)를 클릭해 추가한다.

⑪ 색을 채우기 위해 도구상자의 Set foreground color(전경색, ■)를 클릭한 후 #99cccc를 입력하고 (OK)를 누른다. 전경색을 채우기 위해 Alt + Delete 를 누른다.

⑫ 선택영역을 해제하기 위해 [Select(선택)] − [Deselect(해제)](Ctrl + D)를 누른다.

⑬ 배경색과 같아 구분이 되지 않으므로 모든 레이어의 눈을 켜기 위해 레이어의 눈 아이콘(◉)에서 마우스 오른쪽 클릭 후 'Show/hide all other layers(다른 모든 레이어 표시/숨기기)'를 클릭한다.

14 패스의 흔적을 숨기기 위해 [Path(패스)] 패널에서 회색의 빈 영역을 클릭하면 숨겨진다.

15 패턴을 적용하기 위해 [Layers(레이어)] 패널에서 안경 모양 레이어를 선택한 후 [Layers(레이어)] 패널 하단의 *fx.* 를 눌러 Pattern Overlay(패턴 오버레이)를 선택한다. Pattern(패턴)의 목록 단추를 클릭한 후 정의한 패턴을 선택한다.

Plus@

패턴의 크기를 조절하고 싶다면 Scale(비율)을 조정한 후 출력형태를 참고하여 맞춘다.

16 레이어 스타일을 추가하기 위해 Drop Shadow(그림자 효과)를 선택해 적용하고 (OK)를 누른다.

17 나머지 레이어에 스타일을 복제하기 위해 [Layers(레이어)] 패널의 'Drop Shadow(바깥 그림자)'만 Alt 를 먼저 누른 상태에서 해당 레이어로 드래그하여 각각 복제한다.

06 모양 지정 및 레이어 스타일

1 Custom Shape Tool(사용자 정의 모양, 🏵️)을 선택한 후 옵션 바에서 Pick Tool Mode(선택 도구 모드) : Shape(모양, Shape), Stroke(획) : 색상 없음(▱)으로 설정한다. 모양 선택(Shape: ➡️)을 누르고 다음의 모양을 찾아 그린다.
Objects(물건) – 모래시계(⧖)

2 색을 적용하기 위해 [Layers(레이어)] 패널의 Layer Thumbnail(레이어 축소판, ▦)을 더블 클릭한 후 #33ff99를 입력하고 (OK)를 누른다.

3 레이어 스타일을 적용하기 위해 [Layers(레이어)] 패널 하단의 *fx.* 를 눌러 Bevel and Emboss (경사와 엠보스)를 선택해 적용한 후 (OK)를 누른다.

4 다른 모양을 추가하기 위해 다음의 모양을 찾아 그린다.

Nature(자연) – 파형(≋)

5 색을 적용하기 위해 [Layers(레이어)] 패널의 Layer Thumbnail(레이어 축소판, 🔲)을 더블클릭한 후 #cc6699를 입력하고 (OK)를 누른다.

6 불투명도를 조정하기 위해 [Layers(레이어)] 패널의 Opacity(불투명도)를 70%로 설정한다.

7 레이어 스타일을 추가하기 위해 Drop Shadow(그림자 효과)를 선택해 적용하고 (OK)를 누른다.

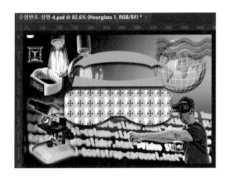

8 메뉴 부분을 만들기 위해 다음의 모양을 찾아 그린다.

Banners and Awards(배너 및 상장) – 배너 3 (▭)

9 레이어 스타일을 적용하기 위해 [Layers(레이어)] 패널 하단의 *fx.* 를 눌러 Gradient Overlay(그레이디언트 오버레이)를 선택한 후 아래와 같이 값을 변경한다.

- Opacity(불투명도) : 100%
- Style : Reflected(반사)
- Angle(각도) : 90°
- Scale(비율) : 100%

10 Gradient(그레이디언트) 편집 창(▬▬▬▾)을 클릭한 후 Color Stop(색상 정지점)을 더블클릭하여 좌측 : #ffffff, 우측 : #996699로 값을 변경하고 (OK)를 누른다.

11 레이어 스타일을 추가하기 위해 Stroke(획)를 선택한 후 아래와 같이 값을 변경하고 (OK)를 누른다.

- Size(크기) : 2px
- Position(위치) : Outside(바깥쪽)
- Fill Type(칠 유형) : Color(색상)
- 색상값 : #663366

12 메뉴에 텍스트를 입력하기 위해 Type Tool(수평 문자, **T**)을 선택한 후 [Shift]+클릭하여 관람안내를 입력하고 [Ctrl]+[Enter]하여 완료한다.

Plus@

[Shift]+클릭 후 입력하는 이유는 모양이 선택된 상태에서 텍스트를 입력하면 영역 안에 글자가 입력되기 때문이다.

13 옵션 바나 [Character(문자)] 패널에서 돋움, 18pt, #000000으로 설정한다.

14 레이어 스타일을 적용하기 위해 [Layers(레이어)] 패널 하단의 *fx.* 를 눌러 Stroke(획)을 선택한 후 아래와 같이 값을 변경하고 (OK)를 누른다.

- Size(크기) : 2px
- Position(위치) : Outside(바깥쪽)
- Fill Type(칠 유형) : Color(색상)
- 색상값 : #ffffff

⑮ 메뉴를 복제하기 위해 배너 모양과 텍스트 레이어를 [Shift]로 클릭한 다음 Move Tool(이동, ✛)을 선택해 [Alt]와 함께 오른쪽 방향으로 드래그하여 두 번 복제한다.

⑯ 두 번째의 텍스트를 수정하기 위해 [Layers(레이어)] 패널의 Indicates text layer(텍스트 레이어, 🇹)를 더블클릭한 후 고객소통을 입력하고 [Ctrl] + [Enter]하여 완료한다.

⑰ 세 번째 텍스트도 ⑯과 같은 방법으로 체험행사로 수정한다.

⑱ 고객소통 레이어의 Stroke(획) 부분을 더블클릭한 후 아래와 같이 값을 변경하고 [OK]를 누른다.
   • Size(크기) : 2px
   • Position(위치) : Outside(바깥쪽)
   • Fill Type(칠 유형) : Color(색상)
   • 색상값 : #ff9900

⑲ 두 번째 모양의 Stroke(획) 부분을 더블클릭한 후 아래와 같이 값을 변경한다.
   • Size(크기) : 2px
   • Position(위치) : Outside(바깥쪽)
   • Fill Type(칠 유형) : Color(색상)
   • 색상값 : #cc6600

⑳ Gradient Overlay(그레이디언트 오버레이)를 선택한 후 Gradient(그레이디언트) 편집 창(▬▬▬)을 클릭한다. Color Stop(색상 정지점)을 더블클릭한 후 우측 : #ff9900으로 값을 변경하고 [OK]를 누른다.

07 문자 효과

❶ Type Tool(수평 문자, 🇹)을 선택한 후 빈 공간을 클릭한다. 또 하나의 세상, 메타버스 세계를 입력한 후 [Ctrl] + [Enter]하여 완료한다.

❷ 옵션 바나 [Character(문자)] 패널에서 굴림, 20pt로 설정한다.

❸ 레이어 스타일을 적용하기 위해 [Layers(레이어)] 패널 하단의 *fx*를 눌러 Gradient Overlay(그레이디언트 오버레이)를 선택한 후 아래와 같이 값을 변경한다.
   • Opacity(불투명도) : 100%
   • Style : Linear(선형)
   • Angle(각도) : 0°
   • Scale(비율) : 100%

❹ Gradient 편집 창(▬▬▬)을 클릭한 후 Color Stop(색상 정지점)을 더블클릭하여 좌측 : #3300ff, 우측 : #ff6600으로 값을 변경하고 [OK]를 누른다.

5 레이어 스타일을 추가하기 위해 Stroke(획)를 선택해 값을 변경하고 (OK)를 누른다.
- Size(크기) : 2px
- Position(위치) : Outside(바깥쪽)
- Fill Type(칠 유형) : Color(색상)
- 색상값 : #ffff99

6 텍스트를 뒤틀기 위해 Type Tool(수평 문자, **T**)을 선택한 후 옵션 바의 Create warped text(뒤틀어진 텍스트 만들기, **工**)를 클릭하여 Style(스타일) : Arc(부채꼴), Bend(구부리기) : −30%로 값을 변경하고 (OK)를 누른다.

7 Type Tool(수평 문자, **T**)을 선택한 후 빈 공간을 클릭한다 https://science.seoul.go.kr를 입력한 후 (Ctrl) + (Enter)하여 완료한다.

8 옵션 바나 [Character(문자)] 패널에서 Times New Roman, Bold, 16pt, #330066로 설정한다.

9 레이어 스타일을 적용하기 위해 Stroke(획)를 선택한 후 아래와 같이 값을 변경하고 (OK)를 누른다.
- Size(크기) : 2px
- Position(위치) : Outside(바깥쪽)
- Fill Type(칠 유형) : Color(색상)
- 색상값 : #ccffff

10 Type Tool(수평 문자, **T**)을 선택한 후 빈 공간을 클릭한다. 메타버스 게더타운 스페이스를 입력한 후 (Ctrl) + (Enter)하여 완료한다.

11 옵션 바나 [Character(문자)] 패널에서 궁서, 15pt, #993300으로 설정한 후 게더타운만 선택하여 27pt, #003333으로 변경한다.

12 레이어 스타일을 적용하기 위해 Stroke(획)를 선택한 후 아래와 같이 값을 변경하고 (OK)를 누른다.
- Size(크기) : 2px
- Position(위치) : Outside(바깥쪽)
- Fill Type(칠 유형) : Color(색상)
- 색상값 : #ffffcc

13 텍스트를 뒤틀기 위해 Type Tool(수평 문자, **T**)을 선택한 후 옵션 바의 Create warped text(뒤틀어진 텍스트 만들기, **工**)를 클릭한다. Style(스타일) : Arc(부채꼴), Bend(구부리기) : +20%로 값을 변경한 후 (OK)를 누른다.

08 **PSD, JPG 형식으로 저장하기**

1 [File(파일)]−[Save(저장)]((Ctrl) + (S))를 선택한 후 기존 파일에 덮어쓰기 한다.

2 JPG 파일 형식으로 저장하기 위해 [File(파일)]−[Save as(다른 이름으로 저장)]((Shift) + (Ctrl) + (S))를 선택한 후 파일 형식을 클릭해 JPEG로 선택한다. '내 PC₩문서₩GTQ' 폴더에 '수험번호−성명−4'로 입력한 후 [저장]을 누른다.

❸ PSD 파일의 사이즈를 1/10로 줄이기 위해 [Image(이미지)]−[Image Size(이미지 크기)] (Alt + Ctrl + I)를 선택한 후 단위 : Pixel, Width(폭) : 60px, Height(높이) : 40px, Resolution(해상도) : 72pixels/inch로 설정한 후 OK 를 누른다.

❹ [File(파일)]−[Save(저장)](Ctrl + S)를 선택한 후 작은 사이즈로 최종 저장한다.

❺ 완성된 파일을 확인하기 위해 파일 탐색기를 열어 '내 PC₩문서₩GTQ' 폴더에서 확인한다.

❻ 시험장의 작업표시줄에 나타나는 'Koas 수험자용'을 클릭해 우측의 답안 전송 을 클릭한 후 해당하는 번호에 체크한다. 하단의 답안 전송 을 클릭한 후 닫기 를 누르면 최종 전송된 답안으로 채점이 이루어진다.

		O	X
공통	• 제시된 크기(px)와 해상도(72pixels/inch)로 파일을 만들었나요? • '수험번호-성명-문제번호.psd'로 저장했나요? • 그리드(Ctrl + ')와 눈금자(Ctrl + R)를 표시했나요? • 시험지에도 자를 이용해 100픽셀씩 그리드를 그려주었나요?		
문제1번	• 만든 패스를 저장했나요? • 클리핑 마스크를 적용했나요? • 각 이미지와 Shape(모양)에 레이어 스타일과 필터를 적용했나요?		
문제2번	• 제시된 색상으로 보정했나요? • 각 이미지와 Shape(모양)에 레이어 스타일과 필터를 적용했나요?		
문제3번	• 배경에 색을 적용했나요? • Blending Mode(혼합모드)를 적용했나요? • 레이어 마스크의 방향을 맞게 적용했나요? • 제시된 색상으로 보정했나요? • 각 이미지와 Shape(모양)에 레이어 스타일과 필터를 적용했나요?		
문제4번	• 배경에 색을 적용했나요? • 패턴을 제작하여 등록하였나요? • Blending Mode(혼합모드)를 적용했나요? • 레이어 마스크의 방향을 맞게 적용했나요? • 제시된 색상으로 보정했나요? • 1급-17.jpg를 제외한 이미지와 Shape(모양)에 레이어 스타일과 필터를 적용했나요? • 펜 도구를 이용하여 오브젝트를 그려 패턴으로 적용하였나요?		
공통	• '수험번호-성명-문제번호.jpg'로 저장했나요? • 1/10로 줄여 '수험번호-성명-문제번호.psd'로 저장했나요?		

※ 시험장에서는 반드시 전송까지 실행해 주세요.

제2회 기출유형문제
[S/W:포토샵]

급수	문제유형	시험시간	수험번호	성명
1급	A	90분		

수험자 유의사항

- 수험자는 문제지를 받는 즉시 응시하고자 하는 과목 및 급수가 맞는지 확인한 후 수험번호와 성명을 작성합니다.
- 파일명은 본인의 "수험번호−성명−문제번호"로 공백 없이 정확히 입력하고 답안폴더(내 PC\문서\GTQ)에 jpg 파일과 psd 파일의 2가지 포맷으로 저장해야 하며, jpg 파일과 psd 파일의 내용이 상이할 경우 0점 처리됩니다. 답안문서 파일명이 "수험 번호−성명−문제번호"와 일치하지 않거나, 답안 파일을 전송하지 않아 미제출로 처리될 경우 불합격 처리됩니다.
- 문제의 세부조건은 '영문(한글)' 형식으로 표기되어 있으니 유의하시기 바랍니다.
- 수험자 정보와 저장한 파일명, 저장 위치가 다를 경우 전송이 되지 않으므로, 주의하시기 바랍니다.
- 답안 작성 중에도 주기적으로 '저장'과 '답안 전송'을 이용하여 감독위원 PC로 답안을 전송하셔야 합니다.
  (※ 작업한 내용을 저장하지 않고 전송할 경우 이전의 저장내용이 전송되오니 이점 반드시 유념하시기 바랍니다.)
- 답안문서는 지정된 경로 외의 다른 보조기억장치에 저장하는 행위, 지정된 시험 시간 외에 작성된 파일을 활용한 행위, 기타 허용되지 않은 프로그램(이메일, 메신저, 게임, 네트워크 등) 이용 시 부정행위로 간주되어 자격기본법 제32조에 의거 본 시험 및 국가공인 자격시험을 2년간 응시할 수 없습니다.
- 시험 중 부주의 또는 고의로 시스템을 파손한 경우와 〈수험자 유의사항〉에 기재된 방법대로 이행하지 않아 생기는 불이익은 수험자의 책임임을 알려 드립니다.
- 시험을 완료한 수험자는 최종적으로 저장한 답안파일이 전송되었는지 확인한 후 감독위원의 지시에 따라 문제지를 제출하고 퇴실합니다.

답안 작성요령

- 온라인 답안 작성 절차
  수험자 등록 ⇒ 시험 시작 ⇒ 답안파일 저장 ⇒ 답안 전송 ⇒ 시험 종료
- 내 PC\문서\GTQ\Image 폴더에 있는 그림 원본파일을 사용하여 답안을 작성하시고 최종답안을 답안폴더(내 PC\문서 \GTQ)에 저장하여 답안을 전송하시고, 이미지의 크기가 다른 경우 감점 처리됩니다.
- 배점은 총 100점으로 이루어지며, 점수는 각 문제별로 차등 배분됩니다.
- 각 문제는 주어진 〈조건〉에 따라 작성하고, 언급하지 않은 조건은 《출력형태》와 같이 작성합니다.
- 배치 등의 편의를 위해 주어진 눈금자의 단위는 '픽셀'입니다.
- 그 외는 출력형태(효과, 이미지, 문자, 색상, 레이아웃, 규격 등)와 같이 작업하십시오.
- 문제 조건에 서체의 지정이 없을 경우 한글은 굴림이나 돋움, 영문은 Arial로 작업하십시오. (단, 그 외에 제시되지 않은 문자 속성을 기본값으로 작성하지 않은 경우는 감점 처리됩니다.)
- Image Mode(이미지 모드)는 별도의 처리조건이 없을 경우에는 RGB(8비트)로 작업하십시오.
- 모든 답안 파일은 해상도 72pixels/inch로 작업하십시오.
- Layer(레이어)는 각 기능별로 분할해야 하며, 임의로 합칠 경우나 각 기능에 대한 속성을 해지할 경우 해당 요소는 0점 처리 됩니다.

[기능평가] 고급 Tool(도구) 활용

20점

다음의 《조건》에 따라 아래의 《출력형태》와 같이 작업하시오.

조건

원본 이미지			문서₩GTQ₩Image문서₩GTQ₩1급-1.jpg, 1급-2.jpg, 1급-3.jpg
파일 저장 규칙	JPG	파일명	문서₩GTQ₩수험번호-성명-1.jpg
		크기	400 × 500 pixels
	PSD	파일명	문서₩GTQ₩수험번호-성명-1.psd
		크기	40 × 50 pixels

1. 그림 효과
① 1급-1.jpg : 필터 - Paint Daubs(페인트 덥스/페인트 바르기)
② Save Path(패스 저장) : 아이스크림
③ Mask(마스크) : 아이스크림 모양, 1급-2.jpg를 이용하여 작성
   레이어 스타일 - Stroke(선/획)(4px, 그레이디언트(#663333, #66ff66)), Inner Shadow(내부 그림자)
④ 1급-3.jpg : 레이어 스타일 - Bevel and Emboss(경사와 엠보스)
⑤ Shape Tool(모양 도구) :
   - 음표 모양 (#ffff66, #6699cc, 레이어 스타일 - Bevel and Emboss(경사와 엠보스))
   - 잎 모양 (#66ffcc, 레이어 스타일 - Drop Shadow(그림자 효과))

2. 문자 효과
① Sweet Time (Arial, Bold, 38pt, 레이어 스타일 - 그레이디언트 오버레이(#ff0066, #3366ff), Stroke(선/획)(2px, #ccccff))

출력형태

20점

다음의 《조건》에 따라 아래의 《출력형태》와 같이 작업하시오.

조건

원본이미지			문서₩GTQ₩Image문서₩GTQ₩1급-4.jpg, 1급-5.jpg, 1급-6.jpg
파일 저장 규칙	JPG	파일명	문서₩GTQ₩수험번호-성명-2.jpg
		크기	400 × 500 pixels
	PSD	파일명	문서₩GTQ₩수험번호-성명-2.psd
		크기	40 × 50 pixels

1. 그림 효과

① 1급-4.jpg : 필터 – Texturizer(텍스처화)

② 색상 보정 : 1급-5.jpg – 녹색, 빨간색 계열로 보정

③ 1급-5.jpg : 레이어 스타일 – Drop Shadow(그림자 효과)

④ 1급-6.jpg : 레이어 스타일 – Outer Glow(외부 광선)

⑤ Shape Tool(모양 도구) :

- 꽃 장식 모양 (#ffccff, 레이어 스타일 – Stroke(선/획)(1px, #660000))
- 잎 장식 모양 (#99ff99, #ffff99, 레이어 스타일 – Drop Shadow(그림자 효과))

2. 문자 효과

① Brunch Time (Times New Roman, Regular, 52pt, 레이어 스타일 – 그레이디언트 오버레이(#cc6633, #ffff99), Stroke(선/획)
(3px, #330000))

출력형태

문제 3 [실무응용] 포스터 제작

25점

다음의 《조건》에 따라 아래의 《출력형태》와 같이 작업하시오.

조건

원본이미지			문서₩GTQ₩Image문서₩GTQ₩1급-7.jpg, 1급-8.jpg, 1급-9.jpg, 1급-10.jpg, 1급-11.jpg
파일 저장 규칙	JPG	파일명	문서₩GTQ₩수험번호-성명-3.jpg
		크기	600 × 400 pixels
	PSD	파일명	문서₩GTQ₩수험번호-성명-3.psd
		크기	60 × 40 pixels

1. 그림 효과

① 배경 : #ff6600
② 1급-7.jpg : Blending Mode(혼합모드) - Luminosity(광도), Opacity(불투명도)(80%)
③ 1급-8.jpg : 필터 - Paint Daubs(페인트 덥스/페인트 바르기), 레이어 마스크 - 가로 방향으로 흐릿하게
④ 1급-9.jpg : 필터 - Wind(바람), 레이어 스타일 - Bevel and Emboss(경사와 엠보스)
⑤ 1급-10.jpg : 레이어 스타일 - Stroke(선/획)(3px, 그레이디언트(#ffff33, #00cc33))
⑥ 1급-11.jpg : 색상 보정 - 녹색 계열로 보정, 레이어 스타일 - Drop Shadow(그림자 효과)
⑦ 그 외 《출력형태》 참조

2. 문자 효과

① 틴에이저 디저트 대회 (궁서, 42pt, 60pt, 레이어 스타일 - 그레이디언트 오버레이(#ff9900, #9966cc, #339933), Stroke(선/획)(2px, #ccffcc), Drop Shadow(그림자 효과))
② Latte Art Pouring Guide (Arial, Regular, 18pt, #993300, 레이어 스타일 - Stroke(선/획)(2px, #ffffcc))
③ 꿀조합 레시피 콘테스트 (돋움, 18pt, 레이어 스타일 - 그레이디언트 오버레이(#ff99ff, #ffff00), Stroke(선/획)(2px, #333333))
④ RTD음료 부문 | 디저트 메뉴개발 (돋움, 16pt, #99ff99, #ffff66, 레이어 스타일 - Stroke(선/획)(2px, #663300))

출력형태

Shape Tool(모양 도구) 사용
#ff6600, #ffff33,
레이어 스타일 -
Drop Shadow(그림자 효과),
Opacity(불투명도)(80%)

Shape Tool(모양 도구) 사용
레이어 스타일 -그레이디언트
오버레이(#ff0000, #6666ff),
Outer Glow(외부 광선)

Shape Tool(모양 도구) 사용
#66cc66, 레이어 스타일 -
Stroke(선/획)(3px, #ccffcc),
Opacity(불투명도)(50%)

[실무응용] 웹 페이지 제작

다음의 《조건》에 따라 아래의 《출력형태》와 같이 작업하시오.

조건

원본 이미지			문서₩GTQ₩Image문서₩GTQ₩1급−12.jpg, 1급−13.jpg, 1급−14.jpg, 1급−15.jpg, 1급−16.jpg, 1급−17.jpg
파일 저장 규칙	JPG	파일명	문서₩GTQ₩수험번호−성명−4.jpg
		크기	600 × 400 pixels
	PSD	파일명	문서₩GTQ₩수험번호−성명−4.psd
		크기	60 × 40 pixels

1. 그림 효과

① 배경 : #ff6633
② 패턴(꽃 모양) : #ffcc00, #ff0099
③ 1급−12.jpg : Blending Mode(혼합모드) − Screen(스크린), 레이어 마스크 − 대각선 방향으로 흐릿하게
④ 1급−13.jpg : 필터 − Dry Brush(드라이 브러시), 레이어 마스크 − 가로 방향으로 흐릿하게
⑤ 1급−14.jpg : 레이어 스타일 − Bevel and Emboss(경사와 엠보스), Outer Glow(외부 광선)
⑥ 1급−15.jpg : 필터 − Poster Edges(포스터 가장자리), 레이어 스타일 −Drop Shadow(그림자 효과)
⑦ 1급−16.jpg : 색상 보정 − 빨간색 계열로 보정, 레이어 스타일 −Drop Shadow(그림자 효과)
⑧ 그 외 《출력형태》 참조

2. 문자 효과

① Seoul Dessert Fair (Arial, Regular, 22pt, 35pt, #ff66cc,
  레이어 스타일 −Stroke(선/획)(2px, 그레이디언트(#ccffff, #ffff00)))
② 서울 디저트 페어 (굴림, 48pt, 레이어 스타일 − 그레이디언트 오버레이(#0000cc, #006600, #ff6600), Stroke(선/획)(2px,
  #ccffff))
③ 참가 신청 (궁서, 18pt, #993333, 레이어 스타일 − Stroke(선/획)(2px, #ffffff))
④ 한과 디저트 플레이팅 (바탕, 18pt, #000000, 레이어 스타일 − Stroke(선/획)(2px, #ffffff))

출력형태

Shape Tool(모양 도구) 사용
#cc6600, 레이어 스타일 −
Inner Shadow(내부 그림자),
Opacity(불투명도)(70%)

Pen Tool(펜 도구) 사용
#003300, 레이어 스타일 −
그레이디언트 오버레이
(#006633, #ffff99),
Drop Shadow(그림자 효과)

Shape Tool(모양 도구) 사용
#993333, 레이어 스타일 −
Stroke(선/획)(2px, #ffffff)

Shape Tool(모양 도구) 사용
레이어 스타일 − 그레이디언트 오버레이
(#996699, #669966, #ffffff), Stroke(선/획)(2px,
#663366, #336633)

사용 이미지 미리보기

1급-1.jpg   1급-2.jpg   1급-3.jpg

사용자 정의 모양 미리보기

사용 기능

필터	[Filter(필터)]-[Filter Gallery(필터 갤러리)]-[Artistic(예술효과)]-[Paint Daubs(페인트 덥스/페인트 바르기)]
클리핑 마스크	Create Clipping Mask(클리핑 마스크 만들기, Alt + Ctrl + G)
이미지 추출	Quick Selection Tool(빠른 선택,)
이미지 사이즈	[Image(이미지)]-[Image Size(이미지 크기)](Alt + Ctrl + I)

1 [File(파일)]−[New(새로 만들기)](Ctrl + N)를 선택한 후 아래의 조건으로 설정하고 [Create(만들기)]를 누른다.
- PRESET DETAILS(사전 설정 세부정보)
  : 수험번호−성명−1
- 단위 : Pixels
- Width(폭) : 400
- Height(높이) : 500
- Resolution(해상도) : 72Pixels/Inch
- Color Mode(색상모드) : RGB
- Backgound Contents(배경색) : White

2 [Edit(편집)]−[Preferences(속성)]−[Guides, Grid & Slices(안내선, 격자 및 분할 영역)](Ctrl + K)를 선택한 후 'Grid(격자)'의 Gridline Every(격자 간격) : 100Pixels, Subdivisions(세분) : 1로 설정한 다음 OK 를 누른다.

3 [View(보기)]−[Show(표시)]−[Grid(격자)](Ctrl + ')와 [View(보기)]−[Rulers(눈금자)](Ctrl + R)를 나타낸다.

4 [File(파일)]−[Save as(다른 이름으로 저장)](Shift + Ctrl + S)를 클릭한 다음 '내 PC₩문서₩GTQ' 폴더에 '수험번호−성명−1.psd'로 입력한 후 [저장]을 누른다.

5 [File(파일)]−[Open(열기)](Ctrl + O)을 선택한 후 '1급−1.jpg'를 불러온다.

6 Ctrl + A 로 전체 선택한 후 Ctrl + C 로 복사하고 작업파일을 선택한 후 Ctrl + V 로 붙여넣기 한다.

7 Ctrl + T 로 크기/위치를 조절하고 Enter 를 누른다.

8 [Filter(필터)]−[Filter Gallery(필터 갤러리)]−[Artistic(예술효과)]−[Paint Daubs(페인트 덥스/페인트 바르기)] 필터를 적용한 다음 OK 를 누른다.

1 Pen Tool(펜, ✐)을 선택한 후 옵션 바에서 Pick Tool Mode(선택 도구 모드) : Path(패스, Path ∨), Path operations(패스 작업) : Exclude Overlapping Shapes(모양 오버랩 제외)로 지정한다.

2 Layer 1(배경 이미지)의 눈 아이콘(👁)을 클릭해 숨기게 한 다음 패스를 그리기 위해 [Path(패스)] 패널을 누른다. (선택사항)

❸ 다음과 같이 Pen Tool(펜, )로 그린다. 수직, 수평선은 Shift +클릭으로 그릴 수 있다.

❹ 곡선을 그리다 방향선을 끊고 싶다면 기준점을 Alt +클릭한다.

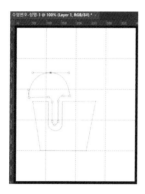

❺ 사이 사이를 넉넉하게 간격을 두어 그려야 출력형태와 유사하다.

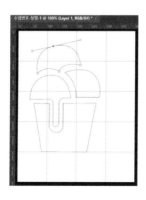

❻ 패스를 저장하기 위해 [Path(패스)] 패널의 Work Path(작업 패스) 이름을 더블클릭한 후 Save Path(패스 저장) 대화상자가 나오면 아이스크림을 입력하고 OK 를 누른다.

❼ 패스를 선택영역으로 지정하기 위해 Ctrl +Path Thumbnail(패스 축소판)을 클릭한 후 선택영역이 생기면 [Layers(레이어)] 패널을 선택하여 하단의 Create a new layer(새 레이어, 🔳, Shift + Ctrl + N)를 클릭해 추가한다.

❽ 임의의 색을 추가하기 위해 Alt + Delete 를 눌러 전경색(🔳)을 추가한다.

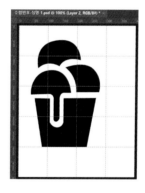

❾ 선택영역을 해제하기 위해 [Select(선택)]−[Deselect(해제)](Ctrl + D)를 누른다.

❿ 배경 이미지의 눈 아이콘(👁)을 클릭해 보이게 한다.

11 레이어 스타일을 적용하기 위해 [Layers(레이어)] 패널 하단의 *fx*를 눌러 Stroke(획)를 선택한 후 아래와 같이 값을 변경한다.
- Size(크기) : 4px
- Position(위치) : Outside(바깥쪽)
- Fill Type(칠 유형) : Gradient(그레이디언트)
- Style(스타일) : Linear(선형)
- Angle(각도) : 90°

Plus@

[Layers(레이어)] 패널에서 해당 레이어의 회색영역을 더블클릭해도 적용할 수 있다.

12 Gradient(그레이디언트) 편집 창(　　　　)을 클릭한 후 Color Stop(색상 정지점)을 더블클릭하여 좌측 : #663333, 우측 : #66ff66으로 값을 변경하고 (OK)를 누른다.

13 레이어 스타일을 추가하기 위해 Inner Shadow(내부 그림자)를 선택해 적용하고 (OK)를 누른다.

03 **클리핑 마스크 및 레이어 스타일 적용**

1 [File(파일)]−[Open(열기)](Ctrl + O)을 선택한 후 '1급−2.jpg'를 불러온다.

2 Ctrl + A 로 전체 선택한 후 Ctrl + C 로 복사하고 작업파일을 선택해 Ctrl + V 로 붙여넣기한다.

3 Ctrl + T 로 크기/위치를 조절하고 Enter 를 누른다.

4 클리핑 마스크를 적용하기 위해 [Layers(레이어)] 패널의 Layer 3에서 마우스 오른쪽 클릭 후 [Create Clipping Mask(클리핑 마스크 만들기)](Alt + Ctrl + G)를 선택한다.

Plus@

Layer 2와 Layer 3의 위치를 조절하고 싶다면 Shift 와 함께 선택한 후 Ctrl + T 로 크기/위치를 조절하고 Enter 를 누른다.

5 [File(파일)]−[Open(열기)](Ctrl + O)을 선택한 후 '1급−3.jpg'를 불러온다.

6 Quick Selection Tool(빠른 선택, 　　)로 선택영역을 지정한다.

7 Ctrl + C 로 복사하고 작업파일을 선택한 후 Ctrl + V 로 붙여넣기 한다.

8 Ctrl + T 로 크기/위치를 조절하고 Enter 를 누른다.

⑨ 레이어 스타일을 적용하기 위해 [Layers(레이어)] 패널 하단의 *fx.*를 눌러 Bevel and Emboss (경사와 엠보스)를 선택해 적용하고 (OK)를 누른다.

04 ▶ 모양 지정 및 레이어 스타일

① Custom Shape Tool(사용자 정의 모양, 🟣)을 선택한 후 옵션 바에서 Pick Tool Mode(선택 도구 모드) : Shape(모양, Shape ∨), Stroke(획) : 색상 없음(▱)으로 설정한다. 모양 선택(Shape: →∨)을 눌러 아래의 모양을 찾아 그린다.
  • 기본 경로 : Legacy Shapes and More(레거시 모양 및 기타) – All Legacy Default Shapes (모든 레거시 기본 모양)
  • Music(음악) – 16분 음표(🎵)

② Ctrl + T 로 회전/크기/위치를 조절하고 Enter 를 누른다.

③ 색을 적용하기 위해 [Layers(레이어)] 패널의 Layer Thumbnail(레이어 축소판, 🖼)을 더블 클릭한 후 #ffff66를 입력하고 (OK)를 누른다.

④ 레이어 스타일을 적용하기 위해 [Layers(레이어)] 패널 하단의 *fx.*를 눌러 Bevel and Emboss (경사와 엠보스)를 선택해 적용하고 (OK)를 누른다.

⑤ Ctrl + J 를 눌러 복제한다.

Plus α

Move Tool(이동)을 선택한 후 Shape(모양)를 Alt 와 함께 드래그하여 이동복사할 수 있다.

⑥ Ctrl + T 로 회전/크기/위치를 조절하고 Enter 를 누른다.

⑦ 색을 적용하기 위해 [Layers(레이어)] 패널의 '16분 음표' copy Layer Thumbnail(레이어 축소판, 🖼)을 더블클릭한 후 #6699cc를 입력하고 (OK)를 누른다.

⑧ 다른 모양을 추가하기 위해 아래의 모양을 찾아 그린다.
Nature(자연) – 나뭇잎 1(🍃)

⑨ 색을 적용하기 위해 [Layers(레이어)] 패널의 Layer Thumbnail(레이어 축소판, 🖼)을 더블 클릭한 후 #66ffcc를 입력하고 (OK)를 누른다.

⑩ 레이어 스타일을 적용하기 위해 Drop Shadow(그림자 효과)를 선택해 적용하고 (OK)를 누른다.

05 ▶ 문자 효과

① Type Tool(수평 문자)을 선택한 후 빈 캔버스를 클릭한다. Sweet Time을 입력한 후 (Ctrl) + (Enter)를 눌러 완료한다.

② 옵션 바나 [Character(문자)] 패널에서 Arial, Bold, 38pt로 설정한다.

③ 레이어 스타일을 추가하기 위해 Gradient Overlay(그레이디언트 오버레이)를 선택한 후 아래와 같이 값을 변경한다.
- Opacity(불투명도) : 100%
- Style : Linear(선형)
- Angle(각도) : 90°
- Scale(비율) : 100%

④ Gradient(그레이디언트) 편집 창(⬛⬛⬛)을 클릭한 후 Color Stop(색상 정지점)을 더블클릭하여 좌측 : #ff0066, 우측 : #3366ff로 값을 변경하고 (OK)를 누른다.

⑤ 레이어 스타일을 적용하기 위해 [Layers(레이어)] 패널 하단의 fx를 눌러 Stroke(획)를 선택한 후 아래와 같이 값을 변경한다.
- Size(크기) : 2px
- Position(위치) : Outside(바깥쪽)
- Fill Type(칠 유형) : Color(색상)
- 색상값 : #ccccff

⑥ 텍스트를 뒤틀기 위해 Type Tool(수평 문자, T)을 선택한 후 옵션 바의 Create warped text(뒤틀어진 텍스트 만들기, ⼯)를 클릭하여 Style(스타일) : Arc, Vertical, Bend(구부리기) : −30%로 값을 변경하고 (OK)를 누른다.

06 ▶ PSD, JPG 형식으로 저장하기

1 [File(파일)]−[Save(저장)] `Ctrl`+`S`를 선택한 후 기존 파일에 덮어쓰기 한다.

2 JPG 파일 형식으로 저장하기 위해 [File(파일)]−[Save as(다른 이름으로 저장)](`Shift`+`Ctrl`+`S`)를 선택한 후 파일 형식을 클릭해 JPEG로 선택한다. '내 PC₩문서₩GTQ' 폴더에 '수험번호−성명−1'로 입력한 후 [저장]을 누른다.

3 PSD 파일의 사이즈를 1/10로 줄이기 위해 [Image(이미지)]−[Image Size(이미지 크기)](`Alt`+`Ctrl`+`I`)를 선택한 후 단위 : Pixel, Width(폭) : 40px, Height(높이) : 50px, Resolution(해상도) : 72Pixels/Inch로 설정하고 `OK`를 누른다.

4 [File(파일)]−[Save(저장)](`Ctrl`+`S`)를 선택한 후 작은 사이즈로 최종 저장한다.

5 완성된 파일을 확인하기 위해 파일 탐색기를 열어 '내 PC₩문서₩GTQ' 폴더에서 확인한다.

6 시험장의 작업표시줄에 나타나는 'Koas 수험자용'을 클릭해 우측의 **답안 전송** 을 클릭한 후 해당하는 번호에 체크한다. 하단의 **답안 전송** 을 클릭한 후 **닫기** 를 누르면 최종 전송된 답안으로 채점이 이루어진다.

사용 이미지 미리보기

1급-4.jpg

1급-5.jpg

1급-6.jpg

사용자 정의 모양 미리보기

사용 기능

필터	[Filter(필터)]−[Filter Gallery(필터 갤러리)]−[Texture(텍스처)]−[Texturizer(텍스처화)]
색상 조정	[Create new fill or adjustment layer(조정 레이어, ⬤)]−[Hue/Saturation(색조/채도)]
이미지 추출	Quick Selection Tool(빠른 선택, ⬤)
이미지 사이즈	[Image(이미지)]−[Image Size(이미지 크기)](Alt + Ctrl + I)

1 [File(파일)]−[New(새로 만들기)]([Ctrl]+[N])를 선택한 후 아래의 조건으로 설정한 다음 [Create (만들기)]를 누른다.
- PRESET DETAILS(사전 설정 세부정보)
  : 수험번호−성명−2
- 단위 : Pixels
- Width(폭) : 400
- Height(높이) : 500
- Resolution(해상도) : 72Pixels/Inch
- Color Mode(색상모드) : RGB
- Backgound Contents(배경색) : White

2 [Edit(편집)]−[Preferences(속성)]−[Guides, Grid & Slices(안내선, 격자 및 분할 영역)] ([Ctrl]+[K])를 선택한 후 'Grid(격자)'의 Gridline Every(격자 간격) : 100Pixels, Subdivisions(세분) : 1로 설정한 다음 [OK]를 누른다.

3 [View(보기)]−[Show(표시)]−[Grid(격자)] ([Ctrl]+[']와 [View(보기)]−[Rulers(눈금 자)]([Ctrl]+[R])를 나타낸다.

4 [File(파일)]−[Save as(다른 이름으로 저장)] ([Shift]+[Ctrl]+[S])를 클릭한 다음 '내 PC₩문 서₩GTQ' 폴더에 '수험번호−성명−2.psd'로 입력한 후 [저장]을 누른다.

5 [File(파일)]−[Open(열기)]([Ctrl]+[O])을 선 택한 후 '1급−4.jpg'를 불러온다.

6 [Ctrl]+[A]로 전체 선택한 후 [Ctrl]+[C]로 복사 하고 작업파일을 선택한 후 [Ctrl]+[V]로 붙여넣 기 한다.

7 [Ctrl]+[T]로 크기/위치를 조절하고 [Enter]를 누 른다.

8 [Filter(필터)]−[Filter Gallery(필터 갤러리)]− [Texture(텍스처)]−[Texturizer(텍스처화)] 필터를 적용하고 [OK]를 누른다.

1 [File(파일)]−[Open(열기)]([Ctrl]+[O])을 선 택한 후 '1급−5.jpg'를 불러온다.

2 Magic Wand Tool(자동 선택, 🖌️)을 선택한 후 옵션 바의 Tolerance(허용치)를 40으로 변경 하고 배경을 클릭한다.

③ [Select(선택)]—[Similar(유사 영역 선택)]로 선택영역을 확장해 준다. 선택이 안 된 부분은 Shift 와 함께 클릭하여 선택해 준다.

Plus @

그리드로 인해 선택에 지장이 있다면 Alt + ' 를 눌러 숨기거나 [View(보기)]—[Snap To(스냅 옵션)]—[Grid(그리드)]의 선택을 해제하면 그리드의 영향을 받지 않는다.

④ 선택영역을 반전하기 위해 [Select(선택)]—[Inverse(반전)](Shift + Ctrl + I)를 누른다.

⑤ Ctrl + C 로 복사하고 작업파일을 선택한 후 Ctrl + V 로 붙여넣기 한다.

⑥ Ctrl + T 로 크기/위치를 조절하고 Enter 를 누른다.

⑦ 커피잔을 빨간색 계열로 보정하기 위해 Elliptical Marquee Tool(원형 선택, )을 선택한 후 중심에서부터 Alt + Shift 와 함께 드래그하여 정원의 선택영역을 지정한다.

⑧ [Layers(레이어)] 패널 하단의 [Create new fill or adjustment layer(조정 레이어,)]를 클릭한 후 [Hue/Saturation(색조/채도)]를 선택한다.

⑨ Colorize(색상화)에 체크한 후 아래와 같이 값을 변경하고 OK 를 누른다.
- Hue(색조) : 0
- Saturation(채도) : 50
- Lightness : −30

⑩ 쿠키를 녹색 계열로 보정하기 위해 Layer 2를 선택한 후 Quick Selection Tool(빠른 선택,)로 선택영역을 지정한다. [Layers(레이어)] 패널 하단의 [Create new fill or adjustment layer(조정 레이어,)]를 클릭한 후 [Hue/Saturation(색조/채도)]를 선택한다.

⑪ Colorize(색상화)에 체크한 후 아래와 같이 값을 변경하고 OK 를 누른다.
- Hue(색조) : 110
- Saturation(채도) : 50
- Lightness : 0

제시된 색상 계열로 보이면 되므로 값은 조절 가능하다.

⓬ 레이어 스타일을 적용하기 위해 [Layers(레이어)] 패널의 Layer 2를 선택하고 하단의 *fx*.를 눌러 Drop Shadow(그림자 효과)를 선택해 적용하고 (OK)를 누른다.

03 ▶ 이미지 추출 및 레이어 스타일

❶ [File(파일)]−[Open(열기)](Ctrl + O)을 선택한 후 '1급−6.jpg'를 불러온다.

❷ Quick Selection Tool(빠른 선택,)로 선택영역을 지정한 후 제외할 부분은 Alt 와 함께 선택한다.

❸ Ctrl + C 로 복사하고 작업파일을 선택한 후 Ctrl + V 로 붙여넣기 한다.

❹ Ctrl + T 로 좌우대칭하기 위해 조절점 안쪽에서 마우스 오른쪽 클릭해 Flip Horizontal(가로로 뒤집기)을 선택한 후 크기/위치를 조절하고 Enter 를 누른다.

❺ 레이어 스타일을 적용하기 위해 [Layers(레이어)] 패널 하단의 *fx*.를 눌러 Outer Glow(외부 광선)를 선택해 적용하고 (OK)를 누른다.

❻ 레이어를 아래로 보내기 위해 Ctrl + [를 3회 실행해도 되고, 그림과 같이 Layer 2보다 아래로 드래그하여 이동한다.

1 Custom Shape Tool(사용자 정의 모양, 🏵)을 선택한 후 옵션 바에서 Pick Tool Mode(선택 도구 모드) : Shape(모양, Shape ✓), Stroke(획) : 색상 없음(◻)으로 설정한다. 모양 선택(Shape: ➡✓)을 눌러 아래의 모양을 찾아 그린다.
Ornaments(장식) ― 꽃 장식 2(✵)

2 색을 적용하기 위해 [Layers(레이어)] 패널의 Layer Thumbnail(레이어 축소판, 🎨)을 더블클릭한 후 #ffccff를 입력하고 (OK)를 누른다.

3 레이어 스타일을 적용하기 위해 [Layers(레이어)] 패널 하단의 fx를 눌러 Stroke(획)를 선택한 후 아래와 같이 값을 변경하고 (OK)를 누른다.
• Size(크기) : 1px
• Position(위치) : Outside(바깥쪽)
• Fill Type(칠 유형) : Color(색상)
• 색상값 : #660000

4 다른 모양을 추가하기 위해 아래의 모양을 찾아 그린다.
Ornaments(장식) ― 잎 장식 3(🍃)

5 색을 적용하기 위해 [Layers(레이어)] 패널의 Layer Thumbnail(레이어 축소판, 🎨)을 더블클릭한 후 #99ff99를 입력하고 (OK)를 누른다.

6 레이어 스타일을 적용하기 위해 [Layers(레이어)] 패널 하단의 fx를 눌러 Drop Shadow(그림자 효과)를 선택해 적용하고 (OK)를 누른다.

7 Ctrl + J 를 눌러 복제한다.

8 색을 적용하기 위해 [Layers(레이어)] 패널의 '잎 장식 4 copy' Layer Thumbnail(레이어 축소판, 🎨)을 더블클릭한 후 #ffff99를 입력하고 (OK)를 누른다.

9 Ctrl + T 로 좌우대칭하기 위해 조절점 안쪽에서 마우스 오른쪽 클릭 후 Flip Horizontal(가로로 뒤집기)을 선택한다. 회전/크기/위치를 조절하고 Enter 를 누른다.

1 Type Tool(수평 문자, T)을 선택한 후 빈 공간을 클릭한다. Brunch Time을 입력하고 Ctrl + Enter 를 눌러 완료한다.

2 옵션 바나 [Character(문자)] 패널에서 Times New Roman, Regular, 52pt로 설정한다.

3 레이어 스타일을 적용하기 위해 [Layers(레이어)] 패널 하단의 fx 를 눌러 Gradient Overlay(그레이디언트 오버레이)를 선택한 후 아래와 같이 값을 변경한다.
- Opacity(불투명도) : 100%
- Style : Reflected(반사)
- Angle(각도) : 0°
- Scale(비율) : 100%
- Reverse(반전)에 체크

4 Gradient(그레이디언트) 편집 창( )을 클릭한 후 Color Stop(색상 정지점)을 더블클릭하여 좌측 : #cc6633, 우측 : #ffff99로 값을 변경하고 OK 를 누른다.

5 레이어 스타일을 추가하기 위해 Stroke(획)를 선택한 후 아래와 같이 값을 변경하고 OK 를 누른다.
- Size(크기) : 3px
- Position(위치) : Outside(바깥쪽)
- Fill Type(칠 유형) : Color(색상)
- 색상값 : #330000

6 텍스트를 뒤틀기 위해 Type Tool(수평 문자, T)을 선택한 후 옵션 바의 Create warped text(뒤틀어진 텍스트 만들기,)를 클릭하여 Style(스타일) : Arc(부채꼴), Bend(구부리기) : +50%로 값을 변경하고 OK 를 누른다.

---

06 PSD, JPG 형식으로 저장하기

1 [File(파일)]－[Save(저장)](Ctrl + S)를 선택한 후 기존 파일에 덮어쓰기 한다.

2 JPG 파일 형식으로 저장하기 위해 [File(파일)]－[Save as(다른 이름으로 저장)](Shift + Ctrl + S)를 선택한 후 파일 형식을 클릭해 JPEG로 선택한다. '내 PC₩문서₩GTQ' 폴더에 '수험번호－성명－2'로 입력한 후 [저장]을 누른다.

3 PSD 파일의 사이즈를 1/10로 줄이기 위해 [Image(이미지)]－[Image Size(이미지 크기)](Alt + Ctrl + I)를 선택한 후 단위 : Pixel, Width(폭) : 40px, Height(높이) : 50px, Resolution(해상도) : 72Pixels/Inch로 설정하고 OK 를 누른다.

4 [File(파일)]－[Save(저장)](Ctrl + S)를 선택한 후 작은 사이즈로 최종 저장한다.

5 완성된 파일을 확인하기 위해 파일 탐색기를 열어 '내 PC₩문서₩GTQ' 폴더에서 확인한다.

6 시험장의 작업표시줄에 나타나는 'Koas 수험자용'을 클릭해 우측의 답안 전송 을 클릭한 후 해당하는 번호에 체크한다. 하단의 답안 전송 을 클릭한 후 닫기 를 누르면 최종 전송된 답안으로 채점이 이루어진다.

사용 이미지 미리보기

1급-7.jpg

1급-8.jpg

1급-9.jpg

1급-10.jpg

1급-9.jpg

1급-11.jpg

사용자 정의 모양 미리보기

사용 기능

혼합모드	Luminosity(광도)
색상 조정	[Create new fill or adjustment layer(조정 레이어, ⬤)]-[Hue/Saturation(색조/채도)]
필터	• [Filter(필터)]-[Filter Gallery(필터 갤러리)]-[Artistic(예술효과)]-[Paint Daubs(페인트 덥스/페인트 바르기)] • [Filter(필터)]-[Stylize(스타일화)]-[Wind(바람)]
이미지 추출	• Magic Wand Tool(자동 선택, 🪄) • Magnetic Lasso Tool(자석 올가미, 🧲)
레이어 마스크	Add layer mask(레이어 마스크 추가, ⬛)
선택영역 안쪽에 붙여넣기	[Edit(편집)]-[Paste Special(특수 붙여넣기)]-[Paste Into(안쪽에 붙여넣기)](Alt + Ctrl + Shift + V)
이미지 사이즈	[Image(이미지)]-[Image Size(이미지 크기)](Alt + Ctrl + I)

01 ▶ 새 캔버스 생성 및 배경에 색 채우기

1 [File(파일)]−[New(새로 만들기)](Ctrl + N)를
선택한 후 아래의 조건으로 설정하고 [Create(만
들기)]를 누른다.
- PRESET DETAILS(사전 설정 세부정보)
  : 수험번호−성명−3
- 단위 : Pixels
- Width(폭) : 600
- Height(높이) : 400
- Resolution(해상도) : 72Pixels/Inch
- Color Mode(색상모드) : RGB
- Backgound Contents(배경색) : White

2 [Edit(편집)]−[Preferences(속성)]−[Guides,
Grid & Slices(안내선, 격자 및 분할 영역)]
(Ctrl + K)를 선택한 후 'Grid(격자)'의
Gridline Every(격자 간격) : 100Pixels,
Subdivisions(세분) : 1로 설정하고 OK 를 누
른다.

3 [View(보기)]−[Show(표시)]−[Grid(격자)]
(Ctrl + ')와 [View(보기)]−[Rulers(눈금
자)](Ctrl + R)를 나타낸다.

4 [File(파일)]−[Save as(다른 이름으로 저장)]
(Shift + Ctrl + S)를 클릭한 후 '내 PC₩문서
₩GTQ' 폴더에 '수험번호−성명−3.psd'로 입
력하고 [저장]을 누른다.

5 배경에 색을 채우기 위해 도구상자의 Set
foreground color(전경색, ▣)을 클릭한 후
#ff6600를 입력하고 OK 를 누른다. 전경색을
채우기 위해 Alt + Delete 를 누른다.

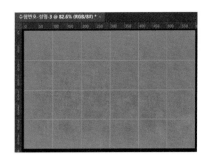

02 ▶ 혼합모드 및 레이어 마스크

1 [File(파일)]−[Open(열기)](Ctrl + O)을 선
택한 후 '1급−7.jpg'를 불러온다.

2 Ctrl + A 로 전체 선택한 후 Ctrl + C 로 복사
하고 작업파일을 선택한 후 Ctrl + V 로 붙여넣
기 한다.

3 Ctrl + T 로 좌우대칭하기 위해 조절점 안쪽에
서 마우스 오른쪽 클릭 후 Flip Horizontal(가로
로 뒤집기)을 선택한다. 크기/위치를 조절하고
Enter 를 누른다.

4 혼합모드를 적용하기 위해 [Layers(레이어)] 패
널의 Blending Mode(혼합모드, Normal)
를 'Luminosity(광도)'로 선택한다.

5 불투명도를 조정하기 위해 [Layers(레이어)] 패
널 상단의 Opacity(불투명도)를 80%로 설정한다.

6 [File(파일)]−[Open(열기)](Ctrl + O)을 선택한 후 '1급−8.jpg'를 불러온다.

7 Ctrl + A 로 전체 선택한 후 Ctrl + C 로 복사하고 작업파일을 선택한 후 Ctrl + V 로 붙여넣기 한다.

8 Ctrl + T 로 크기/위치를 조절하고 Enter 를 누른다.

9 [Filter(필터)]−[Filter Gallery(필터 갤러리)]−[Artistic(예술효과)]−[Paint Daubs(페인트 덥스/페인트 바르기)] 필터를 적용한 다음 OK 를 누른다.

10 레이어 마스크를 적용하기 위해 [Layers(레이어)] 패널 하단의 Add layer mask(레이어 마스크 추가, ◉)를 클릭한다.

11 도구상자에서 Gradient(그레이디언트, ▮)을 선택한 후 옵션 바에서 Gradient Presets(그레이디언트 사전 설정)을 클릭해 Basics(기본 사항)−'Black & White(검정, 흰색)'을 선택한다.

12 그림과 같이 가로 방향으로 드래그한다.

03 선택영역 안에 붙여넣기 및 필터

1 [File(파일)]−[Open(열기)](Ctrl + O)을 선택한 후 '1급−9.jpg', '1급−10.jpg'를 불러온다.

2 먼저 '1급−10.jpg'에서 Magic Wand Tool(자동 선택, ✦)을 선택한 후 옵션 바의 Tolerance(허용치)를 32로 변경하고 배경을 클릭한다.

3 [Select(선택)]−[Similar(유사 영역 선택)]로 선택영역을 확장해 준다.

Plus@

그리드로 인해 선택에 지장이 있다면 Alt + ' 를 눌러 숨기거나 [View(보기)]−[Snap To(스냅 옵션)]−[Grid(그리드)]의 선택을 해제하면 그리드의 영향을 받지 않는다.

④ 선택영역을 반전하기 위해 [Select(선택)]−[Inverse(반전)](Shift + Ctrl + I)를 누른다.

⑤ Ctrl + C 로 복사하고 작업파일을 선택한 후 Ctrl + V 로 붙여넣기 한다.

⑥ Ctrl + T 로 크기/위치를 조절하고 Enter 를 누른다.

⑦ 레이어 스타일을 적용하기 위해 [Layers(레이어)] 패널 하단의 fx 를 눌러 Stroke(획)를 선택한 후 아래와 같이 값을 변경한다.
   • Size(크기) : 3px
   • Position(위치) : Outside(바깥쪽)
   • Fill Type(칠 유형) : Gradient(그레이디언트)
   • Style(스타일) : Linear(선형)
   • Angle(각도) : 0°

⑧ Gradient(그레이디언트) 편집 창(▨ ▾)을 클릭한 후 Color Stop(색상 정지점)을 더블클릭하여 좌측 : #ffff33, 우측 : #00cc33으로 값을 변경하고 OK 를 누른다.

⑨ Magic Wand Tool(자동 선택, ✦)을 선택한 후 옵션 바의 Tolerance(허용치)를 32로 변경한 다음 라떼아트 부분을 Shift 와 함께 복수로 선택한다.

⑩ '1급−9.jpg'로 이동한 후 Ctrl + A 로 전체 선택하고 Ctrl + C 로 복사한다. 작업파일을 선택한 후 [Edit(편집)]−[Paste Special(특수 붙여넣기)]−[Paste Into(안쪽에 붙여넣기)](Alt + Ctrl + Shift + V)를 누른다.

⑪ Ctrl + T 로 크기/위치를 조절하고 Enter 를 누른다.

⑫ [Filter(필터)]−[Stylize(스타일화)]−[Wind(바람)] 필터를 적용한 다음 OK 를 누른다.

🔞 레이어 스타일을 적용하기 위해 [Layers(레이어)] 패널 하단의 _fx_.를 눌러 Bevel and Emboss (경사와 엠보스)를 선택해 적용하고 (OK)를 누른다.

04 **이미지 추출 및 색상 보정**

1️⃣ [File(파일)]−[Open(열기)]((Ctrl)+(O))을 선택한 후 '1급−11.jpg'를 불러온다.

2️⃣ Magnetic Lasso Tool(자석 올가미, 🧲)을 선택한 후 옵션 바의 Frequency를 100으로 설정한 다음 첫 점을 클릭하여 이미지의 형태를 따라 추출한다.

3️⃣ (Ctrl)+(C)로 복사하고 작업파일을 선택한 후 (Ctrl)+(V)로 붙여넣기 한다.

4️⃣ (Ctrl)+(T)로 좌우대칭하기 위해 조절점 안쪽에서 마우스 오른쪽 클릭 후 Flip Horizontal(가로로 뒤집기)을 선택한다. 크기/위치를 조절하고 (Enter)를 누른다.

5️⃣ 마카롱을 녹색 계열로 보정하기 위해 Quick Selection Tool(빠른 선택, 🖌️)로 선택영역을 지정한다. [Layers(레이어)] 패널 하단의 [Create new fill or adjustment layer(조정 레이어, ◑)]를 클릭한 후 [Hue/Saturation(색조/채도)]를 선택한다.

6️⃣ Colorize(색상화)에 체크한 후 Hue(색조) : 110, Satulation(채도) : 50으로 값을 변경하고 (OK)를 누른다.

7️⃣ 레이어 스타일을 적용하기 위해 [Layers(레이어)] 패널의 Layer 5(마카롱)을 선택한 후 하단의 _fx_.를 눌러 Drop Shadow(그림자 효과)를 선택해 적용하고 (OK)를 누른다.

05 **모양 지정 및 레이어 스타일**

1️⃣ Custom Shape Tool(사용자 정의 모양, ✿)을 선택한 후 옵션 바에서 Pick Tool Mode(선택 도구 모드) : Shape(모양, Shape ✓), Stroke(획) : 색상 없음(⊘)으로 설정한다. 모양 선택(Shape: → ✓)을 눌러 아래의 모양을 찾아 그린다.
Objects(물건) − 나비매듭 리본(🎀)

2️⃣ (Ctrl)+(T)로 회전/크기/위치를 조절하고 (Enter)를 누른다.

3️⃣ 색을 적용하기 위해 [Layers(레이어)] 패널의 Layer Thumbnail(레이어 축소판, 🖼️)을 더블 클릭한 후 #ff6600을 입력하고 (OK)를 누른다.

④ 불투명도를 조정하기 위해 [Layers(레이어)] 패널의 Opacity(불투명도)를 80%로 설정한다.

⑤ 레이어 스타일을 적용하기 위해 Drop Shadow(그림자 효과)를 선택해 적용하고 OK 를 누른다.

⑥ Ctrl + J 를 눌러 복제한다.

⑦ Ctrl + T 로 크기/위치를 조절하고 Enter 를 누른다.

⑧ 색을 적용하기 위해 [Layers(레이어)] 패널의 '리본 copy' Layer Thumbnail(레이어 축소판, ▦)을 더블클릭한 후 #ffff33을 입력하고 OK 를 누른다.

Plus α

만약 모양이 그림과 같이 겹친 경우는 어떻게 할까?

→ 색상 조정을 Adjustment Layer(조정 레이어)를 이용하다 보면 새로운 레이어가 생기는데, 모양 레이어보다 위쪽에 생성되는 경우 그림과 같이 보인다. 모양 레이어를 맨 위로 이동해 주면 해결된다.

⑨ 다른 모양을 추가하기 위해 아래의 모양을 찾아 그린다.
Ornaments(장식) − 나뭇잎 장식 3(🍃)

⑩ Ctrl + T 로 회전/크기/위치를 조절하고 Enter 를 누른다.

⑪ 색을 적용하기 위해 [Layers(레이어)] 패널의 Layer Thumbnail(레이어 축소판, ▦)을 더블클릭한 후 #66cc66을 입력하고 OK 를 누른다.

⑫ 불투명도를 조정하기 위해 [Layers(레이어)] 패널의 Opacity(불투명도)를 50%로 설정한다.

⑬ 레이어 스타일을 적용하기 위해 [Layers(레이어)] 패널 하단의 *fx.* 를 눌러 Stroke(획)를 선택한 후 아래와 같이 값을 변경하고 OK 를 누른다.
- Size(크기) : 3px
- Position(위치) : Outside(바깥쪽)
- Fill Type(칠 유형) : Color(색상)
- 색상값 : #ccffcc

⑭ 컵과 마카롱 레이어보다 아래로 이동한다.

⑮ 다른 모양을 추가하기 위해 아래의 모양을 찾아 그린다.
Objects(물건) − 클립(📎)

⑯ Ctrl + T 로 회전/크기/위치를 조절하고 Enter 를 누른다.

⑰ 레이어 스타일을 적용하기 위해 [Layers(레이어)] 패널 하단의 *fx.* 를 눌러 Gradient Overlay(그레이디언트 오버레이)를 선택한 후 아래와 같이 값을 변경한다.
- Opacity(불투명도) : 100%
- Style : Linear(선형)
- Angle(각도) : 0°
- Scale(비율) : 100%

⑱ Gradient(그레이디언트) 편집 창(▭)을 클릭한 후 Color Stop(색상 정지점)을 더블클릭하여 좌측 : #ff0000, 우측 : #6666ff로 값을 변경하고 OK 를 누른다.

19 레이어 스타일을 적용하기 위해 [Layers(레이어)] 패널 하단의 *fx.*를 눌러 Outer Glow(외부 광선)를 선택해 적용하고 (OK)를 누른다.

06 문자 효과

1 Type Tool(수평 문자, T)을 선택한 후 빈 공간을 클릭한다. 틴에이저 디저트 대회를 입력한 후 Ctrl + Enter 를 눌러 완료한다.

2 옵션 바나 [Character(문자)] 패널에서 궁서, 42pt로 설정한 후 디저트만 선택하여 60pt로 변경한다.

3 레이어 스타일을 적용하기 위해 [Layers(레이어)] 패널 하단의 *fx.*를 눌러 Gradient Overlay(그 레이디언트 오버레이)를 선택한 후 아래와 같이 값을 변경한다.
- Opacity(불투명도) : 100%
- Style : Linear(선형)
- Angle(각도) : 0°
- Scale(비율) : 100%

4 Gradient(그레이디언트) 편집 창(▭)을 클릭한 후 Color Stop(색상 정지점)을 더블클릭하여 좌측 : #ff9900, 중간 : #9966cc, 우측 : #339933으로 값을 변경하고 (OK)를 누른다.

5 레이어 스타일을 추가하기 위해 Stroke(획)를 선택한 후 아래와 같이 값을 변경한다.
- Size(크기) : 2px
- Position(위치) : Outside(바깥쪽)
- Fill Type(칠 유형) : Color(색상)
- 색상값 : #ccffcc

6 레이어 스타일을 추가하기 위해 Drop Shadow(그림자 효과)를 선택해 적용하고 (OK)를 누른다.

7 텍스트를 뒤틀기 위해 Type Tool(수평 문자, T)을 선택한 후 옵션 바의 Create warped text(뒤틀어진 텍스트 만들기, ⬦)를 클릭하여 Style(스타일) : Flag(깃발), Bend(구부리기) : -30%로 값을 변경하고 (OK)를 누른다.

8 Type Tool(수평 문자, T)을 선택한 후 빈 공간을 클릭한다. Latte Art Pouring Guide을 입력한 후 Ctrl + Enter 를 눌러 완료한다.

9 옵션 바나 [Character(문자)] 패널에서 Arial, Regular, 18pt, #993300으로 설정한다.

⑩ 레이어 스타일을 적용하기 위해 [Layers(레이어)] 패널 하단의 *fx*를 눌러 Stroke(획)를 선택한 후 아래와 같이 값을 변경하고 OK 를 누른다.
  • Size(크기) : 2px
  • Position(위치) : Outside(바깥쪽)
  • Fill Type(칠 유형) : Color(색상)
  • 색상값 : #ffffcc

⑪ 텍스트를 뒤틀기 위해 Type Tool(수평 문자, T)을 선택한 후 옵션 바의 Create warped text(뒤틀어진 텍스트 만들기, I)를 클릭하여 Style(스타일) : Arc(부채꼴), Bend(구부리기) : −30%로 값을 변경하고 OK 를 누른다.

⑫ Type Tool(수평 문자, T)을 선택한 후 빈 공간을 클릭한다. 꿀조합 레시피 콘테스트를 입력한 후 Ctrl + Enter 를 눌러 완료한다.

⑬ 옵션 바나 [Character(문자)] 패널에서 돋움, 18pt로 설정한다.

⑭ 레이어 스타일을 적용하기 위해 [Layers(레이어)] 패널 하단의 *fx*를 눌러 Gradient Overlay(그레이디언트 오버레이)를 선택한 후 아래와 같이 값을 변경한다.
  • Opacity(불투명도) : 100%
  • Style : Linear(선형)
  • Angle(각도) : 0°
  • Scale(비율) : 100%

⑮ Gradient 편집 창( )을 클릭한 후 Color Stop(색상 정지점)을 더블클릭하여 좌측 : #ff99ff, 우측 : #ffff00으로 값을 변경하고 OK 를 누른다.

⑯ 레이어 스타일을 적용하기 위해 [Layers(레이어)] 패널 하단의 *fx*를 눌러 Stroke(획)를 선택한 후 아래와 같이 값을 변경한다.
  • Size(크기) : 2px
  • Position(위치) : Outside(바깥쪽)
  • Fill Type(칠 유형) : Color(색상)
  • 색상값 : #333333

⑰ Type Tool(수평 문자, T)을 선택한 후 빈 공간을 클릭한다. RTD음료 부문 | 디저트 메뉴개발을 입력한 후 Ctrl + Enter 를 눌러 완료한다.

⑱ 옵션 바나 [Character(문자)] 패널에서 돋움, 16pt, #99ff99로 설정한 후 디저트 메뉴개발만 선택하여 #ffff66로 변경한다.

⑲ 레이어 스타일을 적용하기 위해 [Layers(레이어)] 패널 하단의 *fx*를 눌러 Stroke(획)를 선택한 후 아래와 같이 값을 변경한다.
  • Size(크기) : 2px
  • Position(위치) : Outside(바깥쪽)
  • Fill Type(칠 유형) : Color(색상)
  • 색상값 : #663300

1 [File(파일)]−[Save(저장)](Ctrl + S)를 선택한 후 기존 파일에 덮어쓰기 한다.

2 JPG 파일형식으로 저장하기 위해 [File(파일)]−[Save as(다른 이름으로 저장)](Shift + Ctrl + S)를 선택한 후 파일 형식을 클릭해 JPEG로 선택한다. '내 PC₩문서₩GTQ' 폴더에 '수험번호−성명−3'로 입력한 후 [저장]을 누른다.

3 PSD 파일의 사이즈를 1/10로 줄이기 위해 [Image(이미지)]−[Image Size(이미지 크기)](Alt + Ctrl + I)를 선택한 후 단위 : Pixel, Width(폭) : 60px, Height(높이) : 40px, Resolution(해상도) : 72pixels/inch로 설정 후 OK 를 누른다.

4 [File(파일)]−[Save(저장)](Ctrl + S)를 선택한 후 작은 사이즈로 최종 저장한다.

5 완성된 파일을 확인하기 위해 파일 탐색기를 열어 '내 PC₩문서₩GTQ' 폴더에서 확인한다.

6 시험장의 작업표시줄에 나타나는 'Koas 수험자용'을 클릭해 우측의 답안 전송 을 클릭한 후 해당하는 번호에 체크한다. 하단의 답안 전송 을 클릭한 후 닫기 를 누르면 최종 전송된 답안으로 채점이 이루어진다.

사용 이미지 미리보기

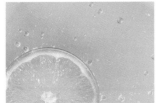

1급-12.jpg

1급-13.jpg

1급-14.jpg

1급-15.jpg

1급-16.jpg

1급-17.jpg

사용자 정의 모양 미리보기

사용 기능

패턴 정의 및 적용	• [Edit(편집)]−[Define Pattern(패턴 정의)] • 레이어 스타일 : Pattern Overlay(패턴 오버레이)
혼합모드	Screen(스크린)
색상 조정	[Create new fill or adjustment layer(조정 레이어, ◑)]−[Hue/Saturation(색조/채도)]
필터	• [Filter(필터)]−[Filter Gallery(필터 갤러리)]−[Artistic(예술효과)]−[Dry Brush(드라이 브러시)] • [Filter(필터)]−[Filter Gallery(필터 갤러리)]−[Artistic(예술효과)]−[Poster Edges(포스터 가장자리)]
이미지 추출	• Quick Selection Tool(빠른 선택, ✎) • Magic Wand Tool(자동 선택, ✦) • Magnetic Lasso Tool(자석 올가미, ⬡)
레이어 마스크	Add layer mask(레이어 마스크 추가, ◙)
이미지 사이즈	[Image(이미지)]−[Image Size(이미지 크기)](Alt + Ctrl + I)

01 새 캔버스 생성 및 배경에 색 채우기

1 [File(파일)]−[New(새로 만들기)](Ctrl+N)를 선택한 후 아래의 조건으로 설정한 다음 [Create(만들기)]를 누른다.

- PRESET DETAILS(사전 설정 세부정보) : 수험번호−성명−4
- 단위 : Pixels
- Width(폭) : 600
- Height(높이) : 400
- Resolution(해상도) : 72Pixels/Inch
- Color Mode(색상모드) : RGB
- Backgound Contents(배경색) : White

2 [Edit(편집)]−[Preferences(속성)]−[Guides, Grid & Slices(안내선, 격자 및 분할 영역)](Ctrl+K)를 선택한 후 'Grid(격자)'의 Gridline Every(격자 간격) : 100Pixels, Subdivisions(세분) : 1로 설정한 다음 OK를 누른다.

3 [View(보기)]−[Show(표시)]−[Grid(격자)](Ctrl+')와 [View(보기)]−[Rulers(눈금자)](Ctrl+R)를 나타낸다.

4 [File(파일)]−[Save as(다른 이름으로 저장)](Shift+Ctrl+S)를 클릭한 후 '내 PC₩문서₩GTQ' 폴더에 '수험번호−성명−4.psd'로 입력하고 [저장]을 누른다.

5 배경에 색을 채우기 위해 도구상자의 Set foreground color(전경색, ◩)를 클릭한 후 #ff6633을 입력하고 OK를 누른다. 전경색을 채우기 위해 Alt+Delete를 누른다.

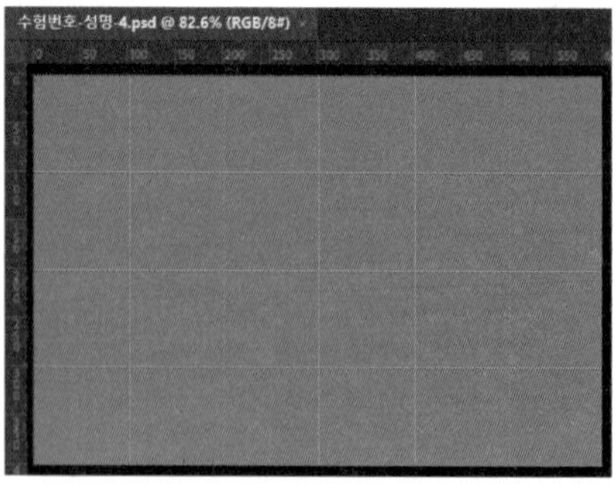

02 패턴 제작 및 등록

1 Pattern(패턴)을 만들기 위해 [File(파일)]−[New(새로 만들기)](Ctrl+N)를 선택한 후 아래의 조건으로 설정한 다음 [Create(만들기)]를 누른다.

- 단위 : Pixels
- Width(폭) : 40
- Height(높이) : 40
- Resolution(해상도) : 72Pixels/Inch
- Color Mode(색상모드) : RGB
- Backgound Contents(배경색) : White

2 Custom Shape Tool(사용자 정의 모양, ✿)을 선택한 후 옵션 바에서 Pick Tool Mode(선택 도구 모드) : Shape(모양, Shape), Stroke(획) : 색상 없음⧄으로 설정한 다음 아래의 모양을 찾아 그린다.
Nature(자연) − 꽃 1(✿)

3 색을 적용하기 위해 [Layers(레이어)] 패널의 Layer Thumbnail(레이어 축소판, ▦)을 더블 클릭한 후 #ffcc00을 입력하고 OK를 누른다.

4 [Layers(레이어)] 패널 하단 Background(배경)의 눈 아이콘(👁)을 클릭해 해제한다.

⑤ 다른 모양을 추가하기 위해 아래의 모양을 찾아 그린다.
Nature(자연) – 꽃 4()

⑥ 색을 적용하기 위해 [Layers(레이어)] 패널의 Layer Thumbnail(레이어 축소판, 🖼)을 더블 클릭한 후 #ff0099를 입력하고 (OK)를 누른다.

⑦ 패턴을 정의하기 위해 [Edit(편집)]–[Define Pattern(패턴 정의)]를 눌러 확인 후 (OK)를 누른다.

03 **혼합모드 및 레이어 마스크**

① [File(파일)]–[Open(열기)](Ctrl + O)을 선택한 후 '1급–12.jpg'를 불러온다.

② Ctrl + A 로 전체 선택한 후 Ctrl + C 로 복사하고 작업파일을 선택한 후 Ctrl + V 로 붙여넣기 한다.

③ Ctrl + T 로 크기/위치를 조절하고 Enter 를 누른다.

④ 혼합모드를 적용하기 위해 [Layers(레이어)] 패널의 Blending Mode(혼합모드, Normal ▾)를 'Screen(스크린)'으로 선택한다.

⑤ 레이어 마스크를 적용하기 위해 [Layers(레이어)] 패널 하단의 Add layer mask(레이어 마스크 추가, ◉)를 클릭한다.

⑥ 도구상자에서 Gradient Tool(그레이디언트, 🔲)을 선택한 후 옵션 바에서 Gradient Presets(그레이디언트 사전 설정)을 클릭해 Basics(기본 사항)–'Black & White(검정, 흰색)'을 선택한다.

⑦ 그림과 같이 대각선 방향으로 드래그한다.

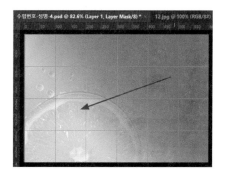

⑧ [File(파일)]–[Open(열기)](Ctrl + O)을 선택한 후 '1급–13.jpg'를 불러온다.

⑨ Ctrl + A 로 전체 선택한 후 Ctrl + C 로 복사하고 작업파일을 선택한 후 Ctrl + V 로 붙여넣기 한다.

⑩ Ctrl + T 로 크기/위치를 조절하고 Enter 를 누른다.

11 [Filter(필터)]-[Filter Gallery(필터 갤러리)]-[Artistic(예술효과)]-[Dry Brush(드라이 브러시)] 필터를 적용한 후 OK를 누른다.

12 5~6을 참고해 레이어 마스크를 적용하여 가로 방향으로 드래그한다.

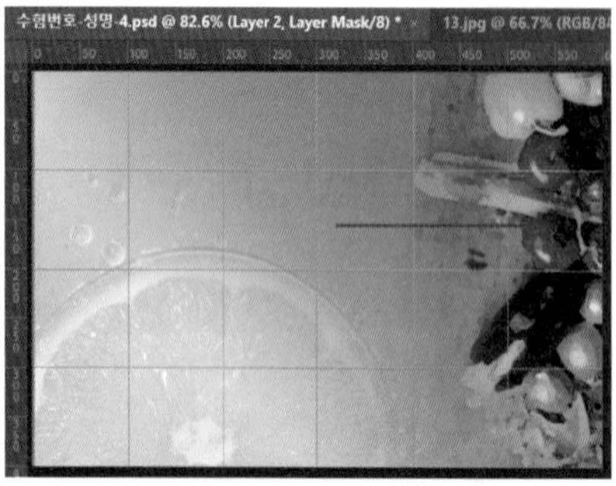

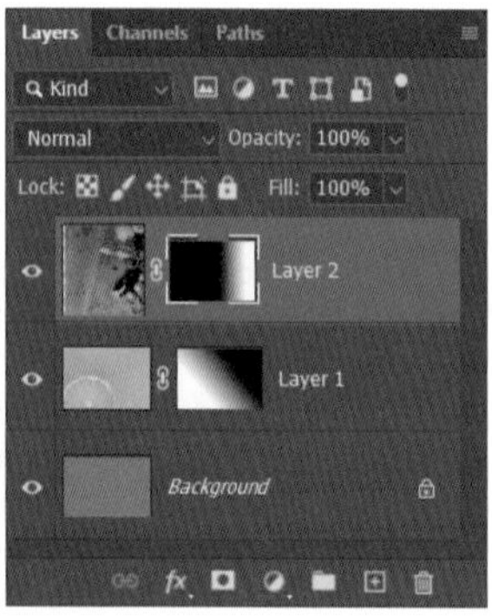

04 이미지 추출 및 색상 보정

1 [File(파일)]-[Open(열기)](Ctrl+O)을 선택한 후 '1급-14.jpg'를 불러온다.

2 Quick Selection Tool(빠른 선택,)로 선택영역을 지정한다.

3 Ctrl+C로 복사하고 작업파일을 선택한 후 Ctrl+V로 붙여넣기 한다.

4 Ctrl+T로 크기/위치를 조절하고 Enter를 누른다.

5 레이어 스타일을 적용하기 위해 [Layers(레이어)] 패널 하단의 fx를 눌러 Bevel and Emboss(경사와 엠보스)를 선택해 적용한다.

6 레이어 스타일을 추가하기 위해 Outer Glow(외부 광선)를 선택해 적용하고 OK를 누른다.

7 [File(파일)]-[Open(열기)](Ctrl+O)을 선택한 후 '1급-15.jpg'를 불러온다.

8 Quick Selection Tool(빠른 선택,)로 배경을 선택한 후 제외할 부분은 Alt와 함께 선택한다.

9 선택영역을 반전하기 위해 [Select(선택)]-[Inverse(반전)](Shift+Ctrl+I)를 누른다.

10 Ctrl+C로 복사하고 작업파일을 선택한 후 Ctrl+V로 붙여넣기 한다.

11 Ctrl+T로 크기/위치를 조절하고 Enter를 누른다.

12 [Filter(필터)]-[Filter Gallery(필터 갤러리)]-[Artistic(예술효과)]-[Poster Edges(포스터 가장자리)] 필터를 적용한 후 OK를 누른다.

13 레이어 스타일을 추가하기 위해 Drop Shadow(그림자 효과)를 선택해 적용하고 OK를 누른다.

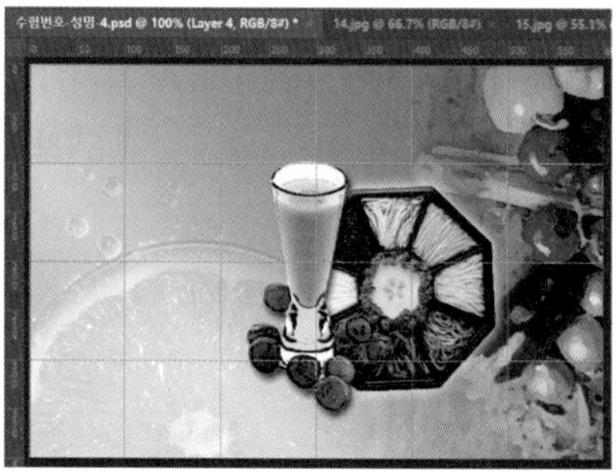

⑭ [File(파일)]−[Open(열기)](Ctrl + O)을 선택한 후 '1급−16.jpg'를 불러온다.

⑮ Magic Wand Tool(자동 선택, )을 선택한 후 옵션 바의 Tolerance(허용치)를 32로 변경한 다음 배경을 클릭한다.

⑯ 선택영역을 반전하기 위해 [Select(선택)]−[Inverse(반전)](Shift + Ctrl + I)를 누른다.

⑰ Ctrl + C 로 복사하고 작업파일을 선택한 후 Ctrl + V 로 붙여넣기 한다.

⑱ Ctrl + T 로 크기/위치를 조절하고 Enter 를 누른다.

⑲ 빨간색 계열로 보정하기 위해 Quick Selection Tool(빠른 선택,)로 선택영역(빵)을 지정한 후 [Layers(레이어)] 패널 하단의 [Create new fill or adjustment layer(조정 레이어,)]를 클릭해 [Hue/Saturation(색조/채도)]를 선택한다.

⑳ Colorize(색상화)에 체크한 후 Hue(색조) : 0, Satulation(채도) : 50으로 값을 변경하고 (OK)를 누른다.

㉑ 레이어 스타일을 적용하기 위해 [Layers(레이어)]패널의 Layer 5(빵)을 선택한 후 하단의 fx. 를 눌러 Drop Shadow(그림자 효과)를 선택해 적용하고 (OK)를 누른다.

㉒ [File(파일)]−[Open(열기)](Ctrl + O)을 선택한 후 '1급−17.jpg'를 불러온다.

㉓ Magnetic Lasso Tool(자석 올가미,)을 선택한 후 옵션 바의 Frequency를 100으로 설정한 다음 첫 점을 클릭하여 이미지의 형태를 따라 추출한다.

Plus@

수정할 부분은 Shift 와 함께 영역을 추가할 수 있고 Alt 와 함께 영역을 제외할 수 있다.

㉔ Ctrl + C 로 복사하고 작업파일을 선택한 후 Ctrl + V 로 붙여넣기 한다.

㉕ Ctrl + T 로 크기/위치를 조절하고 Enter 를 누른다.

1 Pen Tool(펜,)을 선택한 후 옵션 바에서 Pick Tool Mode(선택 도구 모드) : Path(패스, Path ▾), Path operations(패스 작업) : Exclude Overlapping Shapes(모양 오버랩 제외)이나 Combine Shapes(모양 결합)로 지정한다.

2 배경 레이어의 눈 아이콘(👁)을 Alt +클릭해 나머지 레이어의 눈을 끈다. (선택사항)

> **Plus@**
>
> 배경 레이어를 선택하지는 않는다. 새 레이어 추가 시 맨 위로 생성되지 않기 때문이다.

3 아래의 그림을 참고해 그린 다음 패스의 유실을 방지하기 위해 [Path(패스)] 패널을 선택한 후 Work Path(작업 패스) 이름을 더블클릭한다. Save Path(패스 저장)가 나오면 OK 를 누른다. (선택사항)

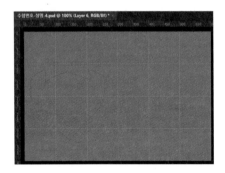

4 레이어로 지정하기 위해 [Path(패스)] 패널 하단의 'Load as a selection(패스를 선택영역으로 지정,)'을 클릭한다.

> **Plus@**
>
> [Path(패스)] 패널의 Path Thumbnail(패스 축소판)을 Ctrl 과 함께 클릭해도 선택영역으로 지정된다.

5 [Layers(레이어)] 패널로 이동해 하단의 Create a new layer(새 레이어, ➕, Ctrl + Shift + N)를 클릭해 추가한다.

6 색을 채우기 위해 도구상자의 Set foreground color(전경색,)을 클릭한 후 #003300을 입력하고 OK 를 누른다. 전경색을 채우기 위해 Alt + Delete 를 누른다.

7 패턴을 적용하기 위해 [Layers(레이어)] 패널 하단의 _fx_ 를 눌러 Pattern Overlay(패턴 오버레이)를 선택한 후 Pattern(패턴)의 목록 단추를 클릭해 정의한 패턴을 선택한다.

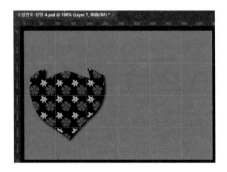

> **Plus@**
>
> 패턴의 크기를 조절하고 싶다면 Scale(비율)을 조정해 출력형태를 참고해 맞춘다.

8 레이어 스타일을 추가하기 위해 Drop Shadow(그림자 효과)를 선택해 적용하고 OK 를 누른다.

9 [Path(패스)] 패널을 선택한 후 Create new path(새 패스,)를 클릭해 추가한다.

10 아래의 그림을 참고하여 그린 다음 [Path(패스)] 패널 하단의 'Load as a selection(패스를 선택 영역으로 지정,)'을 클릭한다.

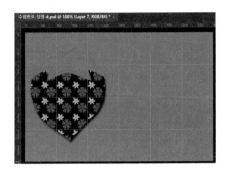

11 [Layers(레이어)] 패널로 이동해 하단의 Create a new layer(새 레이어, , Ctrl + Shift + N)를 클릭해 추가한다.

12 임의의 전경색을 채우기 위해 Alt + Delete 를 누른다.

13 레이어 스타일을 적용하기 위해 [Layers(레이어)] 패널 하단의 를 눌러 Gradient Overlay(그 레이디언트 오버레이)를 선택한 후 아래와 같이 값을 변경한다.
   · Opacity(불투명도) : 100%
   · Style : Reflected(반사)
   · Angle(각도) : 90°
   · Scale(비율) : 100%
   · Reverse(반전)에 체크

14 Gradient(그레이디언트) 편집 창() 을 클릭한 후 Color Stop(색상 정지점)을 더블클 릭하여 좌측 : #006633, 우측 : #ffff99로 값을 변경하고 (OK)를 누른다.

15 레이어 스타일을 추가하기 위해 Drop Shadow(그 림자 효과)를 선택해 적용하고 (OK)를 누른다.

16 선택영역을 해제하기 위해 [Select(선택)]- [Deselect(해제)](Ctrl + D)를 누른다.

17 모든 레이어의 눈을 켜기 위해 레이어의 눈 아이 콘()에서 마우스 오른쪽 클릭 후 'Show/ hide all other layers(다른 모든 레이어 표시/ 숨기기)'를 클릭한다.

1 Custom Shape Tool(사용자 정의 모양, 🐾)을 선택한 후 옵션 바에서 Pick Tool Mode(선택 도구 모드) : Shape(모양, Shape ✓), Stroke(획) : 색상 없음(◻)으로 설정한다. 모양 선택(Shape: ➡ ✓)을 눌러 아래의 모양을 찾아 그린다.
Ornaments(장식) − 장식 7(🎗)

2 Ctrl + T 로 회전/크기/위치를 조절하고 Enter 를 누른다.

3 색을 적용하기 위해 [Layers(레이어)] 패널의 Layer Thumbnail(레이어 축소판, 🔳)을 더블클릭한 후 #cc6600을 입력하고 OK 를 누른다.

4 레이어 스타일을 적용하기 위해 Inner Shadow(내부 그림자)를 선택해 적용하고 OK 를 누른다.

5 불투명도를 조정하기 위해 [Layers(레이어)] 패널의 Opacity(불투명도)를 70%로 설정한다.

6 다른 모양을 추가하기 위해 아래의 모양을 찾아 그린다.
Web(웹) − 우편(✉)

7 색을 적용하기 위해 [Layers(레이어)] 패널의 Layer Thumbnail(레이어 축소판, 🔳)을 더블클릭한 후 #993333을 입력하고 OK 를 누른다.

8 레이어 스타일을 추가하기 위해 Stroke(획)를 선택한 후 아래와 같이 값을 변경하고 OK 를 누른다.
• Size(크기) : 2px
• Position(위치) : Outside(바깥쪽)
• Fill Type(칠 유형) : Color(색상)
• 색상값 : #ffffff

9 메뉴 부분을 만들기 위해 아래의 모양을 찾아 그린다.
Banners and Awards(배너 및 상장) − 배너 3 (▭)

10 레이어 스타일을 적용하기 위해 [Layers(레이어)] 패널 하단의 *fx* 를 눌러 Gradient Overlay(그레이디언트 오버레이)를 선택한 후 아래와 같이 값을 변경한다.
• Opacity(불투명도) : 100%
• Style : Reflected(반사)
• Angle(각도) : 90°
• Scale(비율) : 100%

11 Gradient(그레이디언트) 편집 창(▬▬▬ ✓)을 클릭한 후 Color Stop(색상 정지점)을 더블클릭하여 좌측 : #ffffff, 우측 : #996699로 값을 변경하고 OK 를 누른다.

12 레이어 스타일을 추가하기 위해 Stroke(획)를 선택한 후 아래와 같이 값을 변경하고 ⓞⓚ를 누른다.
 • Size(크기) : 2px
 • Position(위치) : Outside(바깥쪽)
 • Fill Type(칠 유형) : Color(색상)
 • 색상값 : #663366

13 메뉴에 텍스트를 입력하기 위해 Type Tool(수평 문자, T)을 선택한 후 Shift+클릭하여 한과를 입력하고 Ctrl + Enter를 눌러 완료한다.

Plusⓐ

Shift+클릭 후 입력하는 이유는 모양이 선택된 상태에서 텍스트를 입력하면 영역 안에 글자가 입력되기 때문이다.

14 옵션 바나 [Character(문자)] 패널에서 바탕, 18pt, 오른쪽 정렬, #000000으로 설정한다.

15 레이어 스타일을 적용하기 위해 [Layers(레이어)] 패널 하단의 ⨍ⲭ를 눌러 Stroke(획)를 선택한 후 아래와 같이 값을 변경하고 ⓞⓚ를 누른다.
 • Size(크기) : 2px
 • Position(위치) : Outside(바깥쪽)
 • Fill Type(칠 유형) : Color(색상)
 • 색상값 : #ffffff

16 메뉴를 복제하기 위해 배너 모양과 텍스트 레이어를 Shift로 함께 클릭하고 Move Tool(이동, ✛)을 선택한 후 Alt와 함께 아래 방향으로 드래그하여 두 번 복제한다.

17 두 번째의 텍스트를 수정하기 위해 [Layers(레이어)] 패널의 Indicates Text Layer(텍스트 레이어, T)를 더블클릭한 후 디저트를 입력하고 Ctrl + Enter를 눌러 완료한다.

18 세 번째 텍스트도 17과 같은 방법으로 플레이팅으로 수정한다.

19 두 번째 모양의 Stroke(획) 부분을 더블클릭한 후 아래와 같이 값을 변경한다.
 • Size(크기) : 2px
 • Position(위치) : Outside(바깥쪽)
 • Fill Type(칠 유형) : Color(색상)
 • 색상값 : #336633

20 Gradient Overlay(그레이디언트 오버레이)를 선택한 후 아래와 같이 값을 변경한다.
 • Opacity(불투명도) : 100%
 • Style : Reflected(반사)
 • Angle(각도) : 90°
 • Scale(비율) : 100%

21 Gradient(그레이디언트) 편집 창(▭)을 클릭한 후 Color Stop(색상 정지점)을 더블클릭하여 좌측 : #ffffff, 우측 : #669966으로 값을 변경하고 ⓞⓚ를 누른다.

22 Move Tool(이동, ✛)로 각 모양을 선택한 후 Ctrl + T로 길이를 조절한다.

1 Type Tool(수평 문자, [T])을 선택한 후 빈 공간을 클릭한다. Seoul Dessert Fair를 입력한 후 [Ctrl]+[Enter]를 눌러 완료한다.

2 옵션 바 또는 [Character(문자)] 패널에서 Arial, Regular, 22pt, #ff66cc로 설정한 후 S, D, F만 선택하여 35pt로 변경한다.

3 레이어 스타일을 적용하기 위해 [Layers(레이어)] 패널 하단의 [fx]를 눌러 Stroke(획)를 선택한 후 아래와 같이 값을 변경하고 [OK]를 누른다.
- Size(크기) : 2px
- Position(위치) : Outside(바깥쪽)
- Fill Type(칠 유형) : Gradient(그레이디언트)
- Style(스타일) : Linear(선형)
- Angle(각도) : 0°

4 Gradient(그레이디언트) 편집 창(   )을 클릭한 후 Color Stop(색상 정지점)을 더블클릭하여 좌측 : #ccffff, 우측 : #ffff00으로 값을 변경하고 [OK]를 누른다.

5 텍스트를 뒤틀기 위해 Type Tool(수평 문자, [T])을 선택한 후 옵션 바의 Create warped text(뒤틀어진 텍스트 만들기, [工])를 클릭한다. Style(스타일) : Flag(깃발), Bend(구부리기) : +50%로 값을 변경하고 [OK]을 누른다.

6 Type Tool(수평 문자, [T])을 선택한 후 빈 공간을 클릭한다. 서울 디저트 페어를 입력한 후 [Ctrl]+[Enter]를 눌러 완료한다.

7 옵션 바나 [Character(문자)] 패널에서 굴림, 48pt로 설정한다.

8 레이어 스타일을 적용하기 위해 [Layers(레이어)] 패널 하단의 [fx]를 눌러 Gradient Overlay(그레이디언트 오버레이)를 선택한 후 아래와 같이 값을 변경한다.
- Opacity(불투명도) : 100%
- Style : Linear(선형)
- Angle(각도) : 0°
- Scale(비율) : 100%

9 Gradient(그레이디언트) 편집 창(   )을 클릭한 후 Color Stop(색상 정지점)을 더블클릭하여 좌측 : #0000cc, 중간 : #006600, 우측 : #ff6600으로 값을 변경하고 [OK]를 누른다.

10 레이어 스타일을 추가하기 위해 Stroke(획)를 선택한 후 아래와 같이 값을 변경하고 [OK]를 누른다.
- Size(크기) : 2px
- Position(위치) : Outside(바깥쪽)
- Fill Type(칠 유형) : Color(색상)
- 색상값 : #ccffff

11 텍스트를 뒤틀기 위해 Type Tool(수평 문자, [T])을 선택한 후 옵션 바의 Create warped text(뒤틀어진 텍스트 만들기, [工])를 클릭한다. Style(스타일) : Fish(물고기), Bend(구부리기) : +50%로 값을 변경한 후 [OK]를 누른다.

12 Type Tool(수평 문자, [T])을 선택한 후 빈 공간을 클릭한다. 참가 신청을 입력한 후 [Ctrl]+[Enter]를 눌러 완료한다.

⑬ 옵션 바나 [Character(문자)] 패널에서 궁서, 18pt, #993333으로 설정한다.

⑭ 레이어 스타일을 추가하기 위해 [Layers(레이어)] 패널 하단의 *fx*를 눌러 Stroke(획)를 선택한 후 아래와 같이 값을 변경하고 OK 를 누른다.
 • Size(크기) : 2px
 • Position(위치) : Outside(바깥쪽)
 • Fill Type(칠 유형) : Color(색상)
 • 색상값 : #ffffff

08 ▶ PSD, JPG 형식으로 저장하기

① [File(파일)]-[Save(저장)](Ctrl + S)를 선택한 후 기존 파일에 덮어쓰기 한다.

② JPG 파일형식으로 저장하기 위해 [File(파일)]-[Save as(다른 이름으로 저장)](Shift + Ctrl + S)를 선택한 후 파일 형식을 클릭해 JPEG로 선택한다. '내 PC₩문서₩GTQ' 폴더에 '수험번호-성명-4'로 입력한 후 [저장]을 누른다.

③ PSD 파일의 사이즈를 1/10로 줄이기 위해 [Image(이미지)]-[Image Size(이미지 크기)](Alt + Ctrl + I)를 선택한 후 단위 : Pixel, Width(폭) : 60px, Height(높이) : 40px, Resolution(해상도) : 72pixels/inch로 설정 후 OK 를 누른다.

④ [File(파일)]-[Save(저장)](Ctrl + S)를 선택한 후 작은 사이즈로 최종 저장한다.

⑤ 완성된 파일을 확인하기 위해 파일 탐색기를 열어 '내 PC₩문서₩GTQ' 폴더에서 확인한다.

⑥ 시험장의 작업표시줄에 나타나는 'Koas 수험자용'을 클릭해 우측의 답안 전송 을 클릭한 후 해당하는 번호에 체크한다. 하단의 답안 전송 을 클릭한 후 닫기 를 누르면 최종 전송된 답안으로 채점이 이루어진다.

⊙ Check Point !

		O	X
공통	• 제시된 크기(px)와 해상도(72pixels/inch)로 파일을 만들었나요? • '수험번호-성명-문제번호.psd'로 저장했나요? • 그리드(Ctrl + ')와 눈금자(Ctrl + R)를 표시했나요? • 시험지에도 자를 이용해 100픽셀씩 그리드를 그려주었나요?		
문제1번	• 만든 패스를 저장했나요? • 클리핑 마스크를 적용했나요? • 각 이미지와 Shape(모양)에 레이어 스타일과 필터를 적용했나요?		
문제2번	• 제시된 색상으로 보정했나요? • 각 이미지와 Shape(모양)에 레이어 스타일과 필터를 적용했나요?		
문제3번	• 배경에 색을 적용했나요? • Blending Mode(혼합모드)를 적용했나요? • 레이어 마스크의 방향을 맞게 적용했나요? • 제시된 색상으로 보정했나요? • 각 이미지와 Shape(모양)에 레이어 스타일과 필터를 적용했나요?		
문제4번	• 배경에 색을 적용했나요? • 패턴을 제작하여 등록하였나요? • Blending Mode(혼합모드)를 적용했나요? • 레이어 마스크의 방향을 맞게 적용했나요? • 제시된 색상으로 보정했나요? • 1급-17.jpg를 제외한 이미지와 Shape(모양)에 레이어 스타일과 필터를 적용했나요? • 펜 도구를 이용하여 오브젝트를 그려 패턴으로 적용하였나요?		
공통	• '수험번호-성명-문제번호.jpg'로 저장했나요? • 1/10로 줄여 '수험번호-성명-문제번호.psd'로 저장했나요?		

※ 시험장에서는 반드시 전송까지 실행해 주세요.

제3회 기출유형문제
[S/W:포토샵]

급수	문제유형	시험시간	수험번호	성명
1급	A	90분		

수험자 유의사항

- 수험자는 문제지를 받는 즉시 응시하고자 하는 과목 및 급수가 맞는지 확인한 후 수험번호와 성명을 작성합니다.
- 파일명은 본인의 "수험번호-성명-문제번호"로 공백 없이 정확히 입력하고 답안폴더(내 PC₩문서₩GTQ)에 jpg 파일과 psd 파일의 2가지 포맷으로 저장해야 하며, jpg 파일과 psd 파일의 내용이 상이할 경우 0점 처리됩니다. 답안문서 파일명이 "수험번호-성명-문제번호"와 일치하지 않거나, 답안 파일을 전송하지 않아 미제출로 처리될 경우 불합격 처리됩니다.
- 문제의 세부조건은 '영문(한글)' 형식으로 표기되어 있으니 유의하시기 바랍니다.
- 수험자 정보와 저장한 파일명, 저장 위치가 다를 경우 전송이 되지 않으므로, 주의하시기 바랍니다.
- 답안 작성 중에도 주기적으로 '저장'과 '답안 전송'을 이용하여 감독위원 PC로 답안을 전송하셔야 합니다.
  (※ 작업한 내용을 저장하지 않고 전송할 경우 이전의 저장내용이 전송되오니 이점 반드시 유념하시기 바랍니다.)
- 답안문서는 지정된 경로 외의 다른 보조기억장치에 저장하는 행위, 지정된 시험 시간 외에 작성된 파일을 활용한 행위, 기타 허용되지 않은 프로그램(이메일, 메신저, 게임, 네트워크 등) 이용 시 부정행위로 간주되어 자격기본법 제32조에 의거 본 시험 및 국가공인 자격시험을 2년간 응시할 수 없습니다.
- 시험 중 부주의 또는 고의로 시스템을 파손한 경우와 〈수험자 유의사항〉에 기재된 방법대로 이행하지 않아 생기는 불이익은 수험자의 책임임을 알려 드립니다.
- 시험을 완료한 수험자는 최종적으로 저장한 답안파일이 전송되었는지 확인한 후 감독위원의 지시에 따라 문제지를 제출하고 퇴실합니다.

답안 작성요령

- 온라인 답안 작성 절차
  수험자 등록 ⇒ 시험 시작 ⇒ 답안파일 저장 ⇒ 답안 전송 ⇒ 시험 종료
- 내 PC₩문서₩GTQ₩Image 폴더에 있는 그림 원본파일을 사용하여 답안을 작성하시고 최종답안을 답안폴더(내 PC₩문서₩GTQ)에 저장하여 답안을 전송하시고, 이미지의 크기가 다른 경우 감점 처리됩니다.
- 배점은 총 100점으로 이루어지며, 점수는 각 문제별로 차등 배분됩니다.
- 각 문제는 주어진 〈조건〉에 따라 작성하고, 언급하지 않은 조건은 《출력형태》와 같이 작성합니다.
- 배치 등의 편의를 위해 주어진 눈금자의 단위는 '픽셀'입니다.
- 그 외는 출력형태(효과, 이미지, 문자, 색상, 레이아웃, 규격 등)와 같게 작업하십시오.
- 문제 조건에 서체의 지정이 없을 경우 한글은 굴림이나 돋움, 영문은 Arial로 작업하십시오. (단, 그 외에 제시되지 않은 문자 속성을 기본값으로 작성하지 않은 경우는 감점 처리됩니다.)
- Image Mode(이미지 모드)는 별도의 처리조건이 없을 경우에는 RGB(8비트)로 작업하십시오.
- 모든 답안 파일은 해상도 72pixels/inch로 작업하십시오.
- Layer(레이어)는 각 기능별로 분할해야 하며, 임의로 합칠 경우나 각 기능에 대한 속성을 해지할 경우 해당 요소는 0점 처리됩니다.

[기능평가] 고급 Tool(도구) 활용

다음의 《조건》에 따라 아래의 《출력형태》와 같이 작업하시오.

조건

원본이미지			문서₩GTQ₩Image문서₩GTQ₩1급-1.jpg, 1급-2.jpg, 1급-3.jpg
파일 저장 규칙	JPG	파일명	문서₩GTQ₩수험번호-성명-1.jpg
		크기	400 × 500 pixels
	PSD	파일명	문서₩GTQ₩수험번호-성명-1.psd
		크기	40 × 50 pixels

1. 그림 효과
   ① 1급-1.jpg : 필터 – Texturizer(텍스처화)
   ② Save Path(패스 저장) : 배
   ③ Mask(마스크) : 배 모양, 1급-2.jpg를 이용하여 작성
      레이어 스타일 – Stroke(선/획)(3px, 그레이디언트(#ffff33, #cc33cc)), Inner Shadow(내부 그림자)
   ④ 1급-3.jpg : 레이어 스타일 – Outer Glow(외부 광선)
   ⑤ Shape Tool(모양 도구) :
      – 물결 모양 (#99ff99, #33ffff, 레이어 스타일 – Drop Shadow(그림자 효과))
      – 타깃 모양 (#666699, 레이어 스타일 – Stroke(선/획)(2px, #ffffff))

2. 문자 효과
   ① Play Ocean (Arial, Regular, 50pt, 레이어 스타일 – 그레이디언트 오버레이(#660066, #336633), Stroke(선/획)(3px, #ffffcc))

출력형태

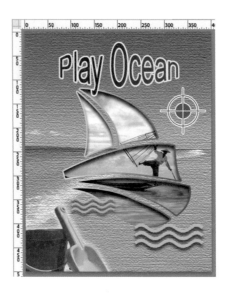

20점

다음의 《조건》에 따라 아래의 《출력형태》와 같이 작업하시오.

조건

원본이미지			문서₩GTQ₩Image문서₩GTQ₩1급−4.jpg, 1급−5.jpg, 1급−6.jpg
파일 저장 규칙	JPG	파일명	문서₩GTQ₩수험번호−성명−2.jpg
		크기	400 × 500 pixels
	PSD	파일명	문서₩GTQ₩수험번호−성명−2.psd
		크기	40 × 50 pixels

1. 그림 효과

① 1급−4.jpg : 필터 − Lens Flare(렌즈 플레어)

② 색상 보정 : 1급−5.jpg − 파란색, 보라색 계열로 보정

③ 1급−5.jpg : 레이어 스타일 − Outer Glow(외부 광선)

④ 1급−6.jpg : 레이어 스타일 − Drop Shadow(그림자 효과)

⑤ Shape Tool(모양 도구) :

  − 타일 모양 (#ccffff, Opacity(불투명도)(60%))

  − 새 모양 (#ffcc99, #66ccff, 레이어 스타일 − Drop Shadow(그림자 효과))

2. 문자 효과

① 우리가 보호해야 할 (궁서, 36pt, 레이어 스타일 − 그레이디언트 오버레이(#ff6600, #ffff99), Stroke(선/획)(2px, #333366))

출력형태

25점

다음의 《조건》에 따라 아래의 《출력형태》와 같이 작업하시오.

조건

원본이미지	문서\GTQ\image문서\GTQ\1급-7.jpg, 1급-8.jpg, 1급-9.jpg, 1급-10.jpg, 1급-11.jpg		
파일 저장 규칙	JPG	파일명	문서\GTQ\수험번호-성명-3.jpg
		크기	600 × 400 pixels
	PSD	파일명	문서\GTQ\수험번호-성명-3.psd
		크기	60 × 40 pixels

1. 그림 효과

① 배경 : #6633cc

② 1급-7.jpg : Blending Mode(혼합모드) – Screen(스크린), Opacity(불투명도)(80%)

③ 1급-8.jpg : 필터 – Crosshatch(그물눈), 레이어 마스크 – 가로 방향으로 흐릿하게

④ 1급-9.jpg : 필터 – Glass(유리)

⑤ 1급-10.jpg : 레이어 스타일 – Outer Glow(외부 광선)

⑥ 1급-11.jpg : 색상 보정 – 녹색 계열로 보정, 레이어 스타일 – Stroke(선/획)(4px, 그레이디언트(#ffff00, #66cccc))

⑦ 그 외 《출력형태》 참조

2. 문자 효과

① World Ocean's Day (Arial, 54pt, 레이어 스타일 – 그레이디언트 오버레이(#99ff33, #ff99ff, #66ffff), Stroke(선/획)(2px, #000000), Drop Shadow(그림자 효과))

② 5월 31일 바다 식목일 (굴림, 22pt, #ffffff, 레이어 스타일 – Stroke(선/획)(2px, #3399ff))

③ 소중한 바다 함께 지켜요 (궁서, 18pt, 레이어 스타일 – 그레이디언트 오버레이(#ffccff, #ffffff), Stroke(선/획)(2px, #0033cc))

④ ▶ 환경 사진전 ▶ 어린 물고기 방류 (궁서, 16pt, #000000, #339999, 레이어 스타일 – Stroke(선/획)(2px, #ffffff))

출력형태

Shape Tool(모양 도구) 사용
#33ffff, 레이어 스타일 –
Inner Shadow(내부 그림자)

Shape Tool(모양 도구) 사용
레이어 스타일 – 그레이디언트
오버레이(#cc6666, #ffcccc),
Drop Shadow(그림자 효과)

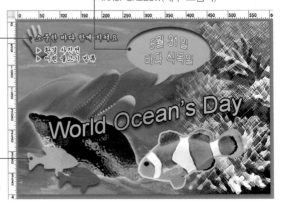

Shape Tool(모양 도구) 사용
#33ffff, #0066cc, 레이어 스타일 –
Drop Shadow(그림자 효과),
Opacity(불투명도)(80%)

다음의 《조건》에 따라 아래의 《출력형태》와 같이 작업하시오.

조건

원본이미지	문서₩GTQ₩Image문서₩GTQ₩1급−12.jpg, 1급−13.jpg, 1급−14.jpg, 1급−15.jpg, 1급−16.jpg, 1급−17.jpg		
파일 저장 규칙	JPG	파일명	문서₩GTQ₩수험번호−성명−4.jpg
		크기	600 × 400 pixels
	PSD	파일명	문서₩GTQ₩수험번호−성명−4.psd
		크기	60 × 40 pixels

1. 그림 효과

① 배경 : #99ccff

② 패턴(물고기, 꽃 장식 모양) : #ffcc33, #ffffff

③ 1급−12.jpg : Blending Mode(혼합모드) − Hard Light(하드 라이트), 레이어 마스크 − 가로 방향으로 흐릿하게

④ 1급−13.jpg : 필터 − Texturizer(텍스처화), 레이어 마스크 − 대각선 방향으로 흐릿하게

⑤ 1급−14.jpg : 레이어 스타일 − Bevel and Emboss(경사와 엠보스), Outer Glow(외부 광선)

⑥ 1급−15.jpg : 필터 − Film Grain(필름 그레인), 레이어 스타일 − Inner Shadow(내부 그림자)

⑦ 1급−16.jpg : 색상 보정 − 빨간색 계열로 보정, 레이어 스타일 − Drop Shadow(그림자 효과)

⑧ 그 외 《출력형태》 참조

2. 문자 효과

① Let's Protect the sea (Times New Roman, Bold, 17pt, 27pt, #ffffff, 레이어 스타일 − Stroke(선/획)(2px, 그레이디언트(#0066ff, #cc33cc)))

② 해양생물 자원관 씨큐리움 (굴림, 36pt, 레이어 스타일 − 그레이디언트 오버레이(#99cc00, #ffff99, #99ccff), Stroke(선/획)(2px, #333399))

③ 해양생물 다양성 전시 (궁서, 15pt, #0099cc, 레이어 스타일 − Stroke(선/획)(2px, #ffffff))

④ 관람안내 전시해설 편의시설 (돋움, 16pt, #ffffff, 레이어 스타일 − Stroke(선/획)(2px, #3366cc, #9966cc))

출력형태

Shape Tool(모양 도구) 사용
레이어 스타일 − 그레이디언트
오버레이(#99ffff, #0066cc),
Stroke(선/획)(2px, #339999,
#9966cc)

Pen Tool(펜 도구) 사용
#669966, #003300,
레이어 스타일 − Drop Shadow(그림자 효과)

Shape Tool(모양 도구) 사용
#66ffff, #ffff99,
레이어 스타일 −
Inner Shadow(내부 그림자)

Shape Tool(모양 도구) 사용
#ff6633, 레이어 스타일 −
Inner Shadow(내부 그림자),
Opacity(불투명도)(80%)

사용 이미지 미리보기

1급-1.jpg

1급-2.jpg

1급-3.jpg

사용자 정의 모양 미리보기

사용 기능

필터	[Filter(필터)]-[Filter Gallery(필터 갤러리)]-[Texture(텍스처)]-[Texturizer(텍스처화)]
클리핑 마스크	Create Clipping Mask(클리핑 마스크 만들기, Alt + Ctrl + G)
이미지 추출	Quick Selection Tool(빠른 선택,)
이미지 사이즈	[Image(이미지)]-[Image Size(이미지 크기)](Alt + Ctrl + I)

01 ▶ **새 캔버스 생성 및 필터**

1 [File(파일)]−[New(새로 만들기)](Ctrl + N)를 선택한 후 아래의 조건으로 설정한 다음 [Create(만들기)]를 누른다.
- PRESET DETAILS(사전 설정 세부정보)
  : 수험번호−성명−1
- 단위 : Pixels
- Width(폭) : 400
- Height(높이) : 500
- Resolution(해상도) : 72Pixels/Inch
- Color Mode(색상모드) : RGB
- Backgound Contents(배경색) : White

2 [Edit(편집)]−[Preferences(속성)]−[Guides, Grid & Slices(안내선, 격자 및 분할 영역)](Ctrl + K)를 선택한 후 'Grid(격자)'의 Gridline Every(격자 간격) : 100Pixels, Subdivisions(세분) : 1로 설정한 다음 OK 를 누른다.

3 [View(보기)]−[Show(표시)]−[Grid(격자)](Ctrl + ')와 [View(보기)]−[Rulers(눈금자)](Ctrl + R)를 나타낸다.

4 [File(파일)]−[Save As(다른 이름으로 저장)](Shift + Ctrl + S)를 클릭한 후 '내 PC₩문서₩GTQ' 폴더에 '수험번호−성명−1.psd'로 입력한 후 [저장]을 누른다.

5 [File(파일)]−[Open(열기)](Ctrl + O)을 선택한 후 '1급−1.jpg'를 불러온다.

6 Ctrl + A 로 전체 선택한 후 Ctrl + C 로 복사하고 작업파일을 선택한 후 Ctrl + V 로 붙여넣기 한다.

7 Ctrl + T 로 크기/위치를 조절하고 Enter 를 누른다.

8 [Filter(필터)]−[Filter Gallery(필터 갤러리)]−[Texture(텍스처)]−[Texturizer(텍스처화)] 필터를 적용하고 OK 를 누른다.

02 ▶ **패스 제작 및 패스 저장**

1 Pen Tool(펜,)을 선택한 후 옵션 바에서 Pick Tool Mode(선택 도구 모드) : Path(패스, Path), Path operations(패스 작업) : Exclude Overlapping Shapes(모양 오버랩 제외,)로 지정한다.

2 Layer 1(배경 이미지)의 눈 아이콘( )을 클릭해 숨기게 한 다음 패스를 그리기 위해 [Path(패스)] 패널을 누른다. (선택사항)

③ 다음과 같이 Pen Tool(펜, ✏️)로 그린다. 곡선을 그리다가 방향선을 끊고 싶다면 기준점을 Alt +클릭한다.

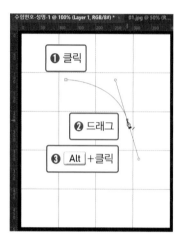

④ 드래그, Alt +클릭하여 사이사이 넉넉하게 간격을 두어 그려야 출력형태와 유사하다.

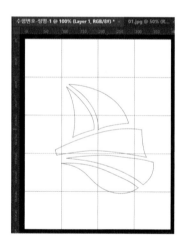

⑤ 패스를 저장하기 위해 [Path(패스)] 패널의 Work Path(작업 패스) 이름을 더블클릭한 후 Save Path(패스 저장) 대화상자가 나오면 배를 입력하고 OK 를 누른다.

⑥ 패스를 선택영역으로 지정하기 위해 Ctrl +Path Thumbnail(패스 축소판)을 클릭한 후 선택영역이 생기면 [Layers(레이어)] 패널을 선택하여 하단의 Create a new layer(새 레이어, ➕, Shift + Ctrl + N)를 클릭해 추가한다.

⑦ 임의의 색을 채우기 위해 Alt + Delete 를 눌러 전경색(◼️)을 채운다.

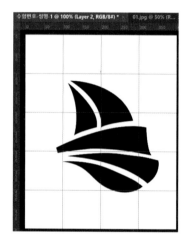

⑧ 선택영역을 해제하기 위해 [Select(선택)]−[Deselect(해제)](Ctrl + D)를 누른다.

⑨ 배경 이미지의 눈 아이콘(👁)을 클릭해 보이게 한다.

⑩ 레이어 스타일을 적용하기 위해 [Layers(레이어)] 패널 하단의 fx 를 눌러 Stroke(획)를 선택한 후 아래와 같이 값을 변경한다.
  • Size(크기) : 3px
  • Position(위치) : Outside(바깥쪽)
  • Fill Type(칠 유형) : Gradient(그레이디언트)
  • Style(스타일) : Linear(선형)
  • Angle(각도) : 0°

Plus@

[Layers(레이어)] 패널에서 해당 레이어의 회색 영역을 더블클릭해도 적용할 수 있다.

11 Gradient(그레이디언트) 편집 창(▨▨▨)을 클릭한 후 Color Stop(색상 정지점)을 더블클릭하여 좌측 : #ffff33, 우측 : #cc33cc로 값을 변경하고 OK 를 누른다.

12 레이어 스타일을 추가하기 위해 Inner Shadow(내부 그림자)를 선택해 적용하고 OK 를 누른다.

오른쪽 클릭

03 클리핑 마스크 및 레이어 스타일 적용

1 [File(파일)]-[Open(열기)](Ctrl + O)을 선택한 후 '1급-2.jpg'를 불러온다.

2 Ctrl + A 로 전체 선택한 후 Ctrl + C 로 복사하고 작업파일을 선택한 후 Ctrl + V 로 붙여넣기 한다.

3 Ctrl + T 로 크기/위치를 조절하고 Enter 를 누른다.

4 클리핑 마스크를 적용하기 위해 [Layers(레이어)] 패널의 Layer 3(어부)에서 마우스 오른쪽 클릭 후 Create Clipping Mask(클리핑 마스크 만들기, Alt + Ctrl + G)를 선택한다.

Plus@

Layer 2와 Layer 3의 위치를 조절하고 싶다면 Shift 와 함께 선택한 후 Ctrl + T 로 크기/위치를 조절하고 Enter 를 누른다.

5 [File(파일)]-[Open(열기)](Ctrl + O)을 선택한 후 '1급-3.jpg'를 불러온다.

6 Quick Selection Tool(빠른 선택, ◭)로 선택영역을 지정한다.

7 Ctrl + C 로 복사하고 작업파일을 선택한 후 Ctrl + V 로 붙여넣기 한다.

8 Ctrl + T 로 좌우대칭하기 위해 조절점 안쪽에서 마우스 오른쪽 클릭 후 Flip Horizontal(가로로 뒤집기)을 선택한다. 크기/위치를 조절한 후 Enter 를 누른다.

9 레이어 스타일을 적용하기 위해 [Layers(레이어)] 패널 하단의 *fx.*를 눌러 Outer Glow(외부 광선)를 선택해 적용하고 OK 를 누른다.

04 모양 지정 및 레이어 스타일

1 Custom Shape Tool(사용자 정의 모양, 🟅)을 선택한 후 옵션 바에서 Pick Tool Mode(선택 도구 모드) : Shape(모양, Shape ∨), Stroke(획) : 색상 없음(⬜)으로 설정한다. 모양 선택(Shape: → ∨)을 눌러 아래의 모양을 찾아 그린다.

• 기본 경로 : Legacy Shapes and More(레거시 모양 및 기타) – All Legacy Default Shapes (모든 레거시 기본 모양)
• Nature(자연) – 파형(〰)

2 색을 적용하기 위해 [Layers(레이어)] 패널의 Layer Thumbnail(레이어 축소판, 🖼)을 더블클릭한 후 #99ff99를 입력하고 OK 를 누른다.

3 레이어 스타일을 적용하기 위해 [Layers(레이어)] 패널 하단의 *fx.*를 눌러 Drop Shadow(그림자 효과)를 선택해 적용하고 OK 를 누른다.

4 Ctrl + J 를 눌러 복제한다.

> **Plus@**
>
> Move Tool(이동)을 선택한 후 Shape(모양)을 Alt 와 함께 드래그하여 이동복사 할 수 있다.

5 Ctrl + T 로 크기/위치를 조절하고 Enter 를 누른다.

6 색을 적용하기 위해 [Layers(레이어)] 패널의 물결 copy Layer Thumbnail(레이어 축소판, 🖼)을 더블클릭한 후 #33ffff를 입력하고 OK 를 누른다.

7 다른 모양을 추가하기 위해 아래의 모양을 찾아 그린다.
Symbols(기호) – 등록 대상 1(◉)

8 색을 적용하기 위해 [Layers(레이어)] 패널의 Layer Thumbnail(레이어 축소판, 🖼)을 더블클릭한 후 #666699를 입력하고 OK 를 누른다.

⑨ 레이어 스타일을 적용하기 위해 [Layers(레이어)] 패널 하단의 **fx**를 눌러 Stroke(획)를 선택한 후 아래와 같이 값을 변경한다.
- Size(크기) : 2px
- Position(위치) : Outside(바깥쪽)
- Fill Type(칠 유형) : Color(색상)
- 색상값 : #ffffff

05 ▶ 문자 효과

① Type Tool(수평 문자)을 선택한 후 빈 캔버스를 클릭한다. Play Ocean을 입력한 후 [Ctrl]+[Enter]를 눌러 완료한다.

② 옵션 바나 [Character(문자)] 패널에서 Arial, Regular, 50pt로 설정한다.

③ 레이어 스타일을 추가하기 위해 Gradient Overlay(그레이디언트 오버레이)를 선택한 후 아래와 같이 값을 변경한다.
- Opacity(불투명도) : 100%
- Style : Linear(선형)
- Angle(각도) : 0°
- Scale(비율) : 100%

④ Gradient(그레이디언트) 편집 창(■■■□)을 클릭한 후 Color Stop(색상 정지점)을 더블클릭하여 좌측 : #660066, 우측 : #336633으로 값을 변경하고 (OK)를 누른다.

⑤ 레이어 스타일을 적용하기 위해 [Layers(레이어)] 패널 하단의 **fx**를 눌러 Stroke(획)를 선택한 후 아래와 같이 값을 변경한다.
- Size(크기) : 3px
- Position(위치) : Outside(바깥쪽)
- Fill Type(칠 유형) : Color(색상)
- 색상값 : #ffffcc

⑥ 텍스트를 뒤틀기 위해 Type Tool(수평 문자, **T**)을 선택한 후 옵션 바의 Create warped text(뒤틀어진 텍스트 만들기, **工**)를 클릭한다. Style(스타일) : Bulge(돌출), Bend(구부리기) : +40%로 값을 변경한 후 (OK)를 누른다.

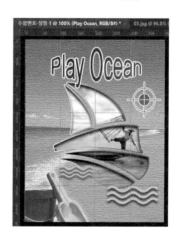

1 [File(파일)]−[Save(저장)](Ctrl + S)를 선택
한 후 기존 파일에 덮어쓰기 한다.

2 JPG 파일 형식으로 저장하기 위해 [File(파일)]−
[Save as(다른 이름으로 저장)](Shift + Ctrl
+ S)를 선택한 후 파일 형식을 클릭해 JPEG
로 선택한다. '내 PC₩문서₩GTQ' 폴더에 '수험
번호−성명−1'로 입력한 후 [저장]을 누른다.

3 PSD 파일의 사이즈를 1/10로 줄이기 위해
[Image(이미지)]−[Image Size(이미지 크기)]
(Alt + Ctrl + I)를 선택한 후 단위 : Pixel,
Width(폭) : 40px, Height(높이) : 50px,
Resolution(해상도) : 72Pixels/Inch로 설정하
고 OK 를 누른다.

4 [File(파일)]−[Save(저장)](Ctrl + S)를 선택
한 후 작은 사이즈로 최종 저장한다.

5 완성된 파일을 확인하기 위해 파일 탐색기를 열어
'내 PC₩문서₩GTQ' 폴더에서 확인한다.

6 시험장의 작업표시줄에 나타나는 'Koas 수험자
용'을 클릭해 우측의 답안 전송 을 클릭한 후 해
당하는 번호에 체크한다. 하단의 답안 전송 을
클릭한 후 닫기 를 누르면 최종 전송된 답안
으로 채점이 이루어진다.

사용 이미지 미리보기

1급-4.jpg

1급-5.jpg

1급-6.jpg

사용자 정의 모양 미리보기

사용 기능

필터	[Filter(필터)]-[Render(렌더)]-[Lens Flare(렌즈 플레어)]
색상 조정	[Image(이미지)]-[Adjustment(조정)]-[Hue/Saturation(색조/채도)](Ctrl + U)
이미지 추출	Quick Selection Tool(빠른 선택,)
이미지 사이즈	[Image(이미지)]-[Image Size(이미지 크기)](Alt + Ctrl + I)

01 ▶ 새 캔버스 생성 및 필터

1 [File(파일)]−[New(새로 만들기)](〔Ctrl〕+〔N〕)를 선택한 후 아래의 조건으로 설정한 다음 [Create(만들기)]를 누른다.
   - PRESET DETAILS(사전 설정 세부정보)
     : 수험번호−성명−2
   - 단위 : Pixels
   - Width(폭) : 400
   - Height(높이) : 500
   - Resolution(해상도) : 72Pixels/Inch
   - Color Mode(색상모드) : RGB
   - Backgound Contents(배경색) : White

2 [Edit(편집)]−[Preferences(속성)]−[Guides, Grid & Slices(안내선, 격자 및 분할 영역)](〔Ctrl〕+〔K〕)를 선택한 후 'Grid(격자)'의 Gridline Every(격자 간격) : 100Pixels, Subdivisions(세분) : 1로 설정하고 〔OK〕를 누른다.

3 [View(보기)]−[Show(표시)]−[Grid(격자)](〔Ctrl〕+〔'〕)와 [View(보기)]−[Rulers(눈금자)](〔Ctrl〕+〔R〕)를 나타낸다.

4 [File(파일)]−[Save As(다른 이름으로 저장)](〔Shift〕+〔Ctrl〕+〔S〕)를 클릭한 후 '내 PC₩문서₩GTQ' 폴더에 '수험번호−성명−2.psd'로 입력하고 [저장]을 누른다.

5 [File(파일)]−[Open(열기)](〔Ctrl〕+〔O〕)을 선택한 후 '1급−4.jpg'를 불러온다.

6 〔Ctrl〕+〔A〕로 전체 선택한 후 〔Ctrl〕+〔C〕로 복사하고 작업파일을 선택한 후 〔Ctrl〕+〔V〕로 붙여넣기 한다.

7 〔Ctrl〕+〔T〕로 크기/위치를 조절하고 〔Enter〕를 누른다.

8 [Filter(필터)]−[Render(렌더)]−[Lens Flare(렌즈 플레어)] 필터를 선택한 후 출력형태를 참고하여 빛의 위치를 클릭한 다음 〔OK〕를 누른다.

02 ▶ 이미지 추출 및 색상 보정

1 [File(파일)]−[Open(열기)](〔Ctrl〕+〔O〕)을 선택한 후 '1급−5.jpg'를 불러온다.

2 Quick Selection Tool(빠른 선택, 🖌)로 선택영역을 지정한다.

③ `Ctrl` + `C`로 복사하고 작업파일을 선택한 후 `Ctrl` + `V`로 붙여넣기 한다.

④ `Ctrl` + `T`로 크기/위치를 조절하고 `Enter`를 누른다.

⑤ 파란색 계열로 보정하기 위해 Quick Selection Tool(빠른 선택, )로 선택영역(좌측 소라 부분)을 지정한 후 [Image(이미지)]−[Adjustments(조정)]−[Hue/Saturation(색조/채도)](`Ctrl` + `U`)를 선택한다.

⑥ Colorize(색상화)에 체크한 후 Hue(색조) : 220, Saturation(채도) : 50으로 값을 변경하고 `OK`를 누른다.

⑦ 선택영역을 해제하기 위해 [Select(선택)]−[Deselect(해제)](`Ctrl` + `D`)를 누른다.

⑧ 보라색 계열로 보정하기 위해 Quick Selection Tool(빠른 선택,)로 선택영역(우측 소라 부분)을 지정한 후 [Image(이미지)]−[Adjustments(조정)]−[Hue/Saturation(색조/채도)](`Ctrl` + `U`)를 선택한다.

⑨ Colorize(색상화)에 체크한 후 Hue(색조) : 270, Saturation(채도) : 50으로 값을 변경하고 `OK`를 누른다.

Plus@

제시된 색상 계열로 보이면 되므로 값은 조절 가능하다.

⑩ 선택영역을 해제하기 위해 [Select(선택)]−[Deselect(해제)](`Ctrl` + `D`)를 누른다.

⑪ 레이어 스타일을 적용하기 위해 [Layers(레이어)] 패널 하단의 *fx*를 눌러 Outer Glow(외부 광선)를 선택해 적용하고 `OK`를 누른다.

---

03 **이미지 추출 및 레이어 스타일**

① [File(파일)]−[Open(열기)](`Ctrl` + `O`)을 선택한 후 '1급−6.jpg'를 불러온다.

② 수염까지 선택영역으로 지정하기 위해 Magic Wand Tool(자동 선택,)을 선택한 후 옵션 바의 Tolerance(허용치)를 32, Contiguous(인접)에 체크를 해제한 다음 배경을 클릭한다. `Shift`와 함께 복수의 배경을 클릭해 모두 지정한다.

옵션 바의 값을 초기화시키려면 'Current Tool(현재 도구)' 아이콘에서 마우스 오른쪽 클릭 후 'Reset Tool(도구 재설정)' 또는 'Reset All Tools(모든 도구 재설정)'을 선택하여 아래와 같이 대화상자가 뜨면 OK 를 누른다.

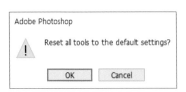

3 선택영역을 반전하기 위해 [Select(선택)]−[Inverse(반전)](Shift + Ctrl + I)를 누른다.

4 Quick Selection Tool(빠른 선택, )로 물개를 추가로 선택한다.

5 Ctrl + C 로 복사하고 작업파일을 선택한 후 Ctrl + V 로 붙여넣기 한다.

6 Ctrl + T 로 좌우대칭하기 위해 조절점 안쪽에서 마우스 오른쪽 클릭 후 Flip Horizontal(가로로 뒤집기)을 선택한다. 크기/위치를 조절한 후 Enter 를 누른다.

7 레이어 스타일을 적용하기 위해 Drop Shadow(그림자 효과)를 선택해 적용하고 OK 를 누른다.

04 모양 지정 및 레이어 스타일

1 Custom Shape Tool(사용자 정의 모양,)을 선택한 후 옵션 바에서 Pick Tool Mode(선택 도구 모드) : Shape(모양, Shape ∨), Stroke(획) : 색상 없음()으로 설정한다. 모양 선택(shape: ∨)을 눌러 아래의 모양을 찾아 그린다.
Tiles(타일) − 타일 1()

2 Ctrl + T 로 조절점 안쪽에서 마우스 오른쪽 클릭 후 Rotate 90° Clockwise(시계방향 90°)을 선택한다. 크기/위치를 조절하고 Enter 를 누른다.

3 색을 적용하기 위해 [Layers(레이어)] 패널의 Layer Thumbnail(레이어 축소판,)을 더블 클릭한 후 #ccffff를 입력하고 OK 를 누른다.

4 불투명도를 조정하기 위해 [Layers(레이어)] 패널 상단의 Opacity(불투명도)를 60%로 설정한다.

⑤ 다른 모양을 추가하기 위해 아래의 모양을 찾아 그린다.
Aniamals(동물) — 새 2()

⑥ 색을 적용하기 위해 [Layers(레이어)] 패널의 Layer Thumbnail(레이어 축소판, 🖼)을 더블클릭한 후 #ffcc99를 입력하고 (OK)를 누른다.

⑦ 레이어 스타일을 적용하기 위해 [Layers(레이어)] 패널 하단의 *fx.*를 눌러 Drop Shadow(그림자 효과)를 선택해 적용하고 (OK)를 누른다.

⑧ Ctrl + J 를 눌러 복제한다.

⑨ 색을 적용하기 위해 [Layers(레이어)] 패널의 '새 2 copy' Layer Thumbnail(레이어 축소판, 🖼)을 더블클릭한 후 #66ccff를 입력하고 (OK)를 누른다.

⑩ Ctrl + T 로 좌우대칭하기 위해 조절점 안쪽에서 마우스 오른쪽 클릭 후 Flip Horizontal(가로로 뒤집기)을 선택한다. 회전/크기/위치를 조절한 후 Enter 를 누른다.

---

05 문자 효과

① Vertical Type Tool(수직 문자, 🔠T)을 선택한 후 빈 공간을 클릭한다. 우리가 보호해야 할을 입력한 후 Ctrl + Enter 를 눌러 완료한다.

Plus α

가로로 입력한 경우 옵션 바의 Toggle Text Orientation(텍스트 방향 켜기/끄기, 🔠)으로 변경할 수 있다.

② 옵션 바나 [Character(문자)] 패널에서 궁서, 36pt로 설정한다.

③ 레이어 스타일을 적용하기 위해 [Layers(레이어)] 패널 하단의 *fx.*를 눌러 Gradient Overlay(그레이디언트 오버레이)를 선택한 후 아래와 같이 값을 변경한다.
  • Opacity(불투명도) : 100%
  • Style : Linear(선형)
  • Angle(각도) : 90˚
  • Scale(비율) : 100%

④ Gradient(그레이디언트) 편집 창(▬▬▬)을 클릭한 후 Color Stop(색상 정지점)을 더블클릭하여 좌측 : #ff6600, 우측 : #ffff99로 값을 변경하고 (OK)를 누른다.

⑤ Stroke(획)를 선택한 후 아래와 같이 값을 변경하고 (OK)를 누른다.
  • Size(크기) : 2px
  • Position(위치) : Outside(바깥쪽)
  • Fill Type(칠 유형) : Color(색상)
  • 색상값 : #333366

6 텍스트를 뒤틀기 위해 Type Tool(수평 문자, T)을 선택한 후 옵션 바의 Create warped text(뒤틀어진 텍스트 만들기, ↧)를 클릭한다. Style(스타일) : Arc(부채꼴), Bend(구부리기) : +5%로 값을 변경한 후 OK 를 누른다.

7 Layer 2(소라)를 장식 모양보다 위로 올라오게 하기 위해 그림과 같이 레이어를 이동한다.

06 **PSD, JPG 형식으로 저장하기**

1 [File(파일)]−[Save(저장)](Ctrl+S)를 선택한 후 기존 파일에 덮어쓰기 한다.

2 JPG 파일형식으로 저장하기 위해 [File(파일)]−[Save as(다른 이름으로 저장)](Shift+Ctrl+S)를 선택한 후 파일 형식을 클릭해 JPEG로 선택한다. '내 PC₩문서₩GTQ' 폴더에 '수험번호−성명−2'로 입력한 후 [저장]을 누른다.

3 PSD 파일의 사이즈를 1/10로 줄이기 위해 [Image(이미지)]−[Image Size(이미지 크기)](Alt+Ctrl+I)를 선택한 후 단위 : Pixel, Width(폭) : 40px, Height(높이) : 50px, Resolution(해상도) : 72Pixels/Inch로 설정하고 OK 를 누른다.

4 [File(파일)]−[Save(저장)](Ctrl+S)를 선택한 후 작은 사이즈로 최종 저장한다.

5 완성된 파일을 확인하기 위해 파일 탐색기를 열어 '내 PC₩문서₩GTQ' 폴더에서 확인한다.

6 시험장의 작업표시줄에 나타나는 'Koas 수험자용'을 클릭해 우측의 답안 전송 을 클릭한 후 해당하는 번호에 체크한다. 하단의 답안 전송 을 클릭한 후 닫기 를 누르면 최종 전송된 답안으로 채점이 이루어진다.

사용 이미지 미리보기

1급-7.jpg

1급-8.jpg

1급-9.jpg

1급-10.jpg

1급-11.jpg

사용자 정의 모양 미리보기

사용 기능

혼합모드	Screen(스크린)
색상 조정	[Image(이미지)]-[Adjustment(조정)]-[Hue/Saturation(색조/채도)](Ctrl + U)
필터	• [Filter(필터)]-[Filter Gallery(필터 갤러리)]-[Brush Strokes(브러시 획)]-[Crosshatch(그물눈)] • [Filter(필터)]-[Filter Gallery(필터 갤러리)]-[Distort(왜곡)]-[Glass(유리)]
이미지 추출	Magic Wand Tool(자동 선택,)
레이어 마스크	Add layer mask(레이어 마스크 추가,)
클리핑 마스크	Create Clipping Mask(클리핑 마스크 만들기, Alt + Ctrl + G)
이미지 사이즈	[Image(이미지)]-[Image Size(이미지 크기)](Alt + Ctrl + I)

01 새 캔버스 생성 및 배경에 색 채우기

☐ [File(파일)]−[New(새로 만들기)]([Ctrl]+[N])를 선택한 후 아래의 조건으로 설정한 다음 [Create(만들기)]를 누른다.
  · PRESET DETAILS(사전 설정 세부정보)
    : 수험번호−성명−3
  · 단위 : Pixels
  · Width(폭) : 600
  · Height(높이) : 400
  · Resolution(해상도) : 72Pixels/Inch
  · Color Mode(색상모드) : RGB
  · Backgound Contents(배경색) : White

☐ [Edit(편집)]−[Preferences(속성)]−[Guides, Grid & Slices(안내선, 격자 및 분할 영역)]([Ctrl]+[K])를 선택한 후 'Grid(격자)'의 Gridline Every(격자 간격) : 100Pixels, Subdivisions(세분) : 1로 설정하고 [OK]를 누른다.

☐ [View(보기)]−[Show(표시)]−[Grid(격자)]([Ctrl]+['])와 [View(보기)]−[Rulers(눈금자)]([Ctrl]+[R])를 나타낸다.

☐ [File(파일)]−[Save As(다른 이름으로 저장)]([Shift]+[Ctrl]+[S])를 클릭한 후 '내 PC\문서 \GTQ' 폴더에 '수험번호−성명−3.psd'로 입력하고 [저장]을 누른다.

☐ 배경에 색을 채우기 위해 도구상자의 Set foreground color(전경색, ■)을 클릭한 후 #6633cc를 입력하고 [OK]를 누른다. 전경색을 채우기 위해 [Alt]+[Delete]를 누른다.

02 혼합모드 및 레이어 마스크

☐ [File(파일)]−[Open(열기)]([Ctrl]+[O])을 선택한 후 '1급−7.jpg'를 불러온다.

☐ [Ctrl]+[A]로 전체 선택한 후 [Ctrl]+[C]로 복사하고 작업파일을 선택한 후 [Ctrl]+[V]로 붙여넣기 한다.

☐ [Ctrl]+[T]로 크기/위치를 조절한 후 [Enter]를 누른다.

☐ 혼합모드를 적용하기 위해 [Layers(레이어)] 패널의 Blending Mode(혼합모드, [Normal ∨])를 Screen(스크린)으로 선택한다.

☐ 불투명도를 조정하기 위해 [Layers(레이어)] 패널 상단의 Opacity(불투명도)를 80%로 설정한다.

6 [File(파일)]−[Open(열기)]([Ctrl]+[O])을 선택한 후 '1급−8.jpg'를 불러온다.

7 [Ctrl]+[A]로 전체 선택한 후 [Ctrl]+[C]로 복사하고 작업파일을 선택한 후 [Ctrl]+[V]로 붙여넣기 한다.

8 [Ctrl]+[T]로 크기/위치를 조절하고 [Enter]를 누른다.

9 [Filter(필터)]−[Filter Gallery(필터 갤러리)]−[Brush Strokes(브러시 획)]−[Crosshatch(그물눈)] 필터를 적용한 후 (OK)를 누른다.

10 레이어 마스크를 적용하기 위해 [Layers(레이어)] 패널 하단의 Add layer mask(레이어 마스크 추가, ▣)를 클릭한다.

11 도구상자에서 Gradient Tool(그레이디언트, ▣)을 선택한 후 옵션 바에서 Gradient Presets(그레이디언트 사전 설정)을 클릭해 Basics(기본 사항)−'Black & White(검정, 흰색)'을 선택한다.

12 그림과 같이 가로방향으로 드래그한다.

03 클리핑 마스크 및 레이어 스타일 적용

1 [File(파일)]−[Open(열기)]([Ctrl]+[O])을 선택한 후 '1급−9.jpg', '1급−10.jpg'를 불러온다.

2 먼저 '1급−10.jpg'를 Magic Wand Tool(자동 선택, ✦)을 선택한 후 옵션 바의 Tolerance(허용치)를 32, Contiguous(인접)에 체크한 다음 배경을 클릭한다.

3 선택영역을 반전하기 위해 [Select(선택)]−[Inverse(반전)]([Shift]+[Ctrl]+[I])를 누른다.

4 [Ctrl]+[C]로 복사하고 작업파일을 선택한 후 [Ctrl]+[V]로 붙여넣기 한다.

5 Ctrl + T 로 크기/위치를 조절하고 Enter 를 누른다.

6 레이어 스타일을 적용하기 위해 [Layers(레이어)] 패널 하단의 fx 를 눌러 Outer Glow(외부 광선)를 선택해 적용하고 OK 를 누른다.

7 '1급-9.jpg'로 이동해 Ctrl + A 로 전체 선택한 후 Ctrl + C 로 복사하고 작업파일을 선택한 후 Ctrl + V 로 붙여넣기 한다.

8 Ctrl + T 로 크기/위치를 조절하고 Enter 를 누른다.

9 [Filter(필터)]-[Filter Gallery(필터 갤러리)]-[Distort(왜곡)]-[Glass(유리)] 필터를 적용한 후 OK 를 누른다.

10 클리핑 마스크를 적용하기 위해 [Layers(레이어)] 패널의 Layer 4(물고기)에서 마우스 오른쪽 클릭 후 Create Clipping Mask(클리핑 마스크 만들기, Alt + Ctrl + G)를 선택한다.

04 이미지 추출 및 색상 보정

1 [File(파일)]-[Open(열기)](Ctrl + O)을 선택한 후 '1급-11.jpg'를 불러온다.

2 Magnetic Lasso Tool(자석 올가미,)을 선택한 후 옵션 바의 Frequency를 100으로 설정한다. 첫 점을 클릭하여 이미지의 형태를 따라 추출한다.

Plus @

수정할 부분은 Shift 와 함께 영역을 추가할 수 있고 Alt 와 함께 영역을 제외할 수 있다.

3 Ctrl + C 로 복사하고 작업파일을 선택한 후 Ctrl + V 로 붙여넣기 한다.

4 Ctrl + T 로 좌우대칭하기 위해 조절점 안쪽에서 마우스 오른쪽 클릭 후 Flip Horizontal(가로로 뒤집기)을 선택한다. 크기/위치를 조절한 후 Enter 를 누른다.

5 녹색 계열로 보정하기 위해 [Image(이미지)]-[Adjustments(조정)]-[Hue/Saturation(색조/채도)](Ctrl + U)를 선택한다.

6 대화상자가 나오면 우측 하단의 Colorize(색상화)에 체크한 후 Hue(색조) : 110, Satulation(채도) : 50으로 값을 변경하고 OK 를 누른다.

7 레이어 스타일을 적용하기 위해 [Layers(레이어)] 패널 하단의 *fx*를 눌러 Stroke(획)를 선택한 후 아래와 같이 값을 변경한다.
- Size(크기) : 4px
- Position(위치) : Outside(바깥쪽)
- Fill Type(칠 유형) : Gradient(그레이디언트)
- Style(스타일) : Linear(선형)
- Angle(각도) : 0°

8 Gradient(그레이디언트) 편집 창(■■■■■▼)을 클릭한 후 Color Stop(색상 정지점)을 더블클릭하여 좌측 : #ffff00, 우측 : #66cccc으로 값을 변경하고 (OK)를 누른다.

05 모양 지정 및 레이어 스타일

1 Custom Shape Tool(사용자 정의 모양, 🎨)을 선택한 후 옵션 바에서 Pick Tool Mode(선택 도구 모드) : Shape(모양, Shape ▽), Stroke(획) : 색상 없음(☑)으로 설정한다. 모양 선택(Shape: →)을 눌러 아래의 모양을 찾아 그린다.
Aniamals(동물) – 물고기(🐟)

2 색을 적용하기 위해 [Layers(레이어)] 패널의 Layer Thumbnail(레이어 축소판, 🔳)을 더블클릭한 후 #33ffff를 입력하고 (OK)를 누른다.

3 불투명도를 조정하기 위해 [Layers(레이어)] 패널의 Opacity(불투명도)를 80%로 설정한다.

4 레이어 스타일을 적용하기 위해 Drop Shadow(그림자 효과)를 선택해 적용하고 (OK)를 누른다.

5 Ctrl + J 를 눌러 복제한다.

6 Ctrl + T 로 크기/위치를 조절하고 Enter 를 누른다.

7 색을 적용하기 위해 [Layers(레이어)] 패널의 '물고기 copy' Layer Thumbnail(레이어 축소판, 🔳)을 더블클릭한 후 #0066cc를 입력하고 (OK)를 누른다.

8 다른 모양을 추가하기 위해 아래의 모양을 찾아 그린다.
Objects(물건) – 왼손(✋)

9 레이어 스타일을 적용하기 위해 [Layers(레이어)] 패널 하단의 *fx*를 눌러 Gradient Overlay(그레이디언트 오버레이)를 선택한 후 아래와 같이 값을 변경한다.
- Opacity(불투명도) : 100%
- Style : Linear(선형)
- Angle(각도) : 90°
- Scale(비율) : 100%

10 Gradient(그레이디언트) 편집 창(■■■■■▼)을 클릭한 후 Color Stop(색상 정지점)을 더블클릭하여 좌측 : #cc6666, 우측 : #ffcccc로 값을 변경하고 (OK)를 누른다.

11 레이어 스타일을 적용하기 위해 Drop Shadow(그림자 효과)를 선택해 적용하고 (OK)를 누른다.

12 다른 모양을 추가하기 위해 아래의 모양을 찾아 그린다.
Talk bubbles(말풍선) − 대화 1(💬)

13 색을 적용하기 위해 [Layers(레이어)] 패널의 Layer Thumbnail(레이어 축소판, 🖼)을 더블 클릭한 후 #33ffff를 입력하고 (OK)를 누른다.

14 레이어 스타일을 적용하기 위해 [Layers(레이어)] 패널 하단의 ƒx를 눌러 Inner Shadow(내부 그림자)를 선택해 적용하고 (OK)를 누른다.

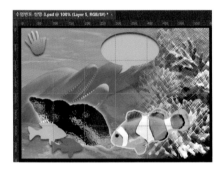

06 ▶ 문자 효과

1 Type Tool(수평 문자, T)을 선택한 후 빈 공간을 클릭한다. World Ocean's Day을 입력한 후 Ctrl + Enter 를 눌러 완료한다.

2 옵션 바나 [Character(문자)] 패널에서 Arial, Regular, 54pt로 설정한다.

3 레이어 스타일을 적용하기 위해 [Layers(레이어)] 패널 하단의 ƒx를 눌러 Gradient Overlay(그레이디언트 오버레이)를 선택한 후 아래와 같이 값을 변경한다.
• Opacity(불투명도) : 100%
• Style : Linear(선형)
• Angle(각도) : 0°
• Scale(비율) : 100%

4 Gradient(그레이디언트) 편집 창(▬▬▬▬)을 클릭한 후 Color Stop(색상 정지점)을 더블클릭하여 좌측 : #99ff33, 중간 : #ff99ff, 우측 : #66ffff로 값을 변경하고 (OK)를 누른다.

5 레이어 스타일을 추가하기 위해 Stroke(획)를 선택한 후 아래와 같이 값을 변경한다.
• Size(크기) : 2px
• Position(위치) : Outside(바깥쪽)
• Fill Type(칠 유형) : Color(색상)
• 색상값 : #000000

6 레이어 스타일을 추가하기 위해 Drop Shadow(그림자 효과)를 선택해 적용하고 (OK)를 누른다.

7 텍스트를 뒤틀기 위해 Type Tool(수평 문자, T)을 선택한 후 옵션 바의 Create warped text(뒤틀어진 텍스트 만들기, ⊥)를 클릭한다. Style(스타일) : Rise(상승), Bend(구부리기) : +50%로 값을 변경한 후 (OK)를 누른다.

⑧ Type Tool(수평 문자, T)을 선택한 후 빈 공간을 클릭한다. 5월 31일 바다 식목일을 입력한 후 Ctrl + Enter 를 눌러 완료한다.

⑨ 옵션 바나 [Character(문자)] 패널에서 굴림, 22pt, #ffffff, 가운데 정렬로 설정한다.

⑩ 레이어 스타일을 적용하기 위해 [Layers(레이어)] 패널 하단의 fx.를 눌러 Stroke(획)를 선택한 후 아래와 같이 값을 변경한다.
  • Size(크기) : 2px
  • Position(위치) : Outside(바깥쪽)
  • Fill Type(칠 유형) : Color(색상)
  • 색상값 : #3399ff

⑪ 텍스트를 뒤틀기 위해 Type Tool(수평 문자, T)을 선택한 후 옵션 바의 Create warped text(뒤틀어진 텍스트 만들기, ㅜ)를 클릭한다. Style(스타일) : Arc Upper(위 부채꼴), Bend(구부리기) : +50%로 값을 변경한 후 OK 를 누른다.

⑫ Type Tool(수평 문자, T)을 선택한 후 빈 공간을 클릭한다. 소중한 바다 함께 지켜요를 입력한 후 Ctrl + Enter 를 눌러 완료한다.

⑬ 옵션 바나 [Character(문자)] 패널에서 궁서, 18pt으로 설정한다.

⑭ 레이어 스타일을 적용하기 위해 [Layers(레이어)] 패널 하단의 fx.를 눌러 Gradient Overlay(그레이디언트 오버레이)를 선택한 후 아래와 같이 값을 변경한다.
  • Opacity(불투명도) : 100%
  • Style : Linear(선형)
  • Angle(각도) : 90°
  • Scale(비율) : 100%

⑮ Gradient(그레이디언트) 편집 창(████████ ◡)을 클릭한 후 Color Stop(색상 정지점)을 더블클릭하여 좌측 : #ffccff, 우측 : #ffffff로 값을 변경하고 OK 를 누른다.

⑯ 레이어 스타일을 추가하기 위해 Stroke(획)를 선택한 후 아래와 같이 값을 변경하고 OK 를 누른다.
  • Size(크기) : 2px
  • Position(위치) : Outside(바깥쪽)
  • Fill Type(칠 유형) : Color(색상)
  • 색상값 : #0033cc

⑰ Type Tool(수평 문자, T)을 선택한 후 빈 공간을 클릭한다. ▶ 환경 사진전, ▶ 어린 물고기 방류를 입력한 후 Ctrl + Enter 를 눌러 완료한다.

⑱ 옵션 바나 [Character(문자)] 패널에서 궁서, 16pt, #000000로 설정한 후 ▶만 선택하여 #339999로 변경한다.

⑲ 레이어 스타일을 적용하기 위해 [Layers(레이어)] 패널 하단의 fx를 눌러 Stroke(획)를 선택한 후 아래와 같이 값을 변경한다.
- Size(크기) : 2px
- Position(위치) : Outside(바깥쪽)
- Fill Type(칠 유형) : Color(색상)
- 색상값 : #ffffff

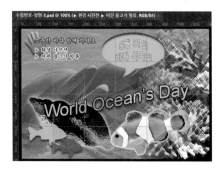

07 PSD, JPG 형식으로 저장하기

1 [File(파일)]−[Save(저장)](Ctrl + S)를 선택한 후 기존 파일에 덮어쓰기 한다.

2 JPG 파일형식으로 저장하기 위해 [File(파일)]−[Save as(다른 이름으로 저장)](Shift + Ctrl + S)를 선택한 후 파일 형식을 클릭해 JPEG로 선택한다. '내 PC₩문서₩GTQ' 폴더에 '수험번호−성명−3'으로 입력한 후 [저장]을 누른다.

3 PSD 파일의 사이즈를 1/10로 줄이기 위해 [Image(이미지)]−[Image Size(이미지 크기)](Alt + Ctrl + I)를 선택한 후 단위 : Pixel, Width(폭) : 60px, Height(높이) : 40px, Resolution(해상도) : 72Pixels/Inch로 설정하고 OK 를 누른다.

4 [File(파일)]−[Save(저장)](Ctrl + S)를 선택한 후 작은 사이즈로 최종 저장한다.

5 완성된 파일을 확인하기 위해 파일 탐색기를 열어 '내 PC₩문서₩GTQ' 폴더에서 확인한다.

6 시험장의 작업표시줄에 나타나는 'Koas 수험자용'을 클릭해 우측의 답안 전송 을 클릭한 후 해당하는 번호에 체크한다. 하단의 답안 전송 을 클릭한 후 닫기 를 누르면 최종 전송된 답안으로 채점이 이루어진다.

사용 이미지 미리보기

1급-12.jpg　　　　　　　1급-13.jpg　　　　　　　1급-14.jpg

1급-15.jpg　　　　　　　1급-16.jpg　　　　　　　1급-17.jpg

사용자 정의 모양 미리보기

사용 기능

패턴 정의 및 적용	• [Edit(편집)]-[Define Pattern(패턴 정의)] • 레이어 스타일 : Pattern Overlay(패턴 오버레이)
혼합모드	Hard Light(하드 라이트)
색상 조정	[Image(이미지)]-[Adjustment(조정)]-[Hue/Saturation(색조/채도)](Ctrl + U)
필터	• [Filter(필터)]-[Filter Gallery(필터 갤러리)]-[Texture(텍스처)]-[Texturizer(텍스처화)] • [Filter(필터)]-[Filter Gallery(필터 갤러리)]-[Artistic(예술효과)]-[Film Grain(필름 그레인)]
이미지 추출	• Quick Selection Too(빠른 선택, 🖌) • Magnetic Lasso Tool(자석 올가미, 🧲)
레이어 마스크	Add layer mask(레이어 마스크 추가, ◉)
이미지 사이즈	[Image(이미지)]-[Image Size(이미지 크기)](Alt + Ctrl + I)

01 새 캔버스 생성 및 배경에 색 채우기

1 [File(파일)]−[New(새로 만들기)](Ctrl + N)를 선택한 후 아래의 조건으로 설정한 다음 [Create (만들기)]를 누른다.

- PRESET DETAILS(사전 설정 세부 정보)
  : 수험번호−성명−4
- 단위 : Pixels
- Width(폭) : 600
- Height(높이) : 400
- Resolution(해상도) : 72Pixels/Inch
- Color Mode(색상모드) : RGB
- Backgound Contents(배경색) : White

2 [Edit(편집)]−[Preferences(속성)]−[Guides, Grid & Slices(안내선, 격자 및 분할 영역)] (Ctrl + K)를 선택한 후 'Grid(격자)'의 Gridline Every(격자 간격) : 100Pixels, Subdivisions(세분) : 1로 설정하고 OK 를 누른다.

3 [View(보기)]−[Show(표시)]−[Grid(격자)] (Ctrl + ')와 [View(보기)]−[Rulers(눈금 자)](Ctrl + R)를 나타낸다.

4 [File(파일)]−[Save As(다른 이름으로 저장)] (Shift + Ctrl + S)를 클릭한 후 '내 PC\문서 \GTQ' 폴더에 '수험번호−성명−4.psd'로 입력한 후 [저장]을 누른다.

5 배경에 색을 채우기 위해 도구상자의 Set foreground color(전경색, ■)을 클릭한 후 #99ccff를 입력하고 OK 를 누른다. 전경색을 채우기 위해 Alt + Delete 를 누른다.

02 패턴 제작 및 등록

1 Pattern(패턴)을 만들기 위해 [File(파일)]− [New(새로 만들기)](Ctrl + N)를 선택한 후 아래의 조건으로 설정한 다음 [Create(만들기)] 를 누른다.

- 단위 : Pixels
- Width(폭) : 40
- Height(높이) : 20
- Resolution(해상도) : 72Pixels/Inch
- Color Mode(색상모드) : RGB
- Backgound Contents(배경색) : White

2 Custom Shape Tool(사용자 정의 모양, ▨) 을 선택한 후 옵션 바에서 Pick Tool Mode(선 택 도구 모드) : Shape(모양, Shape ⌄), Stroke(획) : 색상 없음(▨)으로 설정한 다음 아래의 모양을 찾아 그린다.
Aniamals(동물) − 물고기(▨)

3 색을 적용하기 위해 [Layers(레이어)] 패널의 Layer Thumbnail(레이어 축소판, ▨)을 더블 클릭한 후 #ffcc33을 입력하고 OK 를 누른다.

④ [Layers(레이어)] 패널 하단의 Background(배경)의 눈 아이콘()을 클릭해 해제한다.

⑤ 다른 모양을 추가하기 위해 아래의 모양을 찾아 그린다.
Ornaments(장식) — 꽃 장식 4()

⑥ 색을 적용하기 위해 [Layers(레이어)] 패널의 Layer Thumbnail(레이어 축소판,)을 더블 클릭한 후 #ffffff를 입력하고 (OK)를 누른다.

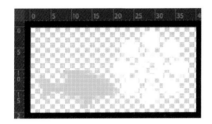

⑦ 패턴을 정의하기 위해 [Edit(편집)]−[Define Pattern(패턴 정의)]를 눌러 확인 후 (OK)를 누른다.

---

03 ▶ 혼합모드 및 레이어 마스크

① [File(파일)]−[Open(열기)](Ctrl + O)을 선택한 후 '1급−12.jpg'를 불러온다.

② Ctrl + A 로 전체 선택한 후 Ctrl + C 로 복사하고 작업파일을 선택한 후 Ctrl + V 로 붙여넣기 한다.

③ Ctrl + T 로 크기/위치를 조절하고 Enter 를 누른다.

---

④ 혼합모드를 적용하기 위해 [Layers(레이어)] 패널의 Blending Mode(혼합모드, Normal)를 'Hard Light(하드 라이트)'로 선택한다.

⑤ 레이어 마스크를 적용하기 위해 [Layers(레이어)] 패널 하단의 Add layer mask(레이어 마스크 추가,)를 클릭한다.

⑥ 도구상자에서 Gradient Tool(그레이디언트,)을 선택한 후 옵션 바에서 Gradient Presets(그레이디언트 사전설정)을 클릭해 Basics(기본 사항)−'Black & White(검정, 흰색)'을 선택한다.

⑦ 그림과 같이 가로 방향으로 드래그한다.

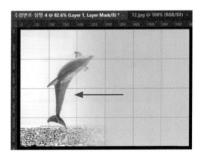

⑧ [File(파일)]−[Open(열기)](Ctrl + O)을 선택한 후 '1급−13.jpg'를 불러온다.

⑨ Ctrl + A 로 전체 선택한 후 Ctrl + C 로 복사하고 작업파일을 선택한 후 Ctrl + V 로 붙여넣기 한다.

10 Ctrl + T 로 좌우대칭하기 위해 조절점 안쪽에서 마우스 오른쪽 클릭 후 Flip Horizontal(가로로 뒤집기)을 선택한다. 크기/위치를 조절하고 Enter 를 누른다.

11 [Filter(필터)]−[Filter Gallery(필터 갤러리)]−[Texture(텍스처)]−[Texturizer(텍스처화)] 필터를 적용하고 OK 를 누른다.

12 5~6을 참고해 레이어 마스크를 적용하여 대각선 방향으로 드래그한다.

04 이미지 추출 및 색상 보정

1 [File(파일)]−[Open(열기)](Ctrl + O)을 선택한 후 '1급−14.jpg'를 불러온다.

2 Quick Selection Tool(빠른 선택, ✎)로 선택영역을 지정한다.

3 Ctrl + C 로 복사하고 작업파일을 선택한 후 Ctrl + V 로 붙여넣기 한다.

4 Ctrl + T 로 크기/위치를 조절하고 Enter 를 누른다.

5 레이어 스타일을 적용하기 위해 [Layers(레이어)] 패널 하단의 fx. 를 눌러 Bevel and Emboss (경사와 엠보스)를 선택해 적용한다.

6 레이어 스타일을 추가하기 위해 Outer Glow(외부 광선)를 선택해 적용하고 OK 를 누른다.

7 [File(파일)]−[Open(열기)](Ctrl + O)을 선택한 후 '1급−15.jpg'를 불러온다.

8 Quick Selection Tool(빠른 선택, ✎)로 선택한 후 제외할 부분은 Alt 와 함께 선택한다.

9 Ctrl + C 로 복사하고 작업파일을 선택한 후 Ctrl + V 로 붙여넣기 한다.

10 Ctrl + T 로 크기/위치를 조절하고 Enter 를 누른다.

11 [Filter(필터)]−[Filter Gallery(필터 갤러리)]−[Artistic(예술효과)]−[Film Grain(필름 그레인)] 필터를 적용한 다음 OK 를 누른다.

⑫ 레이어 스타일을 적용하기 위해 [Layers(레이어)] 패널 하단의 **fx**를 눌러 Inner Shadow(내부 그림자)를 선택해 적용하고 (OK)를 누른다.

⑬ Move Tool(이동, ✛)로 Layer 3(펭귄)을 선택한 후 Layer 4(거북이)보다 위로 이동한다.

⑭ [File(파일)]−[Open(열기)]((Ctrl)+(O))을 선택한 후 '1급−16.jpg'를 불러온다.

⑮ Quick Selection Tool(빠른 선택, ✎)로 배경을 선택한 후 반전하기 위해 [Select(선택)]−[Inverse(반전)]((Shift)+(Ctrl)+(I))를 누른다.

⑯ (Ctrl)+(C)로 복사하고 작업파일을 선택한 후 (Ctrl)+(V)로 붙여넣기 한다.

⑰ (Ctrl)+(T)로 회전/크기/위치를 조절하고 (Enter)를 누른다.

⑱ 빨간색 계열로 보정하기 위해 [Image(이미지)]−[Adjustments(조정)]−[Hue/Saturation(색조/채도)]((Ctrl)+(U))를 선택한다.

⑲ Colorize(색상화)에 체크한 후 Hue(색조) : 0, Saturation(채도) : 50으로 값을 변경하고 (OK)를 누른다.

⑳ 레이어 스타일을 적용하기 위해 [Layers(레이어)] 패널 하단의 **fx**를 눌러 Drop Shadow(그림자 효과)를 선택해 적용하고 (OK)를 누른다.

㉑ [File(파일)]−[Open(열기)]((Ctrl)+(O))을 선택한 후 '1급−17.jpg'를 불러온다.

㉒ Magnetic Lasso Tool(자석 올가미, ✑)을 선택한 후 옵션 바의 Frequency를 100으로 설정한 다음 첫 점을 클릭하여 이미지의 형태를 따라 추출한다.

Plus@

수정할 부분은 (Shift)와 함께 영역을 추가할 수 있고 (Alt)와 함께 영역을 제외할 수 있다.

㉓ (Ctrl)+(C)로 복사하고 작업파일을 선택한 후 (Ctrl)+(V)로 붙여넣기 한다.

㉔ (Ctrl)+(T)로 크기/위치를 조절하고 (Enter)를 누른다.

1 Pen Tool(펜,)을 선택한 후 옵션 바에서 Pick Tool Mode(선택 도구 모드) : Path(패스, `Path ∨`), Path operations(패스 작업) : Exclude Overlapping Shapes(모양 오버랩 제외, ▣)로 지정한다.

2 배경 레이어의 눈 아이콘(👁)을 `Alt` + 클릭해 나머지 레이어의 눈을 끈다. (선택사항)

> **Plus@**
>
> 배경 레이어를 선택하지는 않는다. 새 레이어 추가 시 맨 위로 생성되지 않기 때문이다.

3 아래 그림을 참고해 그린 다음 패스의 유실을 방지하기 위해 [Path(패스)] 패널을 선택한 후 Work Path(작업 패스) 이름 부분을 더블클릭한다. Save Path(패스 저장)가 나오면 `OK`를 누른다. (선택사항)

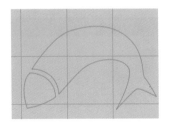

4 눈은 Ellipse Tool(타원, ◯)을 선택한 후 옵션 바에서 Pick Tool Mode(선택 도구 모드) : Path(패스), Path operations(패스 작업) : Exclude Overlapping Shapes(모양 오버랩 제외)로 선택한 다음 그림과 같이 그린다.

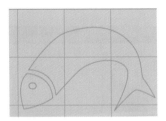

5 레이어로 지정하기 위해 [Path(패스)] 패널 하단의 'Load as a selection(패스를 선택영역으로 지정, ▦)'을 클릭한다.

> **Plus@**
>
> [Path(패스)] 패널의 Path Thumbnail(패스 축소판)을 `Ctrl`과 함께 클릭해도 선택영역으로 지정된다.

6 [Layers(레이어)] 패널로 이동해 하단의 Create a new layer(새 레이어, ⊞, `Ctrl` + `Shift` + `N`)를 클릭해 추가한다.

7 색을 채우기 위해 도구상자의 Set foreground color(전경색, ■)를 클릭한 후 #669966을 입력하고 `OK`를 누른다. 전경색을 채우기 위해 `Alt` + `Delete`를 누른다.

⑧ 패턴을 적용하기 위해 [Layers(레이어)] 패널 하단의 **fx** 를 눌러 Pattern Overlay(패턴 오버레이)를 선택한 후 Pattern(패턴)의 목록 단추를 클릭해 정의한 패턴을 선택한다.

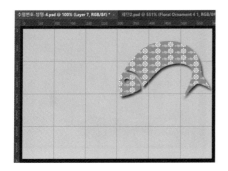

Plus@

패턴의 크기를 조절하고 싶다면 Scale(비율)을 조정한 후 출력형태를 참고해 맞춘다.

⑨ 레이어 스타일을 추가하기 위해 Drop Shadow(그림자 효과)를 선택해 적용하고 (OK)를 누른다.

⑩ [Path(패스)] 패널을 선택한 후 Create new path(새 패스, ➕)를 클릭해 추가한다.

⑪ 아래의 그림을 참고해 그린 다음 [Path(패스)] 패널 하단의 'Load as a selection(패스를 선택영역으로 지정, ⬚)'을 클릭한다.

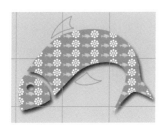

⑫ [Layers(레이어)] 패널로 이동한 후 하단의 Create a new layer(새 레이어, ➕, Ctrl + Shift + N)를 클릭해 추가한다.

⑬ 색을 채우기 위해 도구상자의 Set foreground color(전경색, ◧)를 클릭한 후 #003300을 입력하고 (OK)를 누른다. 전경색을 채우기 위해 Alt + Delete 를 누른다.

⑭ 레이어 스타일을 적용하기 위해 Drop Shadow(그림자 효과)를 선택해 적용하고 (OK)를 누른다.

⑮ 선택영역을 해제하기 위해 [Select(선택)] − [Deselect(해제)](Ctrl + D)를 누른다.

⑯ 모든 레이어의 눈을 켜기 위해 레이어의 눈 아이콘(◉)에서 마우스 오른쪽 클릭 후 'Show/hide all other layers(다른 모든 레이어 표시/숨기기)'를 클릭한다.

1 Custom Shape Tool(사용자 정의 모양, ⭐)을 선택한 후 옵션 바에서 Pick Tool Mode(선택 도구 모드) : Shape(모양, Shape ∨), Stroke(획) : 색상 없음(◻)으로 설정한다. 모양 선택(Shape: →∨)을 눌러 아래의 모양을 찾아 그린다.
Nature(자연) – 눈송이 2(❋)

2 색을 적용하기 위해 [Layers(레이어)] 패널의 Layer Thumbnail(레이어 축소판, 🖼)을 더블클릭한 후 #ff6633을 입력하고 (OK)를 누른다.

3 레이어 스타일을 적용하기 위해 [Layers(레이어)] 패널 하단의 fx를 눌러 Inner Shadow(내부 그림자)를 선택해 적용하고 (OK)를 누른다.

4 불투명도를 조정하기 위해 [Layers(레이어)] 패널의 Opacity(불투명도)를 80%로 설정한다.

5 다른 모양을 추가하기 위해 아래의 모양을 찾아 그린다.
Nature(자연) – 풀 3(🌿)

6 색을 적용하기 위해 [Layers(레이어)] 패널의 Layer Thumbnail(레이어 축소판, 🖼)을 더블클릭한 후 #66ffff를 입력하고 (OK)를 누른다.

7 레이어 스타일을 적용하기 위해 [Layers(레이어)] 패널 하단의 fx를 눌러 Inner Shadow(내부 그림자)를 선택해 적용하고 (OK)를 누른다.

8 [Ctrl] + [J]를 눌러 복제한다.

9 [Ctrl] + [T]로 회전/크기/위치를 조절하고 [Enter]를 누른다.

10 색을 적용하기 위해 [Layers(레이어)] 패널의 '풀 3 copy' Layer Thumbnail(레이어 축소판, 🖼)을 더블클릭한 후 #ffff99를 입력하고 (OK)를 누른다.

11 메뉴 부분을 만들기 위해 아래의 모양을 찾아 그린다.
Banners and Awards(배너 및 상장) – 배너 3 (▬)

12 레이어 스타일을 적용하기 위해 [Layers(레이어)] 패널 하단의 fx를 눌러 Gradient Overlay(그레이디언트 오버레이)를 선택한 후 아래와 같이 값을 변경한다.
• Opacity(불투명도) : 100%
• Style : Linear(선형)
• Angle(각도) : 90°
• Scale(비율) : 100%
• Reverse(반전)에 체크

13 Gradient(그레이디언트) 편집 창(▬▬▬∨)을 클릭한 후 Color Stop(색상 정지점)을 더블클릭하여 좌측 : #99ffff, 우측 : #0066cc로 값을 변경하고 (OK)를 누른다.

⑭ 레이어 스타일을 추가하기 위해 Stroke(획)를 선택한 후 아래와 같이 값을 변경하고 (OK)를 누른다.

- Size(크기) : 2px
- Position(위치) : Outside(바깥쪽)
- Fill Type(칠 유형) : Color(색상)
- 색상값 : #339999

⑮ 메뉴에 텍스트를 입력하기 위해 Type Tool(수평 문자, Ⓣ)을 선택한 후 (Shift)＋클릭하여 관람안내를 입력하고 (Ctrl)＋(Enter)하여 완료한다.

Plus ⓐ

(Shift)＋클릭 후 입력하는 이유는 모양이 선택된 상태에서 텍스트를 입력하면 영역 안에 글자가 입력되기 때문이다.

⑯ 옵션 바나 [Character(문자)] 패널에서 돋움, 16pt, 왼쪽 정렬, #ffffff로 설정한다.

⑰ 레이어 스타일을 적용하기 위해 [Layers(레이어)] 패널 하단의 _fx_ 를 눌러 Stroke(획)를 선택한 후 아래와 같이 값을 변경하고 (OK)를 누른다.

- Size(크기) : 2px
- Position(위치) : Outside(바깥쪽)
- Fill Type(칠 유형) : Color(색상)
- 색상값 : #3366cc

⑱ 메뉴를 복제하기 위해 배너 모양과 텍스트 레이어를 (Shift)로 클릭한다. Move Tool(이동, ✛)을 선택한 후 (Alt)와 함께 아래 방향으로 드래그하여 두 번 복제한다.

⑲ 두 번째의 텍스트를 수정하기 위해 [Layers(레이어)] 패널의 Indicates text layer(텍스트 레이어, Ⓣ)를 더블클릭한 후 전시해설을 입력하고 (Ctrl)＋(Enter)를 눌러 완료한다.

⑳ 세 번째 텍스트도 ⑲와 같은 방법으로 편의시설로 수정한다.

㉑ 전시해설 레이어의 Stroke(획) 부분을 더블클릭한 후 아래와 같이 값을 변경하고 (OK)를 누른다.

- Size(크기) : 2px
- Position(위치) : Outside(바깥쪽)
- Fill Type(칠 유형) : Color(색상)
- 색상값 : #9966cc

㉒ 두 번째 모양의 Stroke(획) 부분을 더블클릭한 후 아래와 같이 값을 변경하고 (OK)를 누른다.

- Size(크기) : 2px
- Position(위치) : Outside(바깥쪽)
- Fill Type(칠 유형) : Color(색상)
- 색상값 : #9966cc

㉓ 마지막으로 Layer 6(새) 레이어를 맨 위로 올리기 위해 Alt + Shift + J 를 누른다.

07 ▶ 문자 효과

① Type Tool(수평 문자, T)을 선택한 후 빈 공간을 클릭한다. Let's Protect the sea를 입력한 후 Ctrl + Enter 를 눌러 완료한다.

② 옵션 바 또는 [Character(문자)] 패널에서 Times New Roman, Bold, 17pt, #ffffff로 설정한다. Protect만 선택하여 27pt으로 변경한다.

③ 레이어 스타일을 적용하기 위해 [Layers(레이어)] 패널 하단의 fx.를 눌러 Stroke(획)를 선택한 후 아래와 같이 값을 변경하고 OK 를 누른다.
  • Size(크기) : 2px
  • Position(위치) : Outside(바깥쪽)
  • Fill Type(칠 유형) : Gradient(그레이디언트)
  • Style(스타일) : Linear(선형)
  • Angle(각도) : 90°
  • Reverse(반전)에 체크

④ Gradient(그레이디언트) 편집 창(▭)을 클릭한 후 Color Stop(색상 정지점)을 더블클릭하여 좌측 : #0066ff, 우측: #cc33cc로 값을 변경하고 OK 를 누른다.

⑤ 텍스트를 뒤틀기 위해 Type Tool(수평 문자, T)을 선택한 후 옵션 바의 Create warped text(뒤틀어진 텍스트 만들기, ㅐ)를 클릭하여 Style(스타일) : Arc(부채꼴), Bend(구부리기) : +50%로 값을 변경하고 OK 를 누른다.

⑥ Type Tool(수평 문자, T)을 선택한 후 빈 공간을 클릭한다. 해양생물 다양성 전시를 입력한 후 Ctrl + Enter 를 눌러 완료한다.

⑦ 옵션 바나 [Character(문자)] 패널에서 궁서, 15pt, #0099cc로 설정한다.

⑧ 레이어 스타일을 적용하기 위해 Stroke(획)를 선택한 후 아래와 같이 값을 변경하고 OK 를 누른다.
  • Size(크기) : 2px
  • Position(위치) : Outside(바깥쪽)
  • Fill Type(칠 유형) : Color(색상)
  • 색상값 : #ffffff

⑨ Type Tool(수평 문자, T)을 선택한 후 빈 공간을 클릭한다. 해양생물 자원관 씨큐리움을 입력한 후 Ctrl + Enter 를 눌러 완료한다.

⑩ 옵션 바나 [Character(문자)] 패널에서 굴림, 36pt로 설정한다.

⑪ 레이어 스타일을 적용하기 위해 Gradient Overlay(그레이디언트 오버레이)를 선택한 후 아래와 같이 값을 변경하고 OK 를 누른다.
- Opacity(불투명도) : 100%
- Style : Linear(선형)
- Angle(각도) : 0°
- Scale(비율) : 100%

⑫ Gradient(그레이디언트) 편집 창(⬛️⬜️▼)을 클릭한 후 Color Stop(색상 정지점)을 더블클릭하여 좌측 : #99cc00, 중간 : #ffff99, 우측 : #99ccff로 값을 변경하고 OK 를 누른다.

⑬ 레이어 스타일을 추가하기 위해 Stroke(획)를 선택한 후 아래와 같이 값을 변경하고 OK 를 누른다.
- Size(크기) : 2px
- Position(위치) : Outside(바깥쪽)
- Fill Type(칠 유형) : Color(색상)
- 색상값 : #333399

⑭ 텍스트를 뒤틀기 위해 Type Tool(수평 문자, T)을 선택한 후 옵션 바의 Create warped text(뒤틀어진 텍스트 만들기, ⬩)를 클릭한다. Style(스타일) : Arc Upper(위 부채꼴), Bend(구부리기) : +30%로 값을 변경하고 OK 를 누른다.

08 ▶ PSD, JPG 형식으로 저장하기

① [File(파일)]−[Save(저장)](Ctrl + S)를 선택한 후 기존 파일에 덮어쓰기 한다.

② JPG 파일형식으로 저장하기 위해 [File(파일)]−[Save as(다른 이름으로 저장)](Shift + Ctrl + S)를 선택한 후 파일 형식을 클릭해 JPEG로 선택한다. '내 PC₩문서₩GTQ' 폴더에 '수험번호−성명−4'로 입력한 후 [저장]을 누른다.

③ PSD 파일의 사이즈를 1/10로 줄이기 위해 [Image(이미지)]−[Image Size(이미지 크기)](Alt + Ctrl + I)를 선택한 후 단위 : Pixel, Width(폭) : 60px, Height(높이) : 40px, Resolution(해상도) : 72Pixels/Inch로 설정하고 OK 를 누른다.

④ [File(파일)]−[Save(저장)](Ctrl + S)를 선택한 후 작은 사이즈로 최종 저장한다.

⑤ 완성된 파일을 확인하기 위해 파일 탐색기를 열어 '내 PC₩문서₩GTQ' 폴더에서 확인한다.

⑥ 시험장의 작업표시줄에 나타나는 'Koas 수험자용'을 클릭해 우측의 답안 전송 을 클릭한 후 해당하는 번호에 체크한다. 하단의 답안 전송 을 클릭한 후 닫기 를 누르면 최종 전송된 답안으로 채점이 이루어진다.

⊘ Check Point !

		O	X
공통	• 제시된 크기(px)와 해상도(72pixels/inch)로 파일을 만들었나요? • '수험번호-성명-문제번호.psd'로 저장했나요? • 그리드(Ctrl + ')와 눈금자(Ctrl + R)를 표시했나요? • 시험지에도 자를 이용해 100픽셀씩 그리드를 그려주었나요?		
문제1번	• 만든 패스를 저장했나요? • 클리핑 마스크를 적용했나요? • 각 이미지와 Shape(모양)에 레이어 스타일과 필터를 적용했나요?		
문제2번	• 제시된 색상으로 보정했나요? • 각 이미지와 Shape(모양)에 레이어 스타일과 필터를 적용했나요?		
문제3번	• 배경에 색을 적용했나요? • Blending Mode(혼합모드)를 적용했나요? • 레이어 마스크의 방향을 맞게 적용했나요? • 제시된 색상으로 보정했나요? • 각 이미지와 Shape(모양)에 레이어 스타일과 필터를 적용했나요?		
문제4번	• 배경에 색을 적용했나요? • 패턴을 제작하여 등록하였나요? • Blending Mode(혼합모드)를 적용했나요? • 레이어 마스크의 방향을 맞게 적용했나요? • 제시된 색상으로 보정했나요? • 1급-17.jpg를 제외한 이미지와 Shape(모양)에 레이어 스타일과 필터를 적용했나요? • 펜 도구를 이용하여 오브젝트를 그려 패턴으로 적용하였나요?		
공통	• '수험번호-성명-문제번호.jpg'로 저장했나요? • 1/10로 줄여 '수험번호-성명-문제번호.psd'로 저장했나요?		

※ 시험장에서는 반드시 전송까지 실행해 주세요.

04

제4회 기출유형문제
[S/W:포토샵]

급수	문제유형	시험시간	수험번호	성명
1급	A	90분		

수험자 유의사항

- 수험자는 문제지를 받는 즉시 응시하고자 하는 과목 및 급수가 맞는지 확인한 후 수험번호와 성명을 작성합니다.
- 파일명은 본인의 "수험번호-성명-문제번호"로 공백 없이 정확히 입력하고 답안폴더(내 PC₩문서₩GTQ)에 jpg 파일과 psd 파일의 2가지 포맷으로 저장해야 하며, jpg 파일과 psd 파일의 내용이 상이할 경우 0점 처리됩니다. 답안문서 파일명이 "수험 번호-성명-문제번호"와 일치하지 않거나, 답안 파일을 전송하지 않아 미제출로 처리될 경우 불합격 처리됩니다.
- 문제의 세부조건은 '영문(한글)' 형식으로 표기되어 있으니 유의하시기 바랍니다.
- 수험자 정보와 저장한 파일명, 저장 위치가 다를 경우 전송이 되지 않으므로, 주의하시기 바랍니다.
- 답안 작성 중에도 주기적으로 '저장'과 '답안 전송'을 이용하여 감독위원 PC로 답안을 전송하셔야 합니다.
  (※ 작업한 내용을 저장하지 않고 전송할 경우 이전의 저장내용이 전송되오니 이점 반드시 유념하시기 바랍니다.)
- 답안문서는 지정된 경로 외의 다른 보조기억장치에 저장하는 행위, 지정된 시험 시간 외에 작성된 파일을 활용한 행위, 기타 허용되지 않은 프로그램(이메일, 메신저, 게임, 네트워크 등) 이용 시 부정행위로 간주되어 자격기본법 제32조에 의거 본 시험 및 국가공인 자격시험을 2년간 응시할 수 없습니다.
- 시험 중 부주의 또는 고의로 시스템을 파손한 경우와 〈수험자 유의사항〉에 기재된 방법대로 이행하지 않아 생기는 불이익은 수험자의 책임임을 알려 드립니다.
- 시험을 완료한 수험자는 최종적으로 저장한 답안파일이 전송되었는지 확인한 후 감독위원의 지시에 따라 문제지를 제출하고 퇴실합니다.

답안 작성요령

- 온라인 답안 작성 절차
  수험자 등록 ⇒ 시험 시작 ⇒ 답안파일 저장 ⇒ 답안 전송 ⇒ 시험 종료
- 내 PC₩문서₩GTQ₩Image 폴더에 있는 그림 원본파일을 사용하여 답안을 작성하시고 최종답안을 답안폴더(내 PC₩문서 ₩GTQ)에 저장하여 답안을 전송하시고, 이미지의 크기가 다른 경우 감점 처리됩니다.
- 배점은 총 100점으로 이루어지며, 점수는 각 문제별로 차등 배분됩니다.
- 각 문제는 주어진 〈조건〉에 따라 작성하고, 언급하지 않은 조건은 《출력형태》와 같이 작성합니다.
- 배치 등의 편의를 위해 주어진 눈금자의 단위는 '픽셀'입니다.
- 그 외는 출력형태(효과, 이미지, 문자, 색상, 레이아웃, 규격 등)와 같게 작업하십시오.
- 문제 조건에 서체의 지정이 없을 경우 한글은 굴림이나 돋움, 영문은 Arial로 작업하십시오. (단, 그 외에 제시되지 않은 문자 속성을 기본값으로 작성하지 않은 경우는 감점 처리됩니다.)
- Image Mode(이미지 모드)는 별도의 처리조건이 없을 경우에는 RGB(8비트)로 작업하십시오.
- 모든 답안 파일은 해상도 72pixels/inch로 작업하십시오.
- Layer(레이어)는 각 기능별로 분할해야 하며, 임의로 합칠 경우나 각 기능에 대한 속성을 해지할 경우 해당 요소는 0점 처리 됩니다.

20점

다음의 《조건》에 따라 아래의 《출력형태》와 같이 작업하시오.

조건

원본이미지			문서₩GTQ₩Image문서₩GTQ₩1급-1.jpg, 1급-2.jpg, 1급-3.jpg
파일 저장 규칙	JPG	파일명	문서₩GTQ₩수험번호-성명-1.jpg
		크기	400 × 500 pixels
	PSD	파일명	문서₩GTQ₩수험번호-성명-1.psd
		크기	40 × 50 pixels

1. 그림 효과

① 1급-1.jpg : 필터 - Angled Strokes(각진 선/획)
② Save Path(패스 저장) : 도자기 모양
③ Mask(마스크) : 도자기 모양, 1급-2.jpg를 이용하여 작성
　레이어 스타일 - Stroke(선/획)(4px, 그레이디언트(#cccc66, #cc3366)), Drop Shadow(그림자 효과)
④ 1급-3.jpg : 레이어 스타일 - Drop Shadow(그림자 효과)
⑤ Shape Tool(모양 도구) :
　- 풀 모양 (#cc3366, #999933, 레이어 스타일 - Inner Shadow(내부 그림자))
　- 장식 모양 (#996666, 레이어 스타일 - Stroke(선/획)(2px, #ffcccc))

2. 문자 효과

① 전통 나들이 (궁서, 48pt, 레이어 스타일 - 그레이디언트 오버레이(#ff9966, #663300), Stroke(선/획)(2px, #ffffcc))

출력형태

20점

다음의 《조건》에 따라 아래의 《출력형태》와 같이 작업하시오.

조건

원본이미지			문서₩GTQ₩Image문서₩GTQ₩1급-4.jpg, 1급-5.jpg, 1급-6.jpg
파일 저장 규칙	JPG	파일명	문서₩GTQ₩수험번호-성명-2.jpg
		크기	400 × 500 pixels
	PSD	파일명	문서₩GTQ₩수험번호-성명-2.psd
		크기	40 × 50 pixels

1. 그림 효과

① 1급-4.jpg : 필터 - Crosshatch(그물눈)

② 색상 보정 : 1급-5.jpg - 노란색, 파란색 계열로 보정

③ 1급-5.jpg : 레이어 스타일 - Drop Shadow(그림자 효과)

④ 1급-6.jpg : 레이어 스타일 - Bevel and Emboss(경사와 엠보스)

⑤ Shape Tool(모양 도구) :

　- 장식 모양 (#cc6666, 레이어 스타일 - Inner Shadow(내부 그림자))

　- 꽃 모양 (#cc6600, #663333,

　레이어 스타일 - Bevel and Emboss(경사와 엠보스)

2. 문자 효과

① Oneday Class (Arial, Regular, 72pt, 레이어 스타일 - 그레이디언트 오버레이(#ffcc99, #663300), Stroke(선/획)(2px,#ffffff), Drop Shadow(그림자 효과))

출력형태

다음의 《조건》에 따라 아래의 《출력형태》와 같이 작업하시오.

조건

원본이미지			문서₩GTQ₩Image문서₩GTQ₩1급-7.jpg, 1급-8.jpg, 1급-9.jpg, 1급-10.jpg, 1급-11.jpg
파일 저장 규칙	JPG	파일명	문서₩GTQ₩수험번호-성명-3.jpg
		크기	600 × 400 pixels
	PSD	파일명	문서₩GTQ₩수험번호-성명-3.psd
		크기	60 × 40 pixels

1. 그림 효과
   ① 배경 : #003366
   ② 1급-7.jpg : Blending Mode(혼합모드) – Screen(스크린), Opacity(불투명도)(80%)
   ③ 1급-8.jpg : 필터 – Film Grain(필름 그레인), 레이어 마스크 – 가로 방향으로 흐릿하게
   ④ 1급-9.jpg : 필터 – Paint Daubs(페인트 덥스/페인트 바르기)
   ⑤ 1급-10.jpg : 레이어 스타일 – Outer Glow(외부 광선), Drop Shadow(그림자 효과)
   ⑥ 1급-11.jpg : 색상 보정 – 파란색 계열로 보정, 레이어 스타일 – Stroke(선/획)(4px, 그레이디언트(#00cccc, 투명으로))
   ⑦ 그 외 《출력형태》 참조

2. 문자 효과
   ① 도예체험학습 (궁서, 38pt, 55pt, 레이어 스타일 – 그레이디언트 오버레이(#ffff66, #33cc33, #ff6600), Drop Shadow(그림자 효과))
   ② Pottery Experience Learning (Times New Roman, Bold, 22pt, #003366, 레이어 스타일 – Stroke(선/획)(2px, #ffffff))
   ③ 특별한 추억쌓기 (궁서, 18pt, #ffffff, #cccc00, 레이어 스타일 – Stroke(선/획)(2px, #333333))
   ④ 전통지킴이 (굴림, 20pt, 레이어 스타일 – 그레이디언트 오버레이(#ffff00, #ff6600), Stroke(선/획)(2px, #333333))

출력형태

Shape Tool(모양 도구) 사용
#cccccc, 레이어 스타일
– Inner Shadow(내부 그림자),
Opacity(불투명도)(70%)

Shape Tool(모양 도구) 사용
#ffff66, #33cc33, 레이어 스타일
– Drop Shadow(그림자 효과)

Shape Tool(모양 도구) 사용
레이어 스타일 –그레이디언트
오버레이(#66ffcc, #003366),
Drop Shadow(그림자 효과)

문제 4

35점

[실무응용] 웹 페이지 제작

다음의 《조건》에 따라 아래의 《출력형태》와 같이 작업하시오.

조건

원본이미지	문서₩GTQ₩Image문서₩GTQ₩1급-12.jpg, 1급-13.jpg, 1급-14.jpg, 1급-15.jpg, 1급-16.jpg, 1급-17.jpg		
파일 저장 규칙	JPG	파일명	문서₩GTQ₩수험번호-성명-4.jpg
		크기	600 × 400 pixels
	PSD	파일명	문서₩GTQ₩수험번호-성명-4.psd
		크기	60 × 40 pixels

1. 그림 효과

① 배경 : #669999
② 패턴(물결, 해 모양) : #ffffff, #cc33cc, #333366
③ 1급-12.jpg : Blending Mode(혼합모드) – Hard Light(하드 라이트), 레이어 마스크 – 가로 방향으로 흐릿하게
④ 1급-13.jpg : 필터 – Crosshatch(그물눈), 레이어 마스크 – 대각선 방향으로 흐릿하게
⑤ 1급-14.jpg : 레이어 스타일 – Bevel and Emboss(경사와 엠보스), Drop Shadow(그림자 효과)
⑥ 1급-15.jpg : 필터 – Accented Edges(강조된 가장자리), 레이어 스타일 – Drop Shadow(그림자 효과)
⑦ 1급-16.jpg : 색상 보정 – 녹색 계열로 보정, 레이어 스타일 – Outer Glow(외부 광선)
⑧ 그 외 《출력형태》 참조

2. 문자 효과

① 군자의 풍모를 닮다 (궁서, 45pt, 레이어 스타일 – 그레이디언트 오버레이(#ffcc00, #66cccc), Stroke(선/획)(2px, #333333))
② A collection of Luxury Goods (Times New Roman, Bold, 36pt, 24pt, #ffffff, 레이어 스타일 – Stroke(선/획)(2px, 그레이디언트(#ff3300, #009999))
③ 조선의 백자전 (돋움, 18pt, #009999, 레이어 스타일 – Stroke(선/획)(2px, #ffffff))
④ 전시공간 소장품 프로그램 (돋움, 18pt, #003366, 레이어 스타일 – Stroke(선/획)(2px, #ffff99, #ffffff))

출력형태

Pen Tool(펜 도구) 사용
레이어 스타일 – 그레이디언트
오버레이(#ffff66, #336666),
Drop Shadow(그림자 효과)

Shape Tool(모양 도구) 사용
#009999, 레이어 스타일 –
Stroke(선/획)(2px, #ffffff)

Shape Tool(모양 도구) 사용
#339999, 레이어 스타일 –
Inner Shadow(내부 그림자),
Opacity(불투명도)(60%)

Shape Tool(모양 도구) 사용
레이어 스타일 – 그레이디언트
오버레이(#003333, #99ccff),
Stroke(선/획)(2px, #ffffff, #00ffff)

사용 이미지 미리보기

1급-1.jpg

1급-2.jpg

1급-3.jpg

사용자 정의 모양 미리보기

사용 기능

필터	[Filter(필터)]-[Filter Gallery(필터 갤러리)]-[Brush Strokes(브러시 획)]-[Angled Strokes(각진 선/획)]
클리핑 마스크	Create Clipping Mask(클리핑 마스크 만들기, Alt + Ctrl + G)
이미지 추출	Polygonal Lasso Tool(다각형 올가미,)
이미지 사이즈	[Image(이미지)]-[Image Size(이미지 크기)](Alt + Ctrl + I)

01 새 캔버스 생성 및 필터

1 [File(파일)]−[New(새로 만들기)](**Ctrl** + **N**)를 선택한 후 아래의 조건으로 설정한 다음 [Create (만들기)]를 누른다.
- PRESET DETAILS(사전 설정 세부 정보) : 수험번호−성명−1
- 단위 : Pixels
- Width(폭) : 400
- Height(높이) : 500
- Resolution(해상도) : 72Pixels/Inch
- Color Mode(색상모드) : RGB
- Backgound Contents(배경색) : White

2 [Edit(편집)]−[Preferences(속성)]−[Guides, Grid & Slices(안내선, 격자 및 분할 영역)] (**Ctrl** + **K**)를 선택한 후 'Grid(격자)'의 Gridline Every(격자 간격) : 100Pixels, Subdivisions(세분) : 1로 설정하고 **OK** 를 누른다.

3 [View(보기)]−[Show(표시)]−[Grid(격자)] (**Ctrl** + **'**)와 [View(보기)]−[Rulers(눈금자)](**Ctrl** + **R**)를 나타낸다.

4 [File(파일)]−[Save as(다른 이름으로 저장)] (**Shift** + **Ctrl** + **S**)를 클릭한 후 '내 PC₩문서 ₩GTQ' 폴더에 '수험번호−성명−1.psd'로 입력한 후 [저장]을 누른다.

5 [File(파일)]−[Open(열기)](**Ctrl** + **O**)을 선택한 후 '1급−1.jpg'를 불러온다.

6 **Ctrl** + **A** 로 전체 선택한 후 **Ctrl** + **C** 로 복사하고 작업파일을 선택한 후 **Ctrl** + **V** 로 붙여넣기 한다.

7 **Ctrl** + **T** 로 크기/위치를 조절하고 **Enter** 를 누른다.

8 [Filter(필터)]−[Filter Gallery(필터 갤러리)]−[Brush Strokes(브러시 획)]−[Angled Strokes(각진 선/획)] 필터를 적용한 다음 **OK** 를 누른다.

02 패스 제작 및 패스 저장

1 Pen Tool(펜, ✐)을 선택한 후 옵션 바에서 Pick Tool Mode(선택 도구 모드) : Path(패스, [Path ∨]), Path Operations(패스 작업) : Combine Shapes(모양 결합, ▣)로 지정한다.

2 Layer 1(배경 이미지)의 눈 아이콘(◉)을 클릭해 숨기게 한 다음 패스를 그리기 위해 [Path(패스)] 패널을 누른다. (선택사항)

3 곡선을 그리다 직선으로 변경하고 싶으면 기준점을 Alt +클릭해 방향선을 끊은 다음 그린다.

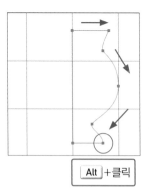

Alt +클릭

4 Path Selection Tool(패스 선택, ►)로 모두 드래그하여 선택한 후 Alt 와 함께 드래그해 복제한다.

5 Ctrl + T 로 조절점 안쪽에서 마우스 오른쪽 클릭 후 Flip Horizontal(가로로 뒤집기)을 선택하여 배치하고 Enter 를 누른다.

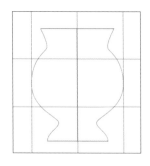

6 하나의 모양으로 합치기 위해 두 개의 패스를 모두 선택한 후 옵션 바에서 Path Operations(패스 작업)을 Merge Shape Components(모양 병합 구성 요소)로 선택한다. (생략 가능)

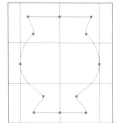

7 손잡이는 Pen Tool(펜, ✏️)을 이용해 그림과 같이 두 번에 걸쳐 그린다. Path Selection Tool (패스 선택, ►)로 패스1은 옵션 바에서 Path Operations(패스 작업)을 Combine Shapes(모양 결합, ▣)으로 선택하고 패스2는 Subtract Front Shape(전면 모양 빼기, ▣)로 선택한다.

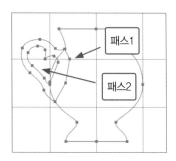

패스1

패스2

⑧ Ellipse Tool(타원,)을 선택한 후 옵션 바에서 Pick Tool Mode(선택 도구 모드) : Path(패스, Path)로 지정한 후 [Path(패스)] 패널에서 도자기 모양 레이어를 선택해 그림과 같이 그린다.

⑨ Path Selection Tool(패스 선택, ▶)로 옵션 바에서 Path operations(패스 작업)을 Subtract Front Shape(전면 모양 빼기, ▣)로 선택한다.

⑩ 패스를 저장하기 위해 [Path(패스)] 패널의 Work Path(작업 패스) 이름 부분을 더블클릭한 후 Save Path(패스 저장) 대화상자가 나오면 도자기 모양을 입력하고 OK 를 누른다.

⑪ 패스를 선택영역으로 지정하기 위해 Ctrl +Path Thumbnail(패스 축소판)을 클릭한 후 선택영역이 생기면 [Layers(레이어)] 패널을 선택하여 하단의 Create a new layer(새 레이어, ➕, Shift + Ctrl + N)를 클릭해 추가한다.

⑫ 임의의 색을 추가하기 위해 Alt + Delete 를 눌러 전경색(■)을 추가한다.

⑬ 선택영역을 해제하기 위해 [Select(선택)] − [Deselect(해제)](Ctrl + D)를 누른다.

⑭ 배경 이미지의 눈 아이콘(👁)을 클릭해 보이게 한다.

⑮ 레이어 스타일을 적용하기 위해 [Layers(레이어)] 패널 하단의 fx.를 눌러 Stroke(획)를 선택한 후 아래와 같이 값을 변경한다.
• Size(크기) : 4px
• Position(위치) : Outside(바깥쪽)
• Fill Type(칠 유형) : Gradient(그레이디언트)
• Style(스타일) : Linear(선형)
• Angle(각도) : 0°

Plus@

[Layers(레이어)] 패널에서 해당 레이어의 회색 영역을 더블클릭해도 적용할 수 있다.

⑯ Gradient(그레이디언트) 편집 창(■▭)을 클릭한 후 Color Stop(색상 정지점)을 더블클릭하여 좌측 : #cccc66, 우측 : #cc3366으로 값을 변경하고 OK 를 누른다.

⑰ 레이어 스타일을 추가하기 위해 Drop Shadow(그림자 효과)를 선택해 적용하고 OK 를 누른다.

03   클리핑 마스크 및 레이어 스타일 적용

1 [File(파일)]−[Open(열기)](Ctrl + O)을 선택한 후 '1급−2.jpg'를 불러온다.

2 Ctrl + A 로 전체 선택한 후 Ctrl + C 로 복사하고 작업파일을 선택한 후 Ctrl + V 로 붙여넣기 한다.

3 Ctrl + T 로 크기/위치를 조절하고 Enter 를 누른다.

4 클리핑 마스크를 적용하기 위해 [Layers(레이어)] 패널의 Layer3(보리)에서 마우스 오른쪽 클릭 후 Create Clipping Mask(클리핑 마스크 만들기, Alt + Ctrl + G)를 선택한다.

Plus@

Layer 2와 Layer 3의 위치를 조절하고 싶다면 Shift 와 함께 선택한 후 Ctrl + T 로 크기/위치를 조절하고 Enter 를 누른다.

5 [File(파일)]−[Open(열기)](Ctrl + O)을 선택한 후 '1급−3.jpg'를 불러온다.

6 Polygonal Lasso Tool(다각형 올가미,) 로 안쪽 부분을 직사각형의 형태로 선택한 후 반전하기 위해 [Select(선택)]−[Inverse(반전)](Shift + Ctrl + I)를 누른다.

7 Ctrl + C 로 복사하고 작업파일을 선택한 후 Ctrl + V 로 붙여넣기 한다.

8 Ctrl + T 로 크기/위치를 조절하고 Enter 를 누른다.

9 Lyer 4(문)을 패스보다 아래로 이동하기 위해 그림과 같이 레이어를 이동한다.

10 레이어 스타일을 적용하기 위해 [Layers(레이어)] 패널 하단의 fx 를 눌러 Drop Shadow(그림자 효과)를 선택해 적용하고 (OK)를 누른다.

04 모양 지정 및 레이어 스타일

1 Custom Shape Tool(사용자 정의 모양, 🌟)
을 선택한 후 옵션 바에서 Pick Tool Mode(선
택 도구 모드) : Shape(모양, **Shape ∨**),
Stroke(획) : 색상 없음(⬜)으로 설정한다. 모
양 선택(**Shape: →**)을 눌러 아래의 모양을 찾아 그
린다.
- 기본 경로 : Legacy Shapes and More(레거
시 모양 및 기타) – All Legacy Default Shapes
(모든 레거시 기본 모양)
- Nature(자연) – 풀 2(🌿)

2 색을 적용하기 위해 [Layers(레이어)] 패널의
Layer Thumbnail(레이어 축소판, 🔳)을 더블
클릭한 후 #cc3366를 입력하고 OK 를 누른다.

3 레이어 스타일을 적용하기 위해 [Layers(레이
어)] 패널 하단의 *fx.* 를 눌러 Inner Shadow(내
부 그림자)를 선택해 적용하고 OK 를 누른다.

4 Ctrl + J 를 눌러 복제한다.

5 색을 적용하기 위해 [Layers(레이어)] 패널의 '풀
2 copy' Layer Thumbnail(레이어 축소판, 🔳)
을 더블클릭한 후 #999933을 입력하고 OK 를
누른다.

6 다른 모양을 추가하기 위해 아래의 모양을 찾아
그린다.
Ornaments(장식) – 장식 2(🔲)

7 색을 적용하기 위해 [Layers(레이어)] 패널의
Layer Thumbnail(레이어 축소판, 🔳)을 더블
클릭한 후 #996666을 입력하고 OK 를 누른다.

8 레이어 스타일을 추가하기 위해 Stroke(획)를 선
택한 후 아래와 같이 값을 변경하고 OK 를 누
른다.
- Size(크기) : 2px
- Position(위치) : Outside(바깥쪽)
- Fill Type(칠 유형) : Color(색상)
- **색상값** : #ffcccc

05 문자 효과

1 Type Tool(수평 문자)을 선택한 후 빈 캔버스를
클릭한다. 전통 나들이를 입력한 후 Ctrl + Enter
를 눌러 완료한다.

2 옵션 바나 [Character(문자)] 패널에서 궁서,
48pt로 변경한다.

③ 레이어 스타일을 추가하기 위해 Gradient Overlay(그레이디언트 오버레이)를 선택한 후 아래와 같이 값을 변경한다.
- Opacity(불투명도) : 100%
- Style : Linear(선형)
- Angle(각도) : 90°
- Scale(비율) : 100%

④ Gradient(그레이디언트) 편집 창(▬▬▬▬▬)을 클릭한 후 Color Stop(색상 정지점)을 더블클릭하여 좌측 : #ff9966, 우측 : #663300으로 값을 변경하고 (OK)를 누른다.

⑤ 레이어 스타일을 적용하기 위해 [Layers(레이어)] 패널 하단의 fx 를 눌러 Stroke(획)를 선택한 후 아래와 같이 값을 변경하고 (OK)를 누른다.
- Size(크기) : 2px
- Position(위치) : Outside(바깥쪽)
- Fill Type(칠 유형) : Color(색상)
- 색상값 : #ffffcc

① [File(파일)]−[Save(저장)](Ctrl + S)를 선택한 후 기존 파일에 덮어쓰기 한다.

② JPG 파일형식으로 저장하기 위해 [File(파일)]−[Save as(다른 이름으로 저장)](Shift + Ctrl + S)를 선택한 후 파일 형식을 클릭해 JPEG로 선택한다. '내 PC₩문서₩GTQ' 폴더에 '수험번호−성명−1'로 입력한 후 [저장]을 누른다.

③ PSD 파일의 사이즈를 1/10로 줄이기 위해 [Image(이미지)]−[Image Size(이미지 크기)](Alt + Ctrl + I)를 선택한 후 단위 : Pixel, Width(폭) : 40px, Height(높이) : 50px, Resolution(해상도) : 72Pixels/Inch로 설정하고 (OK)를 누른다.

④ [File(파일)]−[Save(저장)](Ctrl + S)를 선택한 후 작은 사이즈로 최종 저장한다.

⑤ 완성된 파일을 확인하기 위해 파일 탐색기를 열어 '내 PC₩문서₩GTQ' 폴더에서 확인한다.

⑥ 시험장의 작업표시줄에 나타나는 'Koas 수험자용'을 클릭해 우측의 답안 전송 을 클릭한 후 해당하는 번호에 체크한다. 하단의 답안 전송 을 클릭한 후 닫기 를 누르면 최종 전송된 답안으로 채점이 이루어진다.

사용 이미지 미리보기

1급-4.jpg   1급-5.jpg   1급-6.jpg

사용자 정의 모양 미리보기

사용 기능

필터	[Filter(필터)]-[Filter Gallery(필터 갤러리)]-[Brush Strokes(브러시 획)]-[Crosshatch(그물눈)]
색상 조정	[Image(이미지)]-[Adjustment(조정)]-[Hue/Saturation(색조/채도)](Ctrl + U)
이미지 추출	• Quick Selection Tool(빠른 선택,) • Magic Wand Tool(자동 선택,)
이미지 사이즈	[Image(이미지)]-[Image Size(이미지 크기)](Alt + Ctrl + I)

01 새 캔버스 생성 및 필터

1 [File(파일)]−[New(새로 만들기)](Ctrl + N)를 선택한 후 아래의 조건으로 설정한 다음 [Create(만들기)]를 누른다.
- PRESET DETAILS(사전 설정 세부 정보)
  : 수험번호−성명−2
- 단위 : Pixels
- Width(폭) : 400
- Height(높이) : 500
- Resolution(해상도) : 72Pixels/Inch
- Color Mode(색상모드) : RGB
- Backgound Contents(배경색) : White

2 [Edit(편집)]−[Preferences(속성)]−[Guides, Grid & Slices(안내선, 격자 및 분할 영역)](Ctrl + K)를 선택한 후 'Grid(격자)'의 Gridline Every(격자 간격) : 100Pixels, Subdivisions(세분) : 1로 설정하고 OK 를 누른다.

3 [View(보기)]−[Show(표시)]−[Grid(격자)](Ctrl + `)와 [View(보기)]−[Rulers(눈금자)](Ctrl + R)를 나타낸다.

4 [File(파일)]−[Save as(다른 이름으로 저장)](Shift + Ctrl + S)를 클릭한 후 '내 PC₩문서 ₩GTQ' 폴더에 '수험번호−성명−2.psd'로 입력하고 [저장]을 누른다.

5 [File(파일)]−[Open(열기)](Ctrl + O)을 선택한 후 '1급−4.jpg'를 불러온다.

6 Ctrl + A 로 전체 선택한 후 Ctrl + C 로 복사하고 작업파일을 선택한 후 Ctrl + V 로 붙여넣기 한다.

7 Ctrl + T 로 크기/위치를 조절하고 Enter 를 누른다.

8 [Filter(필터)]−[Filter Gallery(필터 갤러리)]−[Brush Strokes(브러시 획)]−[Crosshatch(그물눈)] 필터를 적용한 다음 OK 를 누른다.

02 이미지 추출 및 색상 보정

1 [File(파일)]−[Open(열기)](Ctrl + O)을 선택한 후 '1급−5.jpg'를 불러온다.

2 Quick Selection Tool(빠른 선택, 🖌)로 선택영역을 지정한다.

3 Ctrl + C 로 복사하고 작업파일을 선택한 후 Ctrl + V 로 붙여넣기 한다.

4 Ctrl + T 로 크기/위치를 조절하고 Enter 를 누른다.

5 오른쪽 인형 모자 부분만 노란색 계열로 보정하기 위해 Quick Selection Tool(빠른 선택, [🖌]) 로 지정한 후 [Image(이미지)]−[Adjustments (조정)]−[Hue/Saturation(색조/채도)](Ctrl + U)를 선택한다.

6 Colorize(색상화)에 체크한 후 Hue(색조) : 60, Saturation(채도) : 70으로 값을 변경하고 (OK) 를 누른다.

7 선택영역을 해제하기 위해 [Select(선택)]− [Deselect(해제)](Ctrl + D)를 누른다.

8 파란색 계열로 보정하기 위해 Quick Selection Tool(빠른 선택, [🖌])로 선택영역(좌측 모자 부분)을 지정한 후 [Image(이미지)]−[Adjustment (조정)]−[Hue/Saturation(색조/채도)](Ctrl + U)를 선택한다.

9 Colorize(색상화)에 체크한 후 Hue(색조) : 220, Saturation(채도) : 50으로 값을 변경하고 (OK)를 누른다.

10 선택영역을 해제하기 위해 [Select(선택)]− [Deselect(해제)](Ctrl + D)를 누른다.

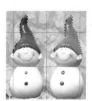

11 레이어 스타일을 적용하기 위해 [Layers(레이어)] 패널 하단의 *fx*를 눌러 Drop Shadow(그림자 효과)를 선택해 적용하고 (OK)를 누른다.

03 ▶ 이미지 추출 및 레이어 스타일

1 [File(파일)]−[Open(열기)](Ctrl + O)을 선택한 후 '1급−6.jpg'를 불러온다.

2 Magic Wand Tool(자동 선택, [🪄])을 선택한 후 옵션 바의 Tolerance(허용치)를 10, Contiguous(인접)에 체크한 다음 배경을 클릭한다.

3 선택영역을 반전하기 위해 [Select(선택)]− [Inverse(반전)](Shift + Ctrl + I)를 누른다.

4 Ctrl + C 로 복사하고 작업파일을 선택한 후 Ctrl + V 로 붙여넣기 한다.

5 Ctrl + T 로 크기/위치를 조절하고 Enter 를 누른다.

6 레이어 스타일을 적용하기 위해 [Layers(레이어)] 패널 하단의 fx.를 눌러 Bevel and Emboss (경사와 엠보스)를 선택해 적용하고 OK 를 누른다.

04 **모양 지정 및 레이어 스타일**

1 Custom Shape Tool(사용자 정의 모양,)을 선택한 후 옵션 바에서 Pick Tool Mode(선택 도구 모드) : Shape(모양, Shape), Stroke(획) : 색상 없음( )으로 설정한다. 모양 선택(shape:)을 눌러 아래의 모양을 찾아 그린다.
Ornaments(장식) − 장식 8( )

2 색을 적용하기 위해 [Layers(레이어)] 패널의 Layer Thumbnail(레이어 축소판,)을 더블 클릭한 후 #cc6666을 입력하고 OK 를 누른다.

3 Ctrl + T 로 조절점 안쪽에서 마우스 오른쪽 클릭 후 Distort(왜곡)을 선택한다. 꼭짓점을 이동해 출력형태를 참고하여 모양을 만든 다음 Enter 를 누른다.

4 레이어 스타일을 적용하기 위해 [Layers(레이어)] 패널 하단의 fx.를 눌러 Inner Shadow(내부 그림자)를 선택해 적용하고 OK 를 누른다.

5 다른 모양을 추가하기 위해 아래의 모양을 찾아 그린다.
Ornaments(장식) − 꽃 장식 3( )

6 색을 적용하기 위해 [Layers(레이어)] 패널의 Layer Thumbnail(레이어 축소판,)을 더블 클릭한 후 #cc6600을 입력하고 OK 를 누른다.

7 레이어 스타일을 적용하기 위해 [Layers(레이어)] 패널 하단의 fx.를 눌러 Bevel and Emboss (경사와 엠보스)를 선택해 적용하고 OK 를 누른다.

8 Ctrl + J 를 눌러 복제한다.

9 색을 적용하기 위해 [Layers(레이어)] 패널의 '꽃 장식 3 copy' Layer Thumbnail(레이어 축소판,)을 더블클릭한 후 #663333을 입력하고 OK 를 누른다.

10 Ctrl + T 로 회전/크기/위치를 조절하고 Enter 를 누른다.

1 Type Tool(수평 문자, **T**)을 선택한 후 빈 공간을 클릭한다. Oneday Class를 입력한 후 Ctrl + Enter 를 눌러 완료한다.

2 옵션 바나 [Character(문자)] 패널에서 Arial, Regular, 72pt, 가운데 정렬, Set laeding(줄 간격) : 60pt로 변경한다.

3 레이어 스타일을 적용하기 위해 [Layers(레이어)] 패널 하단의 **fx.**를 눌러 Gradient Overlay(그 레이디언트 오버레이)를 선택한 후 아래와 같이 값을 변경한다.
  • Opacity(불투명도) : 100%
  • Angle(각도) : 90°
  • Scale(비율) : 100%

4 Gradient 편집 창(▭▭▭▭▭)을 클릭한 후 Color Stop(색상 정지점)을 더블클릭하여 좌측 : #ffcc99, 우측 : #663300으로 값을 변경하고 OK 를 누른다.

5 레이어 스타일을 추가하기 위해 Stroke(획)를 선택한 후 아래와 같이 값을 변경한다.
  • Size(크기) : 2px
  • Position(위치) : Outside(바깥쪽)
  • Fill Type(칠 유형) : Color(색상)
  • 색상값 : #ffffff

6 레이어 스타일을 추가하기 위해 Drop Shadow(그림자 효과)를 선택해 적용하고 OK 를 누른다.

7 텍스트를 뒤틀기 위해 Type Tool(수평 문자, **T**)을 선택한 후 옵션 바의 Create warped text(뒤틀어진 텍스트 만들기, **工**)를 클릭하여 Style(스타일) : Wave(파형), Bend(구부리기) : −40%로 값을 변경하고 OK 를 누른다.

1 [File(파일)]−[Save(저장)](Ctrl + S)를 선택한 후 기존 파일에 덮어쓰기 한다.

2 JPG 파일 형식으로 저장하기 위해 [File(파일)]− [Save as(다른 이름으로 저장)](Shift + Ctrl + S)를 선택한 후 파일 형식을 클릭해 JPEG로 선택한다. '내 PC₩문서₩GTQ' 폴더에 '수험번호−성명−2'로 입력한 후 [저장]을 누른다.

3 PSD 파일의 사이즈를 1/10로 줄이기 위해 [Image(이미지)]−[Image Size(이미지 크기)](`Alt`+`Ctrl`+`I`)를 선택한 후 단위 : Pixel, Width(폭) : 40px, Height(높이) : 50px, Resolution(해상도) : 72Pixels/Inch로 설정하고 `OK`를 누른다.

4 [File(파일)]−[Save(저장)](`Ctrl`+`S`)를 선택한 후 작은 사이즈로 최종 저장한다.

5 완성된 파일을 확인하기 위해 파일 탐색기를 열어 '내 PC₩문서₩GTQ' 폴더에서 확인한다.

6 시험장의 작업표시줄에 나타나는 'Koas 수험자용'을 클릭해 우측의 답안 전송 을 클릭한 후 해당하는 번호에 체크한다. 하단의 답안 전송 을 클릭한 후 닫기 를 누르면 최종 전송된 답안으로 채점이 이루어진다.

사용 이미지 미리보기

1급-7.jpg

1급-8.jpg

1급-9.jpg

1급-10.jpg

1급-11.jpg

사용자 정의 모양 미리보기

사용 기능

혼합모드	Screen(스크린)
색상 조정	[Image(이미지)]−[Adjustment(조정)]−[Hue/Saturation(색조/채도)](Ctrl + U)
필터	• [Filter(필터)]−[Filter Gallery(필터 갤러리)]−[Artistic(예술 효과)]−[Film Grain(필름 그레인)] • [Filter(필터)]−[Filter Gallery(필터 갤러리)]−[Artistic(예술효과)]−[Paint Daubs(페인트 덥스/페인트 바르기)]
이미지 추출	• Pen Tool(펜,) • Magnetic Lasso Tool(자석 올가미,) • Quick Selection Tool(빠른 선택,)
레이어 마스크	Add layer mask(레이어 마스크 추가,)
클리핑 마스크	Create Clipping Mask(클리핑 마스크 만들기, Alt + Ctrl + G)
이미지 사이즈	[Image(이미지)]−[Image Size(이미지 크기)](Alt + Ctrl + I)

01 새 캔버스 생성 및 배경에 색 채우기

1 [File(파일)]−[New(새로 만들기)](Ctrl + N)를 선택한 후 아래의 조건으로 설정한 다음 [Create(만들기)]를 누른다.

- PRESET DETAILS(사전 설정 세부 정보)
  : 수험번호−성명−3
- 단위 : Pixels
- Width(폭) : 600
- Height(높이) : 400
- Resolution(해상도) : 72Pixels/Inch
- Color Mode(색상모드) : RGB
- Backgound Contents(배경색) : White

2 [Edit(편집)]−[Preferences(속성)]−[Guides, Grid & Slices(안내선, 격자 및 분할 영역)](Ctrl + K)를 선택한 후 'Grid(격자)'의 Gridline Every(격자 간격) : 100Pixels, Subdivisions(세분) : 1로 설정하고 OK 를 누른다.

3 [View(보기)]−[Show(표시)]−[Grid(격자)](Ctrl + ')와 [View(보기)]−[Rulers(눈금자)](Ctrl + R)를 나타낸다.

4 [File(파일)]−[Save as(다른 이름으로 저장)](Shift + Ctrl + S)를 클릭한 후 '내 PC\문서\GTQ' 폴더에 '수험번호−성명−3.psd'로 입력하고 [저장]을 누른다.

5 배경에 색을 채우기 위해 도구상자의 Set foreground color(전경색, ■)를 클릭한 후 #003366를 입력하고 OK 를 누른다. 전경색을 채우기 위해 Alt + Delete 를 누른다.

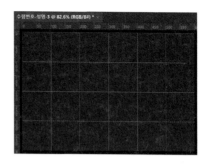

02 혼합모드 및 레이어 마스크

1 [File(파일)]−[Open(열기)](Ctrl + O)을 선택한 후 '1급−7.jpg'를 불러온다.

2 Ctrl + A 로 전체 선택한 후 Ctrl + C 로 복사하고 작업파일을 선택한 후 Ctrl + V 로 붙여넣기 한다.

3 Ctrl + T 로 크기/위치를 조절하고 Enter 를 누른다.

4 혼합모드를 적용하기 위해 [Layers(레이어)] 패널의 Blending Mode(혼합모드, Normal ⌄)를 'Screen(스크린)'으로 선택한다.

5 불투명도를 조정하기 위해 [Layers(레이어)] 패널의 Opacity(불투명도)를 80%로 설정한다.

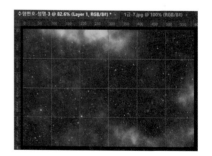

6 [File(파일)]−[Open(열기)](Ctrl + O)을 선택한 후 '1급−8.jpg'를 불러온다.

7 Ctrl + A 로 전체 선택한 후 Ctrl + C 로 복사하고 작업파일을 선택한 후 Ctrl + V 로 붙여넣기 한다.

8 Ctrl + T 로 좌우대칭하기 위해 조절점 안쪽에서 마우스 오른쪽 클릭 후 Flip Horizontal(가로로 뒤집기)을 선택한다. 크기/위치를 조절하고 Enter 를 누른다.

9 [Filter(필터)]−[Filter Gallery(필터 갤러리)]−[Artistic(예술 효과)]−[Film Grain(필름 그레인)] 필터를 적용한 다음 OK 를 누른다.

10 레이어 마스크를 적용하기 위해 [Layers(레이어)] 패널 하단의 Add layer mask(레이어 마스크 추가, ▣)를 클릭한다.

11 도구상자에서 Gradient Tool(그레이디언트, ▧)을 선택한 후 옵션 바에서 Gradient Presets(그레이디언트 사전 설정)을 클릭해 Basics(기본 사항)−'Black & White(검정, 흰색)'을 선택한다.

12 그림과 같이 가로 방향으로 드래그한다.

03 선택영역 안에 붙여넣기 및 필터

1 [File(파일)]−[Open(열기)](Ctrl + O)을 선택한 후 '1급−9.jpg', '1급−10.jpg'를 불러온다.

2 먼저 '1급−10.jpg'에서 Pen Tool(펜, ✎)을 선택한 후 옵션 바에서 Pick Tool Mode(선택 도구 모드) : Path(패스), Path Operations(패스 작업) : Exclude Overlapping Shapes(모양 오버랩 제외)나 Combine Shapes(모양 결합)로 지정한다.

3 이미지의 형태를 따라 짧게 짧게 드래그하여 곡선을 만들면서 추출한다. 진행되는 방향선을 끊고 싶다면 Alt +기준점 클릭한다.

Alt +기준점 클릭

Plus@

그리드로 인해 선택에 지장이 있다면 Alt + ' 를 눌러 숨기거나 [View(보기)]−[Snap To(스냅 옵션)]−[Grid(그리드)]의 선택을 해제하면 그리드의 영향을 받지 않는다.

4 이미지를 추출하기 위해 [Path(패스)] 패널의 Path Thumbnail(패스 축소판)을 Ctrl 과 함께 클릭해 선택영역을 지정한다.

5 [Layers(레이어)] 패널을 선택한 후 Ctrl + C 로 복사하고 작업파일을 선택한 후 Ctrl + V 로 붙여넣기 한다.

6 Ctrl + T 로 크기/위치를 조절하고 Enter 를 누른다.

7 Quick Selection Tool(빠른 선택,) 로 안쪽의 선택영역을 지정한다.

8 '1급−9.jpg'로 이동한 후 Ctrl + A 로 전체 선택하고 Ctrl + C 로 복사한다. 작업파일을 선택한 후 [Edit(편집)]−[Paste Spccial(특수 붙여넣기)]−[Paste Into(안쪽에 붙여넣기)](Alt + Ctrl + Shift + V)를 누른다.

9 Ctrl + T 로 크기/위치를 조절하고 Enter 를 누른다.

10 [Filter(필터)]−[Filter Gallery(필터 갤러리)]−[Artistic(예술효과)]−[Paint Daubs(페인트 덥스/페인트 바르기)] 필터를 적용한 다음 OK 를 누른다.

11 레이어 스타일을 적용하기 위해 [Layers(레이어)] 패널의 'Layer 3(찻잔)'을 선택한 후 하단의 fx 를 눌러 Outer Glow(외부 광선)를 선택해 적용한다.

12 레이어 스타일을 추가하기 위해 Drop Shadow(그림자 효과)를 선택해 적용하고 OK 를 누른다.

04 이미지 추출 및 색상 보정

1 [File(파일)]−[Open(열기)](`Ctrl` + `O`)을 선택한 후 '1급−11.jpg'를 불러온다.

2 Magnetic Lasso Tool(자석 올가미, ⬚)을 선택한 후 옵션 바의 Frequency를 100으로 설정한 다음 첫 점을 클릭하여 이미지의 형태를 따라 추출한다.

3 `Ctrl` + `C` 로 복사하고 작업파일을 선택한 후 `Ctrl` + `V` 로 붙여넣기 한다.

4 `Ctrl` + `T` 로 크기/위치를 조절하고 `Enter` 를 누른다.

5 파란색 계열로 보정하기 위해 Quick Selection Tool(빠른 선택, ⬚)로 선택영역(우측 컵)을 지정한 후 [Image(이미지)]−[Adjustments(조정)]−[Hue/Saturation(색조/채도)](`Ctrl` + `U`)를 선택한다.

6 Colorize(색상화)에 체크한 후 Hue(색조) : 220, Saturation(채도) : 50으로 값을 변경하고 `OK` 를 누른다.

7 선택영역을 해제하기 위해 [Select(선택)]−[Deselect(해제)](`Ctrl` + `D`)를 누른다.

8 레이어 스타일을 적용하기 위해 [Layers(레이어)] 패널 하단의 *fx* 를 눌러 Stroke(획)를 선택한 후 아래와 같이 값을 변경한다.
- Size(크기) : 4px
- Position(위치) : Outside(바깥쪽)
- Fill Type(칠 유형) : Gradient(그레이디언트)
- Style(스타일) : Linear(선형)
- Angle(각도) : 90°
- Reverse에 체크

9 Gradient(그레이디언트) 편집 창(⬚)을 클릭한 후 Color Stop(색상 정지점)을 더블클릭하여 좌측 : #00cccc, 우측의 Opacity Stop(불투명도 정지점) : 0%로 변경하고 `OK` 를 누른다.

불투명도 정지점(O)

05 모양 지정 및 레이어 스타일

1 Custom Shape Tool(사용자 정의 모양, ⬚)을 선택한 후 옵션 바에서 Pick Tool Mode(선택 도구 모드) : Shape(모양, **Shape**), Stroke(획) : 색상 없음(⬚)으로 설정한다. 모양 선택(**Shape: →**)을 눌러 아래의 모양을 찾아 그린다.
Ornaments(장식) − 꽃 장식 4(⬚)

2 `Ctrl` + `T` 로 크기/위치를 조절하고 `Enter` 를 누른다.

③ 색을 적용하기 위해 [Layers(레이어)] 패널의 Layer Thumbnail(레이어 축소판, ▨)을 더블 클릭한 후 #cccccc를 입력하고 (OK)를 누른다.

④ 불투명도를 조정하기 위해 [Layers(레이어)] 패널의 Opacity(불투명도)를 70%로 설정한다.

⑤ 레이어 스타일을 적용하기 위해 [Layers(레이어)] 패널 하단의 fx.를 눌러 Inner Shadow(내부 그림자)를 선택해 적용하고 (OK)를 누른다.

⑥ 다른 모양을 추가하기 위해 아래의 모양을 찾아 그린다.
Objects(물건) – 퍼즐 4(▥)

⑦ Ctrl + T 로 회전/크기/위치를 조절하고 Enter 를 누른다.

⑧ 색을 적용하기 위해 [Layers(레이어)] 패널의 Layer Thumbnail(레이어 축소판, ▨)을 더블 클릭한 후 #ffff66을 입력하고 (OK)를 누른다.

⑨ 레이어 스타일을 적용하기 위해 Drop Shadow(그림자 효과)를 선택해 적용하고 (OK)를 누른다.

⑩ Ctrl + J 를 눌러 복제한다.

⑪ Ctrl + T 로 회전/크기/위치를 조절하고 Enter 를 누른다.

⑫ 색을 적용하기 위해 [Layers(레이어)] 패널의 '퍼즐 4 copy' Layer Thumbnail(레이어 축소판, ▨)을 더블클릭한 후 #33cc33을 입력하고 (OK)를 누른다.

⑬ 다른 모양을 추가하기 위해 아래의 모양을 찾아 그린다.
Web(웹) – 볼륨(🔊)

⑭ 레이어 스타일을 적용하기 위해 [Layers(레이어)] 패널 하단의 fx.를 눌러 Gradient Overlay(그레이디언트 오버레이)를 선택한 후 아래와 같이 값을 변경한다.
• Opacity(불투명도) : 100%
• Style : Reflected(반사)
• Angle(각도) : −40°
• Scale(비율) : 100%

⑮ Gradient(그레이디언트) 편집 창(▬▬)을 클릭한 후 Color Stop(색상 정지점)을 더블클릭하여 좌측 : #66ffcc, 우측 : #003366으로 변경하고 (OK)를 누른다.

⑯ 레이어 스타일을 추가하기 위해 Drop Shadow(그림자 효과)를 선택해 적용하고 (OK)를 누른다.

1 Type Tool(수평 문자, **T**)을 선택한 후 빈 공간을 클릭한다. 도예체험학습을 입력한 후 Ctrl + Enter 를 눌러 완료한다.

2 옵션 바 또는 [Character(문자)] 패널에서 궁서, 38pt로 설정한 후 체험만 선택하여 55pt로 변경한다.

3 레이어 스타일을 적용하기 위해 [Layers(레이어)] 패널 하단의 **fx**를 눌러 Gradient Overlay(그레이디언트 오버레이)를 선택한 후 아래와 같이 값을 변경한다.
   · Opacity(불투명도) : 100%
   · Style : Reflected(반사)
   · Angle(각도) : −40°
   · Scale(비율) : 100%

4 Gradient 편집 창( )을 클릭한 후 Color Stop(색상 정지점)을 더블클릭하여 좌측 : #ffff66, 중간 : #33cc33, 우측 : #ff6600으로 값을 변경하고 OK 를 누른다.

5 레이어 스타일을 추가하기 위해 Drop Shadow(그림자 효과)를 선택해 적용하고 OK 를 누른다.

6 텍스트를 뒤틀기 위해 Type Tool(수평 문자, **T**)을 선택한 후 옵션 바의 Create warped text(뒤틀어진 텍스트 만들기, **T**)를 클릭한다. Style(스타일) : Arc Upper(위 부채꼴), Bend(구부리기) : +50%로 값을 변경하고 OK 를 누른다.

7 Type Tool(수평 문자, **T**)을 선택한 후 빈 공간을 클릭한다. Pottery Experience Learning을 입력한 후 Ctrl + Enter 를 눌러 완료한다.

8 옵션 바나 [Character(문자)] 패널에서 Times New Roman, Bold, 22pt, #003366으로 변경한다.

9 레이어 스타일을 적용하기 위해 [Layers(레이어)] 패널 하단의 **fx**를 눌러 Stroke(획)를 선택한 후 아래와 같이 값을 변경한다.
   · Size(크기) : 2px
   · Position(위치) : Outside(바깥쪽)
   · Fill Type(칠 유형) : Color(색상)
   · 색상값 : #ffffff

10 Type Tool(수평 문자, **T**)을 선택한 후 빈 공간을 클릭한다. 특별한 추억쌓기를 입력한 후 Ctrl + Enter 를 눌러 완료한다.

11 옵션 바 또는 [Character(문자)] 패널에서 궁서, 18pt, #ffffff로 설정한 후 추억쌓기만 선택하여 #cccc00으로 변경한다.

12 레이어 스타일을 적용하기 위해 [Layers(레이어)] 패널 하단의 **fx**를 눌러 Stroke(획)를 선택한 후 아래와 같이 값을 변경한다.
   · Size(크기) : 2px
   · Position(위치) : Outside(바깥쪽)
   · Fill Type(칠 유형) : Color(색상)
   · 색상값 : #333333

13 텍스트를 뒤틀기 위해 Type Tool(수평 문자, **T**)을 선택한 후 옵션 바의 Create warped text(뒤틀어진 텍스트 만들기, **T**)를 클릭하여 Style(스타일) : Arc(부채꼴), Vertical, Bend(구부리기) : −7%로 값을 변경하고 OK 를 누른다.

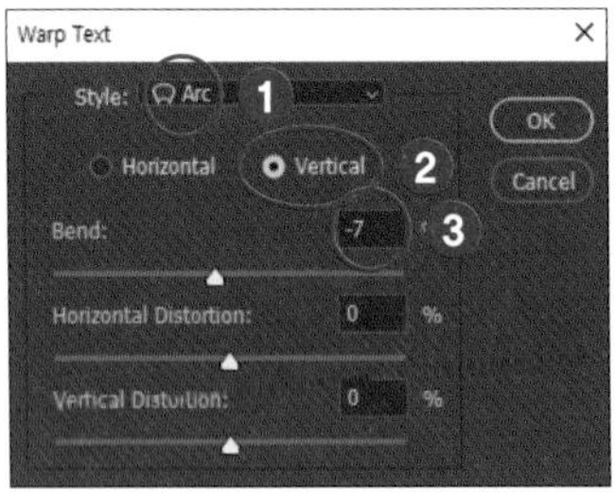

⑭ Type Tool(수평 문자, T)을 선택한 후 빈 공간을 클릭한다. 전통지킴이를 입력한 후 Ctrl + Enter를 눌러 완료한다.

⑮ 옵션 바 또는 [Character(문자)] 패널에서 굴림, 20pt로 변경한다.

⑯ 레이어 스타일을 적용하기 위해 [Layers(레이어)] 패널 하단의 fx를 눌러 Gradient Overlay(그레이디언트 오버레이)를 선택한 후 아래와 같이 값을 변경한다.

- Opacity(불투명도) : 100%
- Style : Reflected(반사)
- Angle(각도) : −70°
- Scale(비율) : 100%

⑰ Gradient 편집 창( )을 클릭한 후 Color Stop(색상 정지점)을 더블클릭하여 좌측 : #ffff00, 우측 : #ff6600으로 값을 변경하고 OK를 누른다.

⑱ 레이어 스타일을 추가하기 위해 Stroke(획)를 선택한 후 아래와 같이 값을 변경한다.

- Size(크기) : 2px
- Position(위치) : Outside(바깥쪽)
- Fill Type(칠 유형) : Color(색상)
- 색상값 : #333333

07 PSD, JPG 형식으로 저장하기

① [File(파일)]−[Save(저장)](Ctrl + S)를 선택한 후 기존 파일에 덮어쓰기 한다.

② JPG 파일형식으로 저장하기 위해 [File(파일)]−[Save as(다른 이름으로 저장)](Shift + Ctrl + S)를 선택한 후 파일 형식을 클릭해 JPEG로 선택한다. '내 PC₩문서₩GTQ' 폴더에 '수험번호−성명−3'으로 입력한 후 [저장]을 누른다.

③ PSD 파일의 사이즈를 1/10로 줄이기 위해 [Image(이미지)]−[Image Size(이미지 크기)](Alt + Ctrl + I)를 선택한 후 단위 : Pixel, Width(폭) : 60px, Height(높이) : 40px, Resolution(해상도) : 72pixels/inch로 설정 후 OK를 누른다.

④ [File(파일)]−[Save(저장)](Ctrl + S)를 선택한 후 작은 사이즈로 최종 저장한다.

⑤ 완성된 파일을 확인하기 위해 파일 탐색기를 열어 '내 PC₩문서₩GTQ' 폴더에서 확인한다.

⑥ 시험장의 작업표시줄에 나타나는 'Koas 수험자용'을 클릭해 우측의 답안 전송을 클릭한 후 해당하는 번호에 체크한다. 하단의 답안 전송을 클릭한 후 닫기를 누르면 최종 전송된 답안으로 채점이 이루어진다.

사용 이미지 미리보기

1급-12.jpg   1급-13.jpg   1급-14.jpg

1급-15.jpg   1급-16.jpg   1급-17.jpg

사용자 정의 모양 미리보기

사용 기능

패턴 정의 및 적용	• [Edit(편집)]-[Define Pattern(패턴 정의)] • [Edit(편집)]-[Fill(칠)]
혼합모드	Hard Light(하드 라이트)
색상 조정	[Image(이미지)]-[Adjustment(조정)]-[Hue/Saturation(색조/채도)](**Ctrl** + **U**)
필터	• [Filter(필터)]-[Filter Gallery(필터 갤러리)]-[Brush Strokes(브러시 획)]-[Crosshatch(그물눈)] • [Filter(필터)]-[Filter Gallery(필터 갤러리)]-[Brush Strokes(브러시 획)]-[Accented Edges(강조된 가장 자리)]
이미지 추출	• Quick Selection Tool(빠른 선택,) • Magnetic Lasso Tool(자석 올가미,) • Magic Wand Tool(자동 선택,)
레이어 마스크	Add layer mask(레이어 마스크 추가,)
이미지 사이즈	[Image(이미지)]-[Image Size(이미지 크기)](**Alt** + **Ctrl** + **I**)

■ [File(파일)]−[New(새로 만들기)](Ctrl + N)를
선택한 후 아래의 조건으로 설정한 다음 [Create
(만들기)]를 누른다.
- PRESET DETAILS(사전 설정 세부 정보)
  : 수험번호−성명−4
- 단위 : Pixels
- Width(폭) : 600
- Height(높이) : 400
- Resolution(해상도) : 72Pixels/Inch
- Color Mode(색상모드) : RGB
- Backgound Contents(배경색) : White

■ [Edit(편집)]−[Preferences(속성)]−[Guides,
Grid & Slices(안내선, 격자 및 분할 영역)]
(Ctrl + K)를 선택한 후 'Grid(격자)'의
Gridline Every(격자 간격) : 100Pixels,
Subdivisions(세분) : 1로 설정하고 OK 를 누
른다.

■ [View(보기)]−[Show(표시)]−[Grid(격자)]
(Ctrl + ')와 [View(보기)]−[Rulers(눈금
자)](Ctrl + R)를 나타낸다.

■ [File(파일)]−[Save as(다른 이름으로 저장)]
(Shift + Ctrl + S)를 클릭한 후 '내 PC₩문서
₩GTQ' 폴더에 '수험번호−성명−4.psd'로 입
력하고 [저장]을 누른다.

■ 배경에 색을 채우기 위해 도구상자의 Set
foreground color(전경색, ■)를 클릭한 후
#669999를 입력하고 OK 를 누른다. 전경색을
채우기 위해 Alt + Delete 를 누른다.

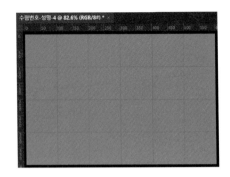

■ Pattern(패턴)을 만들기 위해 [File(파일)]−
[New(새로 만들기)](Ctrl + N)를 선택한 후
아래의 조건으로 설정한 다음 [Create(만들기)]
를 누른다.
- 단위 : Pixels
- Width(폭) : 50
- Height(높이) : 50
- Resolution(해상도) : 72Pixels/Inch
- Color Mode(색상모드) : RGB
- Backgound Contents(배경색) : White

■ Custom Shape Tool(사용자 정의 모양, ■)
을 선택한 후 옵션 바에서 Pick Tool Mode(선
택 도구 모드) : Shape(모양, Shape ∨),
Stroke(획) : 색상 없음(□)으로 설정한 다음
아래의 모양을 찾아 그린다.
Nature(자연) – 해 2(✳)

■ 색을 적용하기 위해 [Layers(레이어)] 패널의
Layer Thumbnail(레이어 축소판, ■)을 더블
클릭한 후 #cc33cc를 입력하고 OK 를 누른다.

■ Move Tool(이동, ✛)을 선택한 후 Alt 와 함
께 오른쪽 방향으로 드래그하여 복제한다.

5 색을 적용하기 위해 [Layers(레이어)] 패널의 '해 2 copy' Layer Thumbnail(레이어 축소판, 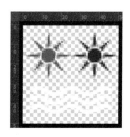)을 더블클릭한 후 #333366을 입력하고 (OK)를 누른다.

6 [Layers(레이어)] 패널 하단 Background(배경)의 눈 아이콘(👁)을 클릭해 해제한다.

7 다른 모양을 추가하기 위해 아래의 모양을 찾아 그린다.
Nature(자연) – 파형(〰)

8 색을 적용하기 위해 [Layers(레이어)] 패널의 Layer Thumbnail(레이어 축소판,)을 더블 클릭한 후 #ffffff를 입력하고 (OK)를 누른다.

9 패턴을 정의하기 위해 [Edit(편집)]−[Define Pattern(패턴 정의)]를 눌러 확인 후 (OK)를 누른다.

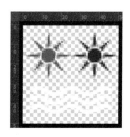

03 혼합모드 및 레이어 마스크

1 [File(파일)]−[Open(열기)](Ctrl + O)을 선택한 후 '1급−12.jpg'를 불러온다.

2 Ctrl + A 로 전체 선택한 후 Ctrl + C 로 복사하고 작업파일을 선택한 후 Ctrl + V 로 붙여넣기 한다.

3 Ctrl + T 로 크기/위치를 조절하고 Enter 를 누른다.

4 혼합모드를 적용하기 위해 [Layers(레이어)] 패널의 Blending Mode(혼합모드, Normal ✓)를 'Hard Light(하드 라이트)'로 선택한다.

5 레이어 마스크를 적용하기 위해 [Layers(레이어)] 패널 하단의 Add layer mask(레이어 마스크 추가, ◉)를 클릭한다.

6 도구상자에서 Gradient(그레이디언트, ▨)을 선택한 후 옵션 바에서 Gradient Presets(그레이디언트 사전설정)을 클릭해 Basics(기본 사항)−'Black & White(검정, 흰색)'을 선택한다.

7 그림과 같이 가로 방향으로 드래그한다.

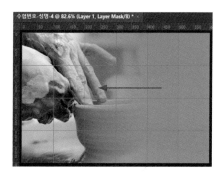

8 [File(파일)]−[Open(열기)](Ctrl + O)을 선택한 후 '1급−13.jpg'를 불러온다.

⑨ Ctrl + A 로 전체 선택한 후 Ctrl + C 로 복사하고 작업파일을 선택한 후 Ctrl + V 로 붙여넣기 한다.

⑩ Ctrl + T 로 좌우대칭하기 위해 조절점 안쪽에서 마우스 오른쪽 클릭 후 Flip Horizontal(가로로 뒤집기)을 선택한다. 크기/위치를 조절한 후 Enter 를 누른다.

⑪ [Filter(필터)]─[Filter Gallery(필터 갤러리)]─[Brush Strokes(브러시 획)]─[Crosshatch(그물눈)] 필터를 적용한 다음 OK 를 누른다.

⑫ ⑤~⑥을 참고해 레이어 마스크를 적용하여 대각선 방향으로 드래그한다.

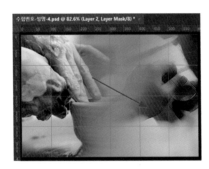

① [File(파일)]─[Open(열기)](Ctrl + O)을 선택한 후 '1급─14.jpg'를 불러온다.

② Quick Selection Tool(빠른 선택, ◢)로 선택영역을 지정한다.

③ Ctrl + C 로 복사하고 작업파일을 선택한 후 Ctrl + V 로 붙여넣기 한다.

④ Ctrl + T 로 크기/위치를 조절하고 Enter 를 누른다.

⑤ 레이어 스타일을 적용하기 위해 [Layers(레이어)] 패널 하단의 fx 를 눌러 Bevel and Emboss(경사와 엠보스)를 선택해 적용한다.

⑥ 레이어 스타일을 추가하기 위해 Drop Shadow(그림자 효과)를 선택해 적용하고 OK 를 누른다.

⑦ [File(파일)]─[Open(열기)](Ctrl + O)을 선택한 후 '1급─15.jpg'를 불러온다.

⑧ Magnetic Lasso Tool(자석 올가미, ▨)을 선택한 후 옵션 바의 Frequency를 100으로 설정한다. 첫 점을 클릭하여 이미지의 형태를 따라 추출하고 손잡이 안쪽 부분은 Alt 와 함께 선택하여 제외한다.

⑨ Ctrl + C 로 복사하고 작업파일을 선택한 후 Ctrl + V 로 붙여넣기 한다.

⑩ Ctrl + T 로 좌우대칭하기 위해 조절점 안쪽에서 마우스 오른쪽 클릭해 Flip Horizontal(가로로 뒤집기)을 선택한 후 크기/위치를 조절하고 Enter 를 누른다.

⑪ [Filter(필터)]−[Filter Gallery(필터 갤러리)]−[Brush Strokes(브러시 획)]−[Accented Edges(강조된 가장자리)] 필터를 적용한 다음 $\boxed{\text{OK}}$를 누른다.

⑫ 레이어 스타일을 추가하기 위해 Drop Shadow(그림자 효과)를 선택해 적용하고 $\boxed{\text{OK}}$를 누른다.

⑬ [File(파일)]−[Open(열기)]($\boxed{\text{Ctrl}}$+$\boxed{\text{O}}$)을 선택한 후 '1급−16.jpg'를 불러온다.

⑭ Magic Wand Tool(자동 선택,) 을 선택한 후 옵션 바의 Tolerance(허용치)를 32, Contiguous(인접)에 체크를 해제한 다음 배경을 클릭한다.

⑮ 선택영역을 반전하기 위해 [Select(선택)]−[Inverse(반전)]($\boxed{\text{Shift}}$+$\boxed{\text{Ctrl}}$+$\boxed{\text{I}}$)를 누른다.

⑯ $\boxed{\text{Ctrl}}$+$\boxed{\text{C}}$로 복사하고 작업파일을 선택한 후 $\boxed{\text{Ctrl}}$+$\boxed{\text{V}}$로 붙여넣기 한다.

⑰ $\boxed{\text{Ctrl}}$+$\boxed{\text{T}}$로 크기/위치를 조절하고 $\boxed{\text{Enter}}$를 누른다.

⑱ 녹색 계열로 보정하기 위해 [Image(이미지)]−[Adjustments(조정)]−[Hue/Saturation(색조/채도)]($\boxed{\text{Ctrl}}$+$\boxed{\text{U}}$)를 선택한다.

⑲ Colorize(색상화)에 체크한 후 Hue(색조) : 110, Satulation(채도) : 50으로 값을 변경하고 $\boxed{\text{OK}}$를 누른다.

⑳ 레이어 스타일을 적용하기 위해 [Layers(레이어)] 패널 하단의 fx를 눌러 Outer Glow(외부 광선)를 선택해 적용하고 $\boxed{\text{OK}}$를 누른다.

㉑ [File(파일)]−[Open(열기)]($\boxed{\text{Ctrl}}$+$\boxed{\text{O}}$)을 선택한 후 '1급−17.jpg'를 불러온다.

㉒ Magic Wand Tool(자동 선택,)을 선택한 후 옵션 바의 Tolerance(허용치)를 10, Contiguous(인접)에 체크한 다음 배경을 클릭한다.

㉓ 선택영역을 반전하기 위해 [Select(선택)]−[Inverse(반전)]($\boxed{\text{Shift}}$+$\boxed{\text{Ctrl}}$+$\boxed{\text{I}}$)를 누른다.

㉔ $\boxed{\text{Ctrl}}$+$\boxed{\text{C}}$로 복사하고 작업파일을 선택한 후 $\boxed{\text{Ctrl}}$+$\boxed{\text{V}}$로 붙여넣기 한다.

㉕ $\boxed{\text{Ctrl}}$+$\boxed{\text{T}}$로 크기/위치를 조절하고 $\boxed{\text{Enter}}$를 누른다.

---

05 패스 제작 및 패턴 적용

❶ Pen Tool(펜,) 을 선택한 후 옵션 바에서 Pick Tool Mode(선택 도구 모드) : Path(패스, Path ∨), Path Operations(패스 작업) : Exclude Overlapping Shapes(모양 오버랩 제외,) 로 지정한다.

② 배경 레이어의 눈 아이콘(👁)을 Alt +클릭해 나머지 레이어의 눈을 끈다. (선택사항)

③ 그림을 참고해 1/4만 그린 다음 패스의 유실을 방지하기 위해 [Path(패스)] 패널을 선택하여 Work Path(작업 패스) 이름 부분을 더블클릭한다. Save Path(패스 저장)가 나오면 (OK)를 누른다.

④ Path Selection Tool(패스 선택, ▶)로 Alt 와 함께 드래그해 복제한다.

⑤ Ctrl + T 로 조절점 안쪽에서 마우스 오른쪽 클릭해 Flip Horizontal(가로로 뒤집기)을 선택한 후 배치하여 Enter 를 누른다.

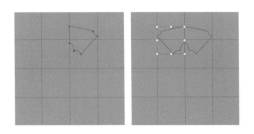

⑥ ④~⑤번을 반복해 Flip Vertical(세로로 뒤집기)를 선택한 후 배치하여 Enter 를 누른다.

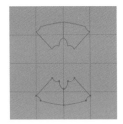

⑦ ④~⑤번을 반복해 Rotate 90° Clockwise를 선택한 후 배치하고 Enter 를 누른다.

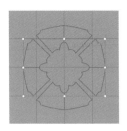

⑧ Ellipse Tool(타원, ⬭)을 선택한 후 옵션 바에서 Pick Tool Mode(선택 도구 모드) : Path(패스, Path ∨), Path Operations(패스 작업) : Exclude Overlapping Shapes(모양 오버랩 제외, ▣)로 선택한 다음 그림과 같이 그린다.

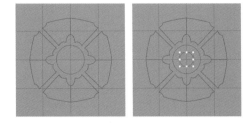

⑨ 레이어로 지정하기 위해 [Path(패스)] 패널 하단의 Load as a selection(패스를 선택영역으로 지정, ▦)을 클릭한다.

⑩ [Layers(레이어)] 패널로 이동해 하단의 Create a new layer(새 레이어, ⊞, Ctrl + Shift + N)를 클릭해 추가한다.

⑪ 임의의 색을 채우기 위해 Alt + Delete 를 눌러 전경색()을 채운다.

⑫ 레이어 스타일을 적용하기 위해 [Layers(레이어)] 패널 하단의 **fx.** 를 눌러 Gradient Overlay(그 레이디언트 오버레이)를 선택한 후 다음과 같이 값을 변경한다.
- Opacity(불투명도) : 100%
- Style : Linear(선형)
- Angle(각도) : 90°
- Scale(비율) : 100%
- Reverse(반전)에 체크

⑬ Gradient(그레이디언트) 편집 창() 을 클릭한 후 Color Stop(색상 정지점)을 더블클 릭하여 좌측 : #ffff66, 우측 : #336666으로 값을 변경하고 OK 를 누른다.

⑭ 레이어 스타일을 추가하기 위해 Drop Shadow(그 림자 효과)를 선택해 적용하고 OK 를 누른다.

⑮ 패턴을 적용하기 위해 Layer 7(문양)의 Layer Thumbnail(레이어 축소판)을 Ctrl 과 함께 클릭 해 선택영역으로 지정한 후 하단의 Create a new layer(새 레이어, ➕, Ctrl + Shift + N) 를 클릭해 추가한다.

⑯ [Edit(편집)]−[Fill(칠)]을 선택한 후 Contents (내용) : Pattern(패턴)으로 변경한다. Custom Pattern(사용자 정의 패턴)에서 만들어 놓은 패 턴을 선택한 다음 OK 를 누른다.

⑰ 선택영역을 해제하기 위해 [Select(선택)]− [Deselect(해제)](Ctrl + D)를 누른다.

Plus ⓐ

패턴의 크기를 조절하고 싶다면 앞서 만들어 놓은 패 턴 파일에서 [Image(이미지)]−[Image Size(이미지 크기)] (Alt + Ctrl + I)를 조절해 재등록하여 채운다.

⑱ 모든 레이어의 눈을 켜기 위해 레이어의 눈 아이콘()에서 마우스 오른쪽 클릭 후 'Show/hide all other layers(다른 모든 레이어 표시/숨기기)'를 클릭한다.

---

06 모양 지정 및 레이어 스타일

❶ Custom Shape Tool(사용자 정의 모양, 🎨)을 선택한 후 옵션 바에서 Pick Tool Mode(선택 도구 모드) : Shape(모양, Shape ∨), Stroke(획) : 색상 없음(⬜)으로 설정한다. 모양 선택(Shape: → ∨)을 눌러 아래의 모양을 찾아 그린다.
Ornaments(장식) − 장식 4(✤)

❷ 색을 적용하기 위해 [Layers(레이어)] 패널의 Layer Thumbnail(레이어 축소판, 🖼)을 더블클릭한 후 #339999를 입력하고 OK 를 누른다.

❸ 레이어 스타일을 적용하기 위해 [Layers(레이어)] 패널 하단의 fx 를 눌러 Inner Shadow(내부 그림자)를 선택해 적용하고 OK 를 누른다.

❹ 불투명도를 조정하기 위해 [Layers(레이어)] 패널의 Opacity(불투명도)를 60%로 설정한다.

❺ 다른 모양을 추가하기 위해 아래의 모양을 찾아 그린다.
Ornaments(장식) − 장식 7(↰)

❻ 색을 적용하기 위해 [Layers(레이어)] 패널의 Layer Thumbnail(레이어 축소판, 🖼)을 더블클릭한 후 #009999를 입력하고 OK 를 누른다.

❼ 레이어 스타일을 적용하기 위해 [Layers(레이어)] 패널 하단의 fx 를 눌러 Stroke(획)를 선택한 후 아래와 같이 값을 변경하고 OK 를 누른다.
• Size(크기) : 2px
• Position(위치) : Outside(바깥쪽)
• Fill Type(칠 유형) : Color(색상)
• 색상값 : #ffffff

8 메뉴 부분을 만들기 위해 아래의 모양을 찾아 그린다.

Objects(물건) - 도장 1(▢)

9 레이어 스타일을 적용하기 위해 [Layers(레이어)] 패널 하단의 *fx* 를 눌러 Gradient Overlay(그레이디언트 오버레이)를 선택한 후 아래와 같이 값을 변경한다.
- Opacity(불투명도) : 100%
- Style : Linear(선형)
- Angle(각도) : 90˚
- Scale(비율) : 100%

10 Gradient(그레이디언트) 편집 창(▬▬▭▬)을 클릭한 후 Color Stop(색상 정지점)을 더블클릭하여 좌측 : #003333, 우측 : #99ccff로 값을 변경하고 OK 를 누른다.

11 레이어 스타일을 추가하기 위해 Stroke(획)를 선택한 후 아래와 같이 값을 변경하고 OK 를 누른다.
- Size(크기) : 2px
- Position(위치) : Outside(바깥쪽)
- Fill Type(칠 유형) : Color(색상)
- 색상값 : #ffffff

12 메뉴에 텍스트를 입력하기 위해 Type Tool(수평 문자, T)을 선택한 후 Shift +클릭하여 전시공간을 입력하고 Ctrl + Enter 를 눌러 완료한다.

Plus@

Shift +클릭 후 입력하는 이유는 모양이 선택된 상태에서 텍스트를 입력하면 영역 안에 글자가 입력되기 때문이다.

13 옵션 바나 [Character(문자)] 패널에서 돋움, 18pt, 가운데 정렬, #003366으로 설정한다.

14 레이어 스타일을 적용하기 위해 [Layers(레이어)] 패널 하단의 *fx* 를 눌러 Stroke(획)를 선택한 후 아래와 같이 값을 변경하고 OK 를 누른다.
- Size(크기) : 2px
- Position(위치) : Outside(바깥쪽)
- Fill Type(칠 유형) : Color(색상)
- 색상값 : #ffff99

15 메뉴를 복제하기 위해 배너 모양과 텍스트 레이어를 Shift 를 누른 상태로 함께 클릭한다. Move Tool(이동, ✛)을 선택한 후 Alt 와 함께 아래 방향으로 드래그하여 두 번 복제한다.

16 두 번째의 텍스트를 수정하기 위해 [Layers(레이어)] 패널의 Indicates text layer(텍스트 레이어, T)를 더블클릭한 후 소장품을 입력하고 Ctrl + Enter 를 눌러 완료한다.

17 세 번째 텍스트도 16과 같은 방법으로 프로그램으로 수정한다.

18 소장품 레이어의 Stroke(획) 부분을 더블클릭한 후 아래와 같이 값을 변경하고 OK 를 누른다.
- Size(크기) : 2px
- Position(위치) : Outside(바깥쪽)
- Fill Type(칠 유형) : Color(색상)
- 색상값 : #ffffff

⑲ 두 번째 모양의 Stroke(획) 부분을 더블클릭한 후 아래와 같이 값을 변경하고 OK 를 누른다.

- Size(크기) : 2px
- Position(위치) : Outside(바깥쪽)
- Fill Type(칠 유형) : Color(색상)
- 색상값 : #00ffff

07 문자 효과

❶ Type Tool(수평 문자, T)을 선택한 후 빈 공간을 클릭한다. 군자의 풍모를 닮다를 입력한 후 Ctrl + Enter 를 눌러 완료한다.

❷ 옵션 바나 [Character(문자)] 패널에서 궁서, 45pt로 설정한다.

❸ 레이어 스타일을 적용하기 위해 [Layers(레이어)] 패널 하단의 fx.를 눌러 Gradient Overlay(그레이디언트 오버레이)를 선택한 후 아래와 같이 값을 변경한다.

- Opacity(불투명도) : 100%
- Style : Linear(선형)
- Angle(각도) : 0˚
- Scale(비율) : 100%

❹ Gradient 편집 창( )을 클릭한 후 Color Stop(색상 정지점)을 더블클릭하여 좌측 : #ffcc00, 우측 : #66cccc로 값을 변경하고 OK 를 누른다.

❺ 레이어 스타일을 추가하기 위해 Stroke(획)를 선택한 후 아래와 같이 값을 변경하고 OK 를 누른다.

- Size(크기) : 2px
- Position(위치) : Outside(바깥쪽)
- Fill Type(칠 유형) : Color(색상)
- 색상값 : #333333

❻ 텍스트를 뒤틀기 위해 Type Tool(수평 문자, T)을 선택한 후 옵션 바의 Create warped text(뒤틀어진 텍스트 만들기, T)를 클릭하여 Style(스타일) : Fish(물고기), Bend(구부리기) : +50%로 값을 변경하고 OK 을 누른다.

❼ Type Tool(수평 문자, T)을 선택한 후 빈 공간을 클릭한다. A collection of Luxury Goods를 입력한 후 Ctrl + Enter 를 눌러 완료한다.

❽ 옵션 바 또는 [Character(문자)] 패널에서 Times New Roman, Bold, 24pt, #ffffff로 설정한 후 Luxury Goods만 선택하여 36pt로 변경한다.

❾ 레이어 스타일을 적용하기 위해 [Layers(레이어)] 패널 하단의 fx.를 눌러 Stroke(획)를 선택한 후 아래와 같이 값을 변경하고 OK 를 누른다.

- Size(크기) : 2px
- Position(위치) : Outside(바깥쪽)
- Fill Type(칠 유형) : Gradient(그레이디언트)
- Style(스타일) : Linear(선형)
- Angle(각도) : 0˚

⑩ Gradient(그레이디언트) 편집 창(▮▮▮▮▮▮▯)을 클릭한 후 Color Stop(색상 정지점)을 더블클릭하여 좌측 : #ff3300, 우측 : #009999로 변경하고 OK 를 누른다.

⑪ 텍스트를 뒤틀기 위해 Type Tool(수평 문자, T)을 선택한 후 옵션 바의 Create warped text(뒤틀어진 텍스트 만들기, T)를 클릭하여 Style(스타일) : Rise(상승), Bend(구부리기) : +50%로 값을 변경하고 OK 를 누른다.

⑫ Type Tool(수평 문자, T)을 선택한 후 빈 공간을 클릭한다. 조선의 백자전을 입력한 후 Ctrl + Enter 를 눌러 완료한다.

⑬ 옵션 바나 [Character(문자)] 패널에서 돋움, 18pt, #009999로 설정한다.

⑭ 레이어 스타일을 적용하기 위해 [Layers(레이어)] 패널 하단의 *fx*를 눌러 Stroke(획)를 선택한 후 아래와 같이 값을 변경하고 OK 를 누른다.
- Size(크기) : 2px
- Position(위치) : Outside(바깥쪽)
- Fill Type(칠 유형) : Color(색상)
- 색상값 : #ffffff

---

① [File(파일)]−[Save(저장)](Ctrl + S)를 선택한 후 기존 파일에 덮어쓰기 한다.

② JPG 파일 형식으로 저장하기 위해 [File(파일)]−[Save as(다른 이름으로 저장)](Shift + Ctrl + S)를 선택한 후 파일 형식을 클릭해 JPEG로 선택한다. '내 PC₩문서₩GTQ' 폴더에 '수험번호−성명−4'로 입력한 후 [저장]을 누른다.

③ PSD 파일의 사이즈를 1/10로 줄이기 위해 [Image(이미지)]−[Image Size(이미지 크기)](Alt + Ctrl + I)를 선택한 후 단위 : Pixel, Width(폭) : 60px, Height(높이) : 40px, Resolution(해상도) : 72Pixels/Inch로 설정후 OK 를 누른다.

④ [File(파일)]−[Save(저장)](Ctrl + S)를 선택한 후 작은 사이즈로 최종 저장한다.

⑤ 완성된 파일을 확인하기 위해 파일 탐색기를 열어 '내 PC₩문서₩GTQ' 폴더에서 확인한다.

⑥ 시험장의 작업표시줄에 나타나는 'Koas 수험자용'을 클릭해 우측의 답안 전송 을 클릭한 후 해당하는 번호에 체크한다. 하단의 답안 전송 을 클릭한 후 닫기 를 누르면 최종 전송된 답안으로 채점이 이루어진다.

⊘ Check Point !

		○	×
공통	• 제시된 크기(px)와 해상도(72Pixels/Inch)로 파일을 만들었나요? • '수험번호-성명-문제번호.psd'로 저장했나요? • 그리드(Ctrl + ')와 눈금자(Ctrl + R)를 표시했나요? • 시험지에도 자를 이용해 100픽셀씩 그리드를 그려주었나요?		
문제1번	• 만든 패스를 저장했나요? • 클리핑 마스크를 적용했나요? • 각 이미지와 Shape(모양)에 레이어 스타일과 필터를 적용했나요?		
문제2번	• 제시된 색상으로 보정했나요? • 각 이미지와 Shape(모양)에 레이어 스타일과 필터를 적용했나요?		
문제3번	• 배경에 색을 적용했나요? • Blending Mode(혼합모드)를 적용했나요? • 레이어 마스크의 방향을 맞게 적용했나요? • 제시된 색상으로 보정했나요? • 각 이미지와 Shape(모양)에 레이어 스타일과 필터를 적용했나요?		
문제4번	• 배경에 색을 적용했나요? • 패턴을 제작하여 등록하였나요? • Blending Mode(혼합모드)를 적용했나요? • 레이어 마스크의 방향을 맞게 적용했나요? • 제시된 색상으로 보정했나요? • 1급-17.jpg를 제외한 이미지와 Shape(모양)에 레이어 스타일과 필터를 적용했나요? • 펜 도구를 이용하여 오브젝트를 그려 패턴으로 적용하였나요?		
공통	• '수험번호-성명-문제번호.jpg'로 저장했나요? • 1/10로 줄여 '수험번호-성명-문제번호.psd'로 저장했나요?		

※ 시험장에서는 반드시 전송까지 실행해 주세요.

05

제5회 기출유형문제
[S/W:포토샵]

급수	문제유형	시험시간	수험번호	성명
1급	A	90분		

수험자 유의사항

- 수험자는 문제지를 받는 즉시 응시하고자 하는 과목 및 급수가 맞는지 확인한 후 수험번호와 성명을 작성합니다.
- 파일명은 본인의 "수험번호−성명−문제번호"로 공백 없이 정확히 입력하고 답안폴더(내 PC₩문서₩GTQ)에 jpg 파일과 psd 파일의 2가지 포맷으로 저장해야 하며, jpg 파일과 psd 파일의 내용이 상이할 경우 0점 처리됩니다. 답안문서 파일명이 "수험번호−성명−문제번호"와 일치하지 않거나, 답안 파일을 전송하지 않아 미제출로 처리될 경우 불합격 처리됩니다.
- 문제의 세부조건은 '영문(한글)' 형식으로 표기되어 있으니 유의하시기 바랍니다.
- 수험자 정보와 저장한 파일명, 저장 위치가 다를 경우 전송이 되지 않으므로, 주의하시기 바랍니다.
- 답안 작성 중에도 주기적으로 '저장'과 '답안 전송'을 이용하여 감독위원 PC로 답안을 전송하셔야 합니다.
  (※ 작업한 내용을 저장하지 않고 전송할 경우 이전의 저장내용이 전송되오니 이점 반드시 유념하시기 바랍니다.)
- 답안문서는 지정된 경로 외의 다른 보조기억장치에 저장하는 행위, 지정된 시험 시간 외에 작성된 파일을 활용한 행위, 기타 허용되지 않은 프로그램(이메일, 메신저, 게임, 네트워크 등) 이용 시 부정행위로 간주되어 자격기본법 제32조에 의거 본 시험 및 국가공인 자격시험을 2년간 응시할 수 없습니다.
- 시험 중 부주의 또는 고의로 시스템을 파손한 경우와 〈수험자 유의사항〉에 기재된 방법대로 이행하지 않아 생기는 불이익은 수험자의 책임임을 알려 드립니다.
- 시험을 완료한 수험자는 최종적으로 저장한 답안파일이 전송되었는지 확인한 후 감독위원의 지시에 따라 문제지를 제출하고 퇴실합니다.

답안 작성요령

- 온라인 답안 작성 절차
  수험자 등록 ⇒ 시험 시작 ⇒ 답안파일 저장 ⇒ 답안 전송 ⇒ 시험 종료
- 내 PC₩문서₩GTQ₩Image 폴더에 있는 그림 원본파일을 사용하여 답안을 작성하시고 최종답안을 답안폴더(내 PC₩문서 ₩GTQ)에 저장하여 답안을 전송하시고, 이미지의 크기가 다른 경우 감점 처리됩니다.
- 배점은 총 100점으로 이루어지며, 점수는 각 문제별로 차등 배분됩니다.
- 각 문제는 주어진 〈조건〉에 따라 작성하고, 언급하지 않은 조건은 《출력형태》와 같이 작성합니다.
- 배치 등의 편의를 위해 주어진 눈금자의 단위는 '픽셀'입니다.
- 그 외는 출력형태(효과, 이미지, 문자, 색상, 레이아웃, 규격 등)와 같게 작업하십시오.
- 문제 조건에 서체의 지정이 없을 경우 한글은 굴림이나 돋움, 영문은 Arial로 작업하십시오. (단, 그 외에 제시되지 않은 문자 속성을 기본값으로 작성하지 않은 경우는 감점 처리됩니다.)
- Image Mode(이미지 모드)는 별도의 처리조건이 없을 경우에는 RGB(8비트)로 작업하십시오.
- 모든 답안 파일은 해상도 72pixels/inch로 작업하십시오.
- Layer(레이어)는 각 기능별로 분할해야 하며, 임의로 합칠 경우나 각 기능에 대한 속성을 해지할 경우 해당 요소는 0점 처리됩니다.

[기능평가] 고급 Tool(도구) 활용

다음의 《조건》에 따라 아래의 《출력형태》와 같이 작업하시오.

조건

원본이미지	문서₩GTQ₩Image문서₩GTQ₩1급−1.jpg, 1급−2.jpg, 1급−3.jpg		
파일 저장 규칙	JPG	파일명	문서₩GTQ₩수험번호−성명−1.jpg
		크기	400 × 500 pixels
	PSD	파일명	문서₩GTQ₩수험번호−성명−1.psd
		크기	40 × 50 pixels

1. 그림 효과
   ① 1급−1.jpg : 필터 − Underpainting(언더페인팅)
   ② Save Path(패스 저장) : 하트당근
   ③ Mask(마스크) : 하트당근 모양, 1급−2.jpg를 이용하여 작성
      레이어 스타일 − Stroke(선/획)(5px, 그레이디언트(#cc33ff, #99ff66)), Inner Shadow(내부 그림자)
   ④ 1급−3.jpg : 레이어 스타일 − Bevel and Emboss(경사와 엠보스)
   ⑤ Shape Tool(모양 도구) :
      − 나뭇잎 모양 (#99cc66, #ccccff, 레이어 스타일 − Inner Glow(내부 광선))
      − 전구 모양 (#ffff00, 레이어 스타일 − Drop Shadow(그림자 효과))

2. 문자 효과
   ① 건강한 한끼 (궁서, 48pt, 레이어 스타일 − 그레이디언트 오버레이(#33cc00, #ff6600), Stroke(선/획)(3px, #ffffff))

출력형태

다음의 《조건》에 따라 아래의 《출력형태》와 같이 작업하시오.

조건

원본이미지		문서₩GTQ₩Image문서₩GTQ₩1급−4.jpg, 1급−5.jpg, 1급−6.jpg	
파일 저장 규칙	JPG	파일명	문서₩GTQ₩수험번호−성명−2.jpg
		크기	400 × 500 pixels
	PSD	파일명	문서₩GTQ₩수험번호−성명−2.psd
		크기	40 × 50 pixels

1. 그림 효과
① 1급−4.jpg : 필터 − Texturizer(텍스처화)
② 색상 보정 : 1급−5.jpg − 빨간색, 파란색 계열로 보정
③ 1급−5.jpg : 레이어 스타일 − Drop Shadow(그림자 효과)
④ 1급−6.jpg : 레이어 스타일 − Outer Glow(외부 광선)
⑤ Shape Tool(모양 도구) :
　− 도넛 모양 (#ffffff, 레이어 스타일 − Inner Shadow(내부 그림자), Opacity(불투명도)(60%))
　− 해 모양 (#ffff33, 레이어 스타일 − Drop Shadow(그림자 효과))

2. 문자 효과
① Healthy Meal (Times New Roman, Bold, 50pt, 레이어 스타일 − 그레이디언트 오버레이(#33cc99, #ffff99), Drop Shadow(그림자 효과))

출력형태

다음의 《조건》에 따라 아래의 《출력형태》와 같이 작업하시오.

조건

원본이미지	문서₩GTQ₩Image문서₩GTQ₩1급-7.jpg, 1급-8.jpg, 1급-9.jpg, 1급-10.jpg, 1급-11.jpg		
파일 저장 규칙	JPG	파일명	문서₩GTQ₩수험번호-성명-3.jpg
		크기	600 × 400 pixels
	PSD	파일명	문서₩GTQ₩수험번호-성명-3.psd
		크기	60 × 40 pixels

1. 그림 효과
   ① 배경 : #99cc99
   ② 1급-7.jpg : Blending Mode(혼합모드) – Hard Light(하드 라이트), Opacity(불투명도)(80%), 레이어 마스크 – 가로 방향으로 흐릿하게
   ③ 1급-8.jpg : 필터 – Crosshatch(그물눈), 레이어 마스크 – 대각선 방향으로 흐릿하게
   ④ 1급-9.jpg : 필터 – Facet(단면화), 레이어 스타일 – Inner Shadow(내부 그림자)
   ⑤ 1급-10.jpg : 레이어 스타일 – Outer Glow(외부 광선)
   ⑥ 1급-11.jpg : 색상 보정 – 녹색 계열로 보정, 레이어 스타일 – Stroke(선/획)(5px, 그레이디언트(#339900, 투명으로))
   ⑦ 그 외 《출력형태》 참조

2. 문자 효과
   ① 우리집의 웰빙 라이프 (궁서, 45pt, 레이어 스타일 – 그레이디언트 오버레이(#ff6633, #009933, #cc00cc), Stroke(선/획)(2px, #ffffff), Drop Shadow(그림자 효과))
   ② Healthy Food Healthy Life (Arial, Regular, 20pt, #ffffcc, 레이어 스타일 – Stroke(선/획)(2px, #993399))
   ③ 특강일시 : 2024년 9월 28(토) (궁서, 18pt, 레이어 스타일 – 그레이디언트 오버레이(#cc6600, #330033), Stroke(선/획)(2px, #ffffff)))
   ④ 아기 이유식 / 학생 도시락 (돋움, 18pt, #ff6600, #33ff00, 레이어 스타일 – Stroke(선/획)(2px, #333333))

출력형태

Shape Tool(모양 도구) 사용
#ff6600, #ffcc99, 레이어 스타일 –
Drop Shadow(그림자효과)

Shape Tool(모양 도구) 사용
레이어 스타일 – 그레이디언트
오버레이(#ffcc33, #ff3300),
Drop Shadow(그림자효과)

Shape Tool(모양 도구) 사용
#ffffff, Opacity(불투명도)(70%)

문제 4 [실무응용] 웹 페이지 제작

35점

다음의 《조건》에 따라 아래의 《출력형태》와 같이 작업하시오.

조건

원본이미지	문서₩GTQ₩Image문서₩GTQ₩1급-12.jpg, 1급-13.jpg, 1급-14.jpg, 1급-15.jpg, 1급-16.jpg, 1급-17.jpg		
파일 저장 규칙	JPG	파일명	문서₩GTQ₩수험번호-성명-4.jpg
		크기	600 × 400 pixels
	PSD	파일명	문서₩GTQ₩수험번호-성명-4.psd
		크기	60 × 40 pixels

1. 그림 효과

① 배경 : #ccffcc

② 패턴(별, 나뭇잎 모양) : #996699, #ffffff

③ 1급-12.jpg : Blending Mode(혼합모드) – Linear Light(선형 라이트), 레이어 마스크 – 세로 방향으로 흐릿하게

④ 1급-13.jpg : 필터 – Rough Pastels(거친 파스텔), 레이어 마스크 – 세로 방향으로 흐릿하게, Opacity(불투명도)(70%)

⑤ 1급-14.jpg : 레이어 스타일 – Bevel and Emboss(경사와 엠보스)

⑥ 1급-15.jpg : 필터 – Poster Edges(포스터 가장자리), 레이어 스타일 – Outer Glow(외부 광선)

⑦ 1급-16.jpg : 색상 보정 – 파란색 계열로 보정, 레이어 스타일 – Stroke(선/획)(2px, #ff99ff)

⑧ 그 외 《출력형태》 참조

2. 문자 효과

① 웰빙 건강 박람회 (돋움, 43pt, 레이어 스타일 – 그레이디언트 오버레이(#ff00ff, #66ccff), Stroke(선/획)(3px, #ffffff))

② Well-being Health Fair (Arial, Regular, 20pt, #cc00cc, 레이어 스타일 – Stroke(선/획)(2px, #ffffff))

③ 이벤트 바로가기 (궁서, 20pt, #ffffff, 레이어 스타일 – Stroke(선/획)(2px, #3333ff))

④ 사전등록 현장구매 문의사항 (돋움, 20pt, #003399, #cc0000, 레이어 스타일 – Stroke(선/획)(2px, #ffffff))

출력형태

Shape Tool(모양 도구) 사용
#33ccff, 레이어 스타일 –
Drop Shadow(그림자 효과)

Pen Tool(펜 도구) 사용
#993399, 레이어 스타일 –
Drop Shadow(그림자 효과)

Shape Tool(모양 도구) 사용
#33cc00, #339900,
레이어 스타일 –
Outer Glow(외부 광선)

Shape Tool(모양 도구) 사용
레이어 스타일 – Stroke(선/획)(2px, #3366ff),
그레이디언트 오버레이(#ffffff, #cc66ff)

사용 이미지 미리보기

1급-1.jpg

1급-2.jpg

1급-3.jpg

사용자 정의 모양 미리보기

사용 기능

필터	[Filter(필터)]-[Filter Gallery(필터 갤러리)]-[Artistic(예술효과)]-[Underpainting(언더페인팅)]
클리핑 마스크	Create Clipping Mask(클리핑 마스크 만들기, Alt + Ctrl + G)
이미지 추출	Magic Wand Tool(자동 선택,)
이미지 사이즈	[Image(이미지)]-[Image Size(이미지 크기)](Alt + Ctrl + I)

01 새 캔버스 생성 및 필터

1 [File(파일)]−[New(새로 만들기)](Ctrl + N)를 선택한 후 아래의 조건으로 설정한 다음 [Create (만들기)]를 누른다.
- PRESET DETAILS(사전 설정 세부 정보)
  : 수험번호−성명−1
- 단위 : Pixels
- Width(폭) : 400
- Height(높이) : 500
- Resolution(해상도) : 72Pixels/Inch
- Color Mode(색상모드) : RGB
- Backgound Contents(배경색) : White

2 [Edit(편집)]−[Preferences(속성)]−[Guides, Grid & Slices(안내선, 격자 및 분할 영역)] (Ctrl + K)를 선택한 후 'Grid(격자)'의 Gridline Every(격자 간격) : 100Pixels, Subdivisions(세분) : 1로 설정하고 OK 를 누른다.

3 [View(보기)]−[Show(표시)]−[Grid(격자)] (Ctrl + ')와 [View(보기)]−[Rulers(눈금자)](Ctrl + R)를 나타낸다.

4 [File(파일)]−[Save as(다른 이름으로 저장)] (Shift + Ctrl + S)를 클릭한 후 '내 PC₩문서₩GTQ' 폴더에 '수험번호−성명−1.psd'로 입력하고 [저장]을 누른다.

5 [File(파일)]−[Open(열기)](Ctrl + O)을 선택한 후 '1급−1.jpg'를 불러온다.

6 Ctrl + A 로 전체 선택한 후 Ctrl + C 로 복사하고 작업파일을 선택한 후 Ctrl + V 로 붙여넣기 한다.

7 Ctrl + T 로 크기/위치를 조절하고 Enter 를 누른다.

8 [Filter(필터)]−[Filter Gallery(필터 갤러리)]− [Artistic(예술효과)]−[Underpainting(언더페인팅)] 필터를 적용한 다음 OK 를 누른다.

02 패스 제작 및 패스 저장

1 Pen Tool(펜, ⬦)을 선택한 후 옵션 바에서 Pick Tool Mode(선택 도구 모드) : Path(패스, Path ⌄), Path Operations(패스 작업) : Exclude Overlapping Shapes(모양 오버랩 제외, ⬚)로 지정한다.

2 Layer 1(배경 이미지)의 눈 아이콘(👁)을 클릭해 숨기게 한 다음 패스를 그리기 위해 [Path(패스)] 패널을 누른다. (선택사항)

③ 아래의 그림과 같이 그린다.

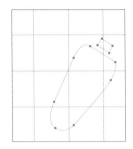 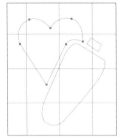

Plus@

그리드로 인해 선택에 지장이 있다면 [Alt]+[']를
눌러 숨기거나 [View(보기)]-[Snap To(스냅 옵션)]-
[Grid(그리드)]의 선택을 해제하면 그리드의 영향을 받
지 않는다.

④ 당근 안쪽 영역을 빼기 위해 Rectangle Tool(사
각 도형,)을 선택한 후 옵션 바에서 Pick
Tool Mode(선택 도구 모드) : Path(패스),
Path Operations(패스 작업) : Exclude
Overlapping Shapes(모양 오버랩 제외, 🔲),
곡률 : 20px로 지정한 다음 출력형태를 참고해
그린다.

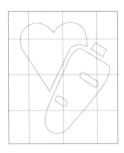

Plus@

CS6에서는 Rounded Rectangle(모서리가 둥근 직사
각형, ⬜)을 이용한다.

⑤ 패스를 저장하기 위해 [Path(패스)] 패널의
Work Path(작업 패스) 이름 부분을 더블클릭한
다. Save Path(패스 저장) 대화상자가 나오면
하트당근을 입력한 다음 (OK)를 누른다.

⑥ 패스를 선택영역으로 지정하기 위해 [Ctrl]+Path
Thumbnail(패스 축소판)을 클릭한 후 선택영역
이 생기면 [Layers(레이어)] 패널을 선택하여
하단의 Create a new layer(새 레이어, ➕,
[Shift]+[Ctrl]+[N])를 클릭해 추가한다.

⑦ 임의의 색을 추가하기 위해 [Alt]+[Delete]를 눌
러 전경색(◧)을 추가한다.

⑧ 선택영역을 해제하기 위해 [Select(선택)]-
[Deselect(해제)]([Ctrl]+[D])를 누른다.

⑨ 배경 이미지의 눈 아이콘(👁)을 클릭해 보이게 한다.

⑩ 레이어 스타일을 적용하기 위해 [Layers(레이어)] 패널 하단의 _fx_ 를 눌러 Stroke(획)를 선택한 후 아래와 같이 값을 변경한다.
  • Size(크기) : 5px
  • Position(위치) : Outside(바깥쪽)
  • Fill Type(칠 유형) : Gradient(그레이디언트)
  • Style(스타일) : Linear(선형)
  • Angle(각도) : 90°

Plus @

[Layers(레이어)] 패널에서 해당 레이어의 회색 영역을 더블클릭해도 적용할 수 있다.

⑪ Gradient(그레이디언트) 편집 창(▬▬▬▬ ⌄)을 클릭한 후 Color Stop(색상 정지점)을 더블클릭하여 좌측 : #cc33ff, 우측 : #99ff66으로 값을 변경하고 (OK)를 누른다.

⑫ 레이어 스타일을 적용하기 위해 [Layers(레이어)] 패널 하단의 _fx_ 를 눌러 Inner Shadow(내부 그림자)를 선택해 적용하고 (OK)를 누른다.

03 ▶ 클리핑 마스크 및 레이어 스타일 적용

① [File(파일)]-[Open(열기)](Ctrl + O)을 선택한 후 '1급-2.jpg'를 불러온다.

② Ctrl + A 로 전체 선택한 후 Ctrl + C 로 복사하고 작업파일을 선택한 후 Ctrl + V 로 붙여넣기 한다.

③ Ctrl + T 로 크기/위치를 조절하고 Enter 를 누른다.

④ 클리핑 마스크를 적용하기 위해 [Layers(레이어)] 패널의 Layer3(딸기)에서 마우스 오른쪽 클릭 후 Create Clipping Mask(클리핑 마스크 만들기, Alt + Ctrl + G)를 선택한다.

Plus @

Layer 2와 Layer 3의 위치를 조절하고 싶다면 Shift 와 함께 선택한 후 Ctrl + T 로 크기/위치를 조절하고 Enter 를 누른다.

5 [File(파일)]−[Open(열기)](Ctrl + O)을 선택한 후 '1급−3.jpg'를 불러온다.

6 Magic Wand Tool(자동 선택, 🪄)을 선택한 후 옵션 바의 Tolerance(허용치)를 32, Contiguous(인접)에 체크한 다음 배경을 클릭한다. 복수의 영역은 Shift 와 함께 선택한다.

7 선택영역을 반전하기 위해 [Select(선택)]−[Inverse(반전)](Shift + Ctrl + I)를 누른다.

8 Ctrl + C 로 복사하고 작업파일을 선택한 후 Ctrl + V 로 붙여넣기 한다.

9 Ctrl + T 로 좌우대칭하기 위해 조절점 안쪽에서 마우스 오른쪽 클릭 후 Flip Horizontal(가로로 뒤집기)을 선택한다. 크기/위치를 조절하고 Enter 를 누른다.

10 레이어 스타일을 적용하기 위해 [Layers(레이어)] 패널 하단의 fx 를 눌러 Bevel and Emboss (경사와 엠보스)를 선택해 적용하고 OK 를 누른다.

---

04 모양 지정 및 레이어 스타일

1 Custom Shape Tool(사용자 정의 모양, 🎨)을 선택한 후 옵션 바에서 Pick Tool Mode(선택 도구 모드) : Shape(모양, Shape ∨), Stroke(획) : 색상 없음(⬜)으로 설정한다. 모양 선택(Shape: →)을 눌러 아래의 모양을 찾아 그린다.
  • **기본 경로** : Legacy Shapes and More(레거시 모양 및 기타) – All Legacy Default Shapes(모든 레거시 기본 모양)
  • Nature(자연) – 나뭇잎 1(🍃)

2 색을 적용하기 위해 [Layers(레이어)] 패널의 Layer Thumbnail(레이어 축소판, 🖼)을 더블 클릭한 후 #99cc66을 입력하고 OK 를 누른다.

3 레이어 스타일을 적용하기 위해 [Layers(레이어)] 패널 하단의 fx 를 눌러 Inner Glow(내부 광선)를 선택해 적용하고 OK 를 누른다.

4 Ctrl + J 를 눌러 복제한다.

Plus@

Move Tool(이동)을 선택한 후 Shape(모양)를 Alt 와 함께 드래그하여 이동복사 할 수 있다.

5 Ctrl + T 로 좌우대칭하기 위해 조절점 안쪽에서 마우스 오른쪽 클릭 후 Flip Horizontal(가로로 뒤집기)을 선택한다. 크기/위치를 조절하고 Enter 를 누른다.

6 색을 적용하기 위해 [Layers(레이어)] 패널의 Layer Thumbnail(레이어 축소판, 🖼)을 더블 클릭한 후 #ccccff를 입력하고 OK 를 누른다.

7 다른 모양을 추가하기 위해 아래의 모양을 찾아 그린다.

LightBulb(백열 전구) — 백열전구 3()

8 색을 적용하기 위해 [Layers(레이어)] 패널의 Layer Thumbnail(레이어 축소판, ▣)을 더블 클릭한 후 #ffff00을 입력하고 (OK)를 누른다.

9 레이어 스타일을 적용하기 위해 [Layers(레이어)] 패널 하단의 *fx.* 를 눌러 Drop Shadow(그림자 효과)를 선택해 적용하고 (OK)를 누른다.

1 Vertical Type Tool(수직 문자, ▮T)을 선택한 후 빈 캔버스를 클릭한다. 건강한 한끼를 입력한 후 Ctrl + Enter 를 눌러 완료한다.

Plus@

가로로 입력한 다음 옵션 바에서 Toggle text orientation(▮T)으로 변경할 수 있다.

2 옵션 바나 [Character(문자)] 패널에서 궁서, 48pt로 변경한다.

3 레이어 스타일을 추가하기 위해 Gradient Overlay(그레이디언트 오버레이)를 선택한 후 아래와 같이 값을 변경한다.
- Opacity(불투명도) : 100%
- Style : Linear(선형)
- Angle(각도) : 90°
- Scale(비율) : 100%

4 Gradient(그레이디언트) 편집 창(▮▮▮▮▮)을 클릭한 후 Color Stop(색상 정지점)을 더블클릭하여 좌측 : #33cc00, 우측 : #ff6600으로 값을 변경하고 (OK)를 누른다.

5 레이어 스타일을 적용하기 위해 [Layers(레이어)] 패널 하단의 *fx.* 를 눌러 Stroke(획)를 선택한 후 아래와 같이 값을 변경하고 (OK)를 누른다.
- Size(크기) : 3px
- Position(위치) : Outside(바깥쪽)
- Fill Type(칠 유형) : Color(색상)
- 색상값 : #ffffff

6 텍스트를 뒤틀기 위해 Type Tool(수평 문자, 🇹)을 선택한 후 옵션 바의 Create warped text(뒤틀어진 텍스트 만들기, 🇹)를 클릭하여 Style(스타일) : Flag(깃발), Vertical(세로)에 체크, Bend(구부리기) : +50%로 값을 변경하고 OK 를 누른다.

1 [File(파일)]―[Save(저장)](Ctrl + S)를 선택한 후 기존 파일에 덮어쓰기 한다.

2 JPG 파일 형식으로 저장하기 위해 [File(파일)]― [Save as(다른 이름으로 저장)](Shift + Ctrl + S)를 선택한 후 파일 형식을 클릭해 JPEG 로 선택한다. '내 PC₩문서₩GTQ' 폴더에 '수험 번호―성명―2'로 입력한 후 [저장]을 누른다.

3 PSD 파일의 사이즈를 1/10로 줄이기 위해 [Image(이미지)]―[Image Size(이미지 크기)] (Alt + Ctrl + I)를 선택한 후 단위 : Pixel, Width(폭) : 40px, Height(높이) : 50px, Resolution(해상도) : 72Pixels/Inch로 설정 후 OK 를 누른다.

4 [File(파일)]―[Save(저장)](Ctrl + S)를 선택한 후 작은 사이즈로 최종 저장한다.

5 완성된 파일을 확인하기 위해 파일 탐색기를 열어 '내 PC₩문서₩GTQ' 폴더에서 확인한다.

6 시험장의 작업표시줄에 나타나는 'Koas 수험자용'을 클릭해 우측의 답안 전송 을 클릭한 후 해당하는 번호에 체크한다. 하단의 답안 전송 을 클릭한 후 닫기 를 누르면 최종 전송된 답안으로 채점이 이루어진다.

사용 이미지 미리보기

1급-4.jpg

1급-5.jpg

1급-6.jpg

사용자 정의 모양 미리보기

사용 기능

필터	[Filter(필터)]-[Filter Gallery(필터 갤러리)]-[Texture(텍스처)]-[Texturizer(텍스처화)](Ctrl + U)
색상 조정	[Create new fill or adjustment layer(조정 레이어, ⬤)]-[Hue/Saturation(색조/채도)]
이미지 추출	Quick Selection Tool(빠른 선택, ✎)
이미지 사이즈	[Image(이미지)]-[Image Size(이미지 크기)](Alt + Ctrl + I)

1 [File(파일)]−[New(새로 만들기)](Ctrl + N)를 선택한 후 아래의 조건으로 설정한 다음 [Create (만들기)]를 누른다.

- PRESET DETAILS(사전 설정 세부 정보)
  : 수험번호−성명−2
- 단위 : Pixels
- Width(폭) : 400
- Height(높이) : 500
- Resolution(해상도) : 72Pixels/Inch
- Color Mode(색상모드) : RGB
- Backgound Contents(배경색) : White

2 [Edit(편집)]−[Preferences(속성)]−[Guides, Grid & Slices(안내선, 격자 및 분할 영역)] (Ctrl + K)를 선택한 후 'Grid(격자)'의 Gridline Every(격자 간격) : 100Pixels, Subdivisions(세분) : 1로 설정하고 OK 를 누른다.

3 [View(보기)]−[Show(표시)]−[Grid(격자)] (Ctrl + ')와 [View(보기)]−[Rulers(눈금 자)](Ctrl + R)를 나타낸다.

4 [File(파일)]−[Save as(다른 이름으로 저장)] (Shift + Ctrl + S)를 클릭한 후 '내 PC\문서 \GTQ' 폴더에 '수험번호−성명−2.psd'로 입력하고 [저장]을 누른다.

5 [File(파일)]−[Open(열기)](Ctrl + O)을 선택한 후 '1급−4.jpg'를 불러온다.

6 Ctrl + A 로 전체 선택한 후 Ctrl + C 로 복사하고 작업파일을 선택한 후 Ctrl + V 로 붙여넣기 한다.

7 Ctrl + T 로 크기/위치를 조절하고 Enter 를 누른다.

8 [Filter(필터)]−[Filter Gallery(필터 갤러리)]− [Texture(텍스처)]−[Texturizer(텍스처화)] 필터를 적용한 다음 OK 를 누른다.

1 [File(파일)]−[Open(열기)](Ctrl + O)을 선택한 후 '1급−5.jpg'를 불러온다.

2 Quick Selection Tool(빠른 선택, 🖌)로 배경을 선택영역으로 지정한다.

3 선택영역을 반전하기 위해 [Select(선택)]− [Inverse(반전)](Shift + Ctrl + I)를 누른다.

4 Ctrl + C 로 복사하고 작업파일을 선택한 후 Ctrl + V 로 붙여넣기 한다.

5 Ctrl + T 로 회전/크기/위치를 조절하고 Enter 를 누른다.

⑥ 빨간색 계열로 보정하기 위해 Layer 2를 선택한 후 Quick Selection Tool(빠른 선택, )로 선택영역을 지정한다. [Layers(레이어)] 패널 하단의 Create new fill or adjustment layer(조정 레이어, ●)를 클릭한 후 [Hue/Saturation(색조/채도)]을 선택한다.

⑦ Colorize(색상화)에 체크한 후 아래와 같이 값을 변경하고 OK 를 누른다.
- Hue(색조) : 0
- Saturation(채도) : 60
- Lightness : −10

⑧ 파란색 계열로 보정하기 위해 Layer 2를 선택한 후 Quick Selection Tool(빠른 선택, )로 선택영역을 지정한다. [Layers(레이어)] 패널 하단의 Create new fill or adjustment layer(조정 레이어, ●)를 클릭한 후 [Hue/Saturation(색조/채도)]을 선택한다.

⑨ Colorize(색상화)에 체크한 후 아래와 같이 값을 변경하고 OK 를 누른다.
- Hue(색조) : 230
- Saturation(채도) : 50
- Lightness : −10

⑩ 레이어 스타일을 적용하기 위해 [Layers(레이어)] 패널의 Layer 2를 선택한 후 하단의 *fx* 를 눌러 Drop Shadow(그림자 효과)를 선택해 적용하고 OK 를 누른다.

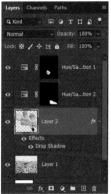

03 ▶ 이미지 추출 및 레이어 스타일

① [File(파일)]−[Open(열기)](Ctrl + O)을 선택한 후 '1급−6.jpg'를 불러온다.

② Quick Selection Tool(빠른 선택, )로 선택영역을 지정한다.

③ Ctrl + C 로 복사하고 작업파일을 선택한 후 맨 위의 레이어에 클릭하고 Ctrl + V 로 붙여넣기 한다.

④ Ctrl + T 로 좌우대칭하기 위해 조절점 안쪽에서 마우스 오른쪽 클릭 후 Flip Horizontal(가로로 뒤집기)을 선택한다. 크기/위치를 조절하고 Enter 를 누른다.

⑤ 레이어 스타일을 적용하기 위해 [Layers(레이어)] 패널 하단의 *fx.* 를 눌러 Outer Glow(외부 광선)를 선택해 적용하고 (OK)를 누른다.

04 ▶ 모양 지정 및 레이어 스타일

❶ Custom Shape Tool(사용자 정의 모양, 🟊)을 선택한 후 옵션 바에서 Pick Tool Mode(선택 도구 모드) : Shape(모양), Stroke(획) : 색상 없음(🚫)으로 설정한다. 모양 선택(Shape: ▬▾)을 눌러 아래의 모양을 찾아 그린다.
Nature(자연) – 해 2(🟊)

❷ 색을 적용하기 위해 [Layers(레이어)] 패널의 Layer Thumbnail(레이어 축소판, 🔳)을 더블 클릭한 후 #ffff33을 입력하고 (OK)를 누른다.

❸ 레이어 스타일을 적용하기 위해 [Layers(레이어)] 패널의 Layer 2를 선택한 후 하단의 *fx.* 를 눌러 Drop Shadow(그림자 효과)를 선택해 적용하고 (OK)를 누른다.

❹ 다른 모양을 추가하기 위해 아래의 모양을 찾아 그린다.
Shapes(모양) – 도넛(🔘)

⑤ 색을 적용하기 위해 [Layers(레이어)] 패널의 Layer Thumbnail(레이어 축소판, 🔳)을 더블 클릭한 후 #ffffff를 입력하고 (OK)를 누른다.

⑥ 불투명도를 조정하기 위해 [Layers(레이어)] 패널의 Opacity(불투명도)를 60%로 설정한다.

⑦ 레이어 스타일을 적용하기 위해 [Layers(레이어)] 패널 하단의 *fx.* 를 눌러 Inner Shadow(내부 그림자)를 선택해 적용하고 (OK)를 누른다.

⑧ (Ctrl)+(J)를 눌러 복제한다.

⑨ (Ctrl)+(T)로 크기/위치를 조절하고 (Enter)를 누른다.

05 ▶ 문자 효과

❶ Type Tool(수평 문자, 🇹)을 선택한 후 빈 공간을 클릭한다. Healthy Meal을 입력한 후 (Ctrl)+(Enter)를 눌러 완료한다.

❷ 옵션 바 또는 [Character(문자)] 패널에서 Times New Roman, Bold, 50pt로 설정한다.

3 레이어 스타일을 적용하기 위해 [Layers(레이어)] 패널 하단의 fx를 눌러 Gradient Overlay(그레이디언트 오버레이)를 선택한 후 아래와 같이 값을 변경한다.

- Opacity(불투명도) : 100%
- Style : Linear(선형)
- Angle(각도) : 90°
- Scale(비율) : 100%
- Reverse 체크

4 Gradient 편집 창( )을 클릭한 후 Color Stop(색상 정지점)을 더블클릭하여 좌측 : #33cc99, 우측 : #ffff99로 값을 변경하고 OK를 누른다.

5 레이어 스타일을 적용하기 위해 Drop Shadow(그림자 효과)를 선택해 적용하고 OK를 누른다.

6 텍스트를 뒤틀기 위해 Type Tool(수평 문자, T)을 선택한 후 옵션 바의 Create warped text(뒤틀어진 텍스트 만들기, T)를 클릭하여 Style(스타일) : Arc Lower(아래 부채꼴), Bend(구부리기) : +50%로 값을 변경하고 OK를 누른다.

06 PSD, JPG 형식으로 저장하기

1 [File(파일)]−[Save(저장)](Ctrl+S)를 선택한 후 기존 파일에 덮어쓰기 한다.

2 JPG 파일 형식으로 저장하기 위해 [File(파일)]−[Save as(다른 이름으로 저장)](Shift+Ctrl+S)를 선택한 후 파일 형식을 클릭해 JPEG로 선택한다. '내 PC₩문서₩GTQ' 폴더에 '수험번호−성명−2'로 입력한 후 [저장]을 누른다.

3 PSD 파일의 사이즈를 1/10로 줄이기 위해 [Image(이미지)]−[Image Size(이미지 크기)](Alt+Ctrl+I)를 선택한 후 단위 : Pixel, Width(폭) : 40px, Height(높이) : 50px, Resolution(해상도) : 72Pixels/Inch로 설정하고 OK를 누른다.

4 [File(파일)]−[Save(저장)](Ctrl+S)를 선택한 후 작은 사이즈로 최종 저장한다.

5 완성된 파일을 확인하기 위해 파일 탐색기를 열어 '내 PC₩문서₩GTQ' 폴더에서 확인한다.

6 시험장의 작업표시줄에 나타나는 'Koas 수험자용'을 클릭해 우측의 답안 전송을 클릭한 후 해당하는 번호에 체크한다. 하단의 답안 전송을 클릭한 후 닫기를 누르면 최종 전송된 답안으로 채점이 이루어진다.

사용 이미지 미리보기

1급-7.jpg

1급-8.jpg

1급-9.jpg

1급-10.jpg

1급-11.jpg

사용자 정의 모양 미리보기

사용 기능

혼합모드	Hard Light(하드 라이트)
색상 조정	[Image(이미지)]−[Adjustment(조정)]−[Hue/Saturation(색조/채도)](Ctrl + U)
필터	• [Filter(필터)]−[Filter Gallery(필터 갤러리)]−[Brush Strokes(브러시 획)]−[Crosshatch(그물눈)] • [Filter(필터)]−[Pixelate(픽셀화)]−[Facet(단면화)]
이미지 추출	• Quick Selection Tool(빠른 선택,) • Magnetic Lasso Tool(자석 올가미,)
레이어 마스크	Add layer mask(레이어 마스크 추가,)
선택영역 안쪽에 붙여넣기	[Edit(편집)]−[Paste Special(특수 붙여넣기)]−[Paste Into(안쪽에 붙여넣기)](Alt + Ctrl + Shift + V)
이미지 사이즈	[Image(이미지)]−[Image Size(이미지 크기)](Alt + Ctrl + I)

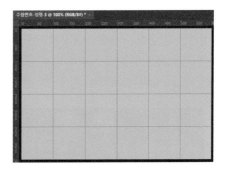

01 ▶ 새 캔버스 생성 및 배경에 색 채우기

1 [File(파일)]−[New(새로 만들기)](Ctrl + N)를 선택한 후 아래의 조건으로 설정하고 [Create(만들기)]를 누른다.
  • PRESET DETAILS(사전 설정 세부 정보)
    : 수험번호−성명−3
  • 단위 : Pixels
  • Width(폭) : 600
  • Height(높이) : 400
  • Resolution(해상도) : 72Pixels/Inch
  • Color Mode(색상모드) : RGB
  • Backgound Contents(배경색) : White

2 [Edit(편집)]−[Preferences(속성)]−[Guides, Grid & Slices(안내선, 격자 및 분할 영역)](Ctrl + K)를 선택한 후 'Grid(격자)'의 Gridline Every(격자 간격) : 100Pixels, Subdivisions(세분) : 1로 설정하고 OK 를 누른다.

3 [View(보기)]−[Show(표시)]−[Grid(격자)](Ctrl + ')와 [View(보기)]−[Rulers(눈금자)](Ctrl + R)를 나타낸다.

4 [File(파일)]−[Save As(다른 이름으로 저장)](Shift + Ctrl + S)를 클릭한 후 '내 PC₩문서 ₩GTQ' 폴더에 '수험번호−성명−3.psd'로 입력한 후 [저장]을 누른다.

5 배경에 색을 채우기 위해 도구상자의 Set foreground color(전경색, ■)을 클릭한 후 #99cc99를 입력하고 OK 를 누른다. 전경색을 채우기 위해 Alt + Delete 를 누른다.

02 ▶ 혼합모드 및 레이어 마스크

1 [File(파일)]−[Open(열기)](Ctrl + O)을 선택한 후 '1급−7.jpg'를 불러온다.

2 Ctrl + A 로 전체 선택한 후 Ctrl + C 로 복사하고 작업파일을 선택한 후 Ctrl + V 로 붙여넣기 한다.

3 Ctrl + T 로 크기/위치를 조절하고 Enter 를 누른다.

4 혼합모드를 적용하기 위해 [Layers(레이어)] 패널의 Blending Mode(혼합모드, Normal ▾)를 'Hard Light(하드 라이트)'로 선택한다.

5 불투명도를 조정하기 위해 [Layers(레이어)] 패널 상단의 Opacity(불투명도)를 80%로 설정한다.

6 레이어 마스크를 적용하기 위해 [Layers(레이어)] 패널 하단의 Add layer mask(레이어 마스크 추가, ▣)를 클릭한다.

7 도구상자에서 Gradient Tool(그레이디언트, )을 선택한 후 옵션 바에서 Gradient Presets(그레이디언트 사전 설정)을 클릭해 Basics(기본 사항)-'Black & White(검정, 흰색)'을 선택한다.

8 그림과 같이 가로 방향으로 드래그한다.

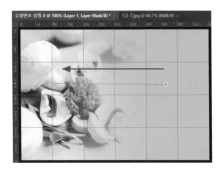

9 [File(파일)]-[Open(열기)](Ctrl + O)을 선택한 후 '1급-8.jpg'를 불러온다.

10 Ctrl + A 로 전체 선택한 후 Ctrl + C 로 복사하고 작업파일을 선택한 후 Ctrl + V 로 붙여넣기 한다.

11 Ctrl + T 로 좌우대칭하기 위해 조절점 안쪽에서 마우스 오른쪽 클릭 후 Flip Horizontal(가로로 뒤집기)을 선택한다. 크기/위치를 조절하고 Enter 를 누른다.

12 [Filter(필터)]-[Filter Gallery(필터 갤러리)]-[Brush Strokes(브러시 획)]-[Crosshatch(그물눈)] 필터를 적용한 다음 (OK)를 누른다.

13 6~7을 참고해 레이어 마스크를 적용한다.

14 그림과 같이 대각선 방향으로 드래그한다.

03 ▶ 선택영역 안에 붙여넣기 및 필터

1 [File(파일)]-[Open(열기)](Ctrl + O)을 선택한 후 '1급-9.jpg', '1급-10.jpg'를 불러온다.

2 먼저 '1급-10.jpg'에서 Quick Selection Tool(빠른 선택, )로 배경을 선택한 다음 제외할 부분은 Alt 와 함께 선택한다.

③ 선택영역을 반전하기 위해 [Select(선택)]−[Inverse(반전)](Shift + Ctrl + I)를 누른다.

④ Ctrl + C 로 복사하고 작업파일을 선택한 후 Ctrl + V 로 붙여넣기 한다.

⑤ Ctrl + T 로 크기/위치를 조절하고 Enter 를 누른다.

⑥ Quick Selection Tool(빠른 선택,)로 화이트 크림 부분을 선택영역으로 지정한다.

⑦ '1급−9.jpg'로 이동한 후 Ctrl + A 로 전체 선택하고 Ctrl + C 로 복사한다. 작업파일을 선택한 후 [Edit(편집)]−[Paste Special(특수 붙여넣기)]−[Paste Into(안쪽에 붙여넣기)](Alt + Ctrl + Shift + V)를 누른다.

⑧ Ctrl + T 로 크기/위치를 조절하고 Enter 를 누른다.

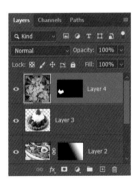

⑨ [Filter(필터)]−[Pixelate(픽셀화)]−[Facet(단면화)] 필터를 적용한 다음 OK 를 누른다.

⑩ 레이어 스타일을 적용하기 위해 [Layers(레이어)] 패널 하단의 fx, 를 눌러 Inner Shadow(내부 그림자)를 선택해 적용하고 OK 를 누른다.

⑪ 레이어 스타일을 적용하기 위해 [Layers(레이어)] 패널의 Layer 3(딸기 타르트)을 선택한 후 하단의 fx, 를 눌러 Outer Glow(외부 광선)를 선택해 적용하고 OK 를 누른다.

04 **이미지 추출 및 색상 보정**

① [File(파일)]−[Open(열기)](Ctrl + O)을 선택한 후 '1급−11.jpg'를 불러온다.

② Magnetic Lasso Tool(자석 올가미,)을 선택한 후 옵션 바의 Frequency를 100으로 설정한다. 첫 점을 클릭하여 이미지의 형태를 따라 추출한다.

③ Ctrl + C 로 복사한 후 작업파일을 선택하고 맨 위의 레이어를 선택한 후 Ctrl + V 로 붙여넣기 한다.

④ Ctrl + T 로 크기/위치를 조절하고 Enter 를 누른다.

⑤ 녹색 계열로 보정하기 위해 Quick Selection Tool(빠른 선택,)로 선택영역(좌측 액체 부분)을 지정한 후 [Image(이미지)]−[Adjustments(조정)]−[Hue/Saturation(색조/채도)](Ctrl + U)를 선택한다.

⑥ Colorize(색상화)에 체크한 후 Hue(색조) : 120, Saturation(채도) : 50으로 값을 변경하고 OK 를 누른다.

☑ 레이어 스타일을 적용하기 위해 [Layers(레이어)] 패널의 Layer 5(병)를 선택한다. 하단의 *fx*를 눌러 Stroke(획)을 선택한 후 아래와 같이 값을 변경한다.
- Size(크기) : 5px
- Position(위치) : Outside(바깥쪽)
- Fill Type(칠 유형) : Gradient(그레이디언트)
- Style(스타일) : Linear(선형)
- Angle(각도) : 90°

☒ Gradient(그레이디언트) 편집 창(▮▮▮▮)을 클릭한 후 Color Stop(색상 정지점)을 더블클릭하여 좌측 : #339900, 우측 : Opacity Stop(불투명도 정지점) 0%로 값을 변경하고 OK를 누른다.

☐ Custom Shape Tool(사용자 정의 모양, ✦)을 선택한 후 옵션 바에서 Pick Tool Mode(선택 도구 모드) : Shape(모양, ▮Shape ∨▮), Stroke(획) : 색상 없음(◻)으로 설정한다. 모양 선택(▮Shape: ➡∨▮)을 눌러 아래의 모양을 찾아 그린다.
Arrows(화살표) — 화살표 17(↝)

☐ 색을 적용하기 위해 [Layers(레이어)] 패널의 Layer Thumbnail(레이어 축소판, ▮)을 더블클릭한 후 #ff6600을 입력하고 OK를 누른다.

☐ 레이어 스타일을 적용하기 위해 [Layers(레이어)] 패널 하단의 *fx*를 눌러 Drop Shadow(그림자 효과)를 선택해 적용하고 OK를 누른다.

☐ Ctrl + J를 눌러 복제한다.

☐ Ctrl + T로 크기/위치를 조절하고 Enter를 누른다.

☐ 색을 적용하기 위해 [Layers(레이어)] 패널의 '화살표 17 copy' Layer Thumbnail(레이어 축소판, ▮)을 더블클릭한 후 #ffcc99를 입력하고 OK를 누른다.

☐ 다른 모양을 추가하기 위해 아래의 모양을 찾아 그린다.
Symbols(기호) — 반짝이는 별(✸)

⑧ 레이어 스타일을 적용하기 위해 [Layers(레이어)] 패널 하단의 *fx*를 눌러 Gradient Overlay(그레이디언트 오버레이)를 선택한 후 아래와 같이 값을 변경한다.
- Opacity(불투명도) : 100%
- Style : Linear(선형)
- Angle(각도) : 90°
- Scale(비율) : 100%

⑨ Gradient 편집 창(▭)을 클릭한 후 Color Stop(색상 정지점)을 더블클릭하여 좌측 : #ffcc33, 우측 : #ff3300으로 값을 변경하고 OK 를 누른다.

⑩ 레이어 스타일을 추가하기 위해 Drop Shadow(그림자 효과)를 선택해 적용하고 OK 를 누른다.

⑪ 다른 모양을 추가하기 위해 아래의 모양을 찾아 그린다.
Symbols(기호) − 등록 대상 2(▣)

⑫ 색을 적용하기 위해 [Layers(레이어)] 패널의 Layer Thumbnail(레이어 축소판, ▣)을 더블클릭한 후 #ffffff를 입력하고 OK 를 누른다.

⑬ 불투명도를 조정하기 위해 [Layers(레이어)] 패널 상단의 Opacity(불투명도)를 70%로 설정한다.

⑭ [Layers(레이어)] 패널에서 Layer 5(병)보다 아래로 이동한다.

06 문자 효과

① Type Tool(수평 문자, **T**)을 선택한 후 빈 공간을 클릭한다. 우리집의 웰빙 라이프를 입력하고 Ctrl + Enter 를 눌러 완료한다.

② 옵션 바나 [Character(문자)] 패널에서 궁서, 45pt로 설정한다.

③ 레이어 스타일을 적용하기 위해 [Layers(레이어)] 패널 하단의 *fx*를 눌러 Gradient Overlay(그레이디언트 오버레이)를 선택한 후 아래와 같이 값을 변경한다.
- Opacity(불투명도) : 100%
- Style : Linear(선형)
- Angle(각도) : 0°
- Scale(비율) : 100%

④ Gradient 편집 창(▭)을 클릭한 후 Color Stop(색상 정지점)을 더블클릭하여 좌측 : #ff6633, 중간 : #009933, 우측 : #cc00cc로 값을 변경하고 OK 를 누른다.

⑤ 레이어 스타일을 추가하기 위해 Stroke(획)를 선택한 후 아래와 같이 값을 변경한다.
- Size(크기) : 2px
- Position(위치) : Outside(바깥쪽)
- Fill Type(칠 유형) : Color(색상)
- 색상값 : #ffffff

⑥ 레이어 스타일을 추가하기 위해 Drop Shadow(그림자 효과)를 선택해 적용하고 OK 를 누른다.

7 텍스트를 뒤틀기 위해 Type Tool(수평 문자, **T**)을 선택한 후 옵션 바의 Create warped text(뒤틀어진 텍스트 만들기, ⊺)를 클릭한다. Style(스타일) : Flag(깃발), Bend(구부리기) : +50%, Horizontal Distortion(가로 왜곡) : −40%로 값을 변경하고 (OK)를 누른다.

8 Type Tool(수평 문자, **T**)을 선택한 후 빈 공간을 클릭한다. Healthy Food Healthy Life를 입력하고 Ctrl + Enter 를 눌러 완료한다.

9 옵션 바나 [Character(문자)] 패널에서 Arial, Regular, 20pt, #ffffcc로 설정한다.

10 레이어 스타일을 적용하기 위해 [Layers(레이어)] 패널 하단의 fx 를 눌러 Stroke(획)을 선택한 후 아래와 같이 값을 변경한다.
- Size(크기) : 2px
- Position(위치) : Outside(바깥쪽)
- Fill Type(칠 유형) : Color(색상)
- 색상값 : #993399

11 텍스트를 뒤틀기 위해 Type Tool(수평 문자, **T**)을 선택한 후 옵션 바의 Create warped text(뒤틀어진 텍스트 만들기, ⊺)를 클릭하여 Style(스타일) : Flag(깃발), Bend(구부리기) : +50%로 값을 변경하고 (OK)를 누른다.

12 Type Tool(수평 문자, **T**)을 선택한 후 빈 공간을 클릭한다. 특강일시 : 2024년 9월 28(토)를 입력하고 Ctrl + Enter 를 눌러 완료한다.

13 옵션 바 또는 [Character(문자)] 패널에서 궁서, 18pt로 설정한다.

14 레이어 스타일을 적용하기 위해 [Layers(레이어)] 패널 하단의 fx 를 눌러 Gradient Overlay(그레이디언트 오버레이)를 선택한 후 아래와 같이 값을 변경한다.
- Opacity(불투명도) : 100%
- Style : Linear(선형)
- Angle(각도) : 90°
- Scale(비율) : 100%

15 Gradient 편집 창(▭)을 클릭한 후 Color Stop(색상 정지점)을 더블클릭하여 좌측 : #cc6600, 우측 : #330033으로 값을 변경하고 (OK)를 누른다.

16 레이어 스타일을 추가하기 위해 Stroke(획)를 선택한 후 아래와 같이 값을 변경한다.
- Size(크기) : 2px
- Position(위치) : Outside(바깥쪽)
- Fill Type(칠 유형) : Color(색상)
- 색상값 : #ffffff

17 Type Tool(수평 문자, **T**)을 선택한 후 빈 공간을 클릭한다. 아기 이유식 / 학생 도시락을 입력하고 Ctrl + Enter 를 눌러 완료한다.

18 옵션 바 또는 [Character(문자)] 패널에서 돋움, 18pt, #ff6600으로 설정한 후 학생 도시락만 선택하여 #33ff00으로 변경한다.

19 레이어 스타일을 적용하기 위해 [Layers(레이어)] 패널 하단의 *fx*를 눌러 Stroke(획)를 선택한 후 아래와 같이 값을 변경한다.
- Size(크기) : 2px
- Position(위치) : Outside(바깥쪽)
- Fill Type(칠 유형) : Color(색상)
- 색상값 : #333333

3 PSD 파일의 사이즈를 1/10로 줄이기 위해 [Image(이미지)]−[Image Size(이미지 크기)](Alt + Ctrl + I)를 선택한 후 단위 : Pixel, Width(폭) : 60px, Height(높이) : 40px, Resolution(해상도) : 72Pixels/Inch로 설정하고 OK 를 누른다.

4 [File(파일)]−[Save(저장)](Ctrl + S)를 선택한 후 작은 사이즈로 최종 저장한다.

5 완성된 파일을 확인하기 위해 파일 탐색기를 열어 '내 PC₩문서₩GTQ' 폴더에서 확인한다.

6 시험장의 작업표시줄에 나타나는 'Koas 수험자용'을 클릭해 우측의 답안 전송 을 클릭한 후 해당하는 번호에 체크한다. 하단의 답안 전송 을 클릭한 후 닫기 를 누르면 최종 전송된 답안으로 채점이 이루어진다.

07 ▶ PSD, JPG 형식으로 저장하기

1 [File(파일)]−[Save(저장)](Ctrl + S)를 선택한 후 기존 파일에 덮어쓰기 한다.

2 JPG 파일형식으로 저장하기 위해 [File(파일)]−[Save as(다른 이름으로 저장)](Shift + Ctrl + S)를 선택한 후 파일 형식을 클릭해 JPEG로 선택한다. '내 PC₩문서₩GTQ' 폴더에 '수험번호−성명−3'으로 입력한 후 [저장]을 누른다.

사용 이미지 미리보기

1급-12.jpg

1급-13.jpg

1급-14.jpg

1급-15.jpg

1급-16.jpg

1급-17.jpg

사용자 정의 모양 미리보기

사용 기능

패턴 정의 및 적용	• [Edit(편집)]-[Define Pattern(패턴 정의)] • Pattern Stamp Tool(패턴 도장, 📇)
혼합모드	Linear Light(선형 라이트)
색상 조정	[Create new fill or adjustment layer(조정 레이어, ◑)]-[Hue/Saturation(색조/채도)]
필터	• [Filter(필터)]-[Filter Gallery(필터 갤러리)]-[Brush Strokes(브러시 획)]-[Rough Pastels(거친 파스텔)] • [Filter(필터)]-[Filter Gallery(필터 갤러리)]-[Artistic(예술효과)]-[Poster Edges(포스터 가장자리)]
이미지 추출	• Quick Selection Too(빠른 선택, 🖌) • Magic Wand Tool(자동 선택, 🪄)
레이어 마스크	Add layer mask(레이어 마스크 추가, ◉)
이미지 사이즈	[Image(이미지)]-[Image Size(이미지 크기)](Alt + Ctrl + I)

01 새 캔버스 생성 및 배경에 색 채우기

■ [File(파일)]−[New(새로 만들기)](Ctrl + N)를 선택한 후 아래의 조건으로 설정하고 [Create(만들기)]를 누른다.
- PRESET DETAILS(사전 설정 세부 정보)
  : 수험번호−성명−4
- 단위 : Pixels
- Width(폭) : 600
- Height(높이) : 400
- Resolution(해상도) : 72Pixels/Inch
- Color Mode(색상모드) : RGB
- Backgound Contents(배경색) : White

■ [Edit(편집)]−[Preferences(속성)]−[Guides, Grid & Slices(안내선, 격자 및 분할 영역)](Ctrl + K)를 선택한 후 'Grid(격자)'의 Gridline Every(격자 간격) : 100Pixels, Subdivisions(세분) : 1로 설정하고 OK 를 누른다.

■ [View(보기)]−[Show(표시)]−[Grid(격자)](Ctrl + ')와 [View(보기)]−[Rulers(눈금자)](Ctrl + R)를 나타낸다.

■ [File(파일)]−[Save as(다른 이름으로 저장)](Shift + Ctrl + S)를 클릭한 후 '내 PC₩문서₩GTQ' 폴더에 '수험번호−성명−4.psd'로 입력하고 [저장]을 누른다.

■ 배경에 색을 채우기 위해 도구상자의 Set foreground color(전경색, ■)을 클릭한 후 #ccffcc를 입력하고 OK 를 누른다. 전경색을 채우기 위해 Alt + Delete 를 누른다.

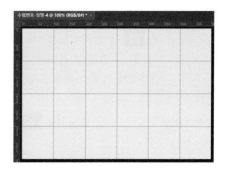

02 패턴 제작 및 등록

■ Pattern(패턴)을 만들기 위해 [File(파일)]−[New(새로 만들기)](Ctrl + N)를 선택한 후 아래의 조건으로 설정하고 [Create(만들기)]를 누른다.
- 단위 : Pixels
- Width(폭) : 40
- Height(높이) : 40
- Resolution(해상도) : 72Pixels/Inch
- Color Mode(색상모드) : RGB
- Backgound Contents(배경색) : White

■ Custom Shape Tool(사용자 정의 모양, 🧩)을 선택한 후 옵션 바에서 Pick Tool Mode(선택 도구 모드) : Shapes(모양, Shape ∨), Stroke(획) : 색상 없음(◪)으로 설정한 다음 아래의 모양을 찾아 그린다.
Shape(모양) − 5포인트 별(⭐)

■ 색을 적용하기 위해 [Layers(레이어)] 패널의 Layer Thumbnail(레이어 축소판, 🖼)을 더블 클릭한 후 #996699를 입력하고 OK 를 누른다.

④ [Layers(레이어)] 패널 하단의 Background(배경)의 눈 아이콘()을 클릭해 해제한다.

⑤ 다른 모양을 추가하기 위해 아래의 모양을 찾아 그린다.
Ornaments(장식) − 나뭇잎 장식 2()

⑥ 색을 적용하기 위해 [Layers(레이어)] 패널의 Layer Thumbnail(레이어 축소판,)을 더블 클릭한 후 #ffffff를 입력하고 OK 를 누른다.

⑦ 패턴을 정의하기 위해 [Edit(편집)]−[Define Pattern(패턴 정의)]를 눌러 확인 후 OK 를 누른다.

03 **혼합모드 및 레이어 마스크**

① [File(파일)]−[Open(열기)](Ctrl + O)을 선택한 후 '1급−12.jpg'를 불러온다.

② Ctrl + A 로 전체 선택한 후 Ctrl + C 로 복사하고 작업파일을 선택한 후 Ctrl + V 로 붙여넣기 한다.

③ Ctrl + T 로 크기/위치를 조절하고 Enter 를 누른다.

④ 혼합모드를 적용하기 위해 [Layers(레이어)] 패널의 Blending Mode(혼합모드, Normal)를 'Linear Light(선형 라이트)'로 선택한다.

⑤ 레이어 마스크를 적용하기 위해 [Layers(레이어)] 패널 하단의 Add layer mask(레이어 마스크 추가,)를 클릭한다.

⑥ 도구상자에서 Gradient Tool(그레이디언트,)을 선택한 후 옵션 바에서 Gradient Presets(그레이디언트 사전 설정)을 클릭해 Basics(기본 사항)−'Black & White(검정, 흰색)'을 선택한다.

⑦ 그림과 같이 세로 방향으로 드래그한다.

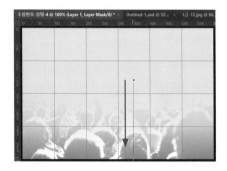

⑧ [File(파일)]−[Open(열기)](Ctrl + O)을 선택한 후 '1급−13.jpg'를 불러온다.

⑨ Ctrl + A 로 전체 선택한 후 Ctrl + C 로 복사하고 작업파일을 선택한 후 Ctrl + V 로 붙여넣기 한다.

⑩ Ctrl + T 로 크기/위치를 조절하고 Enter 를 누른다.

⓫ [Filter(필터)]−[Filter Gallery(필터 갤러리)]−
[Artistic(예술효과)]−[Rough Pastels(거친 파
스텔)] 필터를 적용한 다음 (OK)를 누른다.

⓬ 불투명도를 조정하기 위해 [Layers(레이어)] 패
널의 Opacity(불투명도)를 70%로 설정한다.

⓭ ❺~❻을 참고해 레이어 마스크를 적용하여 세로
방향으로 드래그한다.

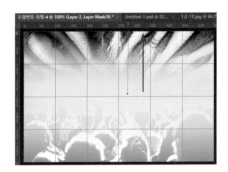

04 이미지 추출 및 색상 보정

❶ [File(파일)]−[Open(열기)]((Ctrl)+(O))을 선
택한 후 '1급−14.jpg'를 불러온다.

❷ Magic Wand Tool(자동 선택, )을 선택한
후 옵션 바의 Tolerance(허용치)를 32,
Contiguous(인접)에 체크한 다음 배경을 클릭
한다.

❸ 선택영역을 반전하기 위해 [Select(선택)]−
[Inverse(반전)]((Shift)+(Ctrl)+(I))를 누른다.

❹ (Ctrl)+(C)로 복사하고 작업파일을 선택한 후
(Ctrl)+(V)로 붙여넣기 한다.

❺ (Ctrl)+(T)로 좌우대칭하기 위해 조절점 안쪽에
서 마우스 오른쪽 클릭 후 Flip Horizontal(가로
로 뒤집기)을 선택한다. 크기/위치를 조절하고
(Enter)를 누른다.

❻ 레이어 스타일을 적용하기 위해 [Layers(레이어)]
패널 하단의 _fx_ 를 눌러 Bevel and Emboss
(경사와 엠보스)를 선택해 적용하고 (OK)를 누
른다.

❼ [File(파일)]−[Open(열기)]((Ctrl)+(O))을 선
택한 후 '1급−15.jpg'를 불러온다.

❽ Quick Selection Tool(빠른 선택,)로 선
택영역을 지정한다.

❾ (Ctrl)+(C)로 복사하고 작업파일을 선택한 후
(Ctrl)+(V)로 붙여넣기 한다.

❿ (Ctrl)+(T)로 크기/위치를 조절하고 (Enter)를 누
른다.

⓫ [Filter(필터)]−[Filter Gallery(필터 갤러리)]−
[Artistic(예술효과)]−[Poster Edges(포스터
가장자리)] 필터를 적용한 다음 (OK)를 누른다.

⑫ 레이어 스타일을 적용하기 위해 [Layers(레이어)] 패널 하단의 *fx*,를 눌러 Outer Glow(외부광선)를 선택해 적용하고 (OK)를 누른다.

⑬ [File(파일)]−[Open(열기)](Ctrl + O)을 선택한 후 '1급−16.jpg'를 불러온다.

⑭ Magic Wand Tool(자동 선택, ✨)을 선택한 후 옵션 바의 Tolerance(허용치)를 40, Contiguous(인접)에 체크한 다음 배경을 클릭한다. Shift 와 함께 추가영역을 클릭해 지정한다.

⑮ 선택영역을 반전하기 위해 [Select(선택)]−[Inverse(반전)](Shift + Ctrl + I)를 누른다.

⑯ Ctrl + C 로 복사하고 작업파일을 선택한 후 Ctrl + V 로 붙여넣기 한다.

⑰ Ctrl + T 로 크기/위치를 조절하고 Enter 를 누른다.

⑱ 파란색 계열로 보정하기 위해 Quick Selection Tool(빠른 선택, ✏️)로 선택영역(맨 왼쪽 과일)을 지정한다. [Layers(레이어)] 패널 하단의 Create new fill or adjustment layer(조정 레이어, ◑)에서 Hue/Saturation(색조/채도, Ctrl + U)를 선택한다.

⑲ [Properties(속성)] 패널의 [Hue/Saturation(색조/채도)]에서 Colorize(색상화)에 체크한 후 Hue(색조) : 230, Saturation(채도) : 60으로 값을 변경하고 (OK)를 누른다.

⑳ 레이어 스타일을 적용하기 위해 [Layers(레이어)] 패널의 Layer 5(과일)을 선택한다. 하단의 *fx*,를 눌러 Stroke(획)를 선택한 후 아래와 같이 값을 변경하고 (OK)를 누른다.
• Size(크기) : 2px
• Position(위치) : Outside(바깥쪽)
• Fill Type(칠 유형) : Color(색상)
• 색상값 : #ff99ff

㉑ [File(파일)]−[Open(열기)](Ctrl + O)을 선택한 후 '1급−17.jpg'를 불러온다.

㉒ Quick Selection Tool(빠른 선택, ✏️)로 선택영역을 지정한다.

㉓ Polygonal Lasso Tool(다각형 올가미, ◁)로 추가할 영역은 Shift 와 함께, 제외할 영역은 Alt 와 함께 선택한다.

㉔ Ctrl + C 로 복사하고 작업파일을 선택한 후 Ctrl + V 로 붙여넣기 한다.

㉕ Ctrl + T 로 크기/위치를 조절하고 Enter 를 누른다.

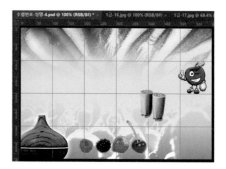

05 패스 제작 및 패턴 적용

1 Pen Tool(펜, 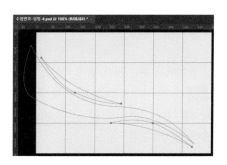)을 선택한 후 옵션 바에서 Pick Tool Mode(선택 도구 모드) : Path(패스, `Path ∨`), Path operations(패스 작업) : Exclude Overlapping Shapes(모양 오버랩 제외, ⬚)로 지정한다.

2 배경 레이어의 눈 아이콘(👁)을 `Alt`＋클릭해 나머지 레이어의 눈을 끈다. (선택사항)

Plus@

배경 레이어를 선택하지는 않는다. 새 레이어 추가 시 맨 위로 생성되지 않기 때문이다.

3 아래의 그림을 참고해 그린 다음 패스의 유실을 방지하기 위해 [Path(패스)] 패널을 선택하여 Work Path(작업 패스) 이름 부분을 더블클릭한다. Save Path(패스 저장)가 나오면 (OK)를 누른다.

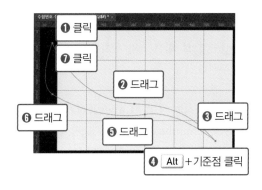

4 나머지 부분도 그린다.

5 Direct Selection Tool(직접 선택, ▶)로 기준점과 기준선 등을 수정하여 마무리한다.

6 레이어로 지정하기 위해 [Path(패스)] 패널 하단의 Load as a selection(패스를 선택영역으로 지정, ◌)을 클릭한다.

7 [Layers(레이어)] 패널로 이동한 후 하단의 Create a new layer(새 레이어, ⊞, `Ctrl`＋`Shift`＋`N`)를 클릭해 추가한다.

8 전경색(◼)을 #993399로 변경한 후 `Alt`＋`Delete`를 눌러 채운다.

9 `Ctrl`＋`D`를 눌러 선택영역을 해제한다.

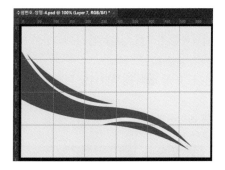

⑩ 레이어 스타일을 적용하기 위해 [Layers(레이어)] 패널 하단의 fx 를 눌러 Drop Shadow(그림자 효과)를 선택해 적용하고 OK 를 누른다.

⑪ 모든 레이어의 눈을 켜기 위해 레이어의 눈 아이콘(👁)에서 마우스 오른쪽 클릭 후 'Show/hide all other layers(다른 모든 레이어 표시/숨기기)'를 클릭한다.

⑫ 패턴을 Layer 7의 일부분에만 적용하기 위해 Ctrl 과 함께 Layer Thumbnail(레이어 축소판, 🖼)을 클릭해 선택영역으로 지정한다. Create a new layer(새 레이어, ⊞, Ctrl + Shift + N)를 클릭해 추가한다.

⑬ Pattern Stamp Tool(패턴 도장, 🖌)을 선택한 후 옵션 바에서 브러시의 크기를 60px 정도로 설정하고 패턴 피커에서 저장된 패턴을 선택한다.

⑭ 출력형태를 참고해 일부분만 드래그하여 채운다.

⑮ Ctrl + D 를 눌러 선택영역을 해제한다.

⑯ 과일 레이어를 맨 위로 이동한다.

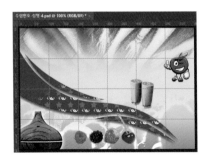

---

06 모양 지정 및 레이어 스타일

① Custom Shape Tool(사용자 정의 모양, 🎨)을 선택한 후 옵션 바에서 Pick Tool Mode(선택 도구 모드) : Shape(모양, Shape ∨), Stroke(획) : 색상 없음(⊘)으로 설정한다. 모양 선택(Shape: →∨)을 눌러 아래의 모양을 찾아 그린다.
Nature(자연) – 나뭇잎 3(❚)

② 색을 적용하기 위해 [Layers(레이어)] 패널의 Layer Thumbnail(레이어 축소판, 🖼)을 더블 클릭한 후 #33cc00를 입력하고 OK 를 누른다.

③ Ctrl + T 로 회전/크기/위치를 조절하고 Enter 를 누른다.

④ 레이어 스타일을 적용하기 위해 [Layers(레이어)] 패널 하단의 fx 를 눌러 Outer Glow(외부 광선)를 선택해 적용하고 OK 를 누른다.

⑤ Ctrl + J 를 눌러 복제한다.

⑥ Ctrl + T 로 회전/크기/위치를 조절하고 Enter 를 누른다.

⑦ 색을 적용하기 위해 [Layers(레이어)] 패널의 Layer Thumbnail(레이어 축소판, 🖼)을 더블 클릭한 후 #339900을 입력하고 OK 를 누른다.

⑧ 다른 모양을 추가하기 위해 아래의 모양을 찾아 그린다.
Talk Bubbles(말풍선) – 대화 10(▭)

9 Ctrl + T 로 좌우대칭하기 위해 조절점 안쪽에서 마우스 오른쪽 클릭 후 Flip Horizontal(가로로 뒤집기)을 선택한다. 크기/위치를 조절하고 Enter 를 누른다.

10 색을 적용하기 위해 [Layers(레이어)] 패널의 Layer Thumbnail(레이어 축소판, ▦)을 더블클릭한 후 #33ccff를 입력하고 (OK)를 누른다.

11 레이어 스타일을 적용하기 위해 [Layers(레이어)] 패널 하단의 *fx.*를 눌러 Drop Shadow(그림자 효과)를 선택해 적용하고 (OK)를 누른다.

12 메뉴 부분을 만들기 위해 아래의 모양을 찾아 그린다.
Banners and Awards(배너 및 상장) – 배너 4
(▬)

13 레이어 스타일을 적용하기 위해 [Layers(레이어)] 패널 하단의 *fx.*를 눌러 Gradient Overlay(그레이디언트 오버레이)를 선택한 후 아래와 같이 값을 변경한다.
• Opacity(불투명도) : 100%
• Style : Linear(선형)
• Angle(각도) : −90°
• Scale(비율) : 100%

14 Gradient(그레이디언트) 편집 창(▨)을 클릭한 후 Color Stop(색상 정지점)을 더블클릭하여 좌측 : #ffffff, 우측 : #cc66ff로 값을 변경하고 (OK)를 누른다.

15 레이어 스타일을 추가하기 위해 Stroke(획)를 선택한 후 아래와 같이 값을 변경하고 (OK)를 누른다.
• Size(크기) : 2px
• Position(위치) : Outside(바깥쪽)
• Fill Type(칠 유형) : Color(색상)
• 색상값 : #3366ff

16 메뉴에 텍스트를 입력하기 위해 Type Tool(수평 문자, **T**)을 선택한 후 Shift +클릭하여 사전등록을 입력하고 Ctrl + Enter 를 눌러 완료한다.

Plus@

> Shift +클릭 후 입력하는 이유는 모양이 선택된 상태에서 텍스트를 입력하면 영역 안에 글자가 입력되기 때문이다.

17 옵션 바 또는 [Character(문자)] 패널에서 돋움, 20pt, 왼쪽 정렬, #003399로 설정한다.

18 레이어 스타일을 적용하기 위해 [Layers(레이어)] 패널 하단의 *fx.*를 눌러 Stroke(획)를 선택한 후 아래와 같이 값을 변경하고 (OK)를 누른다.
• Size(크기) : 2px
• Position(위치) : Outside(바깥쪽)
• Fill Type(칠 유형) : Color(색상)
• 색상값 : #ffffff

19 메뉴를 복제하기 위해 '배너 모양'과 '텍스트 레이어'를 Shift 와 함께 클릭한 후 Move Tool(이동, ✛)을 선택해 Alt 와 함께 아래 방향으로 드래그하여 두 번 복제한다.

20 두 번째의 텍스트를 수정하기 위해 [Layers(레이어)] 패널의 Indicates text layer(텍스트 레이어, **T**)를 더블클릭한 후 현장구매를 입력하고 Ctrl + Enter 를 눌러 완료한다.

21 옵션 바 또는 [Character(문자)] 패널에서 #cc0000으로 변경한다.

22 세 번째 텍스트도 **20**과 같은 방법으로 문의사항으로 수정한다.

07 ▶ 문자 효과

1 Type Tool(수평 문자, **T**)을 선택한 후 빈 공간을 클릭한다. 웰빙 건강 박람회를 입력하고 Ctrl + Enter 를 눌러 완료한다.

2 옵션 바 또는 [Character(문자)] 패널에서 돋움, 43pt로 설정한다.

3 레이어 스타일을 적용하기 위해 [Layers(레이어)] 패널 하단의 _fx_ 를 눌러 Gradient Overlay(그레이디언트 오버레이)를 선택한 후 아래와 같이 값을 변경한다.
- Opacity(불투명도) : 100%
- Style : Reflected(반사)
- Angle(각도) : 90°
- Scale(비율) : 100%
- Reverse에 체크

4 Gradient 편집 창(　　　)을 클릭한 후 Color Stop(색상 정지점)을 더블클릭하여 좌측 : #ff00ff, 우측 : #66ccff로 값을 변경하고 OK 를 누른다.

5 레이어 스타일을 추가하기 위해 Stroke(획)를 선택한 후 아래와 같이 값을 변경하고 OK 를 누른다.
- Size(크기) : 3px
- Position(위치) : Outside(바깥쪽)
- Fill Type(칠 유형) : Color(색상)
- 색상값 : #ffffff

6 텍스트를 뒤틀기 위해 Type Tool(수평 문자, **T**)을 선택한 후 옵션 바의 Create warped text(뒤틀어진 텍스트 만들기, **T**)를 클릭하여 Style(스타일) : Arc Lower(아래 부채꼴), Bend(구부리기) : +40%로 값을 변경하고 OK 를 누른다.

7 Type Tool(수평 문자, **T**)을 선택한 후 빈 공간을 클릭한다. Well−being Health Fair를 입력하고 Ctrl + Enter 를 눌러 완료한다.

8 옵션 바 또는 [Character(문자)] 패널에서 Arial, Regular, 20pt, #cc00cc로 설정한다.

9 레이어 스타일을 적용하기 위해 [Layers(레이어)] 패널 하단의 _fx_ 를 눌러 Stroke(획)를 선택한 후 아래와 같이 값을 변경하고 OK 를 누른다.
- Size(크기) : 2px
- Position(위치) : Outside(바깥쪽)
- Fill Type(칠 유형) : Color(색상)
- 색상값 : #ffffff

⑩ 텍스트를 뒤틀기 위해 Type Tool(수평 문자, T)을 선택한 후 옵션 바의 Create warped text(뒤틀어진 텍스트 만들기, T)를 클릭하여 Style(스타일) : Arc Upper(위 부채꼴), Bend(구부리기) : +30%로 값을 변경하고 OK 를 누른다.

⑪ Type Tool(수평 문자, T)을 선택한 후 빈 공간을 클릭한다. 이벤트 바로가기를 입력하고 Ctrl + Enter 를 눌러 완료한다.

⑫ 옵션 바 또는 [Character(문자)] 패널에서 궁서, 20pt, #ffffff로 설정한다.

⑬ 레이어 스타일을 적용하기 위해 [Layers(레이어)] 패널 하단의 fx.를 눌러 Stroke(획)를 선택한 후 아래와 같이 값을 변경하고 OK 를 누른다.
  • Size(크기) : 2px
  • Position(위치) : Outside(바깥쪽)
  • Fill Type(칠 유형) : Color(색상)
  • 색상값 : #3333ff

08 PSD, JPG 형식으로 저장하기

① [File(파일)]−[Save(저장)](Ctrl + S)를 선택한 후 기존 파일에 덮어쓰기 한다.

② JPG 파일 형식으로 저장하기 위해 [File(파일)]−[Save as(다른 이름으로 저장)](Shift + Ctrl + S)를 선택한 후 파일 형식을 클릭해 JPEG로 선택한다. '내 PC₩문서₩GTQ' 폴더에 '수험번호−성명−4'로 입력한 후 [저장]을 누른다.

③ PSD 파일의 사이즈를 1/10로 줄이기 위해 [Image(이미지)]−[Image Size(이미지 크기)](Alt + Ctrl + I)를 선택한 후 단위 : Pixel, Width(폭) : 60px, Height(높이) : 40px, Resolution(해상도) : 72Pixels/Inch로 설정 후 OK 를 누른다.

④ [File(파일)]−[Save(저장)](Ctrl + S)를 선택한 후 작은 사이즈로 최종 저장한다.

⑤ 완성된 파일을 확인하기 위해 파일 탐색기를 열어 '내 PC₩문서₩GTQ' 폴더에서 확인한다.

⑥ 시험장의 작업표시줄에 나타나는 'Koas 수험자용'을 클릭해 우측의 답안 전송 을 클릭한 후 해당하는 번호에 체크한다. 하단의 답안 전송 을 클릭한 후 닫기 를 누르면 최종 전송된 답안으로 채점이 이루어진다.

⊘ Check Point !

		O	X
공통	• 제시된 크기(px)와 해상도(72Pixels/Inch)로 파일을 만들었나요? • '수험번호-성명-문제번호.psd'로 저장했나요? • 그리드(Ctrl + ')와 눈금자(Ctrl + R)를 표시했나요? • 시험지에도 자를 이용해 100픽셀씩 그리드를 그려주었나요?		
문제1번	• 만든 패스를 저장했나요? • 클리핑 마스크를 적용했나요? • 각 이미지와 Shape(모양)에 레이어 스타일과 필터를 적용했나요?		
문제2번	• 제시된 색상으로 보정했나요? • 각 이미지와 Shape(모양)에 레이어 스타일과 필터를 적용했나요?		
문제3번	• 배경에 색을 적용했나요? • Blending Mode(혼합모드)를 적용했나요? • 레이어 마스크의 방향을 맞게 적용했나요? • 제시된 색상으로 보정했나요? • 각 이미지와 Shape(모양)에 레이어 스타일과 필터를 적용했나요?		
문제4번	• 배경에 색을 적용했나요? • 패턴을 제작하여 등록하였나요? • Blending Mode(혼합모드)를 적용했나요? • 레이어 마스크의 방향을 맞게 적용했나요? • 제시된 색상으로 보정했나요? • 1급-17.jpg를 제외한 이미지와 Shape(모양)에 레이어 스타일과 필터를 적용했나요? • 펜 도구를 이용하여 오브젝트를 그려 패턴으로 적용하였나요?		
공통	• '수험번호-성명-문제번호.jpg'로 저장했나요? • 1/10로 줄여 '수험번호-성명-문제번호.psd'로 저장했나요?		

※ 시험장에서는 반드시 전송까지 실행해 주세요.

PART 5
실전 모의고사

※ 본문에서는 일부 레이어 스타일의 값을 아래와 같이 적용하였으니 참고하시기 바랍니다.

Bevel and Emboss(경사와 엠보스)

- Style(스타일) : Inner Bevel(내부 경사)
- Depth(깊이) : 100%
- Size(크기) : 7px

Plus @

Style(스타일) : Pillow Emboss(쿠션 엠보스)의 효과가 출제될 경우도 있으니 출력형태를 반드시 확인하고 적용한다.

▲ Inner Bevel   ▲ Pillow Emboss

Inner Shadow(내부 그림자)

- Opacity(불투명도) : 60~70%
- Angle(각도) : 90~120°
- Distance(거리) : 5~7px
- Choke(경계 감소) : 0%
- Size(크기) : 5~7px

Inner Glow(내부 광선)

- Opacity(불투명도) : 60~70%
- Choke(경계 감소) : 0%
- Size(크기) : 10~15px

Outer Glow(외부 광선)

- Opacity(불투명도) : 60~70%
- Spread(스프레드) : 0~10%
- Size(크기) : 10~15px

Drop Shadow(그림자 효과)

- Opacity(불투명도) : 60~70%
- Angle(각도) : 90~120°
- Distance(거리) : 5~7px
- Spread(스프레드) : 0~10%
- Size(크기) : 5~7px

Plus @

Angle(각도) 부분이 기존의 각도와 다를 수 있으니 출력형태를 반드시 확인하고 적용한다.

▲ 기본 Angle(각도) : 120°

▲ Angle(각도) : 45°,
Use Global Light(전체 조명 사용) 체크 해제

01

제1회 실전 모의고사 [S/W:포토샵]

급수	문제유형	시험시간	수험번호	성명
1급	A	90분		

수험자 유의사항

- 수험자는 문제지를 받는 즉시 응시하고자 하는 과목 및 급수가 맞는지 확인한 후 수험번호와 성명을 작성합니다.
- 파일명은 본인의 "수험번호-성명-문제번호"로 공백 없이 정확히 입력하고 답안폴더(내 PC₩문서₩GTQ)에 jpg 파일과 psd 파일의 2가지 포맷으로 저장해야 하며, jpg 파일과 psd 파일의 내용이 상이할 경우 0점 처리됩니다. 답안문서 파일명이 "수험 번호-성명-문제번호"와 일치하지 않거나, 답안 파일을 전송하지 않아 미제출로 처리될 경우 불합격 처리됩니다.
- 문제의 세부조건은 '영문(한글)' 형식으로 표기되어 있으니 유의하시기 바랍니다.
- 수험자 정보와 저장한 파일명, 저장 위치가 다를 경우 전송이 되지 않으므로, 주의하시기 바랍니다.
- 답안 작성 중에도 주기적으로 '저장'과 '답안 전송'을 이용하여 감독위원 PC로 답안을 전송하셔야 합니다.
  (※ 작업한 내용을 저장하지 않고 전송할 경우 이전의 저장내용이 전송되오니 이점 반드시 유념하시기 바랍니다.)
- 답안문서는 지정된 경로 외의 다른 보조기억장치에 저장하는 행위, 지정된 시험 시간 외에 작성된 파일을 활용한 행위, 기타 허용되지 않은 프로그램(이메일, 메신저, 게임, 네트워크 등) 이용 시 부정행위로 간주되어 자격기본법 제32조에 의거 본 시험 및 국가공인 자격시험을 2년간 응시할 수 없습니다.
- 시험 중 부주의 또는 고의로 시스템을 파손한 경우와 〈수험자 유의사항〉에 기재된 방법대로 이행하지 않아 생기는 불이익은 수험자의 책임임을 알려 드립니다.
- 시험을 완료한 수험자는 최종적으로 저장한 답안파일이 전송되었는지 확인한 후 감독위원의 지시에 따라 문제지를 제출하고 퇴실합니다.

답안 작성요령

- 온라인 답안 작성 절차
  수험자 등록 ⇒ 시험 시작 ⇒ 답안파일 저장 ⇒ 답안 전송 ⇒ 시험 종료
- 내 PC₩문서₩GTQ₩Image 폴더에 있는 그림 원본파일을 사용하여 답안을 작성하시고 최종답안을 답안폴더(내 PC₩문서 ₩GTQ)에 저장하여 답안을 전송하시고, 이미지의 크기가 다른 경우 감점 처리됩니다.
- 배점은 총 100점으로 이루어지며, 점수는 각 문제별로 차등 배분됩니다.
- 각 문제는 주어진 〈조건〉에 따라 작성하고, 언급하지 않은 조건은 《출력형태》와 같이 작성합니다.
- 배치 등의 편의를 위해 주어진 눈금자의 단위는 '픽셀'입니다.
- 그 외는 출력형태(효과, 이미지, 문자, 색상, 레이아웃, 규격 등)와 같이 작업하십시오.
- 문제 조건에 서체의 지정이 없을 경우 한글은 굴림이나 돋움, 영문은 Arial로 작업하십시오. (단, 그 외에 제시되지 않은 문자 속성을 기본값으로 작성하지 않은 경우는 감점 처리됩니다.)
- Image Mode(이미지 모드)는 별도의 처리조건이 없을 경우에는 RGB(8비트)로 작업하십시오.
- 모든 답안 파일은 해상도 72pixels/inch로 작업하십시오.
- Layer(레이어)는 각 기능별로 분할해야 하며, 임의로 합칠 경우나 각 기능에 대한 속성을 해지할 경우 해당 요소는 0점 처리 됩니다.

다음의 《조건》에 따라 아래의 《출력형태》와 같이 작업하시오.

조건

원본이미지			문서₩GTQ₩Image문서₩GTQ₩1급-1.jpg, 1급-2.jpg, 1급-3.jpg
파일 저장 규칙	JPG	파일명	문서₩GTQ₩수험번호-성명-1.jpg
		크기	400 × 500 pixels
	PSD	파일명	문서₩GTQ₩수험번호-성명-1.psd
		크기	40 × 50 pixels

1. 그림 효과
  ① 1급-1.jpg : 필터 - Water Paper(물 종이/젖은 종이)
  ② Save Path(패스 저장) : 장바구니 모양
  ③ Mask(마스크) : 장바구니 모양, 1급-2.jpg를 이용하여 작성
    레이어 스타일 - Stroke(선/획)(4px, 그레이디언트(#9966cc, #ff99ff)), Inner Shadow(내부 그림자)
  ④ 1급-3.jpg : 레이어 스타일 - Drop Shadow(그림자 효과)
  ⑤ Shape Tool(모양 도구) :
    - 카트 모양 (#ff3399, 레이어 스타일 - Outer Glow(외부 광선))
    - 고양이 모양 (#6699ff, 레이어 스타일 - Outer Glow(외부 광선))
    - 강아지 모양 (#ff9900, 레이어 스타일 - Inner Shadow(내부 그림자))

2. 문자 효과
  ① 반려용품 플리마켓 (궁서, 48pt, 레이어 스타일 - 그레이디언트 오버레이(#3366cc, #ff66ff), Stroke(선/획)(2px, #ffffff),
    Drop Shadow(그림자 효과))

출력형태

[기능평가] 사진편집 응용

다음의 《조건》에 따라 아래의 《출력형태》와 같이 작업하시오.

조건

원본이미지	문서₩GTQ₩Image문서₩GTQ₩1급-4.jpg, 1급-5.jpg, 1급-6.jpg		
파일 저장 규칙	JPG	파일명	문서₩GTQ₩수험번호-성명-2.jpg
		크기	400 × 500 pixels
	PSD	파일명	문서₩GTQ₩수험번호-성명-2.psd
		크기	40 × 50 pixels

1. 그림 효과

① 1급-4.jpg : 필터 – Cutout(오려내기)

② 색상 보정 : 1급-5.jpg – 파란색 계열로 보정

③ 1급-5.jpg : 레이어 스타일 – Outer Glow(외부 광선)

④ 1급-6.jpg : 레이어 스타일 – Stroke(선/획)(3px, #6699ff)

⑤ Shape Tool(모양 도구) :

　– 꽃 장식 모양 (#ffff33, #ccff99, 레이어 스타일 – Bevel and Emboss(경사와 엠보스), Opacity(불투명도)(80%))

　– 지구본 모양 (#66ccff, 레이어 스타일 – Drop Shadow(그림자 효과))

2. 문자 효과

① 같이 ♥ 가치 (궁서, 57pt, 레이어 스타일 – 그레이디언트 오버레이(#993300, #6666ff), Stroke(선/획)(3px, #ffffff))

출력형태

[실무응용] 포스터 제작

25점

다음의 《조건》에 따라 아래의 《출력형태》와 같이 작업하시오.

조건

원본이미지			문서₩GTQ₩Image₩1급-7.jpg, 1급-8.jpg, 1급-9.jpg, 1급-10.jpg, 1급-11.jpg
파일 저장 규칙	JPG	파일명	문서₩GTQ₩수험번호-성명-3.jpg
		크기	600 × 400 pixels
	PSD	파일명	문서₩GTQ₩수험번호-성명-3.psd
		크기	60 × 40 pixels

1. 그림 효과

① 배경 : #ffffcc

② 1급-7.jpg : Blending Mode(혼합모드) – Linear Burn(선형 번), Opacity(불투명도)(70%), 레이어 마스크 – 세로 방향으로 흐릿하게

③ 1급-8.jpg : 필터 – Facet(단면화), 레이어 마스크 – 가로 방향으로 흐릿하게

④ 1급-9.jpg : 필터 – Add Noise(노이즈 추가)

⑤ 1급-10.jpg : 레이어 스타일 – Stroke(선/획)(5px, 그레이디언트(#339933, 투명으로))

⑥ 1급-11.jpg : 색상 보정 – 녹색 계열로 보정, 레이어 스타일 – Outer Glow(외부 광선)

⑦ 그 외 《출력형태》 참조

2. 문자 효과

① International Volunteer Day (Times New Roman, Bold, 48pt, 레이어 스타일 – 그레이디언트 오버레이(#ffcc33, #ffffff, #66ccff), Stroke(선/획)(3px, #333333), Drop Shadow(그림자 효과))

② Volunteer Charity Event (Arial, Regular, 18pt, #ffffff, #99ffff 레이어 스타일 – Stroke(선/획)(2px, 그레이디언트(#9999cc, #003399))

③ Read More (Arial, Regular, 18pt, #ffffff, Stroke(선/획)(2px, #333333))

④ ♣ 모임소개 ♣ 프로그램 ♣ 문의하기 (돋움, 18pt, #993399, #3300ff, 레이어 스타일 – Stroke(선/획)(2px, #ffffff))

출력형태

Shape Tool(모양 도구) 사용
#66ccff, 레이어 스타일– Drop
Shadow(그림자 효과)

Shape Tool(모양 도구) 사용
레이어 스타일 – 그레이디언트
오버레이(#cc0000, #006633),
Stroke(선/획)(2px, #ffffcc)

Shape Tool(모양 도구) 사용
#ffcc99, 레이어 스타일 – Drop
Shadow(그림자 효과)

Shape Tool(모양 도구) 사용
레이어 스타일 – 그레이디언트
오버레이(#6666cc, #ffcc66),
Drop Shadow(그림자 효과)

[실무응용] **웹 페이지 제작**

다음의 《조건》에 따라 아래의 《출력형태》와 같이 작업하시오.

조건

원본이미지		문서₩GTQ₩Image₩1급-12.jpg, 1급-13.jpg, 1급-14.jpg, 1급-15.jpg, 1급-16.jpg, 1급-17.jpg	
파일 저장 규칙	JPG	파일명	문서₩GTQ₩수험번호-성명-4.jpg
		크기	600 × 400 pixels
	PSD	파일명	문서₩GTQ₩수험번호-성명-4.psd
		크기	60 × 40 pixels

1. 그림 효과

① 배경 : #99cccc

② 패턴(불, 물방울 모양) : #ff6666, #ffffff

③ 1급-12.jpg : Blending Mode(혼합모드) - Soft Light(소프트 라이트), 레이어 마스크 - 세로 방향으로 흐릿하게

④ 1급-13.jpg : 필터 - Film Grain(필름 그레인), 레이어 마스크 - 가로 방향으로 흐릿하게

⑤ 1급-14.jpg : 레이어 스타일 - Drop Shadow(그림자 효과)

⑥ 1급-15.jpg : 필터 - Dry Brush(드라이 브러시), 레이어 스타일 - Bevel and Emboss(경사와 엠보스)

⑦ 1급-16.jpg : 색상 보정 - 파란색 계열로 보정, 레이어 스타일 - Outer Glow(외부 광선)

⑧ 그 외 《출력형태》 참조

2. 문자 효과

① 국제소방 안전박람회 (궁서, 60pt, 레이어 스타일 - 그레이디언트 오버레이(#330066, #cc6666), Stroke(선/획)(2px, #ffffff))

② 사람을 살리는 '사람들' (궁서, 20pt, #ffffff, 레이어 스타일 - Stroke(선/획)(2px, 그레이디언트(#ff3333, #333399))

③ 11월 9일 소방의 날 (굴림, 18pt, #ffffff, #ffff66, 레이어 스타일 - Stroke(선/획)(2px, #333333))

④ 행사개요 참여업체 사전신청 (굴림, 18pt, #0000ff, 레이어 스타일 - Stroke(선/획)(2px, #ffffff))

출력형태

Shape Tool(모양 도구) 사용
#ff6666, 레이어 스타일 - Drop
Shadow(그림자 효과)

Shape Tool(모양 도구) 사용
#ffffff, Opacity(불투명도)(60%)

Pen Tool(펜 도구) 사용
#0099ff, #cc3333, 레이어 스타일 -
Drop Shadow(그림자 효과)

Shape Tool(모양 도구) 사용
#ff33ff, 레이어 스타일 -
Bevel and Emboss(경사와 엠보스)

사용 이미지 미리보기

1급-1.jpg

1급-2.jpg

1급-3.jpg

사용자 정의 모양 미리보기

사용 기능

필터	[Filter(필터)]−[Filter Gallery(필터 갤러리)]−[Sketch(스케치 효과)]−[Water Paper(물 종이/젖은 종이)]
클리핑 마스크	Create Clipping Mask(클리핑 마스크 만들기, Alt + Ctrl + G)
이미지 추출	Quick Selection Tool(빠른 선택,)
이미지 사이즈	[Image(이미지)]−[Image Size(이미지 크기)](Alt + Ctrl + I)

01 새 캔버스 생성 및 필터

1 [File(파일)]−[New(새로 만들기)](Ctrl + N)를 선택한 후 아래의 조건으로 설정하고 [Create(만들기)]를 누른다.
- PRESET DETAILS(사전 설정 세부 정보)
  : 수험번호−성명−1
- 단위 : Pixels
- Width(폭) : 400
- Height(높이) : 500
- Resolution(해상도) : 72Pixels/Inch
- Color Mode(색상모드) : RGB
- Backgound Contents(배경색) : White

2 [Edit(편집)]−[Preferences(속성)]−[Guides, Grid & Slices(안내선, 격자 및 분할 영역)](Ctrl + K)를 선택한 후 'Grid(격자)'의 Gridline Every(격자 간격) : 100Pixels, Subdivisions(세분) : 1로 설정하고 OK 를 누른다.

3 [View(보기)]−[Show(표시)]−[Grid(격자)](Ctrl + ')와 [View(보기)]−[Rulers(눈금자)](Ctrl + R)를 나타낸다.

Plus@

CS6 버전 이하에서는 눈금자에서 마우스 오른쪽 클릭 후 단위를 px로 변경한다.

4 [File(파일)]−[Save as(다른 이름으로 저장)](Shift + Ctrl + S)를 클릭한 후 '내 PC\문서\GTQ' 폴더에 '수험번호−성명−1.psd'로 입력하고 [저장]을 누른다.

5 [File(파일)]−[Open(열기)](Ctrl + O)을 선택한 후 '1급−1.jpg'를 불러온다.

6 Ctrl + A 로 전체 선택한 후 Ctrl + C 로 복사하고 작업파일을 선택한 후 Ctrl + V 로 붙여넣기 한다.

7 Ctrl + T 로 크기/위치를 조절하고 Enter 를 누른다.

8 [Filter(필터)]−[Filter Gallery(필터 갤러리)]−[Sketch(스케치 효과)]−[Water Paper(물 종이/젖은 종이)] 필터를 적용하고 OK 를 누른다.

02 패스 제작 및 패스 저장

1 Rectangle Tool(사각 도형, ■)을 선택한 후 옵션 바에서 Pick Tool Mode(선택 도구 모드) : Path(패스, Path ⌄), Path operations(패스 작업) : Combine Shapes(모양 결합, ■)로 지정한다.

2 Layer 1(배경 이미지)의 눈 아이콘(◉)을 클릭해 숨기게 한 다음 패스를 그리기 위해 [Path(패스)] 패널을 누른다. (선택사항)

3 곡률 조정을 위해 옵션 바에서 곡률을 10px로 설정한다.

Plus@

CS6 버전에서는 Rounded Rectangle Tool(모서리가 둥근 직사각형, ▭)을 이용한다.

4 그리드를 참고해 그림과 같이 그린다.

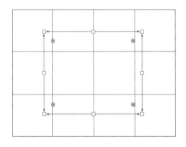

5 Direct Selection Tool(직접 선택, ▨)을 선택한 후 그림과 같이 두 포인트를 드래그해 선택하고 방향키를 안쪽으로 이동한다.

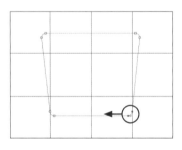

6 이때 일반 도형 패스로의 변경 여부를 물으면 [예]를 누른다.

7 **1**을 참고하여 Rectangle Tool(사각 도형, ▭) 을 선택한 후 옵션 바에서 곡률을 0px로 설정한 다음 그림을 참고해 그린다.

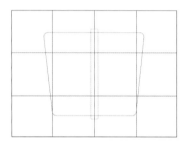

8 Path Selection Tool(패스 선택, ▨)로 직전 패스를 선택한 후 옵션 바에서 Path Operations (패스 작업) : Subtract Front Shape(전면 모양 빼기, ▣)로 지정한다.

9 Alt 와 함께 드래그해 복제한다.

10 Ctrl + T 로 조절점 안쪽에서 마우스 오른쪽 클릭 후 Flip Horizontal(가로로 뒤집기)을 선택한다. 회전 배치한 후 Enter 를 누른다.

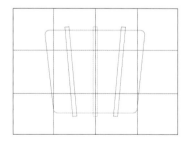

11 이와 같이 [Alt]와 함께 복제한 후 [Ctrl]+[T]를 눌러 시계방향으로 90° 회전하여 아래와 같이 만든다.

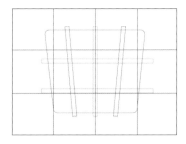

Plus@

만약 기존 패스가 사라졌을 경우 패스 레이어를 클릭하면 작업 중인 패스가 나타난다.

12 나머지는 Pen Tool(펜,)과 모서리 둥근 사각형으로 아래의 그림과 같이 만든다. Path Selection Tool(패스 선택,)을 선택한 후 Path Operations(패스 작업) : Combine Shapes(모양 결합,)로 지정한다.

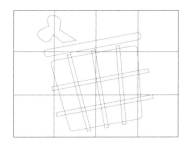

13 모든 패스를 드래그로 선택한 다음 [Ctrl]+[T]를 눌러 회전/크기/위치를 조절하고 [Enter]를 누른다.

14 패스를 저장하기 위해 [Path(패스)] 패널의 Work Path(작업 패스) 이름 부분을 더블클릭한 후 Save Path(패스 저장) 대화상자가 나오면 장바구니 모양을 입력하고 [OK]를 누른다.

15 패스를 선택영역으로 지정하기 위해 [Ctrl]+Path Thumbnail(패스 축소판)을 클릭한 후 선택영역이 생기면 [Layers(레이어)] 패널을 선택하여 하단의 Create a new layer(새 레이어, , [Shift]+[Ctrl]+[N])를 클릭해 추가한다.

16 임의의 색을 추가하기 위해 [Alt]+[Delete]를 눌러 (전경색,)을 추가한다.

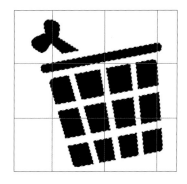

17 선택영역을 해제하기 위해 [Select(선택)]−[Deselect(해제)]([Ctrl]+[D])를 누른다.

18 배경 이미지의 눈 아이콘( )을 클릭해 보이게 한다.

⑲ 레이어 스타일을 적용하기 위해 [Layers(레이어)] 패널 하단의 *fx*를 눌러 Stroke(획)를 선택한 후 아래와 같이 값을 변경한다.

- Size(크기) : 4px
- Position(위치) : Outside(바깥쪽)
- Fill Type(칠 유형) : Gradient(그레이디언트)
- Style(스타일) : Linear(선형)
- Angle(각도) : 90°

⑳ Gradient(그레이디언트) 편집 창(■━━━━━ ▼)을 클릭한 후 Color Stop(색상 정지점)을 더블클릭하여 좌측 : #9966cc, 우측 : #ff99ff로 값을 변경하고 (OK)를 누른다.

㉑ 레이어 스타일을 추가하기 위해 Inner Shadow(내부 그림자)를 선택해 적용하고 (OK)를 누른다.

| 03 | 클리핑 마스크 및 레이어 스타일 적용 |

❶ [File(파일)]−[Open(열기)](Ctrl + O)을 선택한 후 '1급−2.jpg'를 불러온다.

❷ Ctrl + A 로 전체 선택한 후 Ctrl + C 로 복사하고 작업파일을 선택한 후 Ctrl + V 로 붙여넣기 한다.

❸ Ctrl + T 로 크기/위치를 조절하고 Enter 를 누른다.

❹ 클리핑 마스크를 적용하기 위해 [Layers(레이어)] 패널의 Layer3에서 마우스 오른쪽 클릭 후 Create Clipping Mask(클리핑 마스크 만들기, Alt + Ctrl + G)를 선택한다.

❺ [File(파일)]−[Open(열기)](Ctrl + O)을 선택한 후 '1급−3.jpg'를 불러온다.

❻ Quick Selection Tool(빠른 선택, 🖌)로 선택영역을 지정한다.

❼ Ctrl + C 로 복사하고 작업파일을 선택한 후 Ctrl + V 로 붙여넣기 한다.

❽ Ctrl + T 로 크기/위치를 조절하고 Enter 를 누른다.

⑨ 레이어 스타일을 적용하기 위해 [Layers(레이어)] 패널 하단의 *fx.*를 눌러 Drop Shadow(그림자 효과)를 선택해 적용하고 (OK)를 누른다.

① Custom Shape Tool(사용자 정의 모양, 🟆)을 선택한 후 옵션 바에서 Pick Tool Mode(선택 도구 모드) : Shape(모양, Shape ✓), Stroke(획) : 색상 없음(◿)으로 설정한다. 모양 선택(Shape: →✓)을 눌러 아래의 모양을 찾아 그린다.
- 기본 경로 : Legacy Shapes and More(레거시 모양 및 기타) – All Legacy Default Shapes (모든 레거시 기본 모양)
- Web(웹) – 쇼핑 바구니(🛒)

② 색을 적용하기 위해 [Layers(레이어)] 패널의 Layer Thumbnail(레이어 축소판, 🖼)을 더블 클릭한 후 #ff3399를 입력하고 (OK)를 누른다.

③ 레이어 스타일을 적용하기 위해 [Layers(레이어)] 패널 하단의 *fx.*를 눌러 Outer Glow(외부 광선)를 선택해 적용하고 (OK)를 누른다.

④ 다른 모양을 추가하기 위해 아래의 모양을 찾아 그린다.
Aniamals(동물) – 고양이(🐈)

⑤ Ctrl + T 로 좌우대칭하기 위해 조절점 안쪽에서 마우스 오른쪽 클릭 후 Flip Horizontal(가로로 뒤집기)을 선택한다. 크기/위치를 조절하고 Enter 를 누른다.

⑥ 색을 적용하기 위해 [Layers(레이어)] 패널의 Layer Thumbnail(레이어 축소판, 🖼)을 더블 클릭한 후 #6699ff를 입력하고 (OK)를 누른다.

⑦ 레이어 스타일을 적용하기 위해 [Layers(레이어)] 패널 하단의 *fx.*를 눌러 Outer Glow(외부 광선)를 선택해 적용하고 (OK)를 누른다.

⑧ 다른 모양을 추가하기 위해 아래의 모양을 찾아 그린다.
Aniamals(동물) – 개(🐕)

⑨ 색을 적용하기 위해 [Layers(레이어)] 패널의 Layer Thumbnail(레이어 축소판, 🖼)을 더블 클릭한 후 #ff9900을 입력하고 (OK)를 누른다.

⑩ 레이어 스타일을 적용하기 위해 [Layers(레이어)] 패널 하단의 *fx.*를 눌러 Inner Shadow(내부 그림자)를 선택해 적용하고 (OK)를 누른다.

① Type Tool(수평 문자)을 선택한 후 빈 캔버스를 클릭한다. 반려용품 플리마켓을 입력한 후 Ctrl + Enter 를 눌러 완료한다.

② 옵션 바나 [Character(문자)] 패널에서 궁서, 48pt로 설정한다.

③ 레이어 스타일을 적용하기 위해 [Layers(레이어)] 패널 하단의 *fx.*를 눌러 Gradient Overlay(그레이디언트 오버레이)를 선택한 후 아래와 같이 값을 변경한다.
  • Opacity(불투명도) : 100%
  • Style : Linear(선형)
  • Angle(각도) : 90°
  • Scale(비율) : 100%

④ Gradient(그레이디언트) 편집 창(▬▬▬ ▾)을 클릭한 후 Color Stop(색상 정지점)을 더블클릭하여 좌측 : #3366cc, 우측 : #ff66ff로 값을 변경하고 (OK)를 누른다.

⑤ 레이어 스타일을 추가하기 위해 Stroke(획)를 선택한 후 아래와 같이 값을 변경한다.
  • Size(크기) : 2px
  • Position(위치) : Outside(바깥쪽)
  • Fill Type(칠 유형) : Color(색상)
  • 색상값 : #ffffff

⑥ 레이어 스타일을 추가하기 위해 Drop Shadow(그림자 효과)를 선택해 적용하고 (OK)를 누른다.

7 텍스트를 뒤틀기 위해 Type Tool(수평 문자,)을 선택한 후 옵션 바의 Create warped text(뒤틀어진 텍스트 만들기,)를 클릭한다. Style(스타일) : Shell Lower(아래가 넓은 조개), Bend(구부리기) : +50%로 값을 변경하고 OK 를 누른다.

Plus@

CS6 버전에서는 줄 간격이 넓게 보일 수 있으므로 줄 간격의 값을 제시된 텍스트 크기보다 약간 크게 조절하면 출력형태와 유사하다.

---

06 ▶ PSD, JPG 형식으로 저장하기

1 [File(파일)]−[Save(저장)](Ctrl + S)를 선택한 후 기존 파일에 덮어쓰기 한다.

2 JPG 파일 형식으로 저장하기 위해 [File(파일)]−[Save as(다른 이름으로 저장)](Shift + Ctrl + S)를 선택한 후 파일 형식을 클릭해 JPEG로 선택한다. '내 PC₩문서₩GTQ' 폴더에 '수험번호−성명−1'로 입력한 후 [저장]을 누른다.

3 PSD 파일의 사이즈를 1/10로 줄이기 위해 [Image(이미지)]−[Image Size(이미지 크기)](Alt + Ctrl + I)를 선택한 후 단위 : Pixel, Width(폭) : 40px, Height(높이) : 50px, Resolution(해상도) : 72Pixels/Inch로 설정하고 OK 를 누른다.

4 [File(파일)]−[Save(저장)](Ctrl + S)를 선택한 후 작은 사이즈로 최종 저장한다.

5 완성된 파일을 확인하기 위해 파일 탐색기를 열어 '내 PC₩문서₩GTQ' 폴더에서 확인한다.

6 시험장의 작업표시줄에 나타나는 'Koas 수험자용'을 클릭해 우측의 답안 전송 을 클릭한 후 해당하는 번호에 체크한다. 하단의 답안 전송 을 클릭한 후 닫기 를 누르면 최종 전송된 답안으로 채점이 이루어진다.

1급-4.jpg

1급-5.jpg

1급-6.jpg

사용자 정의 모양 미리보기

사용 기능

필터	[Filter(필터)]-[Filter Gallery(필터 갤러리)]-[Artistic(예술효과)]-[Cutout(오려내기)]
색상 조정	[Image(이미지)]-[Adjustment(조정)]-[Hue/Saturation(색조/채도)](Ctrl + U)
이미지 추출	• Quick Selection Tool(빠른 선택,) • Magic Wand Tool(자동 선택,)
이미지 사이즈	[Image(이미지)]-[Image Size(이미지 크기)](Alt + Ctrl + I)

01 ▶ 새 캔버스 생성 및 필터

1 [File(파일)]−[New(새로 만들기)](Ctrl + N)를 선택한 후 아래의 조건으로 설정하고 [Create(만들기)]를 누른다.
- PRESET DETAILS(사전 설정 세부 정보)
  : 수험번호−성명−2
- 단위 : Pixels
- Width(폭) : 400
- Height(높이) : 500
- Resolution(해상도) : 72Pixels/Inch
- Color Mode(색상모드) : RGB
- Backgound Contents(배경색) : White

2 [Edit(편집)]−[Preferences(속성)]−[Guides, Grid & Slices(안내선, 격자 및 분할 영역)](Ctrl + K)를 선택한 후 'Grid(격자)'의 Gridline Every(격자 간격) : 100Pixels, Subdivisions(세분) : 1로 설정하고 OK 를 누른다.

3 [View(보기)]−[Show(표시)]−[Grid(격자)](Ctrl + ')와 [View(보기)]−[Rulers(눈금자)](Ctrl + R)를 나타낸다.

4 [File(파일)]−[Save as(다른 이름으로 저장)](Shift + Ctrl + S)를 클릭한 후 '내 PC₩문서 ₩GTQ' 폴더에 '수험번호−성명−2.psd'로 입력한 후 [저장]을 누른다.

5 [File(파일)]−[Open(열기)](Ctrl + O)을 선택한 후 '1급−4.jpg'를 불러온다.

6 Ctrl + A 로 전체 선택한 후 Ctrl + C 로 복사하고 작업파일을 선택한 후 Ctrl + V 로 붙여넣기 한다.

7 Ctrl + T 로 크기/위치를 조절하고 Enter 를 누른다.

8 [Filter(필터)]−[Filter Gallery(필터 갤러리)]−[Artistic(예술효과)]−[Cutout(오려내기)] 필터를 적용한 다음 OK 를 누른다.

02 ▶ 이미지 추출 및 색상 보정

1 [File(파일)]−[Open(열기)](Ctrl + O)을 선택한 후 '1급−5.jpg'를 불러온다.

2 Magic Wand Tool(자동 선택,)을 선택한 후 옵션 바의 Tolerance(허용치)를 60으로 변경한 다음 선택영역을 지정한다.

3 Ctrl + C 로 복사하고 작업파일을 선택한 후 Ctrl + V 로 붙여넣기 한다.

4 Ctrl + T 로 크기/위치를 조절하고 Enter 를 누른다.

5 파란색 계열로 보정하기 위해 [Image(이미지)]─ [Adjustmens(조정)]─[Hue/Saturation(색 조/채도)](Ctrl + U)를 선택한다.

6 Colorize(색상화)에 체크한 후 Hue(색조) : 240, Saturation(채도) : 80, Lightness : 50으 로 값을 변경하고 (OK)를 누른다.

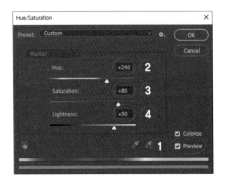

Plus α

제시된 색상 계열로 보이면 되기 때문에 값은 조절 가 능하다.

7 레이어 스타일을 적용하기 위해 [Layers(레이 어)] 패널 하단의 *fx*를 눌러 Outer Glow(외부 광선)를 선택해 적용하고 (OK)를 누른다.

03 ▶ 이미지 추출 및 레이어 스타일

1 [File(파일)]─[Open(열기)](Ctrl + O)을 선 택한 후 '1급─6.jpg'를 불러온다.

2 Quick Selection Tool(빠른 선택, [icon])로 선 택영역을 지정한다.

3 Ctrl + C 로 복사하고 작업파일을 선택한 후 Ctrl + V 로 붙여넣기 한다.

4 Ctrl + T 로 좌우대칭하기 위해 조절점 안쪽에 서 마우스 오른쪽 클릭 후 Flip Horizontal(가로 로 뒤집기)을 선택한다. 크기/위치를 조절하고 Enter 를 누른다.

5 레이어 스타일을 적용하기 위해 [Layers(레이 어)] 패널 하단의 *fx*를 눌러 Stroke(획)를 선택 한 후 아래와 같이 값을 변경하고 (OK)를 누른다.
- Size(크기) : 3px
- Position(위치) : Outside(바깥쪽)
- Fill Type(칠 유형) : Color(색상)
- 색상값 : #6699ff

04 ▶ 모양 지정 및 레이어 스타일

1 Custom Shape Tool(사용자 정의 모양, ✿)을 선택한 후 옵션 바에서 Pick Tool Mode(선택 도구 모드) : Shape(모양), Stroke(획) : 색상 없음(⊘)으로 설정한다. 모양 선택(Shape: →✿)을 눌러 아래의 모양을 찾아 그린다.
Ornaments(장식) - 꽃 장식 3(✿)

2 색을 적용하기 위해 [Layers(레이어)] 패널의 Layer Thumbnail(레이어 축소판, 🖼)을 더블클릭한 후 #ffff33을 입력하고 OK 를 누른다.

3 레이어 스타일을 적용하기 위해 [Layers(레이어)] 패널 하단의 *fx* 를 눌러 Bevel and Emboss(경사와 엠보스)를 선택해 적용하고 OK 를 누른다.

4 불투명도를 조정하기 위해 [Layers(레이어)] 패널의 Opacity(불투명도)를 80%로 설정한다.

5 Ctrl + J 를 눌러 복제한다.

6 Ctrl + T 로 좌우대칭하기 위해 조절점 안쪽에서 마우스 오른쪽 클릭 후 Flip Horizontal(가로로 뒤집기)을 선택한다. 회전/크기/위치를 조절하고 Enter 를 누른다.

7 색을 적용하기 위해 [Layers(레이어)] 패널의 '꽃 장식 3 copy' Layer Thumbnail(레이어 축소판, 🖼)을 더블클릭한 후 #ccff99를 입력하고 OK 를 누른다.

8 다른 모양을 추가하기 위해 아래의 모양을 찾아 그린다.
Web(웹) - WWW(🌐)

9 색을 적용하기 위해 [Layers(레이어)] 패널의 Layer Thumbnail(레이어 축소판, 🖼)을 더블클릭한 후 #66ccff를 입력하고 OK 를 누른다.

10 레이어 스타일을 적용하기 위해 Drop Shadow(그림자 효과)를 선택해 적용하고 OK 를 누른다.

05 ▶ 문자 효과

1 Type Tool(수평 문자, **T**)을 선택한 후 빈 공간을 클릭한다. 같이 ♥ 가치를 입력한 후 Ctrl + Enter 를 눌러 완료한다.

Plus@

♥ 모양은 한글 자음 'ㅁ'+ 한자 를 눌러 적용한다.

2 옵션 바나 [Character(문자)] 패널에서 궁서, 57pt로 설정한다.

③ 레이어 스타일을 적용하기 위해 [Layers(레이어)] 패널 하단의 *fx*를 눌러 Gradient Overlay(그 레이디언트 오버레이)를 선택한 후 아래와 같이 값을 변경한다.
- Opacity(불투명도) : 100%
- Style : Linear(선형)
- Angle(각도) : 90°
- Scale(비율) : 100%

④ Gradient 편집 창( )을 클릭한 후 Color Stop(색상 정지점)을 더블클릭하여 좌측 : #993300, 우측 : #6666ff로 값을 변경하고 OK 를 누른다.

⑤ Stroke(획)를 선택한 후 아래와 같이 값을 변경하고 OK 를 누른다.
- Size(크기) : 3px
- Position(위치) : Outside(바깥쪽)
- Fill Type(칠 유형) : Color(색상)
- 색상값 : #ffffff

⑥ 텍스트를 뒤틀기 위해 Type Tool(수평 문자, **T**)을 선택한 후 옵션 바의 Create warped text(뒤틀어진 텍스트 만들기, I)를 클릭한다. Style(스타일) : Arc Lower(아래 부채꼴), Bend(구부리기) : +50%로 값을 변경하고 OK 를 누른다.

06 PSD, JPG 형식으로 저장하기

① [File(파일)]−[Save(저장)](Ctrl + S)를 선택한 후 기존 파일에 덮어쓰기 한다.

② JPG 파일 형식으로 저장하기 위해 [File(파일)]− [Save as(다른 이름으로 저장)](Shift + Ctrl + S)를 선택한 후 파일 형식을 클릭해 JPEG 로 선택한다. '내 PC₩문서₩GTQ' 폴더에 '수험 번호−성명−2'로 입력한 후 [저장]을 누른다.

③ PSD 파일의 사이즈를 1/10로 줄이기 위해 [Image(이미지)]−[Image Size(이미지 크기)] (Alt + Ctrl + I)를 선택한 후 단위 : Pixel, Width(폭) : 40px, Height(높이) : 50px, Resolution(해상도) : 72Pixels/Inch로 설정하고 OK 를 누른다.

④ [File(파일)]−[Save(저장)](Ctrl + S)를 선택한 후 작은 사이즈로 최종 저장한다.

⑤ 완성된 파일을 확인하기 위해 파일 탐색기를 열어 '내 PC₩문서₩GTQ' 폴더에서 확인한다.

⑥ 시험장의 작업표시줄에 나타나는 'Koas 수험자 용'을 클릭해 우측의 답안 전송 을 클릭한 후 해 당하는 번호에 체크한다. 하단의 답안 전송 을 클릭한 후 닫기 를 누르면 최종 전송된 답안 으로 채점이 이루어진다.

사용 이미지 미리보기

1급-7.jpg

1급-8.jpg

1급-9.jpg

1급-10.jpg

1급-11.jpg

사용자 정의 모양 미리보기

사용 기능

혼합모드	Linear Burn(선형 번)
색상 조정	[Image(이미지)]-[Adjustment(조정)]-[Hue/Saturation(색조/채도)](Ctrl + U)
필터	• [Filter(필터)]-[Pixelate(픽셀화)]-[Facet(단면화)] • [Filter(필터)]-[Noise(노이즈)]-[Add Noise(노이즈 추가)]
이미지 추출	• Magic Wand Tool(자동 선택,) • Quick Selection Tool(빠른 선택,)
레이어 마스크	Add Layer Mask(레이어 마스크 추가,)
선택영역 안쪽에 붙여넣기	[Edit(편집)]-[Paste Special(특수 붙여넣기)]-[Paste Into(안쪽에 붙여넣기)](Alt + Ctrl + Shift + V)
이미지 사이즈	[Image(이미지)]-[Image Size(이미지 크기)](Alt + Ctrl + I)

01 새 캔버스 생성 및 배경에 색 채우기

1 [File(파일)]−[New(새로 만들기)](Ctrl + N)를 선택한 후 아래의 조건으로 설정하고 [Create(만들기)]를 누른다.
- PRESET DETAILS(사전 설정 세부 정보)
  : 수험번호−성명−3
- 단위 : Pixels
- Width(폭) : 600
- Height(높이) : 400
- Resolution(해상도) : 72Pixels/Inch
- Color Mode(색상모드) : RGB
- Backgound Contents(배경색) : White

2 [Edit(편집)]−[Preferences(속성)]−[Guides, Grid & Slices(안내선, 격자 및 분할 영역)](Ctrl + K)를 선택한 후 'Grid(격자)'의 Gridline Every(격자 간격) : 100Pixels, Subdivisions(세분) : 1로 설정하고 OK 를 누른다.

3 [View(보기)]−[Show(표시)]−[Grid(격자)](Ctrl + ')와 [View(보기)]−[Rulers(눈금자)](Ctrl + R)를 나타낸다.

4 [File(파일)]−[Save As(다른 이름으로 저장)](Shift + Ctrl + S)를 클릭한 후 '내 PC\문서\GTQ' 폴더에 '수험번호−성명−3.psd'로 입력하고 [저장]을 누른다.

5 배경에 색을 채우기 위해 도구상자의 Set foreground color(전경색, ■)을 클릭한 후 #ffffcc를 입력하고 OK 를 누른다. 전경색을 채우기 위해 Alt + Delete 를 누른다.

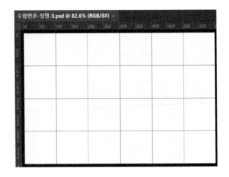

02 혼합모드 및 레이어 마스크

1 [File(파일)]−[Open(열기)](Ctrl + O)을 선택한 후 '1급−7.jpg'를 불러온다.

2 Ctrl + A 로 전체 선택한 후 Ctrl + C 로 복사하고 작업파일을 선택한 후 Ctrl + V 로 붙여넣기 한다.

3 Ctrl + T 로 크기/위치를 조절하고 Enter 를 누른다.

4 혼합모드를 적용하기 위해 [Layers(레이어)] 패널의 Blending Mode(혼합모드, Normal)를 'Linear Burn(선형 번)'으로 선택한다.

5 불투명도를 조정하기 위해 [Layers(레이어)] 패널 상단의 Opacity(불투명도)를 70%로 설정한다.

6 레이어 마스크를 적용하기 위해 [Layers(레이어)] 패널 하단의 Add Layer Mask(레이어 마스크 추가, ◉)를 클릭한다.

7 도구상자에서 Gradient Tool(그레이디언트, ▨)을 선택한 후 옵션 바에서 Gradient Presets(그레이디언트 사전 설정)을 클릭해 Basics(기본 사항)–'Black & White(검정, 흰색)'을 선택한다.

8 그림과 같이 세로 방향으로 드래그한다.

9 [File(파일)]–[Open(열기)](Ctrl + O)을 선택한 후 '1급-8.jpg'를 불러온다.

10 Ctrl + A 로 전체 선택한 후 Ctrl + C 로 복사하고 작업파일을 선택한 후 Ctrl + V 로 붙여넣기 한다.

11 [Filter(필터)]–[Pixelate(픽셀화)]–[Facet(단면화)] 필터를 적용한 다음 (OK)를 누른다.

12 **6**~**7**을 참고해 레이어 마스크를 적용한다.

13 그림과 같이 가로 방향으로 드래그한다.

---

03 ▶ **선택영역 안에 붙여넣기 및 필터**

1 [File(파일)]–[Open(열기)](Ctrl + O)을 선택한 후 '1급-9.jpg', '1급-10.jpg'를 불러온다.

2 먼저 '1급-10.jpg'에서 Magic Wand Tool(자동 선택, ✦)을 선택한 후 옵션 바의 Tolerance(허용치)를 32, Contiguous(인접)에 체크한 다음 배경을 클릭한다.

3 선택영역을 반전하기 위해 [Select(선택)]–[Inverse(반전)](Shift + Ctrl + I)를 누른다.

4 Ctrl + C 로 복사하고 작업파일을 선택한 후 Ctrl + V 로 붙여넣기 한다.

5 Ctrl + T 로 크기/위치를 조절하고 Enter 를 누른다.

6 Quick Selection Tool(빠른 선택, )로 오른쪽 손 부분을 선택영역으로 지정한다.

7 '1급-9.jpg'로 이동한 후 Ctrl + A 로 전체 선택하고 Ctrl + C 로 복사한다. 작업파일을 선택한 후 [Edit(편집)]-[Paste Special(특수 붙여넣기)]-[Paste Into(안쪽에 붙여넣기)](Alt + Ctrl + Shift + V)를 누른다.

8 Ctrl + T 로 크기/위치를 조절하고 Enter 를 누른다.

9 [Filter(필터)]-[Noise(노이즈)]-[Add Noise(노이즈 추가)] 필터를 적용한 다음 OK 를 누른다.

10 레이어 스타일을 적용하기 위해 [Layers(레이어)] 패널의 Layer 3(손)을 선택한다. 하단의 fx 를 눌러 Stroke(획)을 선택한 후 아래와 같이 값을 변경한다.

- Size(크기) : 5px
- Position(위치) : Outside(바깥쪽)
- Fill Type(칠 유형) : Gradient(그레이디언트)
- Style(스타일) : Linear(선형)
- Angle(각도) : 90°
- Reverse에 체크

11 Gradient(그레이디언트) 편집 창()을 클릭한 후 Color Stop(색상 정지점)을 더블클릭하여 좌측 : #339933, 우측 : Opacity Stop(불투명도 정지점) 0%로 값을 변경하고 OK 를 누른다.

04 이미지 추출 및 색상 보정

1 [File(파일)]−[Open(열기)](`Ctrl` + `O`)을 선택한 후 '1급−11.jpg'를 불러온다.

2 Magic Wand Tool(자동 선택, 🪄)을 선택한 후 옵션 바의 Tolerance(허용치)를 32로 변경한 다음 배경을 클릭한다.

3 선택영역을 반전하기 위해 [Select(선택)]−[Inverse(반전)](`Shift` + `Ctrl` + `I`)를 누른다.

4 `Ctrl` + `C` 로 복사하고 작업파일을 선택한 후 `Ctrl` + `V` 로 붙여넣기 한다.

5 `Ctrl` + `T` 로 크기/위치를 조절하고 `Enter` 를 누른다.

6 우산을 녹색 계열로 보정하기 위해 [Image(이미지)]−[Adjustments(조정)]−[Hue/Saturation(색조/채도)](`Ctrl` + `U`)를 선택한다.

7 Colorize(색상화)에 체크한 후 Hue(색조) : 110, Satulation(채도) : 50으로 값을 변경하고 `OK` 를 누른다.

8 레이어 스타일을 적용하기 위해 [Layers(레이어)] 패널 하단의 *fx* 를 눌러 Outer Glow(외부 광선)를 선택해 적용하고 `OK` 를 누른다.

05 모양 지정 및 레이어 스타일

1 Custom Shape Tool(사용자 정의 모양, ✦)을 선택한 후 옵션 바에서 Pick Tool Mode(선택 도구 모드) : Shape(모양, Shape), Stroke(획) : 색상 없음(▱)으로 설정한다. 모양 선택(Shape: ➡)을 눌러 아래의 모양을 찾아 그린다.
Symbols(기호) − 학교(🏫)

2 레이어 스타일을 적용하기 위해 [Layers(레이어)] 패널 하단의 *fx* 를 눌러 Gradient Overlay(그레이디언트 오버레이)를 선택한 후 아래와 같이 값을 변경한다.
- Opacity(불투명도) : 100%
- Style : Linear(선형)
- Angle(각도) : 90°
- Scale(비율) : 100%

3 Gradient(그레이디언트) 편집 창(▭)을 클릭한 후 Color Stop(색상 정지점)을 더블클릭하여 좌측 : #6666cc, 우측 : #ffcc66으로 변경하고 `OK` 를 누른다.

4 레이어 스타일을 추가하기 위해 Drop Shadow(그림자 효과)를 선택해 적용하고 `OK` 를 누른다.

5 다른 모양을 추가하기 위해 아래의 모양을 찾아 그린다.
Objects(물건) − 왕관 4(♛)

6 레이어 스타일을 적용하기 위해 [Layers(레이어)] 패널 하단의 *fx.*를 눌러 Gradient Overlay(그레이디언트 오버레이)를 선택한 후 아래와 같이 값을 변경한다.
- Opacity(불투명도) : 100%
- Style : Linear(선형)
- Angle(각도) : 90°
- Scale(비율) : 100%

7 Gradient(그레이디언트) 편집 창( )을 클릭한 후 Color Stop(색상 정지점)을 더블클릭하여 좌측 : #cc0000, 우측 : #006633으로 값을 변경하고 (OK)를 누른다.

8 레이어 스타일을 추가하기 위해 Stroke(획)를 선택한 후 아래와 같이 값을 변경한다.
- Size(크기) : 2px
- Position(위치) : Outside(바깥쪽)
- Fill Type(칠 유형) : Color(색상)
- 색상값 : #ffffcc

9 다른 모양을 추가하기 위해 아래의 모양을 찾아 그린다.
Banners and Awards(배너 및 상장) – 벽걸이 융단( )

10 색을 적용하기 위해 [Layers(레이어)] 패널의 Layer Thumbnail(레이어 축소판,)을 더블 클릭한 후 #ffcc99를 입력하고 (OK)를 누른다.

11 레이어 스타일을 적용하기 위해 Drop Shadow(그림자 효과)를 선택해 적용하고 (OK)를 누른다.

12 다른 모양을 추가하기 위해 Rectangle Tool(사각 도형,)을 선택한 후 옵션 바의 곡률(50 px)을 50px로 입력한 다음 출력형태를 참고해 그린다.

> **Plus α**
>
> CS6 버전에서는 Rounded Rectangle Tool(모서리가 둥근 직사각형,)을 이용한다.

13 색을 적용하기 위해 [Layers(레이어)] 패널의 Layer Thumbnail(레이어 축소판,)을 더블 클릭한 후 #66ccff를 입력하고 (OK)를 누른다.

14 레이어 스타일을 적용하기 위해 Drop Shadow(그림자 효과)를 선택해 적용하고 (OK)를 누른다.

06 **문자 효과**

1 Type Tool(수평 문자, T)을 선택한 후 빈 공간을 클릭한다. International Volunteer Day를 입력한 후 Ctrl + Enter 를 눌러 완료한다.

2 옵션 바 또는 [Character(문자)] 패널에서 Times New Roman, Bold, 48pt로 설정한다.

Plus @

CS6 버전에서는 줄 간격이 넓게 보일 수 있으므로 줄 간격의 값을 제시된 텍스트 크기보다 약간 크게 조절하면 출력형태와 유사하다.

3 레이어 스타일을 적용하기 위해 [Layers(레이어)] 패널 하단의 *fx*를 눌러 Gradient Overlay(그레이디언트 오버레이)를 선택한 후 아래와 같이 값을 변경한다.
- Opacity(불투명도) : 100%
- Style : Linear(선형)
- Angle(각도) : 0°
- Scale(비율) : 100%

4 Gradient(그레이디언트) 편집 창(▭)을 클릭한 후 Color Stop(색상 정지점)을 더블클릭하여 좌측 : #ffcc33, 중간 : #ffffff, 우측 : #66ccff로 값을 변경하고 OK 를 누른다.

5 레이어 스타일을 추가하기 위해 Stroke(획)를 선택한 후 아래와 같이 값을 변경한다.
- Size(크기) : 3px
- Position(위치) : Outside(바깥쪽)
- Fill Type(칠 유형) : Color(색상)
- 색상값 : #333333

6 레이어 스타일을 추가하기 위해 Drop Shadow(그림자 효과)를 선택해 적용하고 OK 를 누른다.

7 텍스트를 뒤틀기 위해 Type Tool(수평 문자, T)을 선택한 후 옵션 바의 Create warped text(뒤틀어진 텍스트 만들기, ↑)를 클릭한다. Style(스타일) : Bulge(돌출), Bend(구부리기) : +50%로 값을 변경하고 OK 를 누른다.

8 Type Tool(수평 문자, T)을 선택한 후 빈 공간을 클릭한다. Read More를 입력한 후 Ctrl + Enter 를 눌러 완료한다.

9 옵션 바 또는 [Character(문자)] 패널에서 Arial, Regular, 18pt, 가운데 정렬, #ffffff로 설정한다.

10 레이어 스타일을 적용하기 위해 [Layers(레이어)] 패널 하단의 *fx*를 눌러 Stroke(획)를 선택한 후 아래와 같이 값을 변경한다.
- Size(크기) : 2px
- Position(위치) : Outside(바깥쪽)
- Fill Type(칠 유형) : Color(색상)
- 색상값 : #333333

11 Type Tool(수평 문자, T)을 선택한 후 빈 공간을 클릭한다. Volunteer Charity Event를 입력한 후 Ctrl + Enter 를 눌러 완료한다.

⑫ 옵션 바 또는 [Character(문자)] 패널에서 Arial, Regular, 18pt, #ffffff로 설정한 후 Event만 선택하여 #99ffff로 변경한다.

⑬ 레이어 스타일을 적용하기 위해 [Layers(레이어)] 패널 하단의 *fx*를 눌러 Stroke(획)를 선택한 후 아래와 같이 값을 변경한다.
- Size(크기) : 2px
- Position(위치) : Outside(바깥쪽)
- Fill Type(칠 유형) : Gradient(그레이디언트)
- Style(스타일) : Linear(선형)
- Angle(각도) : 90°

⑭ Gradient(그레이디언트) 편집 창(▬▬▬)을 클릭한 후 Color Stop(색상 정지점)을 더블클릭하여 좌측 : #9999cc, 우측 : #003399로 값을 변경하고 OK 를 누른다.

⑮ 텍스트를 뒤틀기 위해 Type Tool(수평 문자, T)을 선택한 후 옵션 바의 Create warped text(뒤틀어진 텍스트 만들기, ⬩)를 클릭한다. Style(스타일) : Arc(부채꼴), Bend(구부리기) : +40%로 값을 변경하고 OK 를 누른다.

⑯ Ctrl + T 로 회전/위치를 조절해 배치한다.

⑰ Type Tool(수평 문자, T)을 선택한 후 Shift +클릭하여 ♣ 모임소개, ♣ 프로그램, ♣ 문의하기를 입력하고 Ctrl + Enter 를 눌러 완료한다.

⑱ 옵션 바나 [Character(문자)] 패널에서 돋움, 18pt, #993399로 설정한 후 ♣ 프로그램만 선택하여 #3300ff로 변경한다.

⑲ 레이어 스타일을 적용하기 위해 [Layers(레이어)] 패널 하단의 *fx*를 눌러 Stroke(획)를 선택한 후 아래와 같이 값을 변경한다.
- Size(크기) : 2px
- Position(위치) : Outside(바깥쪽)
- Fill Type(칠 유형) : Color(색상)
- 색상값 : #ffffff

07 ▶ PSD, JPG 형식으로 저장하기

1 [File(파일)]−[Save(저장)](Ctrl + S)를 선택한 후 기존 파일에 덮어쓰기 한다.

2 JPG 파일 형식으로 저장하기 위해 [File(파일)]−[Save as(다른 이름으로 저장)](Shift + Ctrl + S)를 선택한 후 파일 형식을 클릭해 JPEG로 선택한다. '내 PC₩문서₩GTQ' 폴더에 '수험번호−성명−3'으로 입력한 후 [저장]을 누른다.

3 PSD 파일의 사이즈를 1/10로 줄이기 위해 [Image(이미지)]−[Image Size(이미지 크기)](Alt + Ctrl + I)를 선택한 후 단위 : Pixel, Width(폭) : 60px, Height(높이) : 40px, Resolution(해상도) : 72Pixels/Inch로 설정 후 (OK)를 누른다.

4 [File(파일)]−[Save(저장)](Ctrl + S)를 선택한 후 작은 사이즈로 최종 저장한다.

5 완성된 파일을 확인하기 위해 파일 탐색기를 열어 '내 PC₩문서₩GTQ' 폴더에서 확인한다.

6 시험장의 작업표시줄에 나타나는 'Koas 수험자용'을 클릭해 우측의 답안 전송 을 클릭한 후 해당하는 번호에 체크한다. 하단의 답안 전송 을 클릭한 후 닫기 를 누르면 최종 전송된 답안으로 채점이 이루어진다.

사용 이미지 미리보기

1급-12.jpg

1급-13.jpg

1급-14.jpg

1급-15.jpg

1급-16.jpg

1급-17.jpg

사용자 정의 모양 미리보기

사용 기능

패턴 정의 및 적용	• [Edit(편집)]−[Define Pattern(패턴 정의)] • 레이어 스타일 : Pattern Overlay(패턴 오버레이)
혼합모드	Soft Light(소프트 라이트)
색상 조정	[Image(이미지)]−[Adjustment(조정)]−[Hue/Saturation(색조/채도)](Ctrl + U)
필터	• [Filter(필터)]−[Filter Gallery(필터 갤러리)]−[Artistic(예술효과)]−[Film Grain(필름 그레인)] • [Filter(필터)]−[Filter Gallery(필터 갤러리)]−[Artistic(예술효과)]−[Dry Brush(드라이 브러시)]
이미지 추출	• Quick Selection Tool(빠른 선택,) • Magnetic Lasso Tool(자석 올가미,) • Magic Wand Tool(자동 선택,)
레이어 마스크	Add layer mask(레이어 마스크 추가,)
이미지 사이즈	[Image(이미지)]−[Image Size(이미지 크기)](Alt + Ctrl + I)

01 ▶ 새 캔버스 생성 및 배경에 색 채우기

1 [File(파일)]－[New(새로 만들기)]($\boxed{\text{Ctrl}}$＋$\boxed{\text{N}}$)를 선택한 후 아래의 조건으로 설정하고 [Create(만들기)]를 누른다.
- PRESET DETAILS(사전 설정 세부 정보)
  : 수험번호－성명－4
- 단위 : Pixels
- Width(폭) : 600
- Height(높이) : 400
- Resolution(해상도) : 72Pixels/Inch
- Color Mode(색상모드) : RGB
- Backgound Contents(배경색) : White

2 [Edit(편집)]－[Preferences(속성)]－[Guides, Grid & Slices(안내선, 격자 및 분할 영역)] ($\boxed{\text{Ctrl}}$＋$\boxed{\text{K}}$)를 선택한 후 'Grid(격자)'의 Gridline Every(격자 간격) : 100Pixels, Subdivisions(세분) : 1로 설정하고 $\boxed{\text{OK}}$를 누른다.

3 [View(보기)]－[Show(표시)]－[Grid(격자)] ($\boxed{\text{Ctrl}}$＋$\boxed{\text{'}}$)와 [View(보기)]－[Rulers(눈금자)]($\boxed{\text{Ctrl}}$＋$\boxed{\text{R}}$)를 나타낸다.

4 [File(파일)]－[Save as(다른 이름으로 저장)] ($\boxed{\text{Shift}}$＋$\boxed{\text{Ctrl}}$＋$\boxed{\text{S}}$)를 클릭한 후 '내 PC\문서 \GTQ' 폴더에 '수험번호－성명－4.psd'로 입력하고 [저장]을 누른다.

5 배경에 색을 채우기 위해 도구상자의 Set foreground color(전경색, ▣)을 클릭한 후 #99cccc를 입력하고 $\boxed{\text{OK}}$를 누른다. 전경색을 채우기 위해 $\boxed{\text{Alt}}$＋$\boxed{\text{Delete}}$를 누른다.

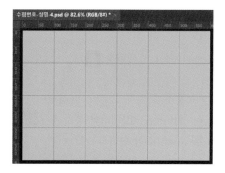

02 ▶ 패턴 제작 및 등록

1 Pattern(패턴)을 만들기 위해 [File(파일)]－[New(새로 만들기)]($\boxed{\text{Ctrl}}$＋$\boxed{\text{N}}$)를 선택한 후 아래의 조건으로 설정하고 [Create(만들기)]를 누른다.
- 단위 : Pixels
- Width(폭) : 50
- Height(높이) : 50
- Resolution(해상도) : 72Pixels/Inch
- Color Mode(색상모드) : RGB
- Backgound Contents(배경색) : White

2 Custom Shape Tool(사용자 정의 모양, ✿)을 선택한 후 옵션 바에서 Pick Tool Mode(선택 도구 모드) : Shape(모양, $\boxed{\text{Shape} \vee}$), Stroke(획) : 색상 없음(▱)으로 설정하고 아래의 모양을 찾아 그린다.
Nature(자연) － 불(🔥)

3 색을 적용하기 위해 [Layers(레이어)] 패널의 Layer Thumbnail(레이어 축소판, ▣)을 더블 클릭한 후 #ff6666을 입력하고 $\boxed{\text{OK}}$를 누른다.

4 [Layers(레이어)] 패널 하단 Background(배경)의 눈 아이콘(👁)을 클릭해 해제한다.

5 다른 모양을 추가하기 위해 아래의 모양을 찾아 그린다.
  Nature(자연) – 빗방울(💧)

6 색을 적용하기 위해 [Layers(레이어)] 패널의 Layer Thumbnail(레이어 축소판, 🔲)을 더블 클릭한 후 #ffffff를 입력하고 OK 를 누른다.

7 패턴을 정의하기 위해 [Edit(편집)]−[Define Pattern(패턴 정의)]를 눌러 확인 후 OK 를 누른다.

03 혼합모드 및 레이어 마스크

1 [File(파일)]−[Open(열기)](Ctrl + O)을 선택한 후 '1급−12.jpg'를 불러온다.

2 Ctrl + A 로 전체 선택한 후 Ctrl + C 로 복사하고 작업파일을 선택한 후 Ctrl + V 로 붙여넣기 한다.

3 Ctrl + T 로 크기/위치를 조절하고 Enter 를 누른다.

4 혼합모드를 적용하기 위해 [Layers(레이어)] 패널의 Blending Mode(혼합모드, Normal)를 'Soft Light(소프트 라이트)'로 선택한다.

5 레이어 마스크를 적용하기 위해 [Layers(레이어)] 패널 하단의 Add layer mask(레이어 마스크 추가, 🔘)를 클릭한다.

6 도구상자에서 Gradient Tool(그레이디언트, 🔲)을 선택한 후 옵션 바에서 Gradient Presets(그레이디언트 사전 설정)을 클릭해 Basics(기본 사항)−'Black & White(검정, 흰색)'을 선택한다.

7 그림과 같이 세로 방향으로 드래그한다.

8 [File(파일)]−[Open(열기)](Ctrl + O)을 선택한 후 '1급−13.jpg'를 불러온다.

9 Ctrl + A 로 전체 선택한 후 Ctrl + C 로 복사하고 작업파일을 선택한 후 Ctrl + V 로 붙여넣기 한다.

10 Ctrl + T 로 크기/위치를 조절하고 Enter 를 누른다.

11 [Filter(필터)]−[Filter Gallery(필터 갤러리)]− [Artistic(예술효과)]−[Film Grain(필름 그레인)] 필터를 적용한 다음 OK 를 누른다.

12 5~6을 참고해 레이어 마스크를 적용하여 가로 방향으로 드래그한다.

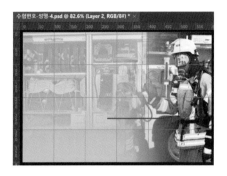

04 이미지 추출 및 색상 보정

1 [File(파일)]−[Open(열기)](Ctrl + O)을 선택한 후 '1급−14.jpg'를 불러온다.

2 Magic Wand Tool(자동 선택, ▨)을 선택한 후 옵션 바의 Tolerance(허용치)를 32, Contiguous(인접)에 체크를 해제한 다음 배경을 클릭한다.

3 추가로 선택할 영역이 있다면 Shift 와 함께 클릭하여 선택영역으로 지정한다.

4 선택영역을 반전하기 위해 [Select(선택)]− [Inverse(반전)](Shift + Ctrl + I)를 누른다.

5 Ctrl + C 로 복사하고 작업파일을 선택한 후 Ctrl + V 로 붙여넣기 한다.

6 Ctrl + T 로 좌우대칭하기 위해 조절점 안쪽에서 마우스 오른쪽 클릭 후 Flip Horizontal(가로로 뒤집기)을 선택한다. 크기/위치를 조절하고 Enter 를 누른다.

7 레이어 스타일을 적용하기 위해 [Layers(레이어)] 패널 하단의 _fx_ 를 눌러 Drop Shadow(그림자 효과)를 선택해 적용하고 OK 를 누른다.

8 [File(파일)]−[Open(열기)](Ctrl + O)을 선택한 후 '1급−15.jpg'를 불러온다.

9 Quick Selection Tool(빠른 선택, ▨)로 배경을 선택한 후 제외할 부분은 Alt 와 함께 선택한다.

10 선택영역을 반전하기 위해 [Select(선택)]− [Inverse(반전)](Shift + Ctrl + I)를 누른다.

11 Ctrl + C 로 복사하고 작업파일을 선택한 후 Ctrl + V 로 붙여넣기 한다.

12 Ctrl + T 로 크기/위치를 조절하고 Enter 를 누른다.

13 [Filter(필터)]−[Filter Gallery(필터 갤러리)]− [Artistic(예술효과)]−[Dry Brush(드라이 브러시)] 필터를 적용한 다음 OK 를 누른다.

⑭ 레이어 스타일을 적용하기 위해 [Layers(레이어)] 패널 하단의 ⨍ 를 눌러 Bevel and Emboss (경사와 엠보스)를 선택해 적용하고 (OK)를 누른다.

⑮ [File(파일)]−[Open(열기)](Ctrl + O)을 선택한 후 '1급−16.jpg'를 불러온다.

⑯ Magnetic Lasso Tool(자석 올가미, ⬚)을 선택한 후 옵션 바의 Frequency를 100으로 설정한 다음 첫 점을 클릭하여 이미지의 형태를 따라 추출한다.

⑰ Ctrl + C 로 복사하고 작업파일을 선택한 후 Ctrl + V 로 붙여넣기 한다.

⑱ Ctrl + T 로 크기/위치를 조절하고 Enter 를 누른다.

Plus@

수정할 부분은 Lasso Tool(올가미, ⬚)이나 Polygonal Lasso Tool(다각형 올가미, ⬚) 등을 이용해 Shift 와 함께 영역을 추가할 수 있고 Alt 와 함께 영역을 제외할 수 있다.

⑲ 파란색 계열로 보정하기 위해 Quick Selection Tool(빠른 선택, ⬚)로 선택영역(헬맷 부분)을 지정한 후 [Image(이미지)]−[Adjustments(조정)]−[Hue/Saturation(색조/채도)](Ctrl + U)를 선택한다.

⑳ Colorize(색상화)에 체크한 후 Hue(색조) : 200, Satulation(채도) : 50으로 값을 변경하고 (OK)를 누른다.

㉑ Ctrl + D 로 선택영역을 해제한다.

㉒ 레이어 스타일을 적용하기 위해 [Layers(레이어)] 패널 하단의 ⨍ 를 눌러 Outer Glow(외부 광선)를 선택해 적용하고 (OK)를 누른다.

㉓ [File(파일)]−[Open(열기)](Ctrl + O)을 선택한 후 '1급−17.jpg'를 불러온다.

㉔ Magic Wand Tool(자동 선택, ⬚)을 선택한 후 옵션 바의 Tolerance(허용치)를 32, Contiguous(인접)에 체크하고 배경을 클릭한다.

㉕ 추가로 선택할 영역이 있다면 Shift 와 함께 클릭하여 선택영역으로 지정한다.

㉖ 선택영역을 반전하기 위해 [Select(선택)]−[Inverse(반전)](Shift + Ctrl + I)를 누른다.

㉗ Ctrl + C 로 복사하고 작업파일을 선택한 후 Ctrl + V 로 붙여넣기 한다.

㉘ Ctrl + T 로 크기/위치를 조절하고 Enter 를 누른다.

1 Pen Tool(펜, ✐)을 선택한 후 옵션 바에서 Pick Tool Mode(선택 도구 모드) : Path(패스, `Path ∨`), Path Operations(패스 작업) : Combine Shapes(모양 결합, ⬛)로 지정한다.

2 배경 레이어의 눈 아이콘(👁)을 `Alt`+클릭해 나머지 레이어의 눈을 끈다. (선택사항)

Plus@

배경 레이어를 선택하지는 않는다. 새 레이어 추가 시 맨 위로 생성되지 않기 때문이다.

3 세로 눈금자에서 드래그해 가이드를 만든 후 아래 의 그림을 참고해 반만 그린다.

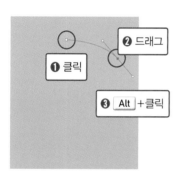

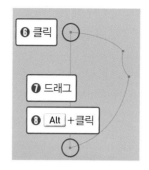

4 Path Selection Tool(패스 선택, ▶)로 선택한 후 `Alt`와 함께 드래그해 복제한다.

5 `Ctrl`+`T`로 조절점 안쪽에서 마우스 오른쪽 클 릭 후 Flip Horizontal(가로로 뒤집기)을 선택하 고 배치한 다음 `Enter`를 누른다.

6 패스의 유실을 방지하기 위해 [Path(패스)] 패널 을 선택한 후 Work Path(작업 패스)의 이름 부 분을 더블클릭한 다음 Save Path(패스 저장)가 나오면 `OK`를 누른다.

7 하나의 모양으로 합치기 위해 옵션 바에서 Path Operations(패스 작업)을 Merge Shape Components(모양 병합 구성 요소)로 선택한다.

8 안쪽을 빼기 위해 `Ctrl`+`C`로 복사하고 `Ctrl` +`V`로 붙여넣기 한다.

⑨ Ctrl + T 로 Alt 와 함께 꼭지점에서 드래그해 작게 조절하고 Enter 를 누른다.

⑩ 옵션 바의 Path Operations(패스 작업)을 Subtract Front Shape(전면 모양 빼기, ▣)로 선택한다.

⑪ 레이어로 지정하기 위해 모두 선택 후 [Path(패스)] 패널 하단의 Load as a selection(패스를 선택영역으로 지정, ▦)을 클릭한다.

Plus α

[Path(패스)] 패널의 Path Thumbnail(패스 축소판)을 Ctrl 과 함께 클릭해도 선택영역으로 지정된다.

⑫ [Layers(레이어)] 패널로 이동한 후 맨 위 레이어를 클릭하고 하단의 Create a new layer(새 레이어, ▣, Ctrl + Shift + N)를 클릭해 추가한다.

⑬ 전경색(▤)을 #0099ff로 변경한 후 Alt + Delete 를 눌러 색을 채운다.

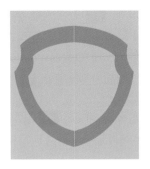

⑭ 불 모양을 그리기 위해 [Path(패스)] 패널을 선택한 후 하단의 Create new path(새 패스, ▣)를 누른다.

⑮ Pen Tool(펜, ✐)을 선택한 후 ①~⑩을 참고해 아래와 같이 그린다.

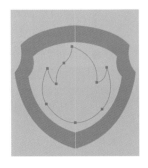

16 레이어로 지정하기 위해 불 모양을 모두 선택한 후 [Path(패스)] 패널 하단의 Load as a selection(패스를 선택영역으로 지정,)을 클릭한다.

17 전경색(■)을 #cc3333으로 변경한 후 Alt + Delete 를 눌러 색을 채운다.

18 레이어 스타일을 추가하기 위해 [Layers(레이어)] 패널 하단의 fx.를 눌러 Layer 7, 8에 각각 Drop Shadow(그림자 효과)를 선택해 적용하고 OK 를 누른다.

Plus α

레이어 스타일을 복제하기 위해 'Drop Shadow(바깥 그림자)'만 Alt 를 먼저 누른 상태에서 해당 레이어로 드래그하여 복제할 수 있다.

19 Layer 7, 8을 Shift 와 함께 선택한 후 Ctrl + T 를 눌러 회전/크기/위치를 조절하고 Enter 를 누른다.

20 모든 레이어의 눈을 켜기 위해 레이어의 눈 아이콘(⊙)에서 마우스 오른쪽 클릭 후 'Show/hide all other layers(다른 모든 레이어 표시/숨기기)'를 선택한다.

21 패턴을 적용하기 위해 [Layers(레이어)] 패널에서 Layer 7(마크) 레이어를 선택한 후 하단의 fx.를 눌러 Pattern Overlay(패턴 오버레이)를 선택한다. Pattern(패턴)의 목록 단추를 클릭해 정의한 패턴을 선택한 후 Scale(비율)을 조정한다.

22 [Layers(레이어)] 패널에서 Layer 4(소화전)을 맨 위로 배치한다.

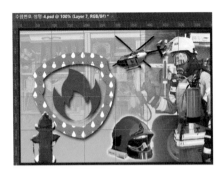

06 ▶ 모양 지정 및 레이어 스타일

1 Custom Shape Tool(사용자 정의 모양,)을 선택한 후 옵션 바에서 Pick Tool Mode(선택 도구 모드) : Shape(모양, Shape ✓), Stroke(획) : 색상 없음( )으로 설정한다. 모양 선택(Shape: ✓)을 눌러 아래의 모양을 찾아 그린다.
- 기본 경로 : Legacy Shapes and More(레거시 모양 및 기타) – All Legacy Default Shapes (모든 레거시 기본 모양)
- Symbols(기호) – 기호 5( )

2 색을 적용하기 위해 [Layers(레이어)] 패널의 Layer Thumbnail(레이어 축소판,)을 더블클릭한 후 #ff6666를 입력하고 OK 를 누른다.

3 레이어 스타일을 적용하기 위해 [Layers(레이어)] 패널 하단의 fx 를 눌러 Drop Shadow(그림자 효과)를 선택해 적용하고 OK 를 누른다.

4 다른 모양을 추가하기 위해 아래의 모양을 찾아 그린다.
Symbols(기호) – 과녁( )

5 색을 적용하기 위해 [Layers(레이어)] 패널의 Layer Thumbnail(레이어 축소판,)을 더블클릭한 후 #ffffff를 입력하고 OK 를 누른다.

6 불투명도를 조정하기 위해 [Layers(레이어)] 패널의 Opacity(불투명도)를 60%로 설정한다.

7 레이어를 헬리콥터보다 아래로 드래그하여 위치한다.

8 다른 모양을 추가하기 위해 아래의 모양을 찾아 그린다.
Web(웹) – 앞으로( )

9 색을 적용하기 위해 [Layers(레이어)] 패널의 Layer Thumbnail(레이어 축소판,)을 더블클릭한 후 #ff33ff를 입력하고 OK 를 누른다.

10 레이어 스타일을 적용하기 위해 [Layers(레이어)] 패널 하단의 fx 를 눌러 Bevel and Emboss (경사와 엠보스)를 선택해 적용하고 OK 를 누른다.

11 메뉴에 텍스트를 입력하기 위해 Type Tool(수평 문자, **T**)을 선택한 후 빈 공간을 클릭한다. 행사개요를 입력한 후 Ctrl + Enter 를 눌러 완료한다.

12 옵션 바 또는 [Character(문자)] 패널에서 굴림, 18pt, 왼쪽 정렬, #0000ff으로 설정한다.

13 레이어 스타일을 적용하기 위해 [Layers(레이어)] 패널 하단의 *fx*,를 눌러 Stroke(획)를 선택한 후 아래와 같이 값을 변경하고 (OK)를 누른다.
- Size(크기) : 2px
- Position(위치) : Outside(바깥쪽)
- Fill Type(칠 유형) : Color(색상)
- 색상값 : #ffffff

14 메뉴를 복제하기 위해 화살표 모양과 텍스트 레이어를 Shift 로 클릭한 다음 Move Tool(이동, ✛)을 선택해 Alt 와 함께 아래 방향으로 드래그하여 두 번 복제한다.

15 두 번째의 텍스트를 수정하기 위해 [Layers(레이어)] 패널의 Indicates Text Layer(텍스트 레이어, **T**)를 더블클릭한 후 참여업체를 입력하고 Ctrl + Enter 를 눌러 완료한다.

16 세 번째 텍스트도 **15**와 같은 방법으로 사전신청으로 수정한다.

1 Type Tool(수평 문자, **T**)을 선택한 후 빈 공간을 클릭한다. 국제소방 안전박람회를 입력한 후 Ctrl + Enter 를 눌러 완료한다.

2 옵션 바 또는 [Character(문자)] 패널에서 궁서, 60pt, 가운데 정렬로 설정한다.

3 레이어 스타일을 적용하기 위해 [Layers(레이어)] 패널 하단의 *fx*,를 눌러 Gradient Overlay(그레이디언트 오버레이)를 선택한 후 아래와 같이 값을 변경한다.
- Opacity(불투명도) : 100%
- Style : Linear(선형)
- Angle(각도) : 90°
- Scale(비율) : 100%

4 Gradient(그레이디언트) 편집 창(▭)을 클릭한 후 Color Stop(색상 정지점)을 더블클릭하여 좌측 : #330066, 우측 : #cc6666으로 값을 변경하고 (OK)를 누른다.

5 레이어 스타일을 추가하기 위해 Stroke(획)를 선택한 후 아래와 같이 값을 변경하고 (OK)를 누른다.
- Size(크기) : 2px
- Position(위치) : Outside(바깥쪽)
- Fill Type(칠 유형) : Color(색상)
- 색상값 : #ffffff

6 텍스트를 뒤틀기 위해 Type Tool(수평 문자, **T**)을 선택한 후 옵션 바의 Create warped text(뒤틀어진 텍스트 만들기, **工**)를 클릭한다. Style(스타일) : Arc Upper(위 부채꼴), Bend (구부리기) : −40%로 값을 변경하고 (OK)를 누른다.

7 Type Tool(수평 문자, **T**)을 선택한 후 빈 공 간을 클릭한다. 사람을 살리는 '사람들'을 입력하 고 [Ctrl] + [Enter]를 눌러 완료한다.

8 옵션 바 또는 [Character(문자)] 패널에서 궁서, 20pt, #ffffff로 설정한다.

9 레이어 스타일을 적용하기 위해 [Layers(레이어)] 패널 하단의 **fx.**를 눌러 Stroke(획)를 선택한 후 아래와 같이 값을 변경하고 (OK)를 누른다.
  • Size(크기) : 2px
  • Position(위치) : Outside(바깥쪽)
  • Fill Type(칠 유형) : Gradient(그레이디언트)
  • Style(스타일) : Linear(선형)
  • Angle(각도) : 0°

10 Gradient(그레이디언트) 편집 창(▬▬▬▬ ▾)을 클릭한 후 Color Stop(색상 정지점)을 더블클 릭하여 좌측 : #ff3333, 우측: #333399로 값을 변경하고 (OK)를 누른다.

11 텍스트를 뒤틀기 위해 Type Tool(수평 문자, **T**)을 선택한 후 옵션 바의 Create warped text(뒤틀어진 텍스트 만들기, **工**)를 클릭한다. Style(스타일) : Arch(아치), Bend(구부리기) : −35%로 값을 변경하고 (OK)를 누른다.

12 Type Tool(수평 문자, **T**)을 선택한 후 빈 공 간을 클릭한다. 11월 9일 소방의 날을 입력하고 [Ctrl] + [Enter]를 눌러 완료한다.

13 옵션 바 또는 [Character(문자)] 패널에서 굴림, 18pt, 왼쪽 정렬, #ffffff로 설정한 후 소방의 날 만 선택하여 #ffff66으로 변경한다.

14 레이어 스타일을 추가하기 위해 [Layers(레이어)] 패널 하단의 **fx.**를 눌러 Stroke(획)를 선택한 후 아래와 같이 값을 변경하고 (OK)를 누른다.
  • Size(크기) : 2px
  • Position(위치) : Outside(바깥쪽)
  • Fill Type(칠 유형) : Color(색상)
  • 색상값 : #333333

08 ▶ PSD, JPG 형식으로 저장하기

1 [File(파일)]-[Save(저장)](Ctrl+S)를 선택한 후 기존 파일에 덮어쓰기 한다.

2 JPG 파일 형식으로 저장하기 위해 [File(파일)]-[Save as(다른 이름으로 저장)](Shift+Ctrl+S)를 선택하여 파일 형식을 클릭해 JPEG로 선택한다. '내 PC₩문서₩GTQ' 폴더에 '수험번호-성명-4'로 입력한 후 [저장]을 누른다.

3 PSD 파일의 사이즈를 1/10로 줄이기 위해 [Image(이미지)]-[Image Size(이미지 크기)](Alt+Ctrl+I)를 선택한 후 단위 : Pixel, Width(폭) : 60px, Height(높이) : 40px, Resolution(해상도) : 72Pixels/Inch로 설정하고 OK를 누른다.

4 [File(파일)]-[Save(저장)](Ctrl+S)를 선택한 후 작은 사이즈로 최종 저장한다.

5 완성된 파일을 확인하기 위해 파일 탐색기를 열어 '내 PC₩문서₩GTQ' 폴더에서 확인한다.

6 시험장의 작업표시줄에 나타나는 'Koas 수험자용'을 클릭해 우측의 답안 전송을 클릭한 후 해당하는 번호에 체크한다. 하단의 답안 전송을 클릭한 후 닫기를 누르면 최종 전송된 답안으로 채점이 이루어진다.

⊘ **Check Point !**

		○	✕
공통	• 제시된 크기(px)와 해상도(72Pixels/Inch)로 파일을 만들었나요? • '수험번호-성명-문제번호.psd'로 저장했나요? • 그리드(Ctrl + ')와 눈금자(Ctrl + R)를 표시했나요? • 시험지에도 자를 이용해 100픽셀씩 그리드를 그려주었나요?		
문제1번	• 만든 패스를 저장했나요? • 클리핑 마스크를 적용했나요? • 각 이미지와 Shape(모양)에 레이어 스타일과 필터를 적용했나요?		
문제2번	• 제시된 색상으로 보정했나요? • 각 이미지와 Shape(모양)에 레이어 스타일과 필터를 적용했나요?		
문제3번	• 배경에 색을 적용했나요? • Blending Mode(혼합모드)를 적용했나요? • 레이어 마스크의 방향을 맞게 적용했나요? • 제시된 색상으로 보정했나요? • 각 이미지와 Shape(모양)에 레이어 스타일과 필터를 적용했나요?		
문제4번	• 배경에 색을 적용했나요? • 패턴을 제작하여 등록하였나요? • Blending Mode(혼합모드)를 적용했나요? • 레이어 마스크의 방향을 맞게 적용했나요? • 제시된 색상으로 보정했나요? • 1급-17.jpg를 제외한 이미지와 Shape(모양)에 레이어 스타일과 필터를 적용했나요? • 펜 도구를 이용하여 오브젝트를 그려 패턴으로 적용하였나요?		
공통	• '수험번호-성명-문제번호.jpg'로 저장했나요? • 1/10로 줄여 '수험번호-성명-문제번호.psd'로 저장했나요?		

※ 시험장에서는 반드시 전송까지 실행해 주세요.

02

제2회 실전 모의고사
[S/W:포토샵]

급수	문제유형	시험시간	수험번호	성명
1급	A	90분		

수험자 유의사항

- 수험자는 문제지를 받는 즉시 응시하고자 하는 과목 및 급수가 맞는지 확인한 후 수험번호와 성명을 작성합니다.
- 파일명은 본인의 "수험번호-성명-문제번호"로 공백 없이 정확히 입력하고 답안폴더(내 PC₩문서₩GTQ)에 jpg 파일과 psd 파일의 2가지 포맷으로 저장해야 하며, jpg 파일과 psd 파일의 내용이 상이할 경우 0점 처리됩니다. 답안문서 파일명이 "수험번호-성명-문제번호"와 일치하지 않거나, 답안 파일을 전송하지 않아 미제출로 처리될 경우 불합격 처리됩니다.
- 문제의 세부조건은 '영문(한글)' 형식으로 표기되어 있으니 유의하시기 바랍니다.
- 수험자 정보와 저장한 파일명, 저장 위치가 다를 경우 전송이 되지 않으므로, 주의하시기 바랍니다.
- 답안 작성 중에도 주기적으로 '저장'과 '답안 전송'을 이용하여 감독위원 PC로 답안을 전송하셔야 합니다.
  (※ 작업한 내용을 저장하지 않고 전송할 경우 이전의 저장내용이 전송되오니 이점 반드시 유념하시기 바랍니다.)
- 답안문서는 지정된 경로 외의 다른 보조기억장치에 저장하는 행위, 지정된 시험 시간 외에 작성된 파일을 활용한 행위, 기타 허용되지 않은 프로그램(이메일, 메신저, 게임, 네트워크 등) 이용 시 부정행위로 간주되어 자격기본법 제32조에 의거 본 시험 및 국가공인 자격시험을 2년간 응시할 수 없습니다.
- 시험 중 부주의 또는 고의로 시스템을 파손한 경우와 〈수험자 유의사항〉에 기재된 방법대로 이행하지 않아 생기는 불이익은 수험자의 책임임을 알려 드립니다.
- 시험을 완료한 수험자는 최종적으로 저장한 답안파일이 전송되었는지 확인한 후 감독위원의 지시에 따라 문제지를 제출하고 퇴실합니다.

답안 작성요령

- 온라인 답안 작성 절차
  수험자 등록 ⇒ 시험 시작 ⇒ 답안파일 저장 ⇒ 답안 전송 ⇒ 시험 종료
- 내 PC₩문서₩GTQ₩Image 폴더에 있는 그림 원본파일을 사용하여 답안을 작성하고 최종답안을 답안폴더(내 PC₩문서 ₩GTQ)에 저장하여 답안을 전송하시고, 이미지의 크기가 다른 경우 감점 처리됩니다.
- 배점은 총 100점으로 이루어지며, 점수는 각 문제별로 차등 배분됩니다.
- 각 문제는 주어진 〈조건〉에 따라 작성하고, 언급하지 않은 조건은 《출력형태》와 같이 작성합니다.
- 배치 등의 편의를 위해 주어진 눈금자의 단위는 '픽셀'입니다.
- 그 외는 출력형태(효과, 이미지, 문자, 색상, 레이아웃, 규격 등)와 같이 작업하십시오.
- 문제 조건에 서체의 지정이 없을 경우 한글은 굴림이나 돋움, 영문은 Arial로 작업하십시오. (단, 그 외에 제시되지 않은 문자 속성을 기본값으로 작성하지 않은 경우는 감점 처리됩니다.)
- Image Mode(이미지 모드)는 별도의 처리조건이 없을 경우에는 RGB(8비트)로 작업하십시오.
- 모든 답안 파일은 해상도 72pixels/inch로 작업하십시오.
- Layer(레이어)는 각 기능별로 분할해야 하며, 임의로 합칠 경우나 각 기능에 대한 속성을 해지할 경우 해당 요소는 0점 처리 됩니다.

[기능평가] 고급 Tool(도구) 활용

다음의 《조건》에 따라 아래의 《출력형태》와 같이 작업하시오.

조건

원본이미지	문서₩GTQ₩Image문서₩GTQ₩1급-1.jpg, 1급-2.jpg, 1급-3.jpg		
파일 저장 규칙	JPG	파일명	문서₩GTQ₩수험번호-성명-1.jpg
		크기	400 × 500 pixels
	PSD	파일명	문서₩GTQ₩수험번호-성명-1.psd
		크기	40 × 50 pixels

1. 그림 효과

① 1급-1.jpg : 필터 – Texturizer(텍스처화)
② Save Path(패스 저장) : 전구 모양
③ Mask(마스크) : 전구 모양, 1급-2.jpg를 이용하여 작성
  레이어 스타일 – Stroke(선/획)(3px, 그레이디언트(#99ff33, #ff9933)), Drop Shadow(그림자 효과)
④ 1급-3.jpg : 레이어 스타일 – Outer Glow(외부 광선)
⑤ Shape Tool(모양 도구) :
  – 꽃 모양 (#33ffcc, ccffff, 레이어 스타일 – Drop Shadow(그림자 효과))
  – 발자국 모양 (#ffcc99, 레이어 스타일 – Inner Shadow(내부 그림자))

2. 문자 효과

① Green New Deal (Times New Roman, Regular, 42pt, 레이어 스타일 – 그레이디언트 오버레이(#ffffff, #99ff00), Stroke(선/획)
  (3px, #003300))

출력형태

다음의 《조건》에 따라 아래의 《출력형태》와 같이 작업하시오.

조건

원본이미지	문서₩GTQ₩Image문서₩GTQ₩1급-4.jpg, 1급-5.jpg, 1급-6.jpg		
파일 저장 규칙	JPG	파일명	문서₩GTQ₩수험번호-성명-2.jpg
		크기	400 × 500 pixels
	PSD	파일명	문서₩GTQ₩수험번호-성명-2.psd
		크기	40 × 50 pixels

1. 그림 효과

① 1급-4.jpg : 필터 – Angled Strokes(각진 획)

② 색상 보정 : 1급-5.jpg – 녹색 계열로 보정

③ 1급-5.jpg : 레이어 스타일 – Outer Glow(외부 광선)

④ 1급-6.jpg : 레이어 스타일 – Drop Shadow(그림자 효과)

⑤ Shape Tool(모양 도구) :

　– 발바닥 모양 (#cc9966, #996633, 레이어 스타일 – Outer Glow(외부 광선), Opacity(불투명도)(80%))

　– 철로 모양 (#cccccc, 레이어 스타일 – Drop Shadow(그림자 효과))

2. 문자 효과

① Check! Carbon Footprint (Arial, Bold, 30pt, 레이어 스타일 – 그레이디언트 오버레이(#ff9900, #ffff33, #00cccc), Stroke(선/
획)(3px, #666633))

출력형태

다음의 《조건》에 따라 아래의 《출력형태》와 같이 작업하시오.

조건

원본이미지		문서\GTQ\Image\1급-7.jpg, 1급-8.jpg, 1급-9.jpg, 1급-10.jpg, 1급-11.jpg	
파일 저장 규칙	JPG	파일명	문서\GTQ\수험번호-성명-3.jpg
		크기	600 × 400 pixels
	PSD	파일명	문서\GTQ\수험번호-성명-3.psd
		크기	60 × 40 pixels

1. 그림 효과

① 배경 : #ccffcc

② 1급-7.jpg : Blending Mode(혼합모드) – Linear Burn(선형 번), Opacity(불투명도)(80%), 레이어 마스크 – 세로 방향으로 흐릿하게

③ 1급-8.jpg : 필터 – Paint Daubs(페인트 덥스/페인트 바르기), 레이어 마스크 – 세로 방향으로 흐릿하게

④ 1급-9.jpg : 필터 – Crystallize(수정화), 레이어 스타일 – Stroke(선/획)(4px, 그레이디언트(#339900, 투명으로))

⑤ 1급-10.jpg : 레이어 스타일 – Outer Glow(외부 광선)

⑥ 1급-11.jpg : 색상 보정 – 녹색 계열로 보정, 레이어 스타일 – Outer Glow(외부 광선)

⑦ 그 외 《출력형태》 참조

2. 문자 효과

① 생활 속 탄소중립 실천하기 (굴림, 45pt, 레이어 스타일 – 그레이디언트 오버레이(#99ff66, #ffffff), Stroke(선/획)(2px, #336633), Drop Shadow(그림자 효과))

② 이메일 1통에 CO_2 4g (궁서, 20pt, #ffffff, 레이어 스타일 – Stroke(선/획)(2px, #666666))

③ 바로 지금, 나부터! 더 늦기전에 2050! (돋움, 18pt, #ffff99, 레이어 스타일 – Stroke(선/획)(2px, 그레이디언트(#6633cc, #cc6600))

④ 웹메일 정리하기 모니터 밝기 줄이기 (돋움, 18pt, #ff0000, #333399, 레이어 스타일 – Stroke(선/획)(2px, #ffffff))

출력형태

Shape Tool(모양 도구) 사용
#ffff99
레이어 스타일 –
Drop Shadow(그림자 효과)

Shape Tool(모양 도구) 사용
#339900
레이어 스타일 –
Outer Glow(외부 광선)

Shape Tool(모양 도구) 사용
레이어 스타일 – 그레이디언트
오버레이(#660066, #ff66ff),
Bevel and Emboss(경사와 엠보스)

문제4 [실무응용] 웹 페이지 제작

35점

다음의 《조건》에 따라 아래의 《출력형태》와 같이 작업하시오.

조건

원본이미지			문서₩GTQ₩image₩1급-12.jpg, 1급-13.jpg, 1급-14.jpg, 1급-15.jpg, 1급-16.jpg, 1급-17.jpg
파일 저장 규칙	JPG	파일명	문서₩GTQ₩수험번호-성명-4.jpg
		크기	600 × 400 pixels
	PSD	파일명	문서₩GTQ₩수험번호-성명-4.psd
		크기	60 × 40 pixels

1. 그림 효과

① 배경 : #ccffff

② 패턴(재활용, 기호 모양) : #ffff00, #ffffff

③ 1급-12.jpg : Blending Mode(혼합모드) – Luminosity(광도), 레이어 마스크 – 대각선 방향으로 흐릿하게

④ 1급-13.jpg : 필터 – Rough Pastels(거친 파스텔), 레이어 마스크 – 가로 방향으로 흐릿하게

⑤ 1급-14.jpg : 레이어 스타일 – Inner Glow(내부 광선)

⑥ 1급-15.jpg : 필터 – Angled Strokes(각진 선/획), 레이어 스타일 – Inner Shadow(내부 그림자)

⑦ 1급-16.jpg : 색상 보정 – 빨간색 계열로 보정, 레이어 스타일 – Outer Glow(외부 광선)

⑧ 그 외 《출력형태》 참조

2. 문자 효과

① 2050 탄소중립 프로그램(궁서, 46pt, 레이어 스타일 – 그레이디언트 오버레이(#00cc33, #3333ff, #cc00ff), Stroke(선/획)(3px, #ffffcc))

② Carbon Neutral (Times New Roman, Regular, 24pt, #ffff99, #99ff33, 레이어 스타일 – Stroke(선/획)(3px, #336600))

③ 그린뉴딜 프로젝트 (궁서, 20pt, #99ff33, 레이어 스타일 – Drop Shadow(그림자 효과))

④ 기후변화 통계연구 기후소식 (돋움, 18pt, #000000, 레이어 스타일 – Stroke(선/획)(2px, #ffffff))

출력형태

Shape Tool(모양 도구) 사용
레이어 스타일 –그레이디언트
오버레이(#99cc00, #99ffff, #ffffff),
Stroke(선/획)(2px, #66cc00,
#33cccc)

Shape Tool(모양 도구) 사용
#66ff33
레이어 스타일 –
Drop Shadow(그림자 효과)

Pen Tool(펜 도구) 사용
#3366cc, 레이어 스타일 –
Drop Shadow(그림자 효과)

Shape Tool(모양 도구) 사용
#99ff33, 레이어 스타일 –
Inner Shadow(내부 그림자)

사용 이미지 미리보기

1급-1.jpg

1급-2.jpg

1급-3.jpg

사용자 정의 모양 미리보기

사용 기능

필터	[Filter(필터)]-[Filter Gallery(필터 갤러리)]-[Texture(텍스처)]-[Texturizer(텍스처화)]
클리핑 마스크	Create Clipping Mask(클리핑 마스크 만들기, **Alt** + **Ctrl** + **G**)
이미지 추출	Magic Wand Tool(자동 선택, 🪄)
이미지 사이즈	[Image(이미지)]-[Image Size(이미지 크기)](**Alt** + **Ctrl** + **I**)

01   새 캔버스 생성 및 필터

1 [File(파일)]−[New(새로 만들기)]([Ctrl]+[N])를 선택한 후 아래의 조건으로 설정하고 [Create(만들기)]를 누른다.
- PRESET DETAILS(사전 설정 세부 정보)
  : 수험번호−성명−1
- 단위 : Pixels
- Width(폭) : 400
- Height(높이) : 500
- Resolution(해상도) : 72Pixels/Inch
- Color Mode(색상모드) : RGB
- Backgound Contents(배경색) : White

2 [Edit(편집)]−[Preferences(속성)]−[Guides, Grid & Slices(안내선, 격자 및 분할 영역)]([Ctrl]+[K])를 선택한 후 'Grid(격자)'의 Gridline Every(격자 간격) : 100Pixels, Subdivisions(세분) : 1로 설정하고 [OK]를 누른다.

3 [View(보기)]−[Show(표시)]−[Grid(격자)]([Ctrl]+['])와 [View(보기)]−[Rulers(눈금자)]([Ctrl]+[R])를 나타낸다.

Plus@

CS6 버전 이하에서는 눈금자에서 마우스 오른쪽 클릭 후 단위를 px로 변경한다.

4 [File(파일)]−[Save as(다른 이름으로 저장)]([Shift]+[Ctrl]+[S])를 클릭한 후 '내 PC₩문서 ₩GTQ' 폴더에 '수험번호−성명−1.psd'로 입력하고 [저장]을 누른다.

5 [File(파일)]−[Open(열기)]([Ctrl]+[O])을 선택한 후 '1급−1.jpg'를 불러온다.

6 [Ctrl]+[A]로 전체 선택한 후 [Ctrl]+[C]로 복사하고 작업파일을 선택한 후 [Ctrl]+[V]로 붙여넣기 한다.

7 [Ctrl]+[T]로 크기/위치를 조절하고 [Enter]를 누른다.

8 [Filter(필터)]−[Filter Gallery(필터 갤러리)]−[Texture(텍스처)]−[Texturizer(텍스처화)] 필터를 적용하고 [OK]를 누른다.

02   패스 제작 및 패스 저장

1 Pen Tool(펜,)을 선택한 후 옵션 바에서 Pick Tool Mode(선택 도구 모드) : Path(패스, Path), Path Operations(패스 작업) : Combine Shapes(모양 결합,)로 지정한다.

2 Layer 1(배경 이미지)의 눈 아이콘( )을 클릭해 숨기게 한 다음 패스를 그리기 위해 [Path(패스)] 패널을 누른다. (선택사항)

③ 그림을 참고해 반만 그린다.

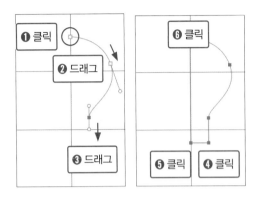

④ Path Selection Tool(패스 선택, ▶)로 선택한 다음 Alt 와 함께 드래그해 복제한다.

⑤ Ctrl + T 로 조절점 안쪽에서 마우스 오른쪽 클릭 후 Flip Horizontal(가로로 뒤집기)을 선택하고 배치한 다음 Enter 를 누른다.

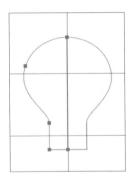

⑥ 하이라이트 부분도 이와 같이 그린다.

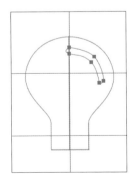

⑦ 옵션 바의 Path Operations(패스 작업)을 Subtract Front Shape(전면 모양 빼기, ▣)로 변경한다.

⑧ Rectangle Tool(사각 도형, ▣)을 선택한 후 옵션 바에서 Pick Tool Mode(선택 도구 모드) : Path(패스, Path ▾), Path Operations(패스 작업) : Combine Shapes(모양 결합, ▣)로 지정한다.

⑨ 곡률 조정을 위해 옵션 바에서 곡률을 10px로 설정한다.

Plus@

CS6 버전에서는 Rounded Rectangle Tool(모서리가 둥근 직사각형, ▣)을 이용한다.

⑩ Path Selection Tool(패스 선택, ▶)로 선택한 후 Alt 와 함께 드래그해 복제하고 Ctrl + T 로 회전/위치를 조절해 배치한다.

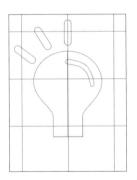

11 좌측 두 개의 도형을 선택한 후 Alt 와 함께 드래 그한다. Ctrl + T 를 눌러 조절점 안쪽에서 마우 스 오른쪽 클릭 후 Flip Horizontal(가로로 뒤집 기)을 선택하고 배치한 다음 Enter 를 누른다.

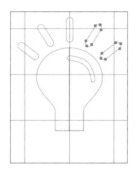

12 하단의 소켓 부분도 이와 같이 완성한다.

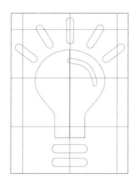

13 패스를 저장하기 위해 [Path(패스)] 패널의 Work Path(작업 패스) 이름 부분을 더블클릭한 다. Save Path(패스 저장) 대화상자가 나오면 전구 모양을 입력하고 OK 를 누른다.

14 패스를 선택영역으로 지정하기 위해 Ctrl + Path Thumbnail(패스 축소판)을 클릭한다. 선택영역 이 생기면 [Layers(레이어)] 패널을 선택한 후 하단의 Create a new layer(새 레이어, ➕, Shift + Ctrl + N)를 클릭해 추가한다.

15 임의의 색을 추가하기 위해 Alt + Delete 를 눌 러 전경색(■)을 추가한다.

16 선택영역을 해제하기 위해 [Select(선택)] − [Deselect(해제)](Ctrl + D)를 누른다.

17 Ctrl + T 로 회전/크기 위치를 조절하고 Enter 를 누른다.

18 배경 이미지의 눈 아이콘(👁)을 클릭해 보이게 한다.

19 레이어 스타일을 적용하기 위해 [Layers(레이 어)] 패널 하단의 fx 를 눌러 Stroke(획)를 선택 한 후 아래와 같이 값을 변경한다.
- Size(크기) : 3px
- Position(위치) : Outside(바깥쪽)
- Fill Type(칠 유형) : Gradient(그레이디언트)
- Style(스타일) : Linear(선형)
- Angle(각도) : 90°

Plus@

[Layers(레이어)] 패널에서 해당 레이어의 회색 영역
을 더블클릭해도 적용할 수 있다.

⑳ Gradient(그레이디언트) 편집 창(▬▬▬▬)
을 클릭한 후 Color Stop(색상 정지점)을 더블클
릭하여 좌측 : #99ff33, 우측 : #ff9933으로 값을
변경하고 (OK)를 누른다.

㉑ 레이어 스타일을 추가하기 위해 Drop Shadow(그
림자 효과)를 선택해 적용하고 (OK)를 누른다.

---

03 **클리핑 마스크 및 레이어 스타일 적용**

❶ [File(파일)]−[Open(열기)]((Ctrl)+(O))을 선
택한 후 '1급−2.jpg'를 불러온다.

❷ (Ctrl)+(A)로 전체 선택한 후 (Ctrl)+(C)로 복사
하고 작업파일을 선택한 후 (Ctrl)+(V)로 붙여넣
기 한다.

❸ (Ctrl)+(T)로 크기/위치를 조절하고 (Enter)를 누
른다.

❹ 클리핑 마스크를 적용하기 위해 [Layers(레이
어)] 패널의 Layer3(나비)에서 마우스 오른쪽 클
릭 후 Create Clipping Mask(클리핑 마스크 만
들기, (Alt)+(Ctrl)+(G))를 선택한다.

❺ [File(파일)]−[Open(열기)]((Ctrl)+(O))을 선
택한 후 '1급−3.jpg'를 불러온다.

❻ Magic Wand Tool(자동 선택, 🪄)을 선택한
후 옵션 바의 Tolerance(허용치)를 40,
Contiguous(인접)에 체크한 다음 배경을 클릭한
다. (Shift)와 함께 배경을 클릭해 모두 지정한다.

❼ 선택영역을 반전하기 위해 [Select(선택)]−
[Inverse(반전)]((Shift)+(Ctrl)+(I))를 누른다.

⑧ Ctrl + C 로 복사하고 작업파일을 선택한 후 Ctrl + V 로 붙여넣기 한다.

⑨ Ctrl + T 로 좌우대칭하기 위해 조절점 안쪽에서 마우스 오른쪽 클릭 후 Flip Horizontal(가로로 뒤집기)을 선택한다. 크기/위치를 조절하고 Enter 를 누른다.

⑩ 레이어 스타일을 적용하기 위해 [Layers(레이어)] 패널 하단의 *fx.* 를 눌러 Outer Glow(외부광선)를 선택해 적용하고 (OK)를 누른다.

04 ▶ 모양 지정 및 레이어 스타일

① Custom Shape Tool(사용자 정의 모양, 🎨)을 선택한 후 옵션 바에서 Pick Tool Mode(선택 도구 모드) : Shape(모양, Shape ∨), Stroke(획) : 색상 없음(▱)으로 설정한다. 모양 선택(Shape: ➡️ ∨)을 눌러 아래의 모양을 찾아 그린다.
  • 기본 경로 : Legacy Shapes and More(레거시 모양 및 기타) – All Legacy Default Shapes(모든 레거시 기본 모양)
  • Nature(자연) – 꽃 2(🌼)

② 색을 적용하기 위해 [Layers(레이어)] 패널의 Layer Thumbnail(레이어 축소판, 🖼️)을 더블 클릭한 후 #33ffcc를 입력하고 (OK)를 누른다.

③ 레이어 스타일을 적용하기 위해 [Layers(레이어)] 패널 하단의 *fx.* 를 눌러 Drop Shadow(그림자 효과)를 선택해 적용하고 (OK)를 누른다.

④ Ctrl + J 를 눌러 복제한다.

Plus@

Move Tool(이동)을 선택한 후 Shape(모양)를 Alt 와 함께 드래그하여 이동복사 할 수 있다.

⑤ Ctrl + T 로 좌우대칭하기 위해 조절점 안쪽에서 마우스 오른쪽 클릭 후 Flip Horizontal(가로로 뒤집기)을 선택한다. 크기/위치를 조절하고 Enter 를 누른다.

6 색을 적용하기 위해 [Layers(레이어)] 패널의 '꽃 copy' Layer Thumbnail(레이어 축소판, 🖼)을 더블클릭한 후 #ccffff를 입력하고 (OK)를 누른다.

7 다른 모양을 추가하기 위해 아래의 모양을 찾아 그린다.
Animals(동물) – 고양이 발자국(🐾)

8 색을 적용하기 위해 [Layers(레이어)] 패널의 Layer Thumbnail(레이어 축소판, 🖼)을 더블 클릭한 후 #ffcc99를 입력하고 (OK)를 누른다.

9 레이어 스타일을 적용하기 위해 [Layers(레이어)] 패널 하단의 fx,를 눌러 Inner Shadow(내부 그림자)를 선택해 적용하고 (OK)를 누른다.

1 Type Tool(수평 문자, T)을 선택한 후 빈 공간을 클릭한다. Green New Deal을 입력한 후 Ctrl + Enter 를 눌러 완료한다.

2 옵션 바 또는 [Character(문자)] 패널에서 Times New Roman, Regular, 42pt로 설정한다.

3 레이어 스타일을 적용하기 위해 [Layers(레이어)] 패널 하단의 fx,를 눌러 Gradient Overlay(그레이디언트 오버레이)를 선택한 후 아래와 같이 값을 변경한다.
• Opacity(불투명도) : 100%
• Style : Reflected(반사)
• Angle(각도) : 45˚
• Scale(비율) : 100%

4 Gradient 편집 창(▬▬▬▬▬)을 클릭한 후 Color Stop(색상 정지점)을 더블클릭하여 좌측 : #ffffff, 우측 : #99ff00으로 값을 변경하고 (OK)를 누른다.

5 Stroke(획)를 선택한 후 아래와 같이 값을 변경하고 (OK)를 누른다.
• Size(크기) : 3px
• Position(위치) : Outside(바깥쪽)
• Fill Type(칠 유형) : Color(색상)
• 색상값 : #003300

⑥ 텍스트를 뒤틀기 위해 Type Tool(수평 문자, Ⓣ)을 선택한 후 옵션 바의 Create warped text(뒤틀어진 텍스트 만들기, 📝)를 클릭한다. Style(스타일) : Shell Upper(위가 넓은 조개), Bend(구부리기) : +50%로 값을 변경하고 ⓄⓀ를 누른다.

PSD, JPG 형식으로 저장하기

① [File(파일)]−[Save(저장)](Ctrl+S)를 선택한 후 기존 파일에 덮어쓰기 한다.

② JPG 파일 형식으로 저장하기 위해 [File(파일)]−[Save as(다른 이름으로 저장)](Shift+Ctrl+S)를 선택한 후 파일 형식을 클릭해 JPEG로 선택한다. '내 PC₩문서₩GTQ' 폴더에 '수험번호−성명−2'로 입력한 후 [저장]을 누른다.

③ PSD 파일의 사이즈를 1/10로 줄이기 위해 [Image(이미지)]−[Image Size(이미지 크기)](Alt+Ctrl+I)를 선택한 후 단위 : Pixel, Width(폭) : 40px, Height(높이) : 50px, Resolution(해상도) : 72Pixels/Inch로 설정 후 ⓄⓀ를 누른다.

④ [File(파일)]−[Save(저장)](Ctrl+S)를 선택한 후 작은 사이즈로 최종 저장한다.

⑤ 완성된 파일을 확인하기 위해 파일 탐색기를 열어 '내 PC₩문서₩GTQ' 폴더에서 확인한다.

⑥ 시험장의 작업표시줄에 나타나는 'Koas 수험자용'을 클릭해 우측의 답안 전송 을 클릭한 후 해당하는 번호에 체크한다. 하단의 답안 전송 을 클릭한 후 닫기 를 누르면 최종 전송된 답안으로 채점이 이루어진다.

사용 이미지 미리보기

1급-4.jpg   1급-5.jpg   1급-6.jpg

사용자 정의 모양 미리보기

사용 기능

필터	[Filter(필터)]-[Filter Gallery(필터 갤러리)]-[Brush Strokes(브러시 획)]-[Angled Strokes(각진 획)]
색상 조정	[Image(이미지)]-[Adjustment(조정)]-[Hue/Saturation(색조/채도)](Ctrl + U)
이미지 추출	• Quick Selection Tool(빠른 선택, ▨) • Magic Wand Tool(자동 선택, ▨)
이미지 사이즈	[Image(이미지)]-[Image Size(이미지 크기)](Alt + Ctrl + I)

01 새 캔버스 생성 및 필터

1 [File(파일)]−[New(새로 만들기)]([Ctrl]+[N])를 선택한 후 아래의 조건으로 설정하고 [Create(만들기)]를 누른다.
- PRESET DETAILS(사전 설정 세부 정보)
  : 수험번호−성명−2
- 단위 : Pixels
- Width(폭) : 400
- Height(높이) : 500
- Resolution(해상도) : 72Pixels/Inch
- Color Mode(색상모드) : RGB
- Backgound Contents(배경색) : White

2 [Edit(편집)]−[Preferences(속성)]−[Guides, Grid & Slices(안내선, 격자 및 분할 영역)]([Ctrl]+[K])를 선택한 후 'Grid(격자)'의 Gridline Every(격자 간격) : 100Pixels, Subdivisions(세분) : 1로 설정하고 [OK]를 누른다.

3 [View(보기)]−[Show(표시)]−[Grid(격자)]([Ctrl]+['])와 [View(보기)]−[Rulers(눈금자)]([Ctrl]+[R])를 나타낸다.

4 [File(파일)]−[Save as(다른 이름으로 저장)]([Shift]+[Ctrl]+[S])를 클릭한 후 '내 PC\문서\GTQ' 폴더에 '수험번호−성명−2.psd'로 입력하고 [저장]을 누른다.

5 [File(파일)]−[Open(열기)]([Ctrl]+[O])을 선택한 후 '1급−4.jpg'를 불러온다.

6 [Ctrl]+[A]로 전체 선택한 후 [Ctrl]+[C]로 복사하고 작업파일을 선택한 후 [Ctrl]+[V]로 붙여넣기 한다.

7 [Ctrl]+[T]로 크기/위치를 조절하고 [Enter]를 누른다.

8 [Filter(필터)]−[Filter Gallery(필터 갤러리)]−[Brush Strokes(브러시 획)]−[Angled Strokes(각진 획)] 필터를 적용한 다음 [OK]를 누른다.

02 이미지 추출 및 색상 보정

1 [File(파일)]−[Open(열기)]([Ctrl]+[O])을 선택한 후 '1급−5.jpg'를 불러온다.

2 Quick Selection Tool(빠른 선택,)로 선택영역을 지정한 후 제외할 부분은 [Alt]와 함께 선택한다.

Plus@

수정할 부분은 Lasso Tool(올가미,)이나 Polygonal Lasso Tool(다각형 올가미,) 등을 이용한다. [Shift]와 함께 영역을 추가할 수 있고, [Alt]와 함께 영역을 제외할 수 있다.

③ Ctrl + C 로 복사하고 작업파일을 선택한 후 Ctrl + V 로 붙여넣기 한다.

④ Ctrl + T 로 크기/위치를 조절하고 Enter 를 누른다.

⑤ 녹색 계열로 보정하기 위해 [Image(이미지)] − [Adjustments(조정)] − [Hue/Saturation(색조/채도)](Ctrl + U)를 선택한다.

⑥ Colorize(색상화)에 체크한 후 Hue(색조) : 110, Saturation(채도) : 50으로 값을 변경하고 (OK)를 누른다.

Plus@

제시된 색상 계열로 보이면 되기 때문에 값은 조절 가능하다.

⑦ 레이어 스타일을 적용하기 위해 [Layers(레이어)] 패널 하단의 **fx** 를 눌러 Outer Glow(외부 광선)를 선택해 적용하고 (OK)를 누른다.

---

03 이미지 추출 및 레이어 스타일

① [File(파일)] − [Open(열기)](Ctrl + O)을 선택한 후 '1급−6.jpg'를 불러온다.

② Magic Wand Tool(자동 선택, **🪄**)을 선택한 후 옵션 바의 Tolerance(허용치)를 32, Contiguous(인접)에 체크를 해제한 다음 배경을 클릭한다.

③ 선택영역을 반전하기 위해 [Select(선택)] − [Inverse(반전)](Shift + Ctrl + I)를 누른다.

④ Ctrl + C 로 복사하고 작업파일을 선택한 후 Ctrl + V 로 붙여넣기 한다.

⑤ Ctrl + T 로 크기/위치를 조절하고 Enter 를 누른다.

⑥ 레이어 스타일을 적용하기 위해 [Layers(레이어)] 패널 하단의 **fx** 를 눌러 Drop Shadow(그림자 효과)를 선택해 적용하고 (OK)를 누른다.

04 ▶ 모양 지정 및 레이어 스타일

1 Custom Shape Tool(사용자 정의 모양,)을 선택한 후 옵션 바에서 Pick Tool Mode(선택 도구 모드) : Shape(모양), Stroke(획) : 색상 없음(⬜)으로 설정한다. 모양 선택(Shape: →)을 눌러 아래의 모양을 찾아 그린다.
Objects(물건) − 왼발(🦶)

2 색을 적용하기 위해 [Layers(레이어)] 패널의 Layer Thumbnail(레이어 축소판, ▦)을 더블클릭한 후 #cc9966을 입력하고 OK 를 누른다.

3 레이어 스타일을 적용하기 위해 [Layers(레이어)] 패널 하단의 *fx* 를 눌러 Outer Glow(외부 광선)를 선택해 적용하고 OK 를 누른다.

4 불투명도를 조정하기 위해 [Layers(레이어)] 패널의 Opacity(불투명도)를 80%로 설정한다.

5 Ctrl + T 로 크기/위치를 조절하고 Enter 를 누른다.

6 Ctrl + J 를 눌러 복제한다.

7 Ctrl + T 로 좌우대칭하기 위해 조절점 안쪽에서 마우스 오른쪽 클릭 후 Flip Horizontal(가로로 뒤집기)을 선택한다. 회전/크기/위치를 조절하고 Enter 를 누른다.

8 색을 적용하기 위해 [Layers(레이어)] 패널의 '발바닥 copy' Layer Thumbnail(레이어 축소판, ▦)을 더블클릭한 후 #996633을 입력하고 OK 를 누른다.

9 다른 모양을 추가하기 위해 아래의 모양을 찾아 그린다.
Tiles(타일) − 철로(▦)

10 색을 적용하기 위해 [Layers(레이어)] 패널의 Layer Thumbnail(레이어 축소판, ▦)을 더블클릭한 후 #cccccc를 입력하고 OK 를 누른다.

11 Ctrl + T 로 원근감을 표현하기 위해 조절점 안쪽에서 마우스 오른쪽 클릭 후 Perspective(원근감)를 선택한다. 그림과 같이 안쪽으로 드래그해 조절한 다음 Enter 를 누른다.

12 레이어 스타일을 적용하기 위해 Drop Shadow(그림자 효과)를 선택해 적용하고 OK 를 누른다.

13 [Layers(레이어)] 패널에서 자전거 레이어보다 아래로 이동해 배치한다.

1 Type Tool(수평 문자, **T**)을 선택한 후 빈 공간을 클릭한다. Check! Carbon Footprint을 입력하고 Ctrl + Enter 를 눌러 완료한다.

2 옵션 바 또는 [Character(문자)] 패널에서 Arial, Bold, 30pt로 설정한다.

3 레이어 스타일을 적용하기 위해 [Layers(레이어)] 패널 하단의 **fx** 를 눌러 Gradient Overlay(그레이디언트 오버레이)를 선택한 후 아래와 같이 값을 변경한다.
- Opacity(불투명도) : 100%
- Style : Linear(선형)
- Angle(각도) : 0°
- Scale(비율) : 100%

4 Gradient 편집 창(▬▬▬)을 클릭한 후 Color Stop(색상 정지점)을 더블클릭하여 좌측 : #ff9900, 중간 : #ffff33, 우측 : #00cccc로 값을 변경하고 OK 를 누른다.

5 레이어 스타일을 추가하기 위해 Stroke(획)를 선택한 후 아래와 같이 값을 변경하고 OK 를 누른다.
- Size(크기) : 3px
- Position(위치) : Outside(바깥쪽)
- Fill Type(칠 유형) : Color(색상)
- 색상값 : #666633

6 텍스트를 뒤틀기 위해 Type Tool(수평 문자, **T**)을 선택한 후 옵션 바의 Create warped text(뒤틀어진 텍스트 만들기, **工**)를 클릭한다. Style(스타일) : Arc Lower(아래 부채꼴), Bend(구부리기) : +50%로 값을 변경하고 OK 를 누른다.

06 ▶ PSD, JPG 형식으로 저장하기

1 [File(파일)]−[Save(저장)](Ctrl + S)를 선택한 후 기존 파일에 덮어쓰기 한다.

2 JPG 파일 형식으로 저장하기 위해 [File(파일)]−[Save as(다른 이름으로 저장)](Shift + Ctrl + S)를 선택한 후 파일 형식을 클릭해 JPEG로 선택한다. '내 PC₩문서₩GTQ' 폴더에 '수험번호−성명−2'로 입력한 후 [저장]을 누른다.

3 PSD 파일의 사이즈를 1/10로 줄이기 위해 [Image(이미지)]−[Image Size(이미지 크기)](Alt + Ctrl + I)를 선택한 후 단위 : Pixel, Width(폭) : 40px, Height(높이) : 50px, Resolution(해상도) : 72Pixels/Inch로 설정하고 (OK)를 누른다.

4 [File(파일)]−[Save(저장)] Ctrl + S 를 선택한 후 작은 사이즈로 최종 저장한다.

5 완성된 파일을 확인하기 위해 파일 탐색기를 열어 '내 PC₩문서₩GTQ' 폴더에서 확인한다.

6 시험장의 작업표시줄에 나타나는 'Koas 수험자용'을 클릭해 우측의 답안 전송 을 클릭한 후 해당하는 번호에 체크한다. 하단의 답안 전송 을 클릭한 후 닫기 를 누르면 최종 전송된 답안으로 채점이 이루어진다.

사용 이미지 미리보기

1급-7.jpg   1급-8.jpg   1급-9.jpg

1급-10.jpg   1급-11.jpg

사용자 정의 모양 미리보기

사용 기능

혼합모드	Linear Burn(선형 번)
색상 조정	[Image(이미지)]-[Adjustment(조정)]-[Hue/Saturation(색조/채도)](Ctrl + U)
필터	• [Filter(필터)]-[Filter Gallery(필터 갤러리)]-[Artistic(예술효과)]-[Paint Daubs(페인트 덥스/페인트 바르기)] • [Filter(필터)]-[Pixelate(픽셀화)]-[Crystallize(수정화)]
이미지 추출	• Magic Wand Tool(자동 선택, 🪄) • Elliptical Marquee Tool(원형 선택, ⬭)
레이어 마스크	Add Layer Mask(레이어 마스크 추가, ◉)
클리핑 마스크	Create Clipping Mask(클리핑 마스크 만들기, Alt + Ctrl + G)
이미지 사이즈	[Image(이미지)]-[Image Size(이미지 크기)](Alt + Ctrl + I)

01 ▸ 새 캔버스 생성 및 배경에 색 채우기

1 [File(파일)]−[New(새로 만들기)](Ctrl + N)를
선택한 후 아래의 조건으로 설정하고 [Create(만
들기)]를 누른다.

· PRESET DETAILS(사전 설정 세부 정보)
: 수험번호−성명−3
· 단위 : Pixels
· Width(폭) : 600
· Height(높이) : 400
· Resolution(해상도) : 72Pixels/Inch
· Color Mode(색상모드) : RGB
· Backgound Contents(배경색) : White

2 [Edit(편집)]−[Preferences(속성)]−[Guides,
Grid & Slices(안내선, 격자 및 분할 영역)]
(Ctrl + K)를 선택한 후 'Grid(격자)'의
Gridline Every(격자 간격) : 100Pixels,
Subdivisions(세분) : 1로 설정하고 (OK)를 누
른다.

3 [View(보기)]−[Show(표시)]−[Grid(격자)]
(Ctrl + ')와 [View(보기)]−[Rulers(눈금
자)](Ctrl + R)를 나타낸다.

4 [File(파일)]−[Save as(다른 이름으로 저장)]
(Shift + Ctrl + S)를 클릭한 후 '내 PC₩문서
₩GTQ' 폴더에 '수험번호−성명−3.psd'로 입
력하고 [저장]을 누른다.

5 배경에 색을 채우기 위해 도구상자의 Set
foreground color(전경색, ■)을 클릭한 후
#ccffcc를 입력하고 (OK)를 누른다. 전경색을
채우기 위해 Alt + Delete 를 누른다.

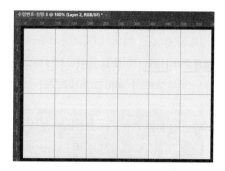

02 ▸ 혼합모드 및 레이어 마스크

1 [File(파일)]−[Open(열기)](Ctrl + O)을 선
택한 후 '1급−7.jpg'를 불러온다.

2 Ctrl + A 로 전체 선택한 후 Ctrl + C 로 복사
하고 작업파일을 선택한 후 Ctrl + V 로 붙여넣
기 한다.

3 Ctrl + T 로 크기/위치를 조절하고 Enter 를 누
른다.

4 혼합모드를 적용하기 위해 [Layers(레이어)] 패
널의 Blending Mode(혼합모드, Normal ▾)
를 'Linear Burn(선형 번)'로 선택한다.

5 불투명도를 조정하기 위해 [Layers(레이어)] 패
널의 Opacity(불투명도)를 80%로 설정한다.

6 레이어 마스크를 적용하기 위해 [Layers(레이
어)] 패널 하단의 Add Layer Mask(레이어 마
스크 추가, ▣)를 클릭한다.

7 도구상자에서 Gradient Tool(그레이디언트, )을 선택한 후 옵션 바에서 Gradient Presets(그레이디언트 사전 설정)을 클릭하고 Basics(기본 사항)-'Black & White(검정, 흰색)'을 선택한다.

8 그림과 같이 세로 방향으로 드래그한다.

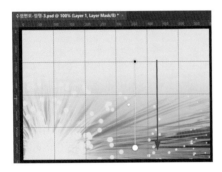

9 [File(파일)]-[Open(열기)](Ctrl + O)을 선택한 후 '1급-8.jpg'를 불러온다.

10 Ctrl + A 로 전체 선택한 후 Ctrl + C 로 복사하고 작업파일을 선택한 후 Ctrl + V 로 붙여넣기 한다.

11 Ctrl + T 로 좌우대칭하기 위해 조절점 안쪽에서 마우스 오른쪽 클릭 후 Flip Horizontal(가로로 뒤집기)을 선택한다. 크기/위치를 조절하고 Enter 를 누른다.

12 [Filter(필터)]-[Filter Gallery(필터 갤러리)]-[Artistic(예술효과)]-[Paint Daubs(페인트 덥스/페인트 바르기)] 필터를 적용한 다음 OK 를 누른다.

13 6~7을 참고해 레이어 마스크를 적용한다.

14 그림과 같이 세로 방향으로 드래그한다.

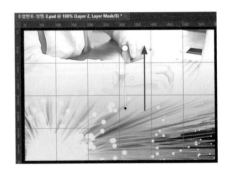

1 Custom Shape Tool(사용자 정의 모양, )
을 선택한 후 옵션 바에서 Pick Tool Mode(선
택 도구 모드) : Shape(모양, **Shape**),
Stroke(획) : 색상 없음()으로 설정한다. 모
양 선택()을 눌러 아래의 모양을 찾아 그
린다.
Nature(자연) - 나무()

2 레이어 스타일을 적용하기 위해 [Layers(레이
어)] 패널 하단의 *fx*를 눌러 Stroke(획)를 선택
한 후 값을 변경하고 OK 를 누른다.
• Size(크기) : 4px
• Position(위치) : Outside(바깥쪽)
• Fill Type(칠 유형) : Gradient(그레이디언트)
• Style(스타일) : Linear(선형)
• Angle(각도) : 90˚
• Reverse에 체크

3 Gradient(그레이디언트) 편집 창()
을 클릭한 후 Color Stop(색상 정지점)을 더블클
릭하여 좌측 : #339900, 우측 Opacity Stop(불
투명도 정지점) : 0%로 값을 변경하고 OK 를
누른다.

4 [File(파일)]−[Open(열기)](Ctrl + O)을 선
택한 후 '1급−9.jpg'를 불러온다.

5 Ctrl + A 로 전체 선택한 후 Ctrl + C 로 복사
하고 작업파일을 선택한 후 Ctrl + V 로 붙여넣
기 한다.

6 Ctrl + T 로 크기/위치를 조절하고 Enter 를 누
른다.

7 [Filter(필터)]−[Pixelate(픽셀화)]−
[Crystallize(수정화)]를 선택한 후 Cell Size :
15 정도로 값을 입력하고 OK 를 누른다.

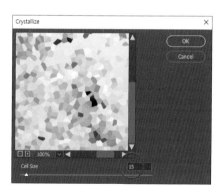

8 클리핑 마스크를 적용하기 위해 [Layers(레이어)] 패널의 Layer 3(꽃)에서 마우스 오른쪽 클릭 후 Create Clipping Mask(클리핑 마스크 만들기, `Alt` + `Ctrl` + `G`)를 선택한다.

9 [File(파일)]−[Open(열기)](`Ctrl` + `O`)을 선택한 후 '1급−10.jpg'를 불러온다.

10 Magic Wand Tool(자동 선택, ✏)을 선택한 후 옵션 바의 Tolerance(허용치)를 10으로 변경하고 배경을 클릭한다.

11 선택영역을 반전하기 위해 [Select(선택)]−[Inverse(반전)](`Shift` + `Ctrl` + `I`)를 누른다.

12 `Ctrl` + `C`로 복사하고 작업파일을 선택한 후 `Ctrl` + `V`로 붙여넣기 한다.

13 `Ctrl` + `T`로 좌우대칭하기 위해 조절점 안쪽에서 마우스 오른쪽 클릭 후 Flip Horizontal(가로로 뒤집기)을 선택한다. 크기/위치를 조절하고 `Enter`를 누른다.

14 레이어 스타일을 적용하기 위해 [Layers(레이어)] 패널 하단의 *fx*를 눌러 Outer Glow(외부 광선)를 선택해 적용하고 `OK`를 누른다.

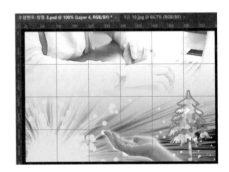

1 [File(파일)]−[Open(열기)](⌨Ctrl⌨ + ⌨O⌨)을 선택한 후 '1급−11.jpg'를 불러온다.

2 Elliptical Marquee Tool(원형 선택, ⬭)을 선택한 후 지구본의 중심에서부터 ⌨Alt⌨ + ⌨Shift⌨를 누르면서 드래그하여 중심에서부터 정원으로 선택영역을 지정한다.

드래그+ ⌨Alt⌨ + ⌨Shift⌨

Plus ⓐ

선택영역 안쪽에서 마우스로 드래그하여 이동할 수 있다. 선택영역의 크기를 변경하고 싶다면 [Select]−[Transform Selection]을 이용할 수 있다.

3 ⌨Ctrl⌨ + ⌨C⌨로 복사하고 작업파일을 선택한 후 ⌨Ctrl⌨ + ⌨V⌨로 붙여넣기 한다.

4 ⌨Ctrl⌨ + ⌨T⌨로 크기/위치를 조절하고 ⌨Enter⌨를 누른다.

5 녹색 계열로 보정하기 위해 Quick Selection Tool(빠른 선택, 🖌)로 지정한 후 [Image(이미지)]−[Adjustments(조정)]−[Hue/Saturation (색조/채도)](⌨Ctrl⌨ + ⌨U⌨)를 선택한다.

6 Colorize(색상화)에 체크한 후 Hue(색조) : 110, Saturation(채도) : 30으로 값을 변경하고 ⟨OK⟩를 누른다.

7 선택영역을 해제하기 위해 [Select(선택)]−[Deselect(해제)](⌨Ctrl⌨ + ⌨D⌨)를 누른다.

8 레이어 스타일을 적용하기 위해 [Layers(레이어)] 패널 하단의 *fx.*를 눌러 Outer Glow(외부광선)를 선택해 적용하고 ⟨OK⟩를 누른다.

1 Custom Shape Tool(사용자 정의 모양, ✿)을 선택한 후 옵션 바에서 Pick Tool Mode(선택 도구 모드) : Shape(모양, Shape ✓), Stroke(획) : 색상 없음(□)으로 설정한다. 모양 선택(Shape: → ✓)을 눌러 아래의 모양을 찾아 그린다.
Symbols(기호) – 확인란(✔)

2 레이어 스타일을 적용하기 위해 [Layers(레이어)] 패널 하단의 *fx*를 눌러 Gradient Overlay(그레이디언트 오버레이)를 선택한 후 아래와 같이 값을 변경한다.
- Opacity(불투명도) : 100%
- Style : Linear(선형)
- Angle(각도) : 90°
- Scale(비율) : 100%

3 Gradient(그레이디언트) 편집 창(▧▧)을 클릭한 후 Color Stop(색상 정지점)을 더블클릭하여 좌측 : #660066, 우측 : #ff66ff로 값을 변경하고 OK 를 누른다.

4 레이어 스타일을 추가하기 위해 Bevel and Emboss(경사와 엠보스)를 선택해 적용하고 OK 를 누른다.

5 다른 모양을 추가하기 위해 아래의 모양을 찾아 그린다.
Web(웹) – 우편(✉)

6 색을 적용하기 위해 [Layers(레이어)] 패널의 Layer Thumbnail(레이어 축소판, ▨)을 더블 클릭한 후 #ffff99를 입력하고 OK 를 누른다.

7 레이어 스타일을 적용하기 위해 Drop Shadow(그림자 효과)를 선택해 적용하고 OK 를 누른다.

8 다른 모양을 추가하기 위해 아래의 모양을 찾아 그린다.
Objects(물건) – 클립(🖇)

9 Ctrl + T 로 회전/크기/위치를 조절하고 Enter 를 누른다.

10 색을 적용하기 위해 [Layers(레이어)] 패널의 Layer Thumbnail(레이어 축소판, ▨)을 더블 클릭한 후 #339900을 입력하고 OK 를 누른다.

11 레이어 스타일을 적용하기 위해 [Layers(레이어)] 패널 하단의 *fx*를 눌러 Outer Glow(외부 광선)를 선택해 적용하고 OK 를 누른다.

1 Type Tool(수평 문자, T)을 선택한 후 빈 공간을 클릭한다. 생활 속 탄소중립 실천하기를 입력하고 Ctrl + Enter 를 눌러 완료한다.

2 옵션 바 또는 [Character(문자)] 패널에서 굴림, 45pt, 왼쪽 정렬로 설정한다.

3 레이어 스타일을 적용하기 위해 [Layers(레이어)] 패널 하단의 *fx*를 눌러 Gradient Overlay(그 레이디언트 오버레이)를 선택한 후 아래와 같이 값을 변경한다.
- Opacity(불투명도) : 100%
- Style : Linear(선형)
- Angle(각도) : 90°
- Scale(비율) : 100%

4 Gradient 편집 창(▬▬▬▬)을 클릭한 후 Color Stop(색상 정지점)을 더블클릭하여 좌측 : #99ff66, 우측 : #ffffff로 값을 변경하고 (OK)를 누른다.

5 레이어 스타일을 추가하기 위해 Stroke(획)를 선택한 후 아래와 같이 값을 변경한다.
- Size(크기) : 2px
- Position(위치) : Outside(바깥쪽)
- Fill Type(칠 유형) : Color(색상)
- 색상값 : #336633

6 레이어 스타일을 추가하기 위해 Drop Shadow(그림자 효과)를 선택해 적용하고 (OK)를 누른다.

7 텍스트를 뒤틀기 위해 Type Tool(수평 문자, **T**)을 선택한 후 옵션 바의 Create warped text(뒤틀어진 텍스트 만들기, **오**)를 클릭한다. Style(스타일) : Fish(물고기), Bend(구부리기) : +50%로 값을 변경하고 (OK)을 누른다.

8 Type Tool(수평 문자, **T**)을 선택한 후 빈 공간을 클릭한다. 이메일 1통에 CO_2 4g을 입력하고 Ctrl + A 를 눌러 전체 선택한다.

9 [Character(문자)] 패널에서 궁서, 20pt, #ffffff, 왼쪽 정렬로 설정한 후 2만 블록 지정하고 아래첨자(**T₁**)를 적용한다.

10 레이어 스타일을 적용하기 위해 [Layers(레이어)] 패널 하단의 *fx*를 눌러 Stroke(획)를 선택한 후 아래와 같이 값을 변경한다.
- Size(크기) : 2px
- Position(위치) : Outside(바깥쪽)
- Fill Type(칠 유형) : Color(색상)
- 색상값 : #666666

11 텍스트를 뒤틀기 위해 Type Tool(수평 문자, **T**)을 선택한 후 옵션 바의 Create warped text(뒤틀어진 텍스트 만들기, **오**)를 클릭한다. Style(스타일) : Arc(부채꼴), Bend(구부리기) : 60%로 값을 변경하고 (OK)를 누른다.

12 Type Tool(수평 문자, **T**)을 선택한 후 빈 공간을 클릭한다. 바로 지금, 나부터! 더 늦기전에 2050!을 입력하고 Ctrl + Enter 를 눌러 완료한다.

13 옵션 바 또는 [Character(문자)] 패널에서 돋움, 18pt, #ffff99, 왼쪽 정렬로 설정한다.

Plus @

CS6 버전 사용자는 만약 텍스트가 작게 느껴진다면 윗부분의 아래첨자 기능이 적용되었을 수 있으므로 해제해 준다.

⓮ 레이어 스타일을 적용하기 위해 [Layers(레이어)] 패널 하단의 *fx*를 눌러 Stroke(획)를 선택한 후 아래와 같이 값을 변경하고 OK 를 누른다.
  • Size(크기) : 2px
  • Position(위치) : Outside(바깥쪽)
  • Fill Type(칠 유형) : Gradient(그레이디언트)
  • Style(스타일) : Linear(선형)
  • Angle(각도) : 0°

⓯ Gradient(그레이디언트) 편집 창(▨▨▨▨▨▨)을 클릭한 후 Color Stop(색상 정지점)을 더블클릭하여 좌측 : #6633cc, 우측 : #cc6600으로 값을 변경하고 OK 를 누른다.

⓰ Type Tool(수평 문자, **T**)을 선택한 후 빈 공간을 클릭한다. 웹메일 정리하기, 모니터 밝기 줄이기를 입력하고 Ctrl + A 를 눌러 전체 선택한다.

⓱ 옵션 바 또는 [Character(문자)] 패널에서 돋움, 18pt, #ff0000, 가운데 정렬로 설정한 후 모니터 밝기 줄이기만 선택해 #333399로 변경한다.

⓲ 레이어 스타일을 적용하기 위해 [Layers(레이어)] 패널 하단의 *fx*를 눌러 Stroke(획)를 선택한 후 아래와 같이 값을 변경한다.
  • Size(크기) : 2px
  • Position(위치) : Outside(바깥쪽)
  • Fill Type(칠 유형) : Color(색상)
  • 색상값 : #ffffff

07 ▶ PSD, JPG 형식으로 저장하기

❶ [File(파일)]−[Save(저장)](Ctrl + S)를 선택한 후 기존 파일에 덮어쓰기 한다.

❷ JPG 파일 형식으로 저장하기 위해 [File(파일)]−[Save as(다른 이름으로 저장)](Shift + Ctrl + S)를 선택한 후 파일 형식을 클릭해 JPEG로 선택한다. '내 PC₩문서₩GTQ' 폴더에 '수험번호−성명−3'로 입력한 후 [저장]을 누른다.

❸ PSD 파일의 사이즈를 1/10로 줄이기 위해 [Image(이미지)]−[Image Size(이미지 크기)](Alt + Ctrl + I)를 선택한 후 단위 : Pixel, Width(폭) : 60px, Height(높이) : 40px, Resolution(해상도) : 72Pixels/Inch로 설정하고 OK 를 누른다.

❹ [File(파일)]−[Save(저장)](Ctrl + S)를 선택한 후 작은 사이즈로 최종 저장한다.

❺ 완성된 파일을 확인하기 위해 파일 탐색기를 열어 '내 PC₩문서₩GTQ' 폴더에서 확인한다.

❻ 시험장의 작업표시줄에 나타나는 'Koas 수험자용'을 클릭해 우측의 답안 전송 을 클릭한 후 해당하는 번호에 체크한다. 하단의 답안 전송 을 클릭한 후 닫기 를 누르면 최종 전송된 답안으로 채점이 이루어진다.

사용이미지 미리보기

1급-12.jpg

1급-13.jpg

1급-14.jpg

1급-15.jpg

1급-16.jpg

1급-17.jpg

사용자 정의 모양 미리보기

사용 기능

패턴 정의 및 적용	• [Edit(편집)]-[Define Pattern(패턴 정의)] • Pattern Stamp Tool(패턴 도장, ⬛)
혼합모드	Luminosity(광도)
색상 조정	[Create new fill or adjustment layer(조정 레이어, ◑)]-[Hue/Saturation(색조/채도)]
필터	• [Filter(필터)]-[Filter Gallery(필터 갤러리)]-[Artistic(예술효과)]-[Rough Pastels(거친 파스텔)] • [Filter(필터)]-[Filter Gallery(필터 갤러리)]-[Brush Strokes(브러시 획)]-[Angled Strokes(각진 선/획)]
이미지 추출	• Magnetic Lasso Tool(자석 올가미, ⬛) • Quick Selection Tool(빠른 선택, ⬛) • Magic Wand Tool(자동 선택, ⬛) • Lasso Tool(올가미, ⬛)
레이어 마스크	Add layer mask(레이어 마스크 추가, ⬛)
이미지 사이즈	[Image(이미지)]-[Image Size(이미지 크기)](Alt + Ctrl + I)

01 새 캔버스 생성 및 배경에 색 채우기

1 [File(파일)]−[New(새로 만들기)](Ctrl + N)를 선택한 후 아래의 조건으로 설정하고 [Create(만들기)]를 누른다.
- PRESET DETAILS(사전 설정 세부 정보)
  : 수험번호−성명−4
- 단위 : Pixels
- Width(폭) : 600
- Height(높이) : 400
- Resolution(해상도) : 72Pixels/Inch
- Color Mode(색상모드) : RGB
- Backgound Contents(배경색) : White

2 [Edit(편집)]−[Preferences(속성)]−[Guides, Grid & Slices(안내선, 격자 및 분할 영역)] (Ctrl + K)를 선택한 후 'Grid(격자)'의 Gridline Every(격자 간격) : 100Pixels, Subdivisions(세분) : 1로 설정하고 OK 를 누른다.

3 [View(보기)]−[Show(표시)]−[Grid(격자)] (Ctrl + ')와 [View(보기)]−[Rulers(눈금자)](Ctrl + R)를 나타낸다.

4 [File(파일)]−[Save as(다른 이름으로 저장)] (Shift + Ctrl + S)를 클릭한 후 '내 PC₩문서₩GTQ' 폴더에 '수험번호−성명−4.psd'로 입력하고 [저장]을 누른다.

5 배경에 색을 채우기 위해 도구상자의 Set foreground color(전경색, ■)을 클릭한 후 #ccffff를 입력하고 OK 를 누른다. 전경색을 채우기 위해 Alt + Delete 를 누른다.

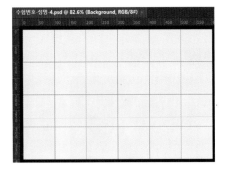

02 패턴 제작 및 등록

1 Pattern(패턴)을 만들기 위해 [File(파일)]−[New(새로 만들기)](Ctrl + N)를 선택한 후 아래의 조건으로 설정하고 [Create(만들기)]를 누른다.
- 단위 : Pixels
- Width(폭) : 50
- Height(높이) : 50
- Resolution(해상도) : 72Pixels/Inch
- Color Mode(색상모드) : RGB
- Backgound Contents(배경색) : White

2 Custom Shape Tool(사용자 정의 모양, ✸)을 선택한 후 옵션 바에서 Pick Tool Mode(선택 도구 모드) : Shape(모양, Shape ▾), Stroke(획) : 색상 없음(⬜)으로 설정하고 아래의 모양을 찾아 그린다.
Symbols(기호) – 순환 2(✿)

3 색을 적용하기 위해 [Layers(레이어)] 패널의 Layer Thumbnail(레이어 축소판, ▦)을 더블 클릭한 후 #ffff00을 입력하고 OK 를 누른다.

4 [Layers(레이어)] 패널 하단 Background(배경)의 눈 아이콘(👁)을 클릭해 해제한다.

5 다른 모양을 추가하기 위해 아래의 모양을 찾아 그린다.
Shapes(모양) – 스페이드 모양 카드(♠)

6 색을 적용하기 위해 [Layers(레이어)] 패널의 Layer Thumbnail(레이어 축소판, 🔲)을 더블 클릭한 후 #ffffff을 입력하고 (OK)를 누른다.

7 패턴을 정의하기 위해 [Edit(편집)]–[Define Pattern(패턴 정의)]를 눌러 확인 후 (OK)를 누른다.

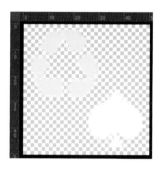

---

03 ▶ 혼합모드 및 레이어 마스크

1 [File(파일)]–[Open(열기)]((Ctrl)+(O))을 선택한 후 '1급–12.jpg'를 불러온다.

2 (Ctrl)+(A)로 전체 선택한 후 (Ctrl)+(C)로 복사하고 작업파일을 선택한 후 (Ctrl)+(V)로 붙여넣기 한다.

3 (Ctrl)+(T)로 크기/위치를 조절하고 (Enter)를 누른다.

4 혼합모드를 적용하기 위해 [Layers(레이어)] 패널의 Blending·Mode(혼합모드, Normal ⌄)를 'Luminosity(광도)'로 선택한다.

5 레이어 마스크를 적용하기 위해 [Layers(레이어)] 패널 하단의 Add Layer Mask(레이어 마스크 추가, ◉)를 클릭한다.

6 도구상자에서 Gradient Tool(그레이디언트, ▣)을 선택한 후 옵션 바에서 Gradient Presets(그레이디언트 사전 설정)을 클릭해 Basics(기본 사항)–'Black & White(검정, 흰색)'을 선택한다.

7 그림과 같이 대각선 방향으로 드래그한다.

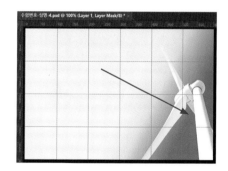

8 [File(파일)]–[Open(열기)]((Ctrl)+(O))을 선택한 후 '1급–13.jpg'를 불러온다.

9 (Ctrl)+(A)로 전체 선택한 후 (Ctrl)+(C)로 복사하고 작업파일을 선택한 후 (Ctrl)+(V)로 붙여넣기 한다.

10 (Ctrl)+(T)로 크기/위치를 조절하고 (Enter)를 누른다.

11 [Filter(필터)]−[Filter Gallery(필터 갤러리)]−[Artistic(예술효과)]−[Rough Pastels(거친 파스텔)] 필터를 적용한 다음 (OK)를 누른다.

12 **5**~**6**을 참고해 레이어 마스크를 적용하고 가로 방향으로 드래그한다.

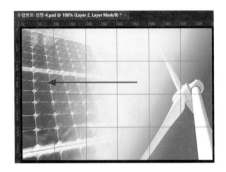

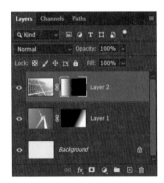

1 [File(파일)]−[Open(열기)](Ctrl + O)을 선택한 후 '1급−14.jpg'를 불러온다.

2 Magnetic Lasso Tool(자석 올가미, 🖾)을 선택한 후 옵션 바의 Frequency를 100으로 설정한 다음 첫 점을 클릭하여 이미지의 형태를 따라 추출한다.

Plus@

수정할 부분은 Shift 와 함께 영역을 추가할 수 있고, Alt 와 함께 영역을 제외할 수 있다.

3 Ctrl + C 로 복사하고 작업파일을 선택한 후 Ctrl + V 로 붙여넣기 한다.

4 Ctrl + T 로 회전/크기/위치를 조절하고 Enter 를 누른다.

5 레이어 스타일을 적용하기 위해 [Layers(레이어)] 패널 하단의 fx를 눌러 Inner Glow(내부 광선)를 선택해 적용하고 (OK)를 누른다.

6 [File(파일)]−[Open(열기)](Ctrl + O)을 선택한 후 '1급−15.jpg'를 불러온다.

7 Quick Selection Tool(빠른 선택, 🖾)로 선택영역을 지정한다.

8 Ctrl + C 로 복사하고 작업파일을 선택한 후 Ctrl + V 로 붙여넣기 한다.

9 Ctrl + T 로 크기/위치를 조절하고 Enter 를 누른다.

⑩ [Filter(필터)]−[Filter Gallery(필터 갤러리)]−[Brush Strokes(브러시 획)]−[Angled Strokes(각진 선/획)] 필터를 적용한 다음 (OK)를 누른다.

⑪ 레이어 스타일을 적용하기 위해 [Layers(레이어)] 패널 하단의 *fx*를 눌러 Inner Shadow(내부 그림자)를 선택해 적용하고 (OK)를 누른다.

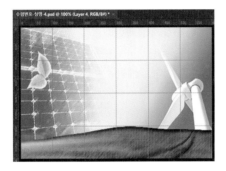

⑫ [File(파일)]−[Open(열기)]((Ctrl)+(O))을 선택한 후 '1급−16.jpg'를 불러온다.

⑬ Quick Selection Tool(빠른 선택,)로 선택영역을 지정한다.

⑭ (Ctrl)+(C)로 복사하고 작업파일을 선택한 후 (Ctrl)+(V)로 붙여넣기 한다.

⑮ (Ctrl)+(T)로 좌우대칭하기 위해 조절점 안쪽에서 마우스 오른쪽 클릭 후 Flip Horizontal(가로로 뒤집기)을 선택한다. 크기/위치를 조절하고 (Enter)를 누른다.

⑯ 빨간색 계열로 보정하기 위해 Quick Selection Tool(빠른 선택,)로 선택영역(녹색 부분)을 지정한 후 [Layers(레이어)] 패널 하단의 Create new fill or adjustment layer(조정 레이어,)를 선택한다.

⑰ Create new fill or adjustment layer(조정 레이어,)에서 [Hue/Saturation(색조/채도)]((Ctrl)+(U))을 선택한다.

⑱ Colorize(색상화)에 체크한 후 Hue(색조) : 0, Saturation(채도) : 50으로 값을 변경하고 (OK)를 누른다.

⑲ 레이어 스타일을 적용하기 위해 [Layers(레이어)] 패널에서 Layer 5(전기차)를 선택한 후 하단의 *fx*를 눌러 Outer Glow(외부 광선)를 선택해 적용하고 (OK)를 누른다.

⑳ [File(파일)]−[Open(열기)]((Ctrl)+(O))을 선택한 후 '1급−17.jpg'를 불러온다.

㉑ Magic Wand Tool(자동 선택,)을 선택한 후 옵션 바의 Tolerance(허용치)를 20, Contiguous(인접)에 체크한 다음 배경을 클릭한다.

22 Lasso Tool(올가미,) 등을 선택한 후 [Alt]
와 함께 제외할 영역을, [Shift]와 함께 추가할 영
역을 지정한다. 선택영역을 반전하기 위해
[Select(선택)]−[Inverse(반전)]([Shift]+[Ctrl]
+[I])를 누른다.

23 [Ctrl]+[C]로 복사하고 작업파일을 선택한 후
[Ctrl]+[V]로 붙여넣기 한다.

24 [Ctrl]+[T]로 크기/위치를 조절하고 [Enter]를 누
른다.

05 ▶ 패스 제작 및 패턴 적용

1 Pen Tool(펜,)을 선택한 후 옵션 바에서
Pick Tool Mode(선택 도구 모드) : Path(패스,
[Path ⌄]), Path Operations(패스 작업) :
Combine Shapes(모양 결합, ▣)로 지정한다.

2 배경 레이어의 눈 아이콘(👁)을 [Alt]+클릭해
나머지 레이어의 눈을 끈다. (선택사항)

Plus@

배경 레이어를 선택하지는 않는다. 새 레이어 추가 시
맨 위로 생성되지 않기 때문이다.

3 그림을 참고해 드래그하며 패스를 그린다.

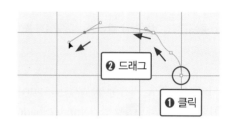

4 진행되는 곡선을 끊어야 하는 지점에서는 기준점
을 [Alt]와 함께 클릭한다.

5 직선 부분에서는 [Shift]와 함께 클릭하며 패스를
그린다.

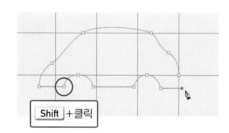

6 안쪽 부분도 이와 마찬가지로 그린다.

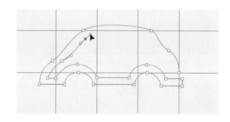

7 Direct Selection Tool(직접 선택, 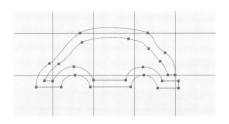)을 선택한 후 기준점과 방향선을 이용해 모양을 수정한다.

8 플러그 부분은 Rectangle Tool(사각 도형, ■)을 선택한 후 옵션 바에서 Pick Tool Mode(선택 도구 모드) : Path(패스, `Path`), Path Operations(패스 작업) : Combine Shapes(모양 결합, ■)로 지정한다.

9 곡률 조정을 위해 옵션 바에서 곡률을 50px로 설정한 다음 그림과 같이 그린다.

Plus@

CS6 버전에서는 Rounded Rectangle Tool(모서리가 둥근 직사각형, ■)을 이용한다.

10 우측 부분을 삭제하기 위해 Direct Selection Tool(직접 선택, ■)을 선택한다. 그림과 같이 두 포인트를 드래그한 후 `Delete`를 눌러 삭제한다.

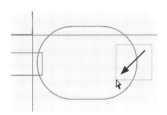

11 이때 일반 도형 패스로의 변경 여부를 물으면 [예]를 누른다.

12 나머지 부분도 이와 같이 그린다.

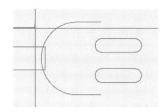

Plus@

[Path(패스)] 패널에서 `Ctrl`+Path Thumbnail(패스 축소판)을 클릭해 중간중간 모양을 확인한 후 선택을 해제(`Ctrl`+`D`)한다.

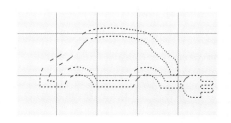

13 바퀴도 Ellipse Tool(타원, ●)을 선택해 그려 넣는다.

⓮ Path Selection Tool(패스 선택, ▶)로 바퀴를 선택한 후 Alt 와 함께 드래그해 복제한다.

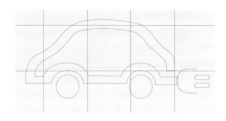

⓯ 패스의 유실을 방지하기 위해 [Path(패스)] 패널을 선택한 후 Work Path(작업 패스) 이름 부분을 더블클릭한다. Save Path(패스 저장)가 나오면 OK 를 누른다. (선택사항)

⓰ 패스를 선택영역으로 지정하기 위해 Ctrl +Path Thumbnail(패스 축소판)을 클릭한다. 선택영역이 생기면 [Layers(레이어)] 패널을 선택한 후 하단의 Create a new layer(새 레이어, ⊞, Shift + Ctrl + N)를 클릭해 추가한다.

⓱ 전경색(▉)을 #3366cc로 변경한 후 Alt + Delete 를 눌러 채운다.

⓲ Ctrl + D 로 선택영역을 해제한다.

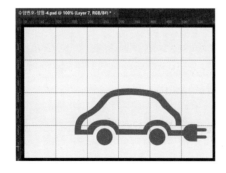

⓳ 레이어 스타일을 적용하기 위해 [Layers(레이어)] 패널 하단의 *fx* 를 눌러 Drop Shadow(그림자 효과)를 선택해 적용하고 OK 를 누른다.

⓴ 모든 레이어의 눈을 켜기 위해 레이어의 눈 아이콘(👁)에서 마우스 오른쪽 클릭 후 'Show/hide all other layers(다른 모든 레이어 표시/숨기기)'를 클릭한다.

㉑ 패턴을 전기차 뒤쪽 부분에 적용하기 위해 Create a new layer(새 레이어, ⊞, Ctrl + Shift + N)를 클릭해 추가한 후 Layer 7(전기차)보다 아래로 이동한다.

㉒ Pattern Stamp Tool(패턴 도장, 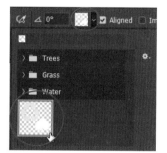)을 선택한 후 옵션 바에서 브러시의 크기를 60px 정도로 설정하고 패턴 피커에서 저장된 패턴을 선택한다.

㉓ 출력형태를 참고해 드래그하여 채운다.

06 **모양 지정 및 레이어 스타일**

1 Custom Shape Tool(사용자 정의 모양,) 을 선택한 후 옵션 바에서 Pick Tool Mode(선택 도구 모드) : Shape(모양, Shape ∨), Stroke(획) : 색상 없음()으로 설정한다. 모양 선택(Shape: →∨)을 눌러 아래의 모양을 찾아 그린다.
Symbols(기호) — 세계()

2 색을 적용하기 위해 [Layers(레이어)] 패널의 Layer Thumbnail(레이어 축소판,)을 더블 클릭한 후 #66ff33을 입력하고 OK 를 누른다.

3 레이어 스타일을 적용하기 위해 [Layers(레이어)] 패널 하단의 fx.를 눌러 Drop Shadow(그림자 효과)를 선택해 적용하고 OK 를 누른다.

4 다른 모양을 추가하기 위해 아래의 모양을 찾아 그린다.
Nature(자연) — 나뭇잎 1()

5 색을 적용하기 위해 [Layers(레이어)] 패널의 Layer Thumbnail(레이어 축소판,)을 더블 클릭한 후 #99ff33을 입력하고 OK 를 누른다.

6 레이어 스타일을 추가하기 위해 Inner Shadow(내부 그림자)를 선택해 적용하고 OK 를 누른다.

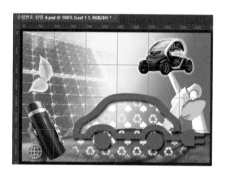

7 메뉴 부분을 만들기 위해 아래의 모양을 찾아 그린다.
Banners and Awards(배너 및 상장) — 배너 3 ()

8 레이어 스타일을 적용하기 위해 [Layers(레이어)] 패널 하단의 fx.를 눌러 Gradient Overlay(그레이디언트 오버레이)를 선택한 후 아래와 같이 값을 변경한다.
• Opacity(불투명도) : 100%
• Style : Reflected(반사)
• Angle(각도) : 90°
• Scale(비율) : 100%
• Reverse : 체크

09 Gradient(그레이디언트) 편집 창( )을 클릭한 후 Color Stop(색상 정지점)을 더블클릭하여 좌측 : #99cc00, 우측 : #ffffff로 값을 변경하고 OK 를 누른다.

10 레이어 스타일을 추가하기 위해 Stroke(획)를 선택한 후 아래와 같이 값을 변경하고 OK 를 누른다.

- Size(크기) : 2px
- Position(위치) : Outside(바깥쪽)
- Fill Type(칠 유형) : Color(색상)
- 색상값 : #66cc00

11 메뉴에 텍스트를 입력하기 위해 Type Tool(수평 문자, T)을 선택한 후 Shift +클릭하여 기후변화를 입력하고 Ctrl + Enter 를 눌러 완료한다.

12 옵션 바 또는 [Character(문자)] 패널에서 돋움, 18pt, 왼쪽 정렬, #000000으로 설정한다.

13 레이어 스타일을 적용하기 위해 [Layers(레이어)] 패널 하단의 fx 를 눌러 Stroke(획)를 선택한 후 아래와 같이 값을 변경하고 OK 를 누른다.

- Size(크기) : 2px
- Position(위치) : Outside(바깥쪽)
- Fill Type(칠 유형) : Color(색상)
- 색상값 : #ffffff

14 메뉴를 복제하기 위해 배너 모양과 텍스트 레이어를 Shift 로 클릭한 다음 Move Tool(이동,)을 선택하여 Alt 와 함께 오른쪽 방향으로 드래그하여 두 번 복제한다.

15 두 번째의 텍스트를 수정하기 위해 [Layers(레이어)] 패널의 Indicates Text Layer(텍스트 레이어, T)를 더블클릭한 후 통계연구를 입력하고 Ctrl + Enter 를 눌러 완료한다.

16 세 번째 텍스트도 15와 같은 방법으로 기후소식으로 수정한다.

17 두 번째 모양의 Stroke(획) 부분을 더블클릭한 후 아래와 같이 값을 변경한다.

- Size(크기) : 2px
- Position(위치) : Outside(바깥쪽)
- Fill Type(칠 유형) : Color(색상)
- 색상값 : #33cccc

18 두 번째 모양의 Gradient Overlay(그레이디언트 오버레이)를 선택한 후 아래와 같이 값을 변경한다.

- Opacity(불투명도) : 100%
- Style : Reflected(반사)
- Angle(각도) : 90°
- Scale(비율) : 100%
- Reverse 체크

19 Gradient(그레이디언트) 편집 창( )을 클릭한 후 Color Stop(색상 정지점)을 더블클릭하여 좌측 : #99ffff, 우측 : #ffffff로 값을 변경하고 OK 를 누른다.

07 문자 효과

1 Type Tool(수평 문자, T)을 선택한 후 빈 공간을 클릭한다. 2050 탄소중립 프로그램을 입력하고 Ctrl + Enter를 눌러 완료한다.

2 옵션 바 또는 [Character(문자)] 패널에서 궁서, 46pt, 왼쪽 정렬로 설정한다.

Plus@

CS6 버전에서는 줄 간격이 넓게 보일 수 있으니 줄 간격의 값을 제시된 텍스트 크기보다 약간 크게 조절하면 출력형태와 유사하다.

3 레이어 스타일을 적용하기 위해 [Layers(레이어)] 패널 하단의 fx를 눌러 Gradient Overlay(그레이디언트 오버레이)를 선택한 후 아래와 같이 값을 변경한다.

- Opacity(불투명도) : 100%
- Style : Linear(선형)
- Angle(각도) : 90°
- Scale(비율) : 100%

4 Gradient 편집 창( )을 클릭한 후 Color Stop(색상 정지점)을 더블클릭하여 좌측 : #00cc33, 중간 : #3333ff, 우측 : #cc00ff로 값을 변경하고 OK를 누른다.

5 레이어 스타일을 추가하기 위해 Stroke(획)를 선택한 후 값을 변경하고 OK를 누른다.

- Size(크기) : 3px
- Position(위치) : Outside(바깥쪽)
- Fill Type(칠 유형) : Color(색상)
- 색상값 : #ffffcc

6 텍스트를 뒤틀기 위해 Type Tool(수평 문자, T)을 선택한 후 옵션 바의 Create warped text(뒤틀어진 텍스트 만들기,)를 클릭하여 아래와 같이 값을 변경하고 OK를 누른다.

- Style(스타일) : Arc(부채꼴)
- Vertical(세로)에 체크
- Bend(구부리기) : 0%
- Horizontal Distortion(가로 왜곡) : 40

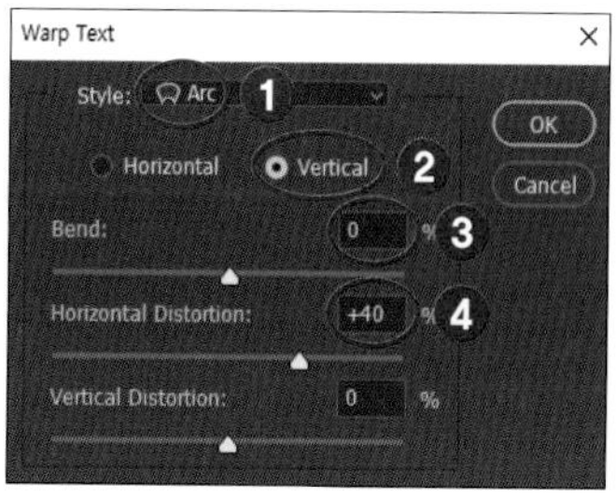

7 Type Tool(수평 문자, T)을 선택한 후 빈 공간을 클릭한다. Carbon Neutral를 입력하고 Ctrl + A를 눌러 전체 선택한다.

8 옵션 바 또는 [Character(문자)] 패널에서 Times New Roman, Regular, 24pt, #ffff99, 왼쪽 정렬로 설정한 후 Neutral만 선택하여 #99ff33로 변경한다.

⑨ 레이어 스타일을 적용하기 위해 [Layers(레이어)] 패널 하단의 *fx*,를 눌러 Stroke(획)를 선택한 후 아래와 같이 값을 변경하고 (OK)를 누른다.
- Size(크기) : 3px
- Position(위치) : Outside(바깥쪽)
- Fill Type(칠 유형) : Color(색상)
- 색상값 : #336600

⑩ 텍스트를 뒤틀기 위해 Type Tool(수평 문자, T)을 선택한 후 옵션 바의 Create warped text(뒤틀어진 텍스트 만들기, T)를 클릭하여 Style(스타일) : Arc(부채꼴), Bend(구부리기) : 30%로 값을 변경하고 (OK)를 누른다.

⑪ Type Tool(수평 문자, T)을 선택한 후 빈 공간을 클릭한다. 그린뉴딜 프로젝트를 입력하고 (Ctrl) + (Enter)를 눌러 완료한다.

⑫ 옵션 바 또는 [Character(문자)] 패널에서 궁서, 20pt, #99ff33으로 설정한다.

⑬ 레이어 스타일을 적용하기 위해 [Layers(레이어)] 패널 하단의 *fx*,를 눌러 Drop Shadow(그림자 효과)를 선택해 적용한 후 (OK)를 누른다.

① [File(파일)]−[Save(저장)]((Ctrl) + (S))를 선택한 후 기존 파일에 덮어쓰기 한다.

② JPG 파일 형식으로 저장하기 위해 [File(파일)]−[Save as(다른 이름으로 저장)]((Shift) + (Ctrl) + (S))를 선택한 후 파일 형식을 클릭해 JPEG로 선택한다. '내 PC₩문서₩GTQ' 폴더에 '수험번호−성명−4'로 입력한 후 [저장]을 누른다.

③ PSD 파일의 사이즈를 1/10로 줄이기 위해 [Image(이미지)]−[Image Size(이미지 크기)]((Alt) + (Ctrl) + (I))를 선택한 후 단위 : Pixel, Width(폭) : 60px, Height(높이) : 40px, Resolution(해상도) : 72Pixels/Inch로 설정하고 (OK)를 누른다.

④ [File(파일)]−[Save(저장)]((Ctrl) + (S))를 선택한 후 작은 사이즈로 최종 저장한다.

⑤ 완성된 파일을 확인하기 위해 파일 탐색기를 열어 '내 PC₩문서₩GTQ' 폴더에서 확인한다.

⑥ 시험장의 작업표시줄에 나타나는 'Koas 수험자용'을 클릭해 우측의 답안 전송 을 클릭한 후 해당하는 번호에 체크한다. 하단의 답안 전송 을 클릭한 후 닫기 를 누르면 최종 전송된 답안으로 채점이 이루어진다.

⊘ Check Point !

		O	X
공통	• 제시된 크기(px)와 해상도(72Pixels/Inch)로 파일을 만들었나요? • '수험번호-성명-문제번호.psd'로 저장했나요? • 그리드(Ctrl + ')와 눈금자(Ctrl + R)를 표시했나요? • 시험지에도 자를 이용해 100픽셀씩 그리드를 그려주었나요?		
문제1번	• 만든 패스를 저장했나요? • 클리핑 마스크를 적용했나요? • 각 이미지와 Shape(모양)에 레이어 스타일과 필터를 적용했나요?		
문제2번	• 제시된 색상으로 보정했나요? • 각 이미지와 Shape(모양)에 레이어 스타일과 필터를 적용했나요?		
문제3번	• 배경에 색을 적용했나요? • Blending Mode(혼합모드)를 적용했나요? • 레이어 마스크의 방향을 맞게 적용했나요? • 제시된 색상으로 보정했나요? • 각 이미지와 Shape(모양)에 레이어 스타일과 필터를 적용했나요?		
문제4번	• 배경에 색을 적용했나요? • 패턴을 제작하여 등록하였나요? • Blending Mode(혼합모드)를 적용했나요? • 레이어 마스크의 방향을 맞게 적용했나요? • 제시된 색상으로 보정했나요? • 1급-17.jpg를 제외한 이미지와 Shape(모양)에 레이어 스타일과 필터를 적용했나요? • 펜 도구를 이용하여 오브젝트를 그려 패턴으로 적용하였나요?		
공통	• '수험번호-성명-문제번호.jpg'로 저장했나요? • 1/10로 줄여 '수험번호-성명-문제번호.psd'로 저장했나요?		

※ 시험장에서는 반드시 전송까지 실행해 주세요.

제3회 실전 모의고사 [S/W:포토샵]

급수	문제유형	시험시간	수험번호	성명
1급	A	90분		

수험자 유의사항

- 수험자는 문제지를 받는 즉시 응시하고자 하는 과목 및 급수가 맞는지 확인한 후 수험번호와 성명을 작성합니다.
- 파일명은 본인의 "수험번호−성명−문제번호"로 공백 없이 정확히 입력하고 답안폴더(내 PC₩문서₩GTQ)에 jpg 파일과 psd 파일의 2가지 포맷으로 저장해야 하며, jpg 파일과 psd 파일의 내용이 상이할 경우 0점 처리됩니다. 답안문서 파일명이 "수험번호−성명−문제번호"와 일치하지 않거나, 답안 파일을 전송하지 않아 미제출로 처리될 경우 불합격 처리됩니다.
- 문제의 세부조건은 '영문(한글)' 형식으로 표기되어 있으니 유의하시기 바랍니다.
- 수험자 정보와 저장한 파일명, 저장 위치가 다를 경우 전송이 되지 않으므로, 주의하시기 바랍니다.
- 답안 작성 중에도 주기적으로 '저장'과 '답안 전송'을 이용하여 감독위원 PC로 답안을 전송하셔야 합니다.
  (※ 작업한 내용을 저장하지 않고 전송할 경우 이전의 저장내용이 전송되오니 이점 반드시 유념하시기 바랍니다.)
- 답안문서는 지정된 경로 외의 다른 보조기억장치에 저장하는 행위, 지정된 시험 시간 외에 작성된 파일을 활용한 행위, 기타 허용되지 않은 프로그램(이메일, 메신저, 게임, 네트워크 등) 이용 시 부정행위로 간주되어 자격기본법 제32조에 의거 본 시험 및 국가공인 자격시험을 2년간 응시할 수 없습니다.
- 시험 중 부주의 또는 고의로 시스템을 파손한 경우와 〈수험자 유의사항〉에 기재된 방법대로 이행하지 않아 생기는 불이익은 수험자의 책임임을 알려 드립니다.
- 시험을 완료한 수험자는 최종적으로 저장한 답안파일이 전송되었는지 확인한 후 감독위원의 지시에 따라 문제지를 제출하고 퇴실합니다.

답안 작성요령

- 온라인 답안 작성 절차
  수험자 등록 ⇒ 시험 시작 ⇒ 답안파일 저장 ⇒ 답안 전송 ⇒ 시험 종료
- 내 PC₩문서₩GTQ₩Image 폴더에 있는 그림 원본파일을 사용하여 답안을 작성하고 최종답안을 답안폴더(내 PC₩문서₩GTQ)에 저장하여 답안을 전송하시고, 이미지의 크기가 다른 경우 감점 처리됩니다.
- 배점은 총 100점으로 이루어지며, 점수는 각 문제별로 차등 배분됩니다.
- 각 문제는 주어진 〈조건〉에 따라 작성하고, 언급하지 않은 조건은 《출력형태》와 같이 작성합니다.
- 배치 등의 편의를 위해 주어진 눈금자의 단위는 '픽셀'입니다.
- 그 외는 출력형태(효과, 이미지, 문자, 색상, 레이아웃, 규격 등)와 같게 작업하십시오.
- 문제 조건에 서체의 지정이 없을 경우 한글은 굴림이나 돋움, 영문은 Arial로 작업하십시오. (단, 그 외에 제시되지 않은 문자 속성을 기본값으로 작성하지 않은 경우는 감점 처리됩니다.)
- Image Mode(이미지 모드)는 별도의 처리조건이 없을 경우에는 RGB(8비트)로 작업하십시오.
- 모든 답안 파일은 해상도 72pixels/inch로 작업하십시오.
- Layer(레이어)는 각 기능별로 분할해야 하며, 임의로 합칠 경우나 각 기능에 대한 속성을 해지할 경우 해당 요소는 0점 처리됩니다.

[기능평가] 고급 Tool(도구) 활용

다음의 《조건》에 따라 아래의 《출력형태》와 같이 작업하시오.

조건

원본이미지			문서₩GTQ₩Image문서₩GTQ₩1급-1.jpg, 1급-2.jpg, 1급-3.jpg
파일 저장 규칙	JPG	파일명	문서₩GTQ₩수험번호-성명-1.jpg
		크기	400 × 500 pixels
	PSD	파일명	문서₩GTQ₩수험번호-성명-1.psd
		크기	40 × 50 pixels

1. 그림 효과
   ① 1급-1.jpg : 필터 - Film Grain(필름 그레인)
   ② Save Path(패스 저장) : 요가 모양
   ③ Mask(마스크) : 요가 모양, 1급-2.jpg를 이용하여 작성
      레이어 스타일 - Stroke(선/획)(4px, 그레이디언트(#ffff00, #ff99cc)), Drop Shadow(그림자 효과)
   ④ 1급-3.jpg : 레이어 스타일 - Outer Glow(외부 광선)
   ⑤ Shape Tool(모양 도구) :
      - 기호 모양 (#ffffff, 레이어 스타일 - Stroke(선/획)(2px, #ff9933, #3399ff))
      - 동심원 모양 (#3399ff, 레이어 스타일 - Outer Glow(외부 광선))

2. 문자 효과
   ① Mindfulness Meditation (Times New Roman, Regular, 38pt, #cccccc, 레이어 스타일 - Stroke(선/획)(2px, 그레이디언트
      (#3399ff, #000000, #ff0000))

출력형태

다음의 《조건》에 따라 아래의 《출력형태》와 같이 작업하시오.

조건

원본이미지	문서₩GTQ₩Image문서₩GTQ₩1급-4.jpg, 1급-5.jpg, 1급-6.jpg		
파일 저장 규칙	JPG	파일명	문서₩GTQ₩수험번호-성명-2.jpg
		크기	400 × 500 pixels
	PSD	파일명	문서₩GTQ₩수험번호-성명-2.psd
		크기	40 × 50 pixels

1. 그림 효과
   ① 1급-4.jpg : 필터 - Rough Pastels(거친 파스텔)
   ② 색상 보정 : 1급-5.jpg - 빨간색 계열로 보정
   ③ 1급-5.jpg : 레이어 스타일 - Inner Glow(내부 광선)
   ④ 1급-6.jpg : 레이어 스타일 - Outer Glow(외부 광선)
   ⑤ Shape Tool(모양 도구) :
      - 사람 모양 (#ffcccc, #ffffcc, 레이어 스타일 - Drop Shadow(그림자 효과))
      - 프레임 모양 (#cccccc, 레이어 스타일 - Drop Shadow(그림자 효과))

2. 문자 효과
   ① 청년마음건강 지원사업 (궁서, 45pt, 60pt, 레이어 스타일 - 그레이디언트 오버레이(#0099cc, #cc66ff), Stroke(선/획)(3px, #ffffff)

출력형태

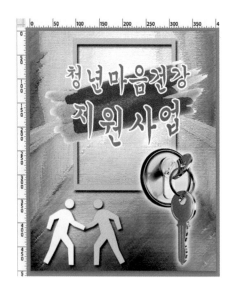

[실무응용] 포스터 제작

25점

다음의 《조건》에 따라 아래의 《출력형태》와 같이 작업하시오.

조건

원본이미지	문서₩GTQ₩Image₩1급−7.jpg, 1급−8.jpg, 1급−9.jpg, 1급−10.jpg, 1급−11.jpg		
파일 저장 규칙	JPG	파일명	문서₩GTQ₩수험번호−성명−3.jpg
		크기	600 × 400 pixels
	PSD	파일명	문서₩GTQ₩수험번호−성명−3.psd
		크기	60 × 40 pixels

1. 그림 효과
① 배경 : #ffffcc
② 1급−7.jpg : Blending Mode(혼합모드) − Luminosity(광도), Opacity(불투명도)(60%), 레이어 마스크 − 세로 방향으로 흐릿하게
③ 1급−8.jpg : 필터 − Poster Edges(포스터 가장자리), 레이어 마스크 − 가로 방향으로 흐릿하게
④ 1급−9.jpg : 필터 − Texturizer(텍스처화)
⑤ 1급−10.jpg : 레이어 스타일 − Drop Shadow(그림자 효과)
⑥ 1급−11.jpg : 색상 보정 − 파란색 계열로 보정, 레이어 스타일 − Stroke(선/획)(4px, 그레이디언트(#cc3300, 투명으로))
⑦ 그 외 《출력형태》 참조

2. 문자 효과
① 미술심리치료 (돋움, 46pt, 레이어 스타일 − 그레이디언트 오버레이(#00ccff, #6633ff), Stroke(선/획)(2px, #ffffff))
② 인성발달 | 사회성 형성 (궁서, 22pt, #330000, 레이어 스타일 − Stroke(선/획)(2px, #ffff99))
③ 그림속에 숨겨진 마음을 읽는 미술치료사 (궁서, 20pt, #ffffff, 레이어 스타일 − Stroke(선/획)(2px, 그레이디언트(#336600, #00cccc))
④ One Day Class (Arial, Bold, 26pt, #ff0033, #0066ff, Stroke(선/획)(2px, #ffffff))

출력형태

Shape Tool(모양 도구) 사용
#ffcc00, 레이어 스타일 −
Drop Shadow(그림자 효과),
Opacity(불투명도)(80%)

Shape Tool(모양 도구) 사용
레이어 스타일 − 그레이디언트
오버레이(#6600cc, #cc3399),
Outer Glow(외부 광선)

Shape Tool(모양 도구) 사용
#ffff33, 레이어 스타일 −
Outer Glow(외부 광선)

다음의 《조건》에 따라 아래의 《출력형태》와 같이 작업하시오.

조건

원본이미지		문서₩GTQ₩Image₩1급-12.jpg, 1급-13.jpg, 1급-14.jpg, 1급-15.jpg, 1급-16.jpg, 1급-17.jpg	
파일 저장 규칙	JPG	파일명	문서₩GTQ₩수험번호-성명-4.jpg
		크기	600 × 400 pixels
	PSD	파일명	문서₩GTQ₩수험번호-성명-4.psd
		크기	60 × 40 pixels

1. 그림 효과
   ① 배경 : #ccccff
   ② 패턴(나비, 달 모양) : #ffff99, #ff99ff, Opacity(불투명도)(80%)
   ③ 1급-12.jpg : Blending Mode(혼합모드) - Luminosity(광도), Opacity(불투명도)(80%), 레이어 마스크 - 대각선 방향으로 흐릿하게
   ④ 1급-13.jpg : 필터 - Lens Flare(렌즈 플레어), 레이어 마스크 - 가로 방향으로 흐릿하게
   ⑤ 1급-14.jpg : 레이어 스타일 - Outer Glow(외부 광선)
   ⑥ 1급-15.jpg : 필터 - Poster Edges(포스터 가장자리), 레이어 스타일 - Inner Glow(내부 광선)
   ⑦ 1급-16.jpg : 색상 보정 - 파란색 계열로 보정, 레이어 스타일 - Bevel and Emboss(경사와 엠보스)
   ⑧ 그 외 《출력형태》 참조

2. 문자 효과
   ① 나를 깨우는 시간 (궁서, 50pt, 레이어 스타일 - 그레이디언트 오버레이(#ffff00, #ff9999), Stroke(선/획)(3px, #666699))
   ② Miracle Morning (Arial, Regular, 24pt, #6666ff, 레이어 스타일 - Outer Glow(외부 광선))
   ③ 명상 / 요가 / 다도 (굴림, 18pt, #000000, 레이어 스타일 - Stroke(선/획)(2px, #ffffff))
   ④ 생활명상 둘러보기 회원모집 (궁서, 18pt, #ffffff, 레이어 스타일 - Stroke(선/획)(2px, #336600))

출력형태

Shape Tool(모양 도구) 사용
#6666ff, #333399, 레이어 스타일 -
Outer Glow(외부 광선)

Pen Tool(펜 도구) 사용,
레이어 스타일 - 그레이디언트
오버레이(#6666ff, #33cccc),
Drop Shadow(그림자 효과)

Shape Tool(모양 도구) 사용
레이어 스타일 - Inner Shadow(내부 그림자),
그레이디언트 오버레이(#ffffff, #006633, #6666ff)

사용이미지 미리보기

1급-1.jpg

1급-2.jpg

1급-3.jpg

사용자 정의 모양 미리보기

사용 기능

필터	[Filter(필터)]-[Filter Gallery(필터 갤러리)]-[Artistic(예술효과)]-[Film Grain(필름 그레인)]
클리핑 마스크	Create Clipping Mask(클리핑 마스크 만들기, `Alt` + `Ctrl` + `G`)
이미지 추출	Quick Selection Tool(빠른 선택,)
이미지 사이즈	[Image(이미지)]-[Image Size(이미지 크기)](`Alt` + `Ctrl` + `I`)

01 새 캔버스 생성 및 필터

1 [File(파일)]−[New(새로 만들기)](Ctrl + N)를 선택한 후 아래의 조건으로 설정하고 [Create(만들기)]를 누른다.
- PRESET DETAILS(사전 설정 세부 정보)
  : 수험번호−성명−1
- 단위 : Pixels
- Width(폭) : 400
- Height(높이) : 500
- Resolution(해상도) : 72Pixels/Inch
- Color Mode(색상모드) : RGB
- Backgound Contents(배경색) : White

2 [Edit(편집)]−[Preferences(속성)]−[Guides, Grid & Slices(안내선, 격자 및 분할 영역)](Ctrl + K)를 선택한 후 'Grid(격자)'의 Gridline Every(격자 간격) : 100Pixels, Subdivisions(세분) : 1로 설정하고 (OK)를 누른다.

3 [View(보기)]−[Show(표시)]−[Grid(격자)](Ctrl + ')와 [View(보기)]−[Rulers(눈금자)](Ctrl + R)를 나타낸다.

Plus@

CS6 버전 이하에서는 눈금자에서 마우스 오른쪽 클릭 후 단위를 px로 변경한다.

4 [File(파일)]−[Save as(다른 이름으로 저장)](Shift + Ctrl + S)를 클릭한 후 '내 PC₩문서₩GTQ' 폴더에 '수험번호−성명−1.psd'로 입력하고 [저장]을 누른다.

5 [File(파일)]−[Open(열기)](Ctrl + O)을 선택한 후 '1급−1.jpg'를 불러온다.

6 Ctrl + A 로 전체 선택한 후 Ctrl + C 로 복사하고 작업파일을 선택한 후 Ctrl + V 로 붙여넣기 한다.

7 Ctrl + T 로 크기/위치를 조절하고 Enter 를 누른다.

8 [Filter(필터)]−[Filter Gallery(필터 갤러리)]−[Artistic(예술효과)]−[Film Grain(필름 그레인)]필터를 적용하고 (OK)를 누른다.

02 패스 제작 및 패스 저장

1 Ellipse Tool(타원, ⬤)을 선택한 후 옵션 바에서 Pick Tool Mode(선택 도구 모드) : Path(패스, Path ∨), Path Operations(패스 작업) : Combine Shapes(모양 결합, ◻)로 지정한다.

2 Layer 1(배경 이미지)의 눈 아이콘()을 클릭해 숨기게 한 다음 패스를 그리기 위해 [Path(패스)] 패널을 누른다. (선택사항)

3 그림을 참고해 타원을 그린다.

4 Pen Tool(펜,)을 선택한 후 옵션 바에서 Pick Tool Mode(선택 도구 모드) : Path(패스, Path), Path Operations(패스 작업) : Combine Shapes(모양 결합,)로 지정한다.

5 그림을 참고해 반만 그린다.

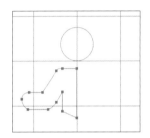

6 Path Selection Tool(패스 선택,)로 Alt 와 함께 드래그해 복제한다.

7 Ctrl + T 로 조절점 안쪽에서 마우스 오른쪽 클릭 후 Flip Horizontal(가로로 뒤집기)을 선택하여 배치하고 Enter 를 누른다.

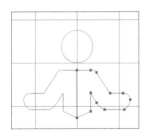

8 다리 부분도 그림과 같이 그린다.

9 패스를 저장하기 위해 [Path(패스)] 패널의 Work Path(작업 패스) 이름 부분을 더블클릭한 후 Save Path(패스 저장) 대화상자가 나오면 요가 모양을 입력하고 OK 를 누른다.

10 Path Selection Tool(패스 선택,)로 모두 선택한다. Ctrl + T 를 눌러 크기와 위치 등을 조절한 후 Enter 를 누른다.

11 패스를 선택영역으로 지정하기 위해 Ctrl +Path Thumbnail(패스 축소판)을 클릭한다. 선택영역이 생기면 [Layers(레이어)] 패널을 선택한 후 하단의 Create a new layer(새 레이어, , Shift + Ctrl + N)를 클릭해 추가한다.

⑫ 임의의 색을 추가하기 위해 [Alt] + [Delete]를 눌러 전경색(⬛)을 추가한다.

⑬ 배경 이미지의 눈 아이콘(👁)을 클릭해 보이게 한다.

⑭ 레이어 스타일을 적용하기 위해 [Layers(레이어)] 패널 하단의 _fx_ 를 눌러 Stroke(획)를 선택한 후 아래와 같이 값을 변경한다.
  • Size(크기) : 4px
  • Position(위치) : Outside(바깥쪽)
  • Fill Type(칠 유형) : Gradient(그레이디언트)
  • Style(스타일) : Linear(선형)
  • Angle(각도) : 0°

Plus⍺

[Layers(레이어)] 패널에서 해당 레이어의 회색 영역을 더블클릭해도 적용할 수 있다.

⑮ Gradient(그레이디언트) 편집 창(▨▨▨▨)을 클릭한 후 Color Stop(색상 정지점)을 더블클릭하여 좌측 : #ffff00, 우측 : #ff99cc로 값을 변경하고 (OK)를 누른다.

⑯ 레이어 스타일을 추가하기 위해 Drop Shadow(그림자 효과)를 선택해 적용하고 (OK)를 누른다.

03 **클리핑 마스크 및 레이어 스타일 적용**

① [File(파일)]−[Open(열기)]([Ctrl] + [O])을 선택한 후 '1급−2.jpg'를 불러온다.

② [Ctrl] + [A]로 전체 선택한 후 [Ctrl] + [C]로 복사하고 작업파일을 선택한 후 [Ctrl] + [V]로 붙여넣기 한다.

③ [Ctrl] + [T]로 크기/위치를 조절하고 [Enter]를 누른다.

④ 클리핑 마스크를 적용하기 위해 [Layers(레이어)] 패널의 Layer3(우주)에서 마우스 오른쪽 클릭 후 Create Clipping Mask(클리핑 마스크 만들기, [Alt] + [Ctrl] + [G])를 선택한다.

⑤ [File(파일)]−[Open(열기)](Ctrl + O)을 선택한 후 '1급−3.jpg'를 불러온다.

⑥ Quick Selection Tool(빠른 선택, )로 선택영역을 지정한다.

⑦ Ctrl + C 로 복사하고 작업파일을 선택한 후 Ctrl + V 로 붙여넣기 한다.

⑧ Ctrl + T 로 크기/위치를 조절하고 Enter 를 누른다.

⑨ 레이어 스타일을 적용하기 위해 [Layers(레이어)] 패널 하단의 fx.를 눌러 Outer Glow(외부 광선)를 선택해 적용하고 (OK)를 누른다.

04 ▶ 모양 지정 및 레이어 스타일

① Custom Shape Tool(사용자 정의 모양,)을 선택한 후 옵션 바에서 Pick Tool Mode(선택 도구 모드) : Shape(모양, Shape ∨), Stroke(획) : 색상 없음()으로 설정한다. 모양 선택(Shape: → ∨)을 눌러 아래의 모양을 찾아 그린다.
  • 기본 경로 : Legacy Shapes and More(레거시 모양 및 기타) − All Legacy Default Shapes (모든 레거시 기본 모양)
  • Symbols(기호) − 핵()

② 색을 적용하기 위해 [Layers(레이어)] 패널의 Layer Thumbnail(레이어 축소판,)을 더블 클릭한 후 #ffffff를 입력하고 (OK)를 누른다.

③ 레이어 스타일을 적용하기 위해 [Layers(레이어)] 패널 하단의 fx.를 눌러 Stroke(획)를 선택한 후 아래와 같이 값을 변경하고 (OK)를 누른다.
  • Size(크기) : 2px
  • Position(위치) : Outside(바깥쪽)
  • Fill Type(칠 유형) : Color(색상)
  • 색상값 : #ff9933

④ Ctrl + J 를 눌러 복제한다.

⑤ 레이어 스타일을 수정하기 위해 [Layers(레이어)] 패널의 '핵 1 복사' 레이어에 적용된 Stroke 를 더블클릭한 후 색을 #3399ff로 설정하고 (OK)를 누른다.

⑥ 다른 모양을 추가하기 위해 아래의 모양을 찾아 그린다.
  Symbols(기호) − 과녁()

⑦ Ctrl + T 로 Shift 와 함께 높이를 조절하고 Enter 를 누른다.

Plus @

CS6 버전 이하에서는 Shift 를 사용하지 않아도 된다.

8 색을 적용하기 위해 [Layers(레이어)] 패널의 '과 녁 1' Layer Thumbnail(레이어 축소판, 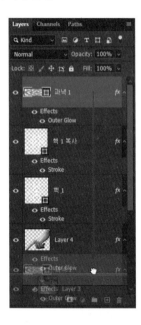)을 더블클릭한 후 #3399ff를 입력하고 (OK)를 누른다.

9 Layer 4(손) 보다 아래쪽으로 배치하기 위해 드래그하여 이동한다.

10 레이어 스타일을 적용하기 위해 [Layers(레이어)] 패널 하단의 *fx* 를 눌러 Outer Glow(외부 광선)를 선택해 적용하고 (OK)를 누른다.

---

05 문자 효과

1 Type Tool(수평 문자)을 선택한 후 빈 캔버스를 클릭한다. Mindfulness Meditation을 입력하고 [Ctrl] + [Enter] 를 눌러 완료한다.

2 옵션 바 또는 [Character(문자)] 패널에서 Times New Roman, Regular, 38pt, #cccccc로 변경한다.

3 레이어 스타일을 적용하기 위해 [Layers(레이어)] 패널 하단의 *fx* 를 눌러 Stroke(획)를 선택한 후 아래와 같이 값을 변경한다.

- Size(크기) : 2px
- Position(위치) : Outside(바깥쪽)
- Fill Type(칠 유형) : Gradient(그레이디언트)
- Style(스타일) : Linear(선형)
- Angle(각도) : 0°

Plus@

[Layers(레이어)] 패널에서 해당 레이어의 회색 영역을 더블클릭해도 적용할 수 있다.

4 Gradient(그레이디언트) 편집 창(▮▮▮▮▮)을 클릭한 후 Color Stop(색상 정지점)을 더블클릭하여 좌측 : #3399ff, 중간 : #000000, 우측 : #ff0000으로 값을 변경하고 (OK)를 누른다.

5 텍스트를 뒤틀기 위해 Type Tool(수평 문자, T)을 선택한 후 옵션 바의 Create warped text(뒤틀어진 텍스트 만들기, 工)를 클릭한다. Style(스타일) : Flag(깃발), Bend(구부리기) : −50%, Horizontal Distortion(가로 왜곡) : −50%로 값을 변경하고 OK를 누른다.

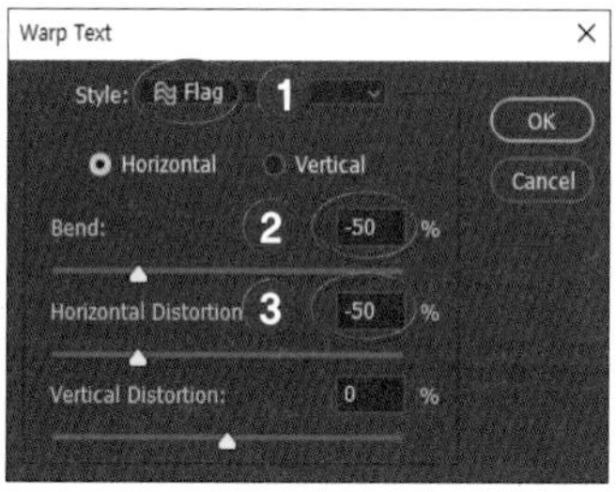

06 PSD, JPG 형식으로 저장하기

1 [File(파일)]−[Save(저장)](Ctrl+S)를 선택한 후 기존 파일에 덮어쓰기 한다.

2 JPG 파일 형식으로 저장하기 위해 [File(파일)]−[Save as(다른 이름으로 저장)](Shift+Ctrl+S)를 선택한 후 파일 형식을 클릭해 JPEG로 선택한다. '내 PC₩문서₩GTQ' 폴더에 '수험번호−성명−2'로 입력한 후 [저장]을 누른다.

3 PSD 파일의 사이즈를 1/10로 줄이기 위해 [Image(이미지)]−[Image Size(이미지 크기)](Alt+Ctrl+I)를 선택한 후 단위 : Pixel, Width(폭) : 40px, Height(높이) : 50px, Resolution(해상도) : 72Pixels/Inch로 설정하고 OK를 누른다.

4 [File(파일)]−[Save(저장)](Ctrl+S)를 선택한 후 작은 사이즈로 최종 저장한다.

5 완성된 파일을 확인하기 위해 파일 탐색기를 열어 '내 PC₩문서₩GTQ' 폴더에서 확인한다.

6 시험장의 작업표시줄에 나타나는 'Koas 수험자용'을 클릭해 우측의 답안 전송을 클릭한 후 해당하는 번호에 체크한다. 하단의 답안 전송을 클릭한 후 닫기를 누르면 최종 전송된 답안으로 채점이 이루어진다.

사용이미지 **미리보기**

1급-4.jpg

1급-5.jpg

1급-6.jpg

사용자 정의 모양 **미리보기**

사용 기능

필터	[Filter(필터)]−[Filter Gallery(필터 갤러리)]−[Artistic(예술효과)]−[Rough Pastels(거친 파스텔)]
색상 조정	[Image(이미지)]−[Adjustment(조정)]−[Hue/Saturation(색조/채도)](Ctrl + U)
이미지 추출	• Magic Wand Tool(자동 선택, 🖌) • Quick Selection Tool(빠른 선택, 🖌)
이미지 사이즈	[Image(이미지)]−[Image Size(이미지 크기)](Alt + Ctrl + I)

01 새 캔버스 생성 및 필터

1 [File(파일)]−[New(새로 만들기)](Ctrl + N)를 선택한 후 아래의 조건으로 설정하고 [Create(만들기)]를 누른다.

- PRESET DETAILS(사전 설정 세부 정보)
  : 수험번호−성명−2
- 단위 : Pixels
- Width(폭) : 400
- Height(높이) : 500
- Resolution(해상도) : 72Pixels/Inch
- Color Mode(색상모드) : RGB
- Backgound Contents(배경색) : White

2 [Edit(편집)]−[Preferences(속성)]−[Guides, Grid & Slices(안내선, 격자 및 분할 영역)](Ctrl + K)를 선택해 'Grid(격자)'의 Gridline Every(격자 간격) : 100Pixels, Subdivisions(세분) : 1로 설정하고 OK 를 누른다.

3 [View(보기)]−[Show(표시)]−[Grid(격자)](Ctrl + ')와 [View(보기)]−[Rulers(눈금자)](Ctrl + R)를 나타낸다.

4 [File(파일)]−[Save as(다른 이름으로 저장)](Shift + Ctrl + S)를 클릭한 후 '내 PC₩문서₩GTQ' 폴더에 '수험번호−성명−2.psd'로 입력하고 [저장]을 누른다.

5 [File(파일)]−[Open(열기)](Ctrl + O)을 선택한 후 '1급−4.jpg'를 불러온다.

6 Ctrl + A 로 전체 선택한 후 Ctrl + C 로 복사하고 작업파일을 선택한 후 Ctrl + V 로 붙여넣기 한다.

7 Ctrl + T 로 크기/위치를 조절하고 Enter 를 누른다.

8 [Filter(필터)]−[Filter Gallery(필터 갤러리)]−[Artistic(예술효과)]−[Rough Pastels(거친 파스텔)] 필터를 적용한 다음 OK 를 누른다.

02 이미지 추출 및 색상 보정

1 [File(파일)]−[Open(열기)](Ctrl + O)을 선택한 후 '1급−5.jpg'를 불러온다.

2 Magic Wand Tool(자동 선택,))을 선택한 후 옵션 바의 Tolerance(허용치)를 32, Contiguous(인접)에 체크하고 배경을 클릭한다.

3 선택영역을 반전하기 위해 [Select(선택)]−[Inverse(반전)](Shift + Ctrl + I)를 누른다.

4 Ctrl + C 로 복사하고 작업파일을 선택한 후 Ctrl + V 로 붙여넣기 한다.

⑤ Ctrl + T 로 회전/크기/위치를 조절하고 Enter
를 누른다.

⑥ 빨간색 계열로 보정하기 위해 [Layers(레이어)]
패널 하단의 [Create new fill or adjustment
layer(조정 레이어, ⊘)]에서 [Hue/Saturation
(색조/채도)](Ctrl + U)를 선택한다.

⑦ Colorize(색상화)에 체크한 후 Hue(색조) : 0,
Saturation(채도) : 50으로 값을 변경한다.

⑧ Hue/Saturation Layer에서 마우스 오른쪽 클
릭 후 Create Clipping Mask(클리핑 마스크 만
들기, Alt + Ctrl + G)를 선택하면 Layer 2에
만 색상 조정이 적용된다.

Plus@

[Create new fill or adjustment layer(조정 레이어, ⊘
)]를 이용하여 색상을 조정하면 별도의 레이어가 생성
되어 차후에 수정이 용이하다.

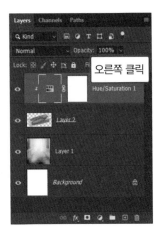

⑨ Layer 2(붓 터치)를 선택한 후 레이어 스타일을
적용하기 위해 [Layers(레이어)] 패널 하단의
fx 를 눌러 Inner Glow(내부 광선)를 선택해 적
용하고 OK 를 누른다.

03 **이미지 추출 및 레이어 스타일**

① [File(파일)]−[Open(열기)](Ctrl + O)을 선
택한 후 '1급−6.jpg'를 불러온다.

② Magic Wand Tool(자동 선택, ⚲)을 선택한
후 옵션 바의 Tolerance(허용치)를 20,
Contiguous(인접)에 체크하고 배경을 클릭한다.

③ 선택영역을 반전하기 위해 [Select(선택)]−
[Inverse(반전)](Shift + Ctrl + I)를 누른다.

④ 선택영역을 추가하려면 Quick Selection
Tool(빠른 선택, ✎)로 브러시를 조절해 선택
영역을 추가로 선택한다.

5 Ctrl + C 로 복사하고 작업파일을 선택한 후 맨 위 레이어를 선택한 다음 Ctrl + V 로 붙여넣기 한다.

Plus@

만약 클리핑 마스크 안쪽으로 이미지가 들어올 경우 출력형태와 같이 나타난다. 이것을 해결하기 위해서는 열쇠 레이어를 맨 위로 올린 다음 마우스 오른쪽 클릭 후 [Release Clipping Mask(클리핑 마스크 해제)]를 선택한다.

6 Ctrl + T 로 좌우대칭하기 위해 조절점 안쪽에서 마우스 오른쪽 클릭 후 Flip Horizontal(가로로 뒤집기)을 선택한다. 크기/위치를 조절하고 Enter 를 누른다.

7 레이어 스타일을 적용하기 위해 [Layers(레이어)] 패널 하단의 *fx.* 를 눌러 Outer Glow(외부 광선)를 선택해 적용하고 (OK)를 누른다.

04 ▶ **모양 지정 및 레이어 스타일**

1 Custom Shape Tool(사용자 정의 모양, 🌟)을 선택한 후 옵션 바에서 Pick Tool Mode(선택 도구 모드) : Shape(모양, ▣Shape∨), Stroke(획) : 색상 없음(▱)으로 설정한다. 모양 선택(Shape: →∨)을 눌러 아래의 모양을 찾아 그린다.
  • Symbols(기호) – 보행자(🚶)

2 색을 적용하기 위해 [Layers(레이어)] 패널의 Layer Thumbnail(레이어 축소판, ▣)을 더블 클릭한 후 #ffcccc를 입력하고 (OK)를 누른다.

3 레이어 스타일을 적용하기 위해 [Layers(레이어)] 패널 하단의 *fx.* 를 눌러 Drop Shadow(그림자 효과)를 선택해 적용하고 (OK)를 누른다.

4 Ctrl + J 를 눌러 복제한다.

5 Ctrl + T 로 좌우대칭하기 위해 조절점 안쪽에서 마우스 오른쪽 클릭 후 Flip Horizontal(가로로 뒤집기)을 선택한다. 크기/위치를 조절하고 Enter 를 누른다.

6 색을 적용하기 위해 [Layers(레이어)] 패널의 '사람 copy' Layer Thumbnail(레이어 축소판, ▦)을 더블클릭한 후 #ffffcc를 입력하고 OK 를 누른다.

7 다른 모양을 추가하기 위해 아래의 모양을 찾아 그린다.
Shapes(모양) – 얇은 사각형 프레임(■)

8 색을 적용하기 위해 [Layers(레이어)] 패널의 Layer Thumbnail(레이어 축소판, ▦)을 더블클릭한 후 #cccccc를 입력하고 OK 를 누른다.

9 레이어 스타일을 적용하기 위해 [Layers(레이어)] 패널 하단의 *fx.* 를 눌러 Drop Shadow(그림자 효과)를 선택해 적용하고 OK 를 누른다.

10 [Layers(레이어)] 패널에서 Layer 2(붓터치)보다 아래로 이동해 배치한다.

---

1 Type Tool(수평 문자, **T**)을 선택한 후 빈 공간을 클릭한다. 청년마음건강 지원사업을 입력하고 Ctrl + Enter 를 눌러 완료한다.

2 옵션 바 또는 [Character(문자)] 패널에서 궁서, 45pt, 가운데 정렬로 설정한 후 지원사업만 선택하여 60pt로 변경한다.

3 레이어 스타일을 적용하기 위해 [Layers(레이어)] 패널 하단의 *fx.* 를 눌러 Gradient Overlay(그레이디언트 오버레이)를 선택한 후 아래와 같이 값을 변경한다.
- Opacity(불투명도) : 100%
- Style : Linear(선형)
- Angle(각도) : 0°
- Scale(비율) : 100%

4 Gradient 편집 창(▭)을 클릭한 후 Color Stop(색상 정지점)을 더블클릭하여 좌측 : #0099cc, 우측 : #cc66ff로 값을 변경하고 OK 를 누른다.

5 레이어 스타일을 추가하기 위해 Stroke(획)를 선택한 후 아래와 같이 값을 변경하고 OK 를 누른다.
- Size(크기) : 3px
- Position(위치) : Outside(바깥쪽)
- Fill Type(칠 유형) : Color(색상)
- 색상값 : #ffffff

⑥ 텍스트를 뒤틀기 위해 Type Tool(수평 문자, Ⓣ)을 선택한 후 옵션 바의 Create warped text(뒤틀어진 텍스트 만들기, 🅣)를 클릭한다. Style(스타일) : Arc Lower(아래 부채꼴), Bend (구부리기) : +50%로 값을 변경하고 (OK)를 누른다.

❶ [File(파일)]−[Save(저장)](Ctrl + S)를 선택한 후 기존 파일에 덮어쓰기 한다.

❷ JPG 파일 형식으로 저장하기 위해 [File(파일)]− [Save as(다른 이름으로 저장)](Shift + Ctrl + S)를 선택한 후 파일 형식을 클릭해 JPEG 로 선택한다. '내 PC₩문서₩GTQ' 폴더에 '수험 번호−성명−2'로 입력한 후 [저장]을 누른다.

❸ PSD 파일의 사이즈를 1/10로 줄이기 위해 [Image(이미지)]−[Image Size(이미지 크기)] (Alt + Ctrl + I)를 선택한 후 단위 : Pixel, Width(폭) : 40px, Height(높이) : 50px, Resolution(해상도) : 72Pixels/Inch로 설정하고 (OK)를 누른다.

❹ [File(파일)]−[Save(저장)](Ctrl + S)를 선택한 후 작은 사이즈로 최종 저장한다.

❺ 완성된 파일을 확인하기 위해 파일 탐색기를 열어 '내 PC₩문서₩GTQ' 폴더에서 확인한다.

❻ 시험장의 작업표시줄에 나타나는 'Koas 수험자 용'을 클릭해 우측의 답안 전송 을 클릭한 후 해당하는 번호에 체크한다. 하단의 답안 전송 을 클릭한 후 닫기 를 누르면 최종 전송된 답안으로 채점이 이루어진다.

사용 이미지 미리보기

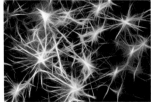

1급-7.jpg

1급-8.jpg

1급-9.jpg

1급-10.jpg

1급-11.jpg

사용자 정의 모양 미리보기

사용 기능

혼합모드	Luminosity(광도)
색상 조정	[Create new fill or adjustment layer(조정 레이어, ⬤)]-[Hue/Saturation(색조/채도)]
필터	• [Filter(필터)]-[Filter Gallery(필터 갤러리)]-[Artistic(예술효과)]-[Poster Edges(포스터 가장자리)] • [Filter(필터)]-[Filter Gallery(필터 갤러리)]-[Texture(텍스처)]-[Texturizer(텍스처화)]
이미지 추출	• Quick Selection Tool(빠른 선택, 🖌) • Polygonal Lasso Tool(다각형 올가미, 🪢)
레이어 마스크	Add layer mask(레이어 마스크 추가, ⬛)
선택영역 안쪽에 붙여넣기	[Edit(편집)]-[Paste Special(특수 붙여넣기)]-[Paste Into(안쪽에 붙여넣기)](Alt + Ctrl + Shift + V)
이미지 사이즈	[Image(이미지)]-[Image Size(이미지 크기)](Alt + Ctrl + I)

01 ▶ 새 캔버스 생성 및 배경에 색 채우기

1 [File(파일)]−[New(새로 만들기)](Ctrl + N)를
선택한 후 아래의 조건으로 설정하고 [Create(만
들기)]를 누른다.
- PRESET DETAILS(사전 설정 세부 정보)
  : 수험번호−성명−3
- 단위 : Pixels
- Width(폭) : 600
- Height(높이) : 400
- Resolution(해상도) : 72Pixels/Inch
- Color Mode(색상모드) : RGB
- Backgound Contents(배경색) : White

2 [Edit(편집)]−[Preferences(속성)]−[Guides,
Grid & Slices(안내선, 격자 및 분할 영역)]
(Ctrl + K)를 선택한 후 'Grid(격자)'의
Gridline Every(격자 간격) : 100Pixels,
Subdivisions(세분) : 1로 설정하고 OK 를 누
른다.

3 [View(보기)]−[Show(표시)]−[Grid(격자)]
(Ctrl + ')와 [View(보기)]−[Rulers(눈금
자)](Ctrl + R)를 나타낸다.

4 [File(파일)]−[Save As(다른 이름으로 저장)]
(Shift + Ctrl + S)를 클릭한 후 '내 PC₩문서
₩GTQ' 폴더에 '수험번호−성명−3.psd'로 입
력하고 [저장]을 누른다.

5 배경에 색을 채우기 위해 도구상자의 Set
foreground color(전경색, ■)를 클릭한 후
#ffffcc를 입력하고 OK 를 누른다. 전경색을 채
우기 위해 Alt + Delete 를 누른다.

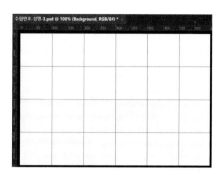

02 ▶ 혼합모드 및 레이어 마스크

1 [File(파일)]−[Open(열기)](Ctrl + O)을 선
택한 후 '1급−7.jpg'를 불러온다.

2 Ctrl + A 로 전체 선택한 후 Ctrl + C 로 복사
하고 작업파일을 선택한 후 Ctrl + V 로 붙여넣
기 한다.

3 Ctrl + T 로 크기/위치를 조절하고 Enter 를 누
른다.

4 혼합모드를 적용하기 위해 [Layers(레이어)] 패
널의 Blending Mode(혼합모드, Normal ⌄)
를 'Luminosity(광도)'으로 선택한다.

5 불투명도를 조정하기 위해 [Layers(레이어)] 패
널 상단의 Opacity(불투명도)를 60%로 설정한다.

6 레이어 마스크를 적용하기 위해 [Layers(레이어)] 패널 하단의 Add Layer Mask(레이어 마스크 추가,)를 클릭한다.

7 도구상자에서 Gradient Tool(그레이디언트,)을 선택한 후 옵션 바에서 Gradient Presets(그레이디언트 사전 설정)을 클릭해 Basics(기본 사항)−'Black & White(검정, 흰색)'을 선택한다.

8 그림과 같이 세로 방향으로 드래그한다.

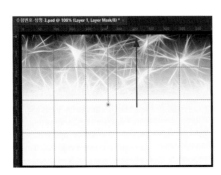

9 [File(파일)]−[Open(열기)]([Ctrl]+[O])을 선택한 후 '1급−8.jpg'를 불러온다.

10 [Ctrl]+[A]로 전체 선택한 후 [Ctrl]+[C]로 복사하고 작업파일을 선택한 후 [Ctrl]+[V]로 붙여넣기 한다.

11 [Ctrl]+[T]로 크기/위치를 조절하고 [Enter]를 누른다.

12 [Filter(필터)]−[Filter Gallery(필터 갤러리)]−[Artistic(예술효과)]−[Poster Edges(포스터 가장자리)] 필터를 적용한 다음 (OK)를 누른다.

13 6~7을 참고해 레이어 마스크를 적용한다.

14 그림과 같이 가로 방향으로 드래그한다.

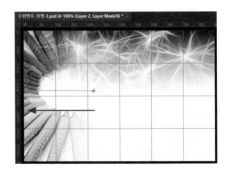

03 선택영역 안에 붙여넣기 및 필터

1 [File(파일)]−[Open(열기)]([Ctrl]+[O])을 선택한 후 '1급−9.jpg', '1급−10.jpg'를 불러온다.

2 먼저 '1급−10.jpg'를 Quick Selection Tool(빠른 선택,)로 선택영역을 지정한다.

③ Ctrl + C 로 복사하고 작업파일을 선택한 후 Ctrl + V 로 붙여넣기 한다.

④ Ctrl + T 로 크기/위치를 조절하고 Enter 를 누른다.

⑤ Quick Selection Tool(빠른 선택, [icon])로 안쪽(도화지 부분)의 선택영역을 지정한다.

⑥ 볼펜 앞부분을 추가로 추출하기 위해 Polygonal Lasso Tool(다각형 올가미, [icon])을 이용해 Alt 와 함께 영역을 제외한다.

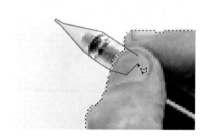

⑦ '1급-9.jpg'로 이동한 후 Ctrl + A 로 전체 선택하고 Ctrl + C 로 복사한다. 작업파일을 선택한 후 [Edit(편집)]-[Paste Special(특수 붙여넣기)]-[Paste Into(안쪽에 붙여넣기)](Alt + Ctrl + Shift + V)를 누른다.

⑧ Ctrl + T 로 크기/위치를 조절하고 Enter 를 누른다.

⑨ [Filter(필터)]-[Filter Gallery(필터 갤러리)]-[Texture(텍스처)]-[Texturizer(텍스처화)] 필터를 적용한 다음 OK 를 누른다.

⑩ 레이어 스타일을 적용하기 위해 [Layers(레이어)] 패널의 Layer 3(화가)을 선택한 후 하단의 fx 를 눌러 Drop Shadow(그림자 효과)를 선택해 적용하고 OK 를 누른다.

04 **이미지 추출 및 색상 보정**

① [File(파일)]-[Open(열기)](Ctrl + O)을 선택한 후 '1급-11.jpg'를 불러온다.

② Quick Selection Tool(빠른 선택, [icon])로 선택영역을 지정한다.

③ Ctrl + C 로 복사하고 작업파일을 선택한 후 Ctrl + V 로 붙여넣기 한다.

④ Ctrl + T 로 크기/위치를 조절하고 Enter 를 누른다.

⑤ 파란색 계열로 보정하기 위해 Quick Selection Tool(빠른 선택, ![brush]))로 선택영역(하트)을 지정한다. [Layers(레이어)] 패널 하단의 Create new fill or adjustment layer(조정 레이어, ![icon]))에서 Hue/Saturation(색조/채도, Ctrl + U)를 선택한다.

⑥ [Properties(속성)] 패널의 [Hue/Saturation (색조/채도)]에서 Colorize(색상화)에 체크한 후 Hue(색조) : 230, Saturation(채도) : 50으로 값을 변경하고 OK 를 누른다.

Plus@

제시된 색상 계열로 보여지면 되기 때문에 값은 조절 가능하다.

⑦ 레이어 스타일을 적용하기 위해 [Layers(레이어)] 패널의 Layer 5(블록)를 선택한다. 하단의 ![fx] 를 눌러 Stroke(획)를 선택한 후 아래와 같이 값을 변경하고 OK 를 누른다.

• Size(크기) : 4px
• Position(위치) : Outside(바깥쪽)
• Fill Type(칠 유형) : Gradient(그레이디언트)
• Style(스타일) : Linear(선형)
• Angle(각도) : 0°
• Reverse에 체크

⑧ Gradient(그레이디언트) 편집 창(![gradient bar]) 을 클릭한 후 Color Stop(색상 정지점)을 더블클릭하여 좌측 : #cc3300, 우측 Opacity Stop(불투명도 정지점) : 0%로 변경하고 OK 를 누른다.

---

05 모양 지정 및 레이어 스타일

① Rectangle Tool(사각 도형, ![icon])을 선택한 후 옵션 바에서 Pick Tool Mode(선택 도구 모드) : Shape(모양, ![Shape]), Stroke(획) : 색상 없음(![none])으로 설정한다. 곡률 조정을 위해 옵션 바에서 곡률을 20px로 설정한 후 그린다.

Plus@

CS6 버전에서는 Rounded Rectangle Tool(모서리가 둥근 직사각형, ![icon])을 이용한다.

2 레이어 스타일을 적용하기 위해 [Layers(레이어)] 패널 하단의 **fx.**를 눌러 Gradient Overlay(그 레이디언트 오버레이)를 선택한 후 아래와 같이 값을 변경한다.
- Opacity(불투명도) : 100%
- Style : Linear(선형)
- Angle(각도) : 90°
- Scale(비율) : 100%

3 Gradient(그레이디언트) 편집 창(▬▬▬▬)을 클릭한 후 Color Stop(색상 정지점)을 더블클릭하여 좌측 : #6600cc, 우측 : #cc3399로 변경하고 〔OK〕를 누른다.

4 레이어 스타일을 추가하기 위해 Outer Glow(외부 광선)를 선택해 적용하고 〔OK〕를 누른다.

5 다른 모양을 추가하기 위해 Custom Shape Tool(사용자 정의 모양, ❀)을 선택한 후 옵션 바에서 Pick Tool Mode(선택 도구 모드) : Shape(모양, **Shape ▾**), Stroke(획) : 색상 없음(▱)으로 설정한다. 모양 선택(Shape: ▾)을 눌러 아래의 모양을 찾아 그린다.
Symbols(기호) – 반짝이는 별(✳)

6 색을 적용하기 위해 [Layers(레이어)] 패널의 Layer Thumbnail(레이어 축소판, ▥)을 더블 클릭한 후 #ffcc00을 입력하고 〔OK〕를 누른다.

7 레이어 스타일을 적용하기 위해 Drop Shadow(그림자 효과)를 선택해 적용하고 〔OK〕를 누른다.

8 불투명도를 조정하기 위해 [Layers(레이어)] 패널의 Opacity(불투명도)를 80%로 설정한다.

9 다른 모양을 추가하기 위해 아래의 모양을 찾아 그린다.
Objects(물건) – 백열전구 2(💡)

10 색을 적용하기 위해 [Layers(레이어)] 패널의 Layer Thumbnail(레이어 축소판, ▥)을 더블 클릭한 후 #ffff33을 입력하고 〔OK〕를 누른다.

11 레이어 스타일을 적용하기 위해 [Layers(레이어)] 패널 하단의 **fx.**를 눌러 Outer Glow(외부 광선)를 선택해 적용하고 〔OK〕를 누른다.

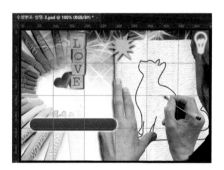

06 ▶ 문자 효과

1 Type Tool(수평 문자, **T**)을 선택한 후 빈 공간을 클릭한다. 미술심리치료를 입력하고 〔Ctrl〕+〔Enter〕를 눌러 완료한다.

2 옵션 바 또는 [Character(문자)] 패널에서 돋움, 46pt로 설정한다.

3 레이어 스타일을 적용하기 위해 [Layers(레이어)] 패널 하단의 **fx**를 눌러 Gradient Overlay(그 레이디언트 오버레이)를 선택한 후 아래와 같이 값을 변경한다.
- Opacity(불투명도) : 100%
- Style : Linear(선형)
- Angle(각도) : 90°
- Scale(비율) : 100%

4 Gradient 편집 창(▭)을 클릭한 후 Color Stop(색상 정지점)을 더블클릭하여 좌측 : #00ccff, 우측 : #6633ff로 값을 변경하고 (OK)를 누른다.

5 레이어 스타일을 추가하기 위해 Stroke(획)를 선택한 후 아래와 같이 값을 변경하고 (OK)를 누른다.
- Size(크기) : 2px
- Position(위치) : Outside(바깥쪽)
- Fill Type(칠 유형) : Color(색상)
- 색상값 : #ffffff

6 텍스트를 뒤틀기 위해 Type Tool(수평 문자, **T**)을 선택한 후 옵션 바의 Create warped text(뒤틀어진 텍스트 만들기, **工**)를 클릭한다. Style(스타일) : Arc Upper(위 부채꼴), Bend (구부리기) : +30%로 값을 변경하고 (OK)를 누른다.

7 Type Tool(수평 문자, **T**)을 선택한 후 빈 공 간을 클릭한다. 인성발달 | 사회성 형성을 입력하 고 Ctrl + Enter 를 눌러 완료한다.

8 옵션 바 또는 [Character(문자)] 패널에서 궁서, 22pt, #330000으로 설정한다.

9 레이어 스타일을 적용하기 위해 [Layers(레이 어)] 패널 하단의 **fx**를 눌러 Stroke(획)을 선택 한 후 아래와 같이 값을 변경한다.
- Size(크기) : 2px
- Position(위치) : Outside(바깥쪽)
- Fill Type(칠 유형) : Color(색상)
- 색상값 : #ffff99

10 Type Tool(수평 문자, **T**)을 선택한 후 빈 공 간을 클릭한다. 그림속에 숨겨진 마음을 읽는 미 술치료사를 입력하고 Ctrl + Enter 를 눌러 완료 한다.

11 옵션 바 또는 [Character(문자)] 패널에서 궁서, 20pt, #ffffff, 왼쪽 정렬로 설정한다.

12 레이어 스타일을 적용하기 위해 [Layers(레이 어)] 패널 하단의 **fx**를 눌러 Stroke(획)를 선택 한 후 아래와 같이 값을 변경하고 (OK)를 누른다.
- Size(크기) : 2px
- Position(위치) : Outside(바깥쪽)
- Fill Type(칠 유형) : Gradient(그레이디언트)
- Style(스타일) : Linear(선형)
- Angle(각도) : 0°

13 Gradient(그레이디언트) 편집 창(▭)을 클릭한 후 Color Stop(색상 정지점)을 더블클 릭하여 좌측 : #336600, 우측 : #00cccc로 값을 변경하고 (OK)를 누른다.

14 텍스트를 뒤틀기 위해 Type Tool(수평 문자, **T**)을 선택한 후 옵션 바의 Create warped text(뒤틀어진 텍스트 만들기, **工**)를 클릭한다. Style(스타일) : Flag(깃발), Bend(구부리기) : +50%로 값을 변경하고 (OK)를 누른다.

⑮ Type Tool(수평 문자, **T**)을 선택한 후 빈 공간을 클릭한다. One Day Class를 입력하고 `Ctrl` + `Enter`를 눌러 완료한다.

⑯ 옵션 바 또는 [Character(문자)] 패널에서 Arial, Bold, 26pt, #ff0033으로 설정한 후 Class만 선택하여 #0066ff로 변경한다.

⑰ 레이어 스타일을 적용하기 위해 [Layers(레이어)] 패널 하단의 *fx*를 눌러 Stroke(획)를 선택한 후 아래와 같이 값을 변경한다.
  • Size(크기) : 2px
  • Position(위치) : Outside(바깥쪽)
  • Fill Type(칠 유형) : Color(색상)
  • 색상값 : #ffffff

① [File(파일)]−[Save(저장)](`Ctrl` + `S`)를 선택한 후 기존 파일에 덮어쓰기 한다.

② JPG 파일 형식으로 저장하기 위해 [File(파일)]−[Save as(다른 이름으로 저장)](`Shift` + `Ctrl` + `S`)를 선택한 후 파일 형식을 클릭해 JPEG로 선택한다. '내 PC₩문서₩GTQ' 폴더에 '수험번호−성명−3'으로 입력한 후 [저장]을 누른다.

③ PSD 파일의 사이즈를 1/10로 줄이기 위해 [Image(이미지)]−[Image Size(이미지 크기)](`Alt` + `Ctrl` + `I`)를 선택한 후 단위 : Pixel, Width(폭) : 60px, Height(높이) : 40px, Resolution(해상도) : 72Pixels/Inch로 설정하고 `OK`를 누른다.

④ [File(파일)]−[Save(저장)](`Ctrl` + `S`)를 선택한 후 작은 사이즈로 최종 저장한다.

⑤ 완성된 파일을 확인하기 위해 파일 탐색기를 열어 '내 PC₩문서₩GTQ' 폴더에서 확인한다.

⑥ 시험장의 작업표시줄에 나타나는 'Koas 수험자용'을 클릭해 우측의 답안 전송 을 클릭한 후 해당하는 번호에 체크한다. 하단의 답안 전송 을 클릭한 후 닫기 를 누르면 최종 전송된 답안으로 채점이 이루어진다.

사용 이미지 미리보기

사용 이미지 미리보기

1급-12.jpg

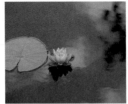

1급-13.jpg

1급-14.jpg

1급-15.jpg

1급-16.jpg

1급-17.jpg

사용자 정의 모양 미리보기

사용 기능

패턴 정의 및 적용	• [Edit(편집)]-[Define Pattern(패턴 정의)] • [Edit(편집)] -[Fill(칠)]
혼합모드	Luminosity(광도)
색상 조정	[Create new fill or adjustment layer(조정 레이어, ◑)]-[Hue/Saturation(색조/채도)]
필터	• [Filter(필터)]-[Render(렌더)]-[Lens Flare(렌즈 플레어)] • [Filter(필터)]-[Filter Gallery(필터 갤러리)]-[Artistic(예술효과)]-[Poster Edges(포스터 가장자리)]
이미지 추출	• Quick Selection Tool(빠른 선택, ✎) • Magnetic Lasso Tool(자석 올가미, ☞)
레이어 마스크	Add Layer Mask(레이어 마스크 추가, ◉)
이미지 사이즈	[Image(이미지)]-[Image Size(이미지 크기)](Alt + Ctrl + I)

01 ▶ 새 캔버스 생성 및 배경에 색 채우기

1 [File(파일)]−[New(새로 만들기)](Ctrl + N)를
선택한 후 아래의 조건으로 설정하고 [Create(만
들기)]를 누른다.
- PRESET DETAILS(사전 설정 세부 정보)
  : 수험번호−성명−4
- 단위 : Pixels
- Width(폭) : 600
- Height(높이) : 400
- Resolution(해상도) : 72Pixels/Inch
- Color Mode(색상모드) : RGB
- Backgound Contents(배경색) : White

2 [Edit(편집)]−[Preferences(속성)]−[Guides,
Grid & Slices(안내선, 격자 및 분할 영역)]
(Ctrl + K)를 선택한 후 'Grid(격자)'의
Gridline Every(격자 간격) : 100Pixels,
Subdivisions(세분) : 1로 설정하고 OK 를 누
른다.

3 [View(보기)]−[Show(표시)]−[Grid(격자)]
(Ctrl + ')와 [View(보기)]−[Rulers(눈금
자)](Ctrl + R)를 나타낸다.

4 [File(파일)]−[Save as(다른 이름으로 저장)]
(Shift + Ctrl + S)를 클릭한 후 '내 PC₩문서
₩GTQ' 폴더에 '수험번호−성명−4.psd'로 입
력하고 [저장]을 누른다.

5 배경에 색을 채우기 위해 도구상자의 Set
foreground color(전경색, ■)를 클릭한 후
#ccccff를 입력하고 OK 를 누른다. 전경색을
채우기 위해 Alt + Delete 를 누른다.

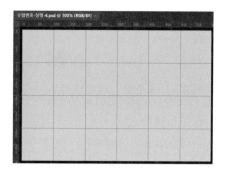

02 ▶ 패턴 제작 및 등록

1 Pattern(패턴)을 만들기 위해 [File(파일)]−
[New(새로 만들기)](Ctrl + N)를 선택한 후
아래의 조건으로 설정하고 [Create(만들기)]를
누른다.
- 단위 : Pixels
- Width(폭) : 40
- Height(높이) : 40
- Resolution(해상도) : 72Pixels/Inch
- Color Mode(색상모드) : RGB
- Backgound Contents(배경색) : White

2 Custom Shape Tool(사용자 정의 모양, 🖌)
을 선택한 후 옵션 바에서 Pick Tool Mode(선
택 도구 모드) : Shape(모양, Shape ∨),
Stroke(획) : 색상 없음(◻)으로 설정하고 아래
의 모양을 찾아 그린다.
Nature(자연) – 나비(🦋)

3 색을 적용하기 위해 [Layers(레이어)] 패널의
Layer Thumbnail(레이어 축소판, 🖼)을 더블
클릭한 후 #ffff99를 입력하고 OK 를 누른다.

4 [Layers(레이어)] 패널 하단 Background(배
경)의 눈 아이콘(👁)을 클릭해 해제한다.

5 다른 모양을 추가하기 위해 아래의 모양을 찾아 그린다.
Shapes(모양) – 초승달 프레임(🌙)

6 색을 적용하기 위해 [Layers(레이어)] 패널의 Layer Thumbnail(레이어 축소판, 🖼)을 더블 클릭한 후 #ff99ff를 입력하고 OK 를 누른다.

7 패턴을 정의하기 위해 [Edit(편집)]−[Define Pattern(패턴 정의)]를 눌러 확인 후 OK 를 누른다.

03 혼합모드 및 레이어 마스크

1 [File(파일)]−[Open(열기)](Ctrl + O)을 선택한 후 '1급−12.jpg'를 불러온다.

2 Ctrl + A 로 전체 선택한 후 Ctrl + C 로 복사하고 작업파일을 선택한 후 Ctrl + V 로 붙여넣기 한다.

3 Ctrl + T 로 크기/위치를 조절하고 Enter 를 누른다.

4 혼합모드를 적용하기 위해 [Layers(레이어)] 패널의 Blending Mode(혼합모드, Normal)를 'Luminosity(광도)'로 선택한다.

5 레이어 마스크를 적용하기 위해 [Layers(레이어)] 패널 하단의 Add Layer Mask(레이어 마스크 추가, ◉)를 클릭한다.

6 도구상자에서 Gradient Tool(그레이디언트, ▮)을 선택한 후 옵션 바에서 Gradient Presets(그레이디언트 사전 설정)을 클릭해 Basics(기본 사항)−'Black & White(검정, 흰색)'을 선택한다.

7 그림과 같이 대각선 방향으로 드래그한다.

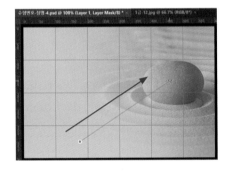

8 불투명도를 조정하기 위해 [Layers(레이어)] 패널 상단의 Opacity(불투명도)를 80%로 설정한다.

9 [File(파일)]−[Open(열기)](Ctrl + O)을 선택한 후 '1급−13.jpg'를 불러온다.

10 Ctrl + A 로 전체 선택한 후 Ctrl + C 로 복사하고 작업파일을 선택한 후 Ctrl + V 로 붙여넣기 한다.

11 Ctrl + T 로 크기/위치를 조절하고 Enter 를 누른다.

12 [Filter(필터)]-[Render(렌더)]-[Lens Flare (렌즈 플레어)] 필터를 선택한 후 출력형태를 참고해 빛의 위치를 클릭한 다음 OK 를 누른다.

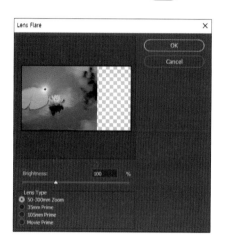

13 5 ~ 6 을 참고해 레이어 마스크를 적용하여 가로 방향으로 드래그한다.

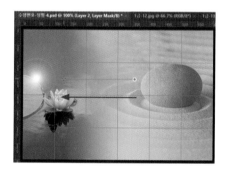

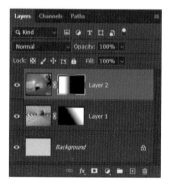

04 이미지 추출 및 색상 보정

1 [File(파일)]-[Open(열기)](Ctrl + O)을 선택한 후 '1급-14.jpg'를 불러온다.

2 Quick Selection Tool(빠른 선택, 🖌)로 선택영역을 지정한다.

3 Ctrl + C 로 복사하고 작업파일을 선택한 후 Ctrl + V 로 붙여넣기 한다.

4 Ctrl + T 로 좌우대칭하기 위해 조절점 안쪽에서 마우스 오른쪽 클릭 후 Flip Horizontal(가로로 뒤집기)을 선택한다. 크기/위치를 조절하고 Enter 를 누른다.

5 레이어 스타일을 적용하기 위해 [Layers(레이어)] 패널 하단의 fx 를 눌러 Outer Glow(외부 광선)를 선택해 적용하고 OK 를 누른다.

6 [File(파일)]-[Open(열기)](Ctrl + O)을 선택한 후 '1급-15.jpg'를 불러온다.

7 Magnetic Lasso Tool(자석 올가미, 🧲)을 선택한 후 옵션 바의 Frequency를 100으로 설정한다. 첫 점을 클릭하여 이미지의 형태를 따라 추출하고 손잡이 안쪽 부분은 Alt 와 함께 선택하여 제외한다.

8 Ctrl + C 로 복사하고 작업파일을 선택한 후 Ctrl + V 로 붙여넣기 한다.

9 Ctrl + T 로 크기/위치를 조절하고 Enter 를 누른다.

⑩ [Filter(필터)]―[Filter Gallery(필터 갤러리)]―[Artistic(예술효과)]―[Poster Edges(포스터 가장자리)] 필터를 적용한 다음 (OK)를 누른다.

⑪ 레이어 스타일을 적용하기 위해 [Layers(레이어)] 패널 하단의 *fx.*를 눌러 Inner Glow(내부 광선)를 선택해 적용하고 (OK)를 누른다.

⑫ [File(파일)]―[Open(열기)]((Ctrl)+(O))을 선택한 후 '1급―16.jpg'를 불러온다.

⑬ Magnetic Lasso Tool(자석 올가미,)을 선택한 후 옵션 바의 Frequency를 100으로 설정한다. 첫 점을 클릭하여 이미지의 형태를 따라 추출하고 손잡이 안쪽 부분은 (Alt)와 함께 선택하여 제외한다.

⑭ (Ctrl)+(C)로 복사하고 작업파일을 선택한 후 (Ctrl)+(V)로 붙여넣기 한다.

⑮ 파란색 계열로 보정하기 위해 Quick Selection Tool(빠른 선택,)로 선택영역(컵)을 지정한다. [Layers(레이어)] 패널 하단의 Create new fill or adjustment layer(조정 레이어,)에서 Hue/Saturation(색조/채도, (Ctrl)+(U))를 선택한다.

⑯ [Properties(속성)] 패널의 [Hue/Saturation(색조/채도)]에서 Colorize(색상화)에 체크한 후 Hue(색조) : 230, Saturation(채도) : 50으로 값을 변경하고 (OK)를 누른다.

⑰ 레이어 스타일을 적용하기 위해 [Layers(레이어)] 패널의 Layer 5(컵)을 선택한 후 하단의 *fx.*를 눌러 Bevel and Emboss(경사와 엠보스)를 선택해 적용하고 (OK)를 누른다.

⑱ [File(파일)]―[Open(열기)]((Ctrl)+(O))을 선택한 후 '1급―17.jpg'를 불러온다.

⑲ Quick Selection Tool(빠른 선택,)로 선택영역을 지정한다.

⑳ (Ctrl)+(T)로 회전/크기/위치를 조절하고 (Enter)를 누른다.

05 패스 제작 및 패턴 적용

❶ Pen Tool(펜,)을 선택한 후 옵션 바에서 Pick Tool Mode(선택 도구 모드) : Path(패스, [Path ∨]), Path Operations(패스 작업) : Exclude Overlapping Shapes(모양 오버랩 제외,)로 지정한다.

❷ 배경 레이어의 눈 아이콘( )을 (Alt)+클릭해 나머지 레이어의 눈을 끈다. (선택사항)

Plus ⍺

배경 레이어를 선택하지는 않는다. 새 레이어 추가 시 맨 위로 생성되지 않기 때문이다.

❸ 그림을 참고해 1/4만 그린 다음 패스의 유실을 방지하기 위해 [Path(패스)] 패널을 선택한다. Work Path(작업 패스) 이름 부분을 더블클릭한 다음 Save Path(패스 저장)가 나오면 (OK)를 누른다.

❹ Path Selection Tool(패스 선택, ▶)로 Alt 와 함께 드래그해 복제한다.

❺ Ctrl + T 로 조절점 안쪽에서 마우스 오른쪽 클릭해 Flip Horizontal(가로로 뒤집기)을 선택한 후 배치하여 Enter 를 누른다.

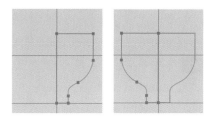

❻ ❹~❺번을 반복해 Flip Vertical(세로로 뒤집기)를 선택한 후 배치하고 Enter 를 누른다.

❼ Pen Tool(펜, ✐)을 선택하여 안쪽 부분을 그린다.

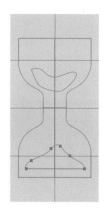

❽ Rectangle Tool(사각 도형, ▮)을 선택한 후 옵션 바에서 Pick Tool Mode(선택 도구 모드) : Path(패스, [Path ⌄]), Path Operations(패스 작업) : Exclude Overlapping Shapes(모양 오버랩 제외, ▮)로 선택한다. 곡률 조정을 위해 옵션 바에서 곡률을 20px로 설정한 후 그린다.

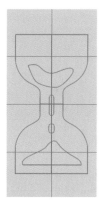

Plus ⓐ

만약 기존 패스가 사라졌을 경우 패스 레이어를 클릭하면 작업 중인 패스가 나타난다.

⑨ 상단과 하단도 모서리 둥근 사각형으로 마무리한다.

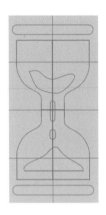

Plus α

CS6 버전에서는 Rounded Rectangle Tool(모서리가 둥근 직사각형, ⬜)을 이용한다.

⑩ 레이어로 지정하기 위해 [Path(패스)] 패널 하단 의 Load as a selection(패스를 선택영역으로 지정, ⬚)을 클릭한다.

Plus α

[Path(패스)] 패널의 Path Thumbnail(패스 축소판)을 Ctrl 과 함께 클릭해도 선택영역으로 지정된다.

⑪ [Layers(레이어)] 패널로 이동한 후 하단의 Create a new layer(새 레이어, ➕, Ctrl + Shift + N)를 클릭해 추가한다.

⑫ 임의의 색을 채우기 위해 Alt + Delete 를 눌러 전경색(◼)을 채운다.

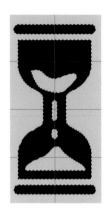

⑬ 선택영역을 해제하기 위해 [Select(선택)]− [Deselect(해제)](Ctrl + D)를 누른다.

⑭ 모든 레이어의 눈을 켜기 위해 레이어의 눈 아이 콘(👁)에서 마우스 오른쪽 클릭 후 'Show/ hide all other layers(다른 모든 레이어 표시/ 숨기기)'를 클릭한다.

⑮ 모래시계를 회전하기 위해 Ctrl + T 로 회전/크 기/위치를 조절하고 Enter 를 누른다.

Plus α

패스의 잔상이 남아 있다면 [Path(패스)] 패널에서 여 백을 클릭하면 사라진다.

16 레이어 스타일을 적용하기 위해 [Layers(레이어)] 패널 하단의 **fx**를 눌러 Gradient Overlay(그레이디언트 오버레이)를 선택한 후 아래와 같이 값을 변경한다.
- Opacity(불투명도) : 100%
- Style : Linear(선형)
- Angle(각도) : 90°
- Scale(비율) : 100%

17 Gradient(그레이디언트) 편집 창(⬛⬜)을 클릭한 후 Color Stop(색상 정지점)을 더블클릭하여 좌측 : #6666ff, 우측 : #33cccc로 값을 변경하고 OK 를 누른다.

18 레이어 스타일을 추가하기 위해 Drop Shadow(그림자 효과)를 선택해 적용하고 OK 를 누른다.

19 패턴을 적용하기 위해 Layer 7(모래시계)의 Layer Thumbnail(레이어 축소판)을 Ctrl 과 함께 클릭해 선택영역으로 지정한 후 하단의 Create a new layer(새 레이어, ⊞, Ctrl + Shift + N)를 클릭해 추가한다.

20 [Edit(편집)]-[Fill(칠)]을 선택한 후 Contents(내용) : Pattern(패턴)으로 변경한다. Custom Pattern(사용자 정의 패턴)에서 만들어 놓은 패턴을 선택한 다음 OK 를 누른다.

Plus@

패턴의 크기를 조절하고 싶다면 앞서 만들어 놓은 패턴 파일에서 [Image(이미지)]-[Image Size(이미지 크기)](Alt + Ctrl + I)를 조절해 재등록하여 채운다.

21 선택영역을 해제하기 위해 [Select(선택)]-[Deselect(해제)](Ctrl + D)를 누른다.

22 불투명도를 조정하기 위해 [Layers(레이어)] 패널에서 패턴이 적용된 레이어의 Opacity(불투명도)를 80%로 설정해 마무리한다.

06 ▶ 모양 지정 및 레이어 스타일

1 Custom Shape Tool(사용자 정의 모양, 🎨)을 선택한 후 옵션 바에서 Pick Tool Mode(선택 도구 모드) : Shape(모양, **Shape ▾**), Stroke(획) : 색상 없음(⬜)으로 설정한다. 모양 선택(Shape: ➡)을 눌러 아래의 모양을 찾아 그린다.
- 기본 경로 : Legacy Shapes and More(레거시 모양 및 기타) - All Legacy Default Shapes(모든 레거시 기본 모양)
- Ornaments(장식) - 꽃 장식 4(✿)

Plus @

가로로 넓게 그린다. CC2020 버전 이상에서는 Ctrl + T 로 상단 조절점에서 Shift 와 함께 높이를 줄여도 된다.

② 색을 적용하기 위해 [Layers(레이어)] 패널의 Layer Thumbnail(레이어 축소판, ▦)을 더블클릭한 후 #6666ff를 입력하고 OK 를 누른다.

③ 레이어 스타일을 적용하기 위해 [Layers(레이어)] 패널 하단의 fx.를 눌러 Outer Glow(외부 광선)를 선택해 적용하고 OK 를 누른다.

④ Ctrl + J 를 눌러 복제한다.

⑤ Ctrl + T 를 누른 후 모서리에서 Alt + Shift 와 함께 줄이고 Enter 를 누른다.

⑥ 색을 적용하기 위해 [Layers(레이어)] 패널의 Layer Thumbnail(레이어 축소판, ▦)을 더블클릭한 후 #333399를 입력하고 OK 를 누른다.

⑦ 메뉴 부분을 만들기 위해 아래의 모양을 찾아 그린다.
Nature(자연) − 꽃 6(❀)

⑧ 레이어 스타일을 적용하기 위해 [Layers(레이어)] 패널 하단의 fx.를 눌러 Gradient Overlay(그레이디언트 오버레이)를 선택한 후 아래와 같이 값을 변경한다.
• Opacity(불투명도) : 100%
• Style : Linear(선형)

• Angle(각도) : 90°
• Scale(비율) : 100%
• Reverse에 체크

⑨ Gradient(그레이디언트) 편집 창(▬▬▭)을 클릭한 후 Color Stop(색상 정지점)을 더블클릭하여 좌측 : #ffffff, 우측 : #006633으로 값을 변경하고 OK 를 누른다.

⑩ 레이어 스타일을 추가하기 위해 Inner Shadow(내부 그림자)를 선택해 적용하고 OK 를 누른다.

⑪ 메뉴에 텍스트를 입력하기 위해 Type Tool(수평 문자, T)을 선택한다. Shift +클릭 후 생활 명상을 입력하고 Ctrl + Enter 를 눌러 완료한다.

Plus @

Shift +클릭 후 입력하는 이유는 모양이 선택된 상태에서 텍스트를 입력하면 영역 안에 글자가 입력되기 때문이다.

⑫ 옵션 바 또는 [Character(문자)] 패널에서 궁서, 18pt, #ffffff로 설정한다.

Plus @

CS6 버전에서는 줄 간격이 넓게 보일 수 있으므로 줄 간격의 값을 제시된 텍스트 크기보다 약간 크게 조절하면 출력형태와 유사하다.

⑬ 레이어 스타일을 적용하기 위해 [Layers(레이어)] 패널 하단의 fx.를 눌러 Stroke(획)를 선택한 후 아래와 같이 값을 변경하고 OK 를 누른다.
• Size(크기) : 2px
• Position(위치) : Outside(바깥쪽)
• Fill Type(칠 유형) : Color(색상)
• 색상값 : #336600

⑭ 메뉴를 복제하기 위해 꽃 모양과 텍스트 레이어를 Shift 를 누르면서 클릭한다. Move Tool(이동, ⊕)을 선택한 후 Alt 와 함께 오른쪽 방향으로 드래그하여 두 번 복제한다.

⑮ 두 번째의 텍스트를 수정하기 위해 [Layers(레이어)] 패널의 Indicates text layer(텍스트 레이어, T)를 더블클릭한 후 둘러보기를 입력하고 Ctrl + Enter 를 눌러 완료한다.

⑯ 세 번째 텍스트도 ⑮과 같은 방법으로 회원모집으로 수정한다.

⑰ 두 번째 모양의 Gradient Overlay(그레이디언트 오버레이)를 더블클릭한 후 아래와 같이 값을 변경한다.
   • Opacity(불투명도) : 100%
   • Style : Linear(선형)
   • Angle(각도) : 90°
   • Scale(비율) : 100%

⑱ Gradient(그레이디언트) 편집 창(▓▓▓▓▓⌄)을 클릭한 후 Color Stop(색상 정지점)을 더블클릭하여 좌측 : #ffffff, 우측 : #6666ff로 값을 변경하고 OK 를 누른다.

07 ▸ 문자 효과

① Type Tool(수평 문자, T)을 선택한 후 빈 공간을 클릭한다. 나를 깨우는 시간을 입력하고 Ctrl + Enter 를 눌러 완료한다.

② 옵션 바 또는 [Character(문자)] 패널에서 궁서, 50pt로 설정한다.

③ 레이어 스타일을 적용하기 위해 [Layers(레이어)] 패널 하단의 fx 를 눌러 Gradient Overlay(그레이디언트 오버레이)를 선택한 후 아래와 같이 값을 변경한다.
   • Opacity(불투명도) : 100%
   • Style : Reflected(반사)
   • Angle(각도) : 90°
   • Scale(비율) : 100%

④ Gradient 편집 창(▓▓▓▓▓⌄)을 클릭한 후 Color Stop(색상 정지점)을 더블클릭하여 좌측 : #ffff00, 우측 : #ff9999로 값을 변경하고 OK 를 누른다.

⑤ 레이어 스타일을 추가하기 위해 Stroke(획)를 선택한 후 아래와 같이 값을 변경하고 OK 를 누른다.
   • Size(크기) : 3px
   • Position(위치) : Outside(바깥쪽)
   • Fill Type(칠 유형) : Color(색상)
   • 색상값 : #666699

⑥ 텍스트를 뒤틀기 위해 Type Tool(수평 문자, T)을 선택한 후 옵션 바의 Create warped text(뒤틀어진 텍스트 만들기, ⊥)를 클릭한다. Style(스타일) : Fish(물고기), Bend(구부리기) : +50%로 값을 변경하고 OK 를 누른다.

7 Type Tool(수평 문자, **T**)을 선택한 후 빈 공간을 클릭한다. Miracle Morning을 입력하고 **Ctrl** + **Enter** 를 눌러 완료한다.

8 옵션 바 또는 [Character(문자)] 패널에서 Arial, Regular, 24pt, #6666ff로 설정한다.

9 레이어 스타일을 적용하기 위해 [Layers(레이어)] 패널 하단의 *fx.* 를 눌러 Outer Glow(외부광선)를 선택해 적용하고 **OK** 를 누른다.

10 텍스트를 뒤틀기 위해 Type Tool(수평 문자, **T**)을 선택한 후 옵션 바의 Create warped text(뒤틀어진 텍스트 만들기, **丄**)를 클릭한다. Style(스타일) : Shell Upper(위가 넓은 조개), Bend(구부리기) : +50%로 값을 변경하고 **OK** 를 누른다.

11 Type Tool(수평 문자, **T**)을 선택한 후 빈 공간을 클릭한다. 명상 / 요가 / 다도를 입력하고 **Ctrl** + **Enter** 를 눌러 완료한다.

12 옵션 바 또는 [Character(문자)] 패널에서 굴림, 18pt, #000000으로 설정한다.

13 레이어 스타일을 적용하기 위해 Stroke(획)를 선택한 후 아래와 같이 값을 변경하고 **OK** 를 누른다.
- Size(크기) : 2px
- Position(위치) : Outside(바깥쪽)
- Fill Type(칠 유형) : Color(색상)
- 색상값 : #ffffff

---

08 PSD, JPG 형식으로 저장하기

1 [File(파일)]−[Save(저장)](**Ctrl** + **S**)를 선택한 후 기존 파일에 덮어쓰기 한다.

2 JPG 파일 형식으로 저장하기 위해 [File(파일)]−[Save as(다른 이름으로 저장)](**Shift** + **Ctrl** + **S**)를 선택한 후 파일 형식을 클릭해 JPEG로 선택한다. '내 PC₩문서₩GTQ' 폴더에 '수험번호−성명−4'로 입력한 후 [저장]을 누른다.

3 PSD 파일의 사이즈를 1/10로 줄이기 위해 [Image(이미지)]−[Image Size(이미지 크기)](**Alt** + **Ctrl** + **I**)를 선택한 후 단위 : Pixel, Width(폭) : 60px, Height(높이) : 40px, Resolution(해상도) : 72Pixels/Inch로 설정하고 **OK** 를 누른다.

4 [File(파일)]−[Save(저장)](**Ctrl** + **S**)를 선택한 후 작은 사이즈로 최종 저장한다.

5 완성된 파일을 확인하기 위해 파일 탐색기를 열어 '내 PC₩문서₩GTQ' 폴더에서 확인한다.

6 시험장의 작업표시줄에 나타나는 'Koas 수험자용'을 클릭해 우측의 ▥답안 전송▥ 을 클릭한 후 해당하는 번호에 체크한다. 하단의 ▥답안 전송▥ 을 클릭한 후 ▥닫기▥ 를 누르면 최종 전송된 답안으로 채점이 이루어진다.

✓ Check Point !

		O	X
공통	• 제시된 크기(px)와 해상도(72Pixels/Inch)로 파일을 만들었나요? • '수험번호−성명−문제번호.psd'로 저장했나요? • 그리드(Ctrl + ')와 눈금자(Ctrl + R)를 표시했나요? • 시험지에도 자를 이용해 100픽셀씩 그리드를 그려주었나요?		
문제1번	• 만든 패스를 저장했나요? • 클리핑 마스크를 적용했나요? • 각 이미지와 Shape(모양)에 레이어 스타일과 필터를 적용했나요?		
문제2번	• 제시된 색상으로 보정했나요? • 각 이미지와 Shape(모양)에 레이어 스타일과 필터를 적용했나요?		
문제3번	• 배경에 색을 적용했나요? • Blending Mode(혼합모드)를 적용했나요? • 레이어 마스크의 방향을 맞게 적용했나요? • 제시된 색상으로 보정했나요? • 각 이미지와 Shape(모양)에 레이어 스타일과 필터를 적용했나요?		
문제4번	• 배경에 색을 적용했나요? • 패턴을 제작하여 등록하였나요? • Blending Mode(혼합모드)를 적용했나요? • 레이어 마스크의 방향을 맞게 적용했나요? • 제시된 색상으로 보정했나요? • 1급−17.jpg를 제외한 이미지와 Shape(모양)에 레이어 스타일과 필터를 적용했나요? • 펜 도구를 이용하여 오브젝트를 그려 패턴으로 적용하였나요?		
공통	• '수험번호−성명−문제번호.jpg'로 저장했나요? • 1/10로 줄여 '수험번호−성명−문제번호.psd'로 저장했나요?		

※ 시험장에서는 반드시 전송까지 실행해 주세요.

제4회 실전 모의고사
[S/W:포토샵]

급수	문제유형	시험시간	수험번호	성명
1급	A	90분		

수험자 유의사항

- 수험자는 문제지를 받는 즉시 응시하고자 하는 과목 및 급수가 맞는지 확인한 후 수험번호와 성명을 작성합니다.
- 파일명은 본인의 "수험번호-성명-문제번호"로 공백 없이 정확히 입력하고 답안폴더(내 PC\문서\GTQ)에 jpg 파일과 psd 파일의 2가지 포맷으로 저장해야 하며, jpg 파일과 psd 파일의 내용이 상이할 경우 0점 처리됩니다. 답안문서 파일명이 "수험번호-성명-문제번호"와 일치하지 않거나, 답안 파일을 전송하지 않아 미제출로 처리될 경우 불합격 처리됩니다.
- 문제의 세부조건은 '영문(한글)' 형식으로 표기되어 있으니 유의하시기 바랍니다.
- 수험자 정보와 저장한 파일명, 저장 위치가 다를 경우 전송이 되지 않으므로, 주의하시기 바랍니다.
- 답안 작성 중에도 주기적으로 '저장'과 '답안 전송'을 이용하여 감독위원 PC로 답안을 전송하셔야 합니다.
  (※ 작업한 내용을 저장하지 않고 전송할 경우 이전의 저장내용이 전송되오니 이점 반드시 유념하시기 바랍니다.)
- 답안문서는 지정된 경로 외의 다른 보조기억장치에 저장하는 행위, 지정된 시험 시간 외에 작성된 파일을 활용한 행위, 기타 허용되지 않은 프로그램(이메일, 메신저, 게임, 네트워크 등) 이용 시 부정행위로 간주되어 자격기본법 제32조에 의거 본 시험 및 국가공인 자격시험을 2년간 응시할 수 없습니다.
- 시험 중 부주의 또는 고의로 시스템을 파손한 경우와 〈수험자 유의사항〉에 기재된 방법대로 이행하지 않아 생기는 불이익은 수험자의 책임임을 알려 드립니다.
- 시험을 완료한 수험자는 최종적으로 저장한 답안파일이 전송되었는지 확인한 후 감독위원의 지시에 따라 문제지를 제출하고 퇴실합니다.

답안 작성요령

- 온라인 답안 작성 절차
  수험자 등록 ⇒ 시험 시작 ⇒ 답안파일 저장 ⇒ 답안 전송 ⇒ 시험 종료
- 내 PC\문서\GTQ\Image 폴더에 있는 그림 원본파일을 사용하여 답안을 작성하시고 최종답안을 답안폴더(내 PC\문서\GTQ)에 저장하여 답안을 전송하시고, 이미지의 크기가 다른 경우 감점 처리됩니다.
- 배점은 총 100점으로 이루어지며, 점수는 각 문제별로 차등 배분됩니다.
- 각 문제는 주어진 〈조건〉에 따라 작성하고, 언급하지 않은 조건은 《출력형태》와 같이 작성합니다.
- 배치 등의 편의를 위해 주어진 눈금자의 단위는 '픽셀'입니다.
- 그 외는 출력형태(효과, 이미지, 문자, 색상, 레이아웃, 규격 등)와 같게 작업하십시오.
- 문제 조건에 서체의 지정이 없을 경우 한글은 굴림이나 돋움, 영문은 Arial로 작업하십시오. (단, 그 외에 제시되지 않은 문자 속성을 기본값으로 작성하지 않은 경우는 감점 처리됩니다.)
- Image Mode(이미지 모드)는 별도의 처리조건이 없을 경우에는 RGB(8비트)로 작업하십시오.
- 모든 답안 파일은 해상도 72pixels/inch로 작업하십시오.
- Layer(레이어)는 각 기능별로 분할해야 하며, 임의로 합칠 경우나 각 기능에 대한 속성을 해지할 경우 해당 요소는 0점 처리 됩니다.

[기능평가] 고급 Tool(도구) 활용

다음의 《조건》에 따라 아래의 《출력형태》와 같이 작업하시오.

조건

원본이미지			문서₩GTQ₩Image문서₩GTQ₩1급-1.jpg, 1급-2.jpg, 1급-3.jpg
파일 저장 규칙	JPG	파일명	문서₩GTQ₩수험번호-성명-1.jpg
		크기	400 × 500 pixels
	PSD	파일명	문서₩GTQ₩수험번호-성명-1.psd
		크기	40 × 50 pixels

1. 그림 효과

① 1급-1.jpg : 필터 - Paint Daubs(페인트 덥스/페인트 바르기)
② Save Path(패스 저장) : 모자 모양
③ Mask(마스크) : 모자 모양, 1급-2.jpg를 이용하여 작성
　레이어 스타일 - Stroke(선/획)(4px, 그레이디언트(#ff9900, #0033cc)), Inner Shadow(내부 그림자)
④ 1급-3.jpg : 레이어 스타일 - Inner Glow(내부 광선)
⑤ Shape Tool(모양 도구) :
　- 꽃 장식 모양 (#66ffff, #ffffff, 레이어 스타일 - Drop Shadow(그림자 효과))
　- 사람들 모양 (#ffcc99, 레이어 스타일 - Inner Shadow(내부 그림자))

2. 문자 효과

① 휴가를 부탁해 (굴림, 45pt, 레이어 스타일 - 그레이디언트 오버레이(#33ffff, #ffffff), Stroke(선/획)(2px, #0033ff))

출력형태

[기능평가] 사진편집 응용

다음의 《조건》에 따라 아래의 《출력형태》와 같이 작업하시오.

조건

원본이미지			문서\GTQ\Image문서\GTQ\1급-4.jpg, 1급-5.jpg, 1급-6.jpg
파일 저장 규칙	JPG	파일명	문서\GTQ\수험번호-성명-2.jpg
		크기	400 × 500 pixels
	PSD	파일명	문서\GTQ\수험번호-성명-2.psd
		크기	40 × 50 pixels

1. 그림 효과

① 1급-4.jpg : 필터 – Crosshatch(그물눈)
② 색상 보정 : 1급-5.jpg – 파란색 계열로 보정
③ 1급-5.jpg : 레이어 스타일 – Inner Glow(내부 광선)
④ 1급-6.jpg : 레이어 스타일 – Drop Shadow(그림자 효과)
⑤ Shape Tool(모양 도구) :
   – 잎 모양 (#ff9933, #66ccff, 레이어 스타일 – Inner Shadow(내부 그림자))
   – 해 모양 (ff9900, 레이어 스타일 – Outer Glow(외부 광선), Opacity(불투명도)(80%))

2. 문자 효과

① Healing Point (Times New Roman, Regular, 60pt, 레이어 스타일 – 그레이디언트 오버레이(#6699ff, #cc66ff), Outer Glow(외부 광선))

출력형태

문제 3 [실무응용] 포스터 제작

25점

다음의 《조건》에 따라 아래의 《출력형태》와 같이 작업하시오.

조건

원본이미지	문서\GTQ\image\1급-7.jpg, 1급-8.jpg, 1급-9.jpg, 1급-10.jpg, 1급-11.jpg		
파일 저장 규칙	JPG	파일명	문서\GTQ\수험번호-성명-3.jpg
		크기	600 × 400 pixels
	PSD	파일명	문서\GTQ\수험번호-성명-3.psd
		크기	60 × 40 pixels

1. 그림 효과
① 배경 : #cc9966
② 1급-7.jpg : Blending Mode(혼합모드) - Multiply(곱하기), Opacity(불투명도)(80%)
③ 1급-8.jpg : 필터 - Texturizer(텍스처화), 레이어 마스크 - 가로 방향으로 흐릿하게
④ 1급-9.jpg : 필터 - Wind(바람), 레이어 스타일 - Inner Shadow(내부 그림자)
⑤ 1급-10.jpg : 레이어 스타일 - Stroke(선/획)(5px, 그레이디언트(#ffcc66, 투명으로))
⑥ 1급-11.jpg : 색상 보정 - 녹색, 파란색 계열로 보정, 레이어 스타일 - Drop Shadow(그림자 효과)
⑦ 그 외 《출력형태》 참조

2. 문자 효과
① 두근두근 인생여행 (궁서, 30pt, 45pt, 레이어 스타일 - 그레이디언트 오버레이(#3300ff, #339966, #ff6600), Stroke(선/획)(2px, #ffffff), Drop Shadow(그림자 효과))
② Enjoy Your Life (Times New Roman, Bold, 23pt, #993300, 레이어 스타일 - Stroke(선/획)(2px, #ffffcc))
③ 공항 체크인 꿀팁! (돋움, 16pt, #ffffff, 레이어 스타일 - Stroke(선/획)(2px, #993366))
④ GO! (Arial, Bold, 30pt, 레이어 스타일 - 그레이디언트 오버레이(#333333, #ff0066), Stroke(선/획)(2px, #ffffcc))

출력형태

Shape Tool(모양 도구) 사용
#ffcccc, 레이어 스타일 -
Stroke(선/획)(2px, #0033cc)

Shape Tool(모양 도구) 사용
#cc6666, 레이어 스타일 -
Outer Glow(외부 광선)

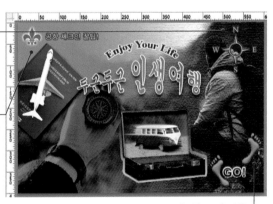

Shape Tool(모양 도구) 사용
#cc9900, 레이어 스타일 -
Bevel and Emboss
(경사와 엠보스)

문제4 [실무응용] 웹 페이지 제작

35점

다음의 《조건》에 따라 아래의 《출력형태》와 같이 작업하시오.

조건

원본이미지	문서₩GTQ₩Image₩1급-12.jpg, 1급-13.jpg, 1급-14.jpg, 1급-15.jpg, 1급-16.jpg, 1급-17.jpg		
파일 저장 규칙	JPG	파일명	문서₩GTQ₩수험번호-성명-4.jpg
		크기	600 × 400 pixels
	PSD	파일명	문서₩GTQ₩수험번호-성명-4.psd
		크기	60 × 40 pixels

1. 그림 효과

① 배경 : #ccffff

② 패턴(지구본, 음표 모양) : #3399ff, #ff9900

③ 1급-12.jpg : Blending Mode(혼합모드) – Linear Burn(선형 번), 레이어 마스크 – 대각선 방향으로 흐릿하게

④ 1급-13.jpg : 필터 – Texturizer(텍스처화), 레이어 마스크 – 세로 방향으로 흐릿하게

⑤ 1급-14.jpg : 레이어 스타일 – Inner Glow(내부 광선), Stroke(선/획)(3px, #333333)

⑥ 1급-15.jpg : 필터 – Crosshatch(그물눈), 레이어 스타일 – Outer Glow(외부 광선)

⑦ 1급-16.jpg : 색상 보정 – 빨간색 계열로 보정, 레이어 스타일 – Bevel and Emboss(경사와 엠보스)

⑧ 그 외 《출력형태》 참조

2. 문자 효과

① 지구촌 여행박람회 (돋움, 45pt, 레이어 스타일 – 그레이디언트 오버레이(#0066ff, #cc66ff, #ff9900), Stroke(선/획)(2px, #ffffff))

② A Global Travel Fair (Times New Roman, Bold, 20pt, #ffffff, 레이어 스타일 – Stroke(선/획)(2px, 그레이디언트(#6633cc, #cc6600)))

③ 여행상품확인 (굴림, 20pt, #333399, #ff0000, 레이어 스타일 – Stroke(선/획)(2px, #ffffff))

④ 참가안내 사전등록 전시안내 (돋움, 18pt, #ffffff, 레이어 스타일 – Stroke(선/획)(2px, #6699ff, #cc33ff))

출력형태

Shape Tool(모양 도구) 사용
레이어 스타일 – Stroke(선/획)(2px,
#00ccff, #cc66ff),
그레이디언트 오버레이(#99ffff, #ffffff)

Shape Tool(모양 도구) 사용
#ff3333, 레이어 스타일 –
Bevel and Emboss(경사와 엠보스)

Shape Tool(모양 도구) 사용
#ffffff, 레이어 스타일 –
Drop Shadow(그림자 효과),
Opacity(불투명도)(70%)

Pen Tool(펜 도구) 사용
#ffffcc, #339999,
레이어 스타일 –
Drop Shadow(그림자 효과)

문제 1 [기능평가] 고급 Tool(도구) 활용 ⟨20점⟩

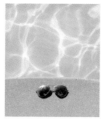

1급-1.jpg   1급-2.jpg   1급-3.jpg

사용자 정의 모양 미리보기

사용 기능

필터	[Filter(필터)]−[Filter Gallery(필터 갤러리)]−[Artistic(예술효과)]−[Paint Daubs(페인트 덥스/페인트 바르기)]
클리핑 마스크	Create Clipping Mask(클리핑 마스크 만들기, Alt + Ctrl + G)
이미지 추출	Quick Selection Tool(빠른 선택,)
이미지 사이즈	[Image(이미지)]−[Image Size(이미지 크기)](Alt + Ctrl + I)

01 새 캔버스 생성 및 필터

1 [File(파일)]−[New(새로 만들기)](Ctrl + N)를 선택한 후 아래의 조건으로 설정하고 [Create(만들기)]를 누른다.
- PRESET DETAILS(사전 설정 세부 정보)
  : 수험번호−성명−1
- 단위 : Pixels
- Width(폭) : 400
- Height(높이) : 500
- Resolution(해상도) : 72Pixels/Inch
- Color Mode(색상모드) : RGB
- Backgound Contents(배경색) : White

2 [Edit(편집)]−[Preferences(속성)]−[Guides, Grid & Slices(안내선, 격자 및 분할 영역)] (Ctrl + K)를 선택한 후 'Grid(격자)'의 Gridline Every(격자 간격) : 100Pixels, Subdivisions(세분) : 1로 설정하고 OK 를 누른다.

3 [View(보기)]−[Show(표시)]−[Grid(격자)] Ctrl + ' 와 [View(보기)]−[Rulers(눈금자)] Ctrl + R 를 나타낸다.

Plus@

CS6 버전 이하에서는 눈금자에서 마우스 오른쪽 클릭 후 단위를 px로 변경한다.

4 [File(파일)]−[Save as(다른 이름으로 저장)] (Shift + Ctrl + S)를 클릭한 다음 '내 PC₩문서₩GTQ' 폴더에 "수험번호−성명−1.psd"로 입력한 후 [저장]을 누른다.

5 [File(파일)]−[Open(열기)](Ctrl + O)을 선택한 후 '1급−1.jpg'를 불러온다.

6 Ctrl + A 로 전체 선택한 후 Ctrl + C 로 복사하고 작업파일을 선택한 후 Ctrl + V 로 붙여넣기 한다.

7 Ctrl + T 로 크기/위치를 조절하고 Enter 를 누른다.

8 [Filter(필터)]−[Filter Gallery(필터 갤러리)]−[Artistic(예술효과)]−[Paint Daubs(페인트 덥스/페인트 바르기)] 필터를 적용한 다음 OK 를 누른다.

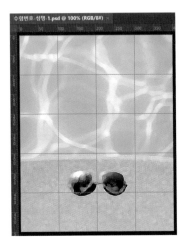

02 패스 제작 및 패스 저장

1 Pen Tool(펜, ✐)을 선택한 후 옵션 바에서 Pick Tool Mode(선택 도구 모드) : Path(패스, Path), Path Operations(패스 작업) : Exclude Overlapping Shapes(모양 오버랩 제외, ⊡)로 지정한다.

2 Layer 1(배경 이미지)의 눈 아이콘(◉)을 클릭해 숨기게 한 다음 패스를 그리기 위해 [Path(패스)] 패널을 누른다. (선택사항)

3 그리드를 가이드로 이용해 그림과 같이 그린다.

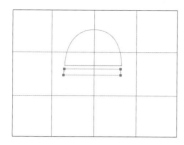

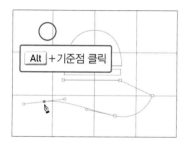

4 Direct Selection Tool(직접 선택, ▶)을 선택한 후 기준점을 선택해 수정하여 마무리한다.

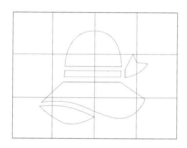

5 패스를 저장하기 위해 [Path(패스)] 패널의 Work Path(작업 패스) 이름 부분을 더블클릭한 후 Save Path(패스 저장) 대화상자가 나오면 모자 모양을 입력하고 OK 를 누른다.

6 패스를 선택영역으로 지정하기 위해 Ctrl +Path Thumbnail(패스 축소판)을 클릭한 후 선택영역이 생기면 [Layers(레이어)] 패널을 선택하여 하단의 Create a new layer(새 레이어, ➕, Shift + Ctrl + N)를 클릭해 추가한다.

7 임의의 색을 추가하기 위해 Alt + Delete 를 눌러 전경색(■)을 추가한다.

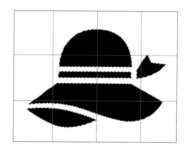

8 선택영역을 해제하기 위해 [Select(선택)]−[Deselect(해제)](Ctrl + D)를 누른다.

9 배경 이미지의 눈 아이콘(◉)을 클릭해 보이게 한다.

10 레이어 스타일을 적용하기 위해 [Layers(레이어)] 패널 하단의 *fx.*를 눌러 Stroke(획)를 선택한 후 값을 변경한다.
   • Size(크기) : 4px
   • Position(위치) : Outside(바깥쪽)
   • Fill Type(칠 유형) : Gradient(그레이디언트)
   • Style(스타일) : Linear(선형)
   • Angle(각도) : 0°

11 Gradient(그레이디언트) 편집 창(▭)을 클릭한 후 Color Stop(색상 정지점)을 더블클릭하여 좌측 : #ff9900, 우측 : #0033cc로 값을 변경하고 OK 를 누른다.

12 레이어 스타일을 추가하기 위해 Inner Shadow(내부 그림자)를 선택해 적용하고 (OK)를 누른다.

03 ▶ 클리핑 마스크 및 레이어 스타일 적용

1 [File(파일)]−[Open(열기)](Ctrl + O)을 선택한 후 '1급−2.jpg'를 불러온다.

2 Ctrl + A 로 전체 선택한 후 Ctrl + C 로 복사하고 작업파일을 선택한 후 Ctrl + V 로 붙여넣기 한다.

3 Ctrl + T 로 크기/위치를 조절하고 Enter 를 누른다.

4 클리핑 마스크를 적용하기 위해 [Layers(레이어)] 패널의 Layer3(석양)에서 마우스 오른쪽 클릭 후 Create Clipping Mask(클리핑 마스크 만들기, Alt + Ctrl + G)를 선택한다.

5 [File(파일)]−[Open(열기)](Ctrl + O)을 선택한 후 '1급−3.jpg'를 불러온다.

6 Quick Selection Tool(빠른 선택,)로 배경을 선택한 후 제외할 부분은 Alt 와 함께 선택한다.

7 선택영역을 반전하기 위해 [Select(선택)]−[Inverse(반전)](Shift + Ctrl + I)를 누른다.

8 Ctrl + C 로 복사하고 작업파일을 선택한 후 Ctrl + V 로 붙여넣기 한다.

9 Ctrl + T 로 좌우대칭하기 위해 조절점 안쪽에서 마우스 오른쪽 클릭 후 Flip Horizontal(가로로 뒤집기)을 선택한다. 크기/위치를 조절하고 Enter 를 누른다.

🔟 레이어 스타일을 적용하기 위해 [Layers(레이어)] 패널 하단의 _fx_ 를 눌러 Inner Glow(내부 광선)를 선택해 적용하고 (OK)를 누른다.

04 ▶ 모양 지정 및 레이어 스타일

1️⃣ Custom Shape Tool(사용자 정의 모양,)을 선택한 후 옵션 바에서 Pick Tool Mode(선택 도구 모드) : Shape(모양, Shape ∨), Stroke(획) : 색상 없음()으로 설정한다. 모양 선택(Shape: →∨)을 눌러 아래의 모양을 찾아 그린다.
- 기본 경로 : Legacy Shapes and More(레거시 모양 및 기타) – All Legacy Default Shapes (모든 레거시 기본 모양)
- Ornaments(장식) – 꽃 장식 4()

2️⃣ 색을 적용하기 위해 [Layers(레이어)] 패널의 Layer Thumbnail(레이어 축소판,)을 더블 클릭한 후 #66ffff를 입력하고 (OK)를 누른다.

3️⃣ 레이어 스타일을 추가하기 위해 [Layers(레이어)] 패널 하단의 _fx_ 를 눌러 Drop Shadow(그림자 효과)를 선택해 적용하고 (OK)를 누른다.

4️⃣ Ctrl + J 를 눌러 복제한다.

Plus@

Move Tool(이동)을 선택한 후 Shape(모양)를 Alt 와 함께 드래그하여 이동복사 할 수 있다.

5️⃣ Ctrl + T 로 크기/위치를 조절하고 Enter 를 누른다.

6️⃣ 색을 적용하기 위해 [Layers(레이어)] 패널의 Layer thumbnail(레이어 축소판,)을 더블 클릭한 후 #ffffff를 입력하고 (OK)를 누른다.

7️⃣ 다른 모양을 추가하기 위해 아래의 모양을 찾아 그린다.
Symbols(기호) – 학교()

8️⃣ 색을 적용하기 위해 [Layers(레이어)] 패널의 Layer Thumbnail(레이어 축소판,)을 더블 클릭한 후 #ffcc99를 입력하고 (OK)를 누른다.

9️⃣ Ctrl + T 로 좌우대칭하기 위해 조절점 안쪽에서 마우스 오른쪽 클릭 후 Flip Horizontal(가로로 뒤집기)을 선택한다. 크기/위치를 조절하고 Enter 를 누른다.

⑩ 레이어 스타일을 적용하기 위해 [Layers(레이어)] 패널 하단의 *fx.*를 눌러 Inner Shadow(내부 그림자)를 선택해 적용하고 (OK)를 누른다.

05 ▶ **문자 효과**

❶ Type Tool(수평 문자, **T**)을 선택한 후 빈 공간을 클릭한다. 휴가를 부탁해를 입력하고 Ctrl + Enter 를 눌러 완료한다.

❷ 옵션 바 또는 [Character(문자)] 패널에서 굴림, 45pt로 설정한다.

❸ 레이어 스타일을 적용하기 위해 [Layers(레이어)] 패널 하단의 *fx.*를 눌러 Gradient Overlay(그레이디언트 오버레이)를 선택한 후 아래와 같이 값을 변경한다.
　• Opacity(불투명도) : 100%
　• Style : Linear(선형)
　• Angle(각도) : 90˚
　• Scale(비율) : 100%

❹ Gradient 편집 창(▭)을 클릭한 후 Color Stop(색상 정지점)을 더블클릭하여 좌측 : #33ffff, 우측 : #ffffff로 값을 변경하고 (OK)를 누른다.

❺ 레이어 스타일을 추가하기 위해 Stroke(획)를 선택한 후 아래와 같이 값을 변경한다.
　• Size(크기) : 2px
　• Position(위치) : Outside(바깥쪽)
　• Fill Type(칠 유형) : Color(색상)
　• 색상값 : #0033ff

❻ 텍스트를 뒤틀기 위해 Type Tool(수평 문자, **T**)을 선택한 후 옵션 바의 Create warped text(뒤틀어진 텍스트 만들기, **工**)를 클릭한다. Style(스타일) : Shell Lower(아래가 넓은 조개), Bend(구부리기) : +40%로 값을 변경하고 (OK)를 누른다.

06 ▶ PSD, JPG 형식으로 저장하기

1 [File(파일)]−[Save(저장)](Ctrl + S)를 선택한 후 기존 파일에 덮어쓰기 한다.

2 JPG 파일 형식으로 저장하기 위해 [File(파일)]−[Save as(다른 이름으로 저장)](Shift + Ctrl + S)를 선택한 후 파일 형식을 클릭해 JPEG로 선택한다. '내 PC₩문서₩GTQ' 폴더에 '수험번호−성명−2'로 입력한 후 [저장]을 누른다.

3 PSD 파일의 사이즈를 1/10로 줄이기 위해 [Image(이미지)]−[Image Size(이미지 크기)](Alt + Ctrl + I)를 선택한 후 단위 : Pixel, Width(폭) : 40px, Height(높이) : 50px, Resolution(해상도) : 72Pixels/Inch로 설정하고 (OK)를 누른다.

4 [File(파일)]−[Save(저장)](Ctrl + S)를 선택한 후 작은 사이즈로 최종 저장한다.

5 완성된 파일을 확인하기 위해 파일 탐색기를 열어 '내 PC₩문서₩GTQ' 폴더에서 확인한다.

6 시험장의 작업표시줄에 나타나는 'Koas 수험자용'을 클릭해 우측의 답안 전송 을 클릭한 후 해당하는 번호에 체크한다. 하단의 답안 전송 을 클릭한 후 닫기 를 누르면 최종 전송된 답안으로 채점이 이루어진다.

사용 이미지 미리보기

1급-4.jpg

1급-5.jpg

1급-6.jpg

사용자 정의 모양 미리보기

사용 기능

필터	[Filter(필터)]-[Filter Gallery(필터 갤러리)]-[Brush Strokes(브러시 획)]-[Crosshatch(그물눈)]
색상 조정	[Create new fill or adjustment layer(조정 레이어, ⬤)]-[Hue/Saturation(색조/채도)](Ctrl + U)
이미지 추출	• Magnetic Lasso Tool(자석 올가미, 🧲) • Magic Wand Tool(자동 선택, 🪄)
이미지 사이즈	[Image(이미지)]-[Image Size(이미지 크기)](Alt + Ctrl + I)

01 새 캔버스 생성 및 필터

1 [File(파일)]−[New(새로 만들기)]([Ctrl]+[N])를 선택한 후 아래의 조건으로 설정하고 [Create(만들기)]를 누른다.

- PRESET DETAILS(사전 설정 세부 정보)
  : 수험번호−성명−2
- 단위 : Pixels
- Width(폭) : 400
- Height(높이) : 500
- Resolution(해상도) : 72Pixels/Inch
- Color Mode(색상모드) : RGB
- Backgound Contents(배경색) : White

2 [Edit(편집)]−[Preferences(속성)]−[Guides, Grid & Slices(안내선, 격자 및 분할 영역)]([Ctrl]+[K])를 선택한 후 'Grid(격자)'의 Gridline Every(격자 간격) : 100Pixels, Subdivisions(세분) : 1로 설정하고 [OK]를 누른다.

3 [View(보기)]−[Show(표시)]−[Grid(격자)]([Ctrl]+[']')와 [View(보기)]−[Rulers(눈금자)]([Ctrl]+[R])를 나타낸다.

4 [File(파일)]−[Save as(다른 이름으로 저장)]([Shift]+[Ctrl]+[S])를 클릭한 후 '내 PC₩문서₩GTQ' 폴더에 '수험번호−성명−2.psd'로 입력한 후 [저장]을 누른다.

5 [File(파일)]−[Open(열기)]([Ctrl]+[O])을 선택한 후 '1급−4.jpg'를 불러온다.

6 [Ctrl]+[A]로 전체 선택한 후 [Ctrl]+[C]로 복사하고 작업파일을 선택한 후 [Ctrl]+[V]로 붙여넣기 한다.

7 [Ctrl]+[T]로 크기/위치를 조절하고 [Enter]를 누른다.

8 [Filter(필터)]−[Filter Gallery(필터 갤러리)]−[Brush Strokes(브러시 획)]−[Crosshatch(그물눈)] 필터를 적용한 다음 [OK]를 누른다.

02 이미지 추출 및 색상 보정

1 [File(파일)]−[Open(열기)]([Ctrl]+[O])을 선택한 후 '1급−5.jpg'를 불러온다.

2 Magnetic Lasso Tool(자석 올가미,) 을 선택한 후 옵션 바의 Frequency를 100으로 설정한 다음 첫 점을 클릭하여 이미지의 형태를 따라 추출한다.

3 [Ctrl]+[C]로 복사하고 작업파일을 선택한 후 [Ctrl]+[V]로 붙여넣기 한다.

4 Ctrl + T 로 좌우대칭하기 위해 조절점 안쪽에서 마우스 오른쪽 클릭 후 Flip Horizontal(가로로 뒤집기)을 선택한다. 크기/위치를 조절하고 Enter 를 누른다.

5 파란색 계열로 보정하기 위해 Quick Selection Tool(빠른 선택, 🖌)로 선택영역(모자)을 지정한다. [Layers(레이어)] 패널 하단의 [Create new fill or adjustment layer(조정 레이어, ◑)]에서 [Hue/Saturation(색조/채도)](Ctrl + U)를 선택한다.

6 Colorize(색상화)에 체크한 후 Hue(색조) : 230, Saturation(채도) : 60으로 값을 변경한다.

> **Plus ⓐ**
>
> 제시된 색상 계열로 보이면 되기 때문에 값은 조절 가능하다.

7 레이어 스타일을 적용하기 위해 [Layers(레이어)] 패널의 Layer 2(소녀)를 선택한 후 하단의 *fx*,를 눌러 Inner Glow(내부 광선)를 선택해 적용하고 OK 를 누른다.

---

03 이미지 추출 및 레이어 스타일

1 [File(파일)]−[Open(열기)](Ctrl + O)을 선택한 후 '1급−6.jpg'를 불러온다.

2 Magic Wand Tool(자동 선택, ✨)을 선택한 후 옵션 바의 Tolerance(허용치)를 32, Contiguous(인접)에 체크를 해제한 다음 배경을 클릭한다.

3 선택영역을 반전하기 위해 [Select(선택)]−[Inverse(반전)](Shift + Ctrl + I)를 누른다.

4 Ctrl + C 로 복사한 후 작업파일을 선택하고 맨 위 레이어를 선택한 다음 Ctrl + V 로 붙여넣기한다.

> **Plus ⓐ**
>
> 조정 레이어 아래에 이미지가 붙여넣기 되면 그림과 같이 파란색이 나뭇잎에 겹쳐져 보인다.

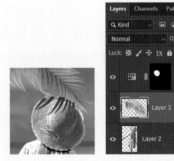

5 Ctrl + T 로 좌우대칭하기 위해 조절점 안쪽에서 마우스 오른쪽 클릭 후 Flip Vertical(세로로 뒤집기)을 선택한다. 회전/크기/위치를 조절하고 Enter 를 누른다.

6 레이어 스타일을 적용하기 위해 [Layers(레이어)] 패널 하단의 *fx*를 눌러 Drop Shadow(그림자 효과)를 선택해 적용하고 (OK)를 누른다.

04 모양 지정 및 레이어 스타일

1 Custom Shape Tool(사용자 정의 모양, ⭐)을 선택한 후 옵션 바에서 Pick Tool Mode(선택 도구 모드) : Shape(모양), Stroke(획) : 색상 없음(▱)으로 설정한다. 모양 선택(Shape: →▾)을 눌러 아래의 모양을 찾아 그린다.
Ornaments(장식) — 나뭇잎 장식 2(〰)

2 Ctrl + T 로 회전/크기/위치를 조절하고 Enter 를 누른다.

3 색을 적용하기 위해 [Layers(레이어)] 패널의 Layer Thumbnail(레이어 축소판, 🔲)을 더블클릭한 후 #ff9933을 입력하고 (OK)를 누른다.

4 레이어 스타일을 적용하기 위해 [Layers(레이어)] 패널 하단의 *fx*를 눌러 Inner Shadow(내부 그림자)를 선택해 적용하고 (OK)를 누른다.

5 Ctrl + J 를 눌러 복제한다.

Plus@

Move Tool(이동)을 선택한 후 Shape(모양)를 Alt 와 함께 드래그하여 이동복사 할 수 있다.

6 Ctrl + T 로 좌우대칭하기 위해 조절점 안쪽에서 마우스 오른쪽 클릭 후 Flip Horizontal(가로로 뒤집기)을 선택한다. 크기/위치를 조절하고 Enter 를 누른다.

7 색을 적용하기 위해 [Layers(레이어)] 패널의 Layer Thumbnail(레이어 축소판, 🔲)을 더블클릭한 후 #66ccff를 입력하고 (OK)를 누른다.

8 다른 모양을 추가하기 위해 아래의 모양을 찾아 그린다.
Nature(자연) — 해 1(🌞)

9 색을 적용하기 위해 [Layers(레이어)] 패널의 Layer Thumbnail(레이어 축소판, 🔲)을 더블클릭한 후 #ff9900을 입력하고 (OK)를 누른다.

⑩ 레이어 스타일을 추가하기 위해 Outer Glow(외부 광선)를 선택해 적용하고 OK 를 누른다.

⑪ 불투명도를 조정하기 위해 [Layers(레이어)] 패널의 Opacity(불투명도)를 80%로 설정한 후 마무리한다.

05 ▶ **문자 효과**

❶ Type Tool(수평 문자, T)을 선택한 후 빈 공간을 클릭한다. Healing Point를 입력하고 Ctrl + Enter 를 눌러 완료한다.

❷ 옵션 바 또는 [Character(문자)] 패널에서 Times New Roman, Regular, 60pt로 설정한다.

❸ 레이어 스타일을 적용하기 위해 [Layers(레이어)] 패널 하단의 fx 를 눌러 Gradient Overlay(그레이디언트 오버레이)를 선택한 후 아래와 같이 값을 변경한다.
　• Opacity(불투명도) : 100%
　• Style : Linear(선형)
　• Angle(각도) : 0°
　• Scale(비율) : 100%

❹ Gradient 편집 창(▬▬▬)을 클릭한 후 Color Stop(색상 정지점)을 더블클릭하여 좌측 : #6699ff, 우측 : #cc66ff로 값을 변경하고 OK 를 누른다.

❺ 레이어 스타일을 추가하기 위해 Outer Glow(외부 광선)를 선택해 적용하고 OK 를 누른다.

❻ 텍스트를 뒤틀기 위해 Type Tool(수평 문자, T)을 선택한 후 옵션 바의 Create warped text(뒤틀어진 텍스트 만들기, I)를 클릭한다. Style(스타일) : Bulge(돌출), Bend(구부리기) : +30%로 값을 변경하고 OK 를 누른다.

06 ▶ PSD, JPG 형식으로 저장하기

1 [File(파일)]−[Save(저장)]($Ctrl$ + S)를 선택한 후 기존 파일에 덮어쓰기 한다.

2 JPG 파일 형식으로 저장하기 위해 [File(파일)]− [Save as(다른 이름으로 저장)]($Shift$ + $Ctrl$ + S)를 선택한 후 파일 형식을 클릭해 JPEG 로 선택한다. '내 PC₩문서₩GTQ' 폴더에 '수험 번호−성명−2'로 입력한 후 [저장]을 누른다.

3 PSD 파일의 사이즈를 1/10로 줄이기 위해 [Image(이미지)]−[Image Size(이미지 크기)] (Alt + $Ctrl$ + I)를 선택한 후 단위 : Pixel, Width(폭) : 40px, Height(높이) : 50px, Resolution(해상도) : 72Pixels/Inch로 설정하 고 OK 를 누른다.

4 [File(파일)]−[Save(저장)]($Ctrl$ + S)를 선택한 후 작은 사이즈로 최종 저장한다.

5 완성된 파일을 확인하기 위해 파일 탐색기를 열어 '내 PC₩문서₩GTQ' 폴더에서 확인한다.

6 시험장의 작업표시줄에 나타나는 'Koas 수험자 용'을 클릭해 우측의 답안 전송 을 클릭한 후 해 당하는 번호에 체크한다. 하단의 답안 전송 을 클릭한 후 닫기 를 누르면 최종 전송된 답안 으로 채점이 이루어진다.

사용 이미지 미리보기

1급-7.jpg

1급-8.jpg

1급-9.jpg

1급-10.jpg

1급-11.jpg

사용자 정의 모양 미리보기

혼합모드	Multiply(곱하기)
색상 조정	Create new fill or adjustment layer(조정 레이어, ⊘) – Hue/Saturation(색조/채도, `Ctrl` + `U`)
필터	• [Filter(필터)]-[Filter Gallery(필터 갤러리)]-[Texture(텍스처)]-[Texturizer(텍스처화)] • [Filter(필터)]-[Stylize(스타일화)]-[Wind(바람)]
이미지 추출	• Polygonal Lasso Tool(다각형 올가미, ✄) • Quick Selection Tool(빠른 선택, ✎)
레이어 마스크	Add Layer Mask(레이어 마스크 추가, ▣)
선택영역 안쪽에 붙여넣기	[Edit(편집)]-[Paste Special(특수 붙여넣기)]-[Paste Into(안쪽에 붙여넣기)](`Alt` + `Ctrl` + `Shift` + `V`)
이미지 사이즈	[Image(이미지)]-[Image Size(이미지 크기)](`Alt` + `Ctrl` + `I`)

01 ▶ 새 캔버스 생성 및 배경에 색 채우기

1 [File(파일)]−[New(새로 만들기)](⎡Ctrl⎤+⎡N⎤)를
선택한 후 아래의 조건으로 설정하고 [Create(만
들기)]를 누른다.

　　· PRESET DETAILS(사전 설정 세부 정보)
　　　: 수험번호−성명−3
　　· 단위 : Pixels
　　· Width(폭) : 600
　　· Height(높이) : 400
　　· Resolution(해상도) : 72Pixels/Inch
　　· Color Mode(색상모드) : RGB
　　· Backgound Contents(배경색) : White

2 [Edit(편집)]−[Preferences(속성)]−[Guides,
Grid & Slices(안내선, 격자 및 분할 영역)]
(⎡Ctrl⎤+⎡K⎤)를 선택한 후 'Grid(격자)'의
Gridline Every(격자 간격) : 100Pixels,
Subdivisions(세분) : 1로 설정하고 ⎛OK⎞를 누
른다.

3 [View(보기)]−[Show(표시)]−[Grid(격자)]
(⎡Ctrl⎤+⎡'⎤)와 [View(보기)]−[Rulers(눈금
자)](⎡Ctrl⎤+⎡R⎤)를 나타낸다.

4 [File(파일)]−[Save As(다른 이름으로 저장)]
(⎡Shift⎤+⎡Ctrl⎤+⎡S⎤)를 클릭한 후 '내 PC₩문서
₩GTQ' 폴더에 '수험번호−성명−3.psd'로 입
력한 후 [저장]을 누른다.

5 배경에 색을 채우기 위해 도구상자의 Set
foreground color(전경색, ■)를 클릭한 후
#cc9966를 입력하고 ⎛OK⎞를 누른다. 전경색을
채우기 위해 ⎡Alt⎤+⎡Delete⎤를 누른다.

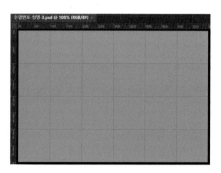

02 ▶ 혼합모드 및 레이어 마스크

1 [File(파일)]−[Open(열기)](⎡Ctrl⎤+⎡O⎤)을 선
택한 후 '1급−7.jpg'를 불러온다.

2 ⎡Ctrl⎤+⎡A⎤로 전체 선택한 후 ⎡Ctrl⎤+⎡C⎤로 복사
하고 작업파일을 선택한 후 ⎡Ctrl⎤+⎡V⎤로 붙여넣
기 한다.

3 ⎡Ctrl⎤+⎡T⎤로 크기/위치를 조절하고 ⎡Enter⎤를 누
른다.

4 혼합모드를 적용하기 위해 [Layers(레이어)] 패
널의 Blending Mode(혼합모드, ⎡Normal ⌄⎤)
를 'Multiply(곱하기)'로 선택한다.

5 불투명도를 조정하기 위해 [Layers(레이어)] 패
널 상단의 Opacity(불투명도)를 80%로 설정한다.

6 [File(파일)]−[Open(열기)](Ctrl + O)을 선
택한 후 '1급−8.jpg'를 불러온다.

7 Ctrl + A 로 전체 선택한 후 Ctrl + C 로 복사
하고 작업파일을 선택한 후 Ctrl + V 로 붙여넣
기 한다.

8 Ctrl + T 로 좌우대칭하기 위해 조절점 안쪽에
서 마우스 오른쪽 클릭 후 Flip Horizontal(가로
로 뒤집기)을 선택한다. 크기/위치를 조절하고
Enter 를 누른다.

9 [Filter(필터)]−[Filter Gallery(필터 갤러리)]−
[Texture(텍스처)]−[Texturizer(텍스처화)]
필터를 적용한 다음 OK 를 누른다.

10 레이어 마스크를 적용하기 위해 [Layers(레이
어)] 패널 하단의 Add Layer Mask(레이어 마
스크 추가, ◉)를 클릭한다.

11 도구상자에서 Gradient Tool(그레이디언트, ▨)
을 선택한 후 옵션 바에서 Gradient Presets(그
레이디언트 사전 설정)을 클릭해 Basics(기본 사
항)−'Black & White(검정, 흰색)'을 선택한다.

12 그림과 같이 가로 방향으로 드래그한다.

03 선택영역 안에 붙여넣기 및 필터

1 [File(파일)]−[Open(열기)](Ctrl + O)을 선
택한 후 '1급−9.jpg', '1급−10.jpg'를 불러온다.

2 먼저 '1급−10.jpg'를 Polygonal Lasso Tool
(다각형 올가미, ▨)로 가방 윗부분을 선택영역
으로 지정한다.

3 '1급−9.jpg'로 이동한 후 Ctrl + A 로 전체 선
택하고 Ctrl + C 로 복사한다. 작업파일을 선택
한 후 [Edit(편집)]−[Paste Special(특수 붙여
넣기)]−[Paste Into(안쪽에 붙여넣기)](Alt
+ Ctrl + Shift + V)를 누른다.

4 `Ctrl` + `T` 로 크기/위치를 조절하고 `Enter` 를 누른다.

5 [Filter(필터)]−[Stylize(스타일화)]−[Wind(바람)] 필터를 적용한 다음 `OK` 를 누른다.

6 레이어 스타일을 적용하기 위해 Inner Shadow(내부 그림자)를 선택해 적용하고 `OK` 를 누른다.

7 레이어 스타일을 적용하기 위해 [Layers(레이어)] 패널의 Layer 3(여행가방)을 선택한다. 하단의 *fx.* 를 눌러 Stroke(획)를 선택한 후 아래와 같이 값을 변경한다.

- Size(크기) : 5px
- Position(위치) : Outside(바깥쪽)
- Fill Type(칠 유형) : Gradient(그레이디언트)
- Style(스타일) : Linear(선형)
- Angle(각도) : −90°
- Reverse에 체크

8 Gradient(그레이디언트) 편집 창( )을 클릭한 후 Color Stop(색상 정지점)을 더블클릭하여 좌측 : #ffcc66, 우측 Opacity Stop(불투명도 정지점) : 0%로 값을 변경하고 `OK` 를 누른다.

04 ▶ 이미지 추출 및 색상 보정

1 [File(파일)]−[Open(열기)](`Ctrl` + `O`)을 선택한 후 '1급−11.jpg'를 불러온다.

2 Quick Selection Tool(빠른 선택,) 로 선택영역을 지정한다.

3 `Ctrl` + `C` 로 복사하고 작업파일을 선택한 후 맨 위의 레이어를 선택한 다음 `Ctrl` + `V` 로 붙여넣기 한다.

4 `Ctrl` + `T` 로 회전/크기/위치를 조절하고 `Enter` 를 누른다.

⑤ 녹색 계열로 보정하기 위해 Quick Selection Tool(빠른 선택, ✏️)로 선택영역(비행기 날개)을 지정한다. [Layers(레이어)] 패널 하단의 Create new fill or adjustment layer(조정 레이어, ◑)에서 Hue/Saturation(색조/채도, Ctrl + U)을 선택한다.

⑥ [Properties(속성)] 패널의 [Hue/Saturation(색조/채도)]에서 Colorize(색상화)에 체크한 후 Hue(색조) : 110, Satulation(채도) : 50으로 값을 변경하고 OK 를 누른다.

⑦ 파란색 계열로 보정하기 위해 Layer 5(여권)를 선택한 후 Quick Selection Tool(빠른 선택, ✏️)로 선택영역(여권)을 지정한다. [Layers(레이어)] 패널 하단의 Create new fill or adjustment layer(조정 레이어, ◑)에서 Hue/Saturation(색조/채도, Ctrl + U)을 선택한 후 Hue(색조) : 230, Saturation(채도) : 50으로 값을 설정한다.

⑧ 레이어 스타일을 적용하기 위해 [Layers(레이어)] 패널의 Layer 5(여권)을 선택한 후 하단의 fx 를 눌러 Drop Shadow(그림자 효과)를 선택해 적용하고 OK 를 누른다.

05 **모양 지정 및 레이어 스타일**

① Custom Shape Tool(사용자 정의 모양, ✺)을 선택한 후 옵션 바에서 Pick Tool Mode(선택 도구 모드) : Shape(모양, Shape ∨), Stroke(획) : 색상 없음(⬜)으로 설정한다. 모양 선택(Shape: → ∨)을 눌러 아래의 모양을 찾아 그린다.
Objects(물건) - 왼발(👣)

② Ctrl + T 로 회전/크기/위치를 조절하고 Enter 를 누른다.

③ 색을 적용하기 위해 [Layers(레이어)] 패널의 Layer Thumbnail(레이어 축소판, ▨)을 더블클릭한 후 #cc9900를 입력하고 OK 를 누른다.

④ 레이어 스타일을 적용하기 위해 [Layers(레이어)] 패널 하단의 fx 를 눌러 Bevel and Emboss(경사와 엠보스)를 선택해 적용하고 OK 를 누른다.

5 Ctrl + J 를 눌러 복제한다.

6 Ctrl + T 로 좌우대칭하기 위해 조절점 안쪽에서 마우스 오른쪽 클릭 후 Flip Horizontal(가로로 뒤집기)을 선택한다. 크기/위치를 조절하고 Enter 를 누른다.

7 다른 모양을 추가하기 위해 아래의 모양을 찾아 그린다.
Symbols(기호) – 나침반( )

8 색을 적용하기 위해 [Layers(레이어)] 패널의 Layer Thumbnail(레이어 축소판,)을 더블 클릭한 후 #ffcccc를 입력하고 OK 를 누른다.

9 레이어 스타일을 적용하기 위해 [Layers(레이어)] 패널 하단의 fx.를 눌러 Stroke(획)를 선택한 후 아래와 같이 값을 변경하고 OK 를 누른다.
 • Size(크기) : 2px
 • Position(위치) : Outside(바깥쪽)
 • Fill Type(칠 유형) : Color(색상)
 • 색상값 : #0033cc

10 다른 모양을 추가하기 위해 아래의 모양을 찾아 그린다.
Ornaments(장식) – 백합( )

11 색을 적용하기 위해 [Layers(레이어)] 패널의 Layer Thumbnail(레이어 축소판,)을 더블 클릭한 후 #cc6666을 입력하고 OK 를 누른다.

12 레이어 스타일을 적용하기 위해 [Layers(레이어)] 패널 하단의 fx.를 눌러 Outer Glow(외부 광선)를 선택해 적용하고 OK 를 누른다.

06 문자 효과

1 Type Tool(수평 문자, T)을 선택한 후 빈 공간을 클릭한다. 두근두근 인생여행을 입력하고 Ctrl + Enter 를 눌러 완료한다.

2 옵션 바 또는 [Character(문자)] 패널에서 궁서, 30pt로 설정한 후 인생여행만 선택하여 45pt로 변경한다.

3 레이어 스타일을 적용하기 위해 [Layers(레이어)] 패널 하단의 fx.를 눌러 Gradient Overlay(그 레이디언트 오버레이)를 선택한 후 아래와 같이 값을 변경한다.
 • Opacity(불투명도) : 100%
 • Style : Linear(선형)
 • Angle(각도) : 0°
 • Scale(비율) : 100%

4 Gradient 편집 창(⬛⬛⬜)을 클릭한 후 Color Stop(색상 정지점)을 더블클릭하여 좌측 : #3300ff, 중간 : #339966, 우측 : #ff6600으로 값을 변경하고 OK 를 누른다.

5 레이어 스타일을 추가하기 위해 [Layers(레이어)] 패널 하단의 *fx*를 눌러 Stroke(획)를 선택한 후 아래와 같이 값을 변경한다.
- Size(크기) : 2px
- Position(위치) : Outside(바깥쪽)
- Fill Type(칠 유형) : Color(색상)
- 색상값 : #ffffff

6 레이어 스타일을 추가하기 위해 Drop Shadow(그림자 효과)를 선택해 적용하고 OK 를 누른다.

7 텍스트를 뒤틀기 위해 Type Tool(수평 문자, **T**)을 선택한 후 옵션 바의 Create warped text(뒤틀어진 텍스트 만들기, ⬚)를 클릭한다. Style(스타일) : Arc Upper(부채꼴), Bend(구부리기) : +40%로 값을 변경하고 OK 를 누른다.

8 Type Tool(수평 문자, **T**)을 선택한 후 빈 공간을 클릭한다. Enjoy Your Life를 입력하고 Ctrl + Enter 를 눌러 완료한다.

9 옵션 바 또는 [Character(문자)] 패널에서 Times New Roman, Bold, 23pt, #993300으로 설정한다.

10 레이어 스타일을 적용하기 위해 [Layers(레이어)] 패널 하단의 *fx*를 눌러 Stroke(획)를 선택한 후 아래와 같이 값을 변경하고 OK 를 누른다.
- Size(크기) : 2px
- Position(위치) : Outside(바깥쪽)
- Fill Type(칠 유형) : Color(색상)
- 색상값 : #ffffcc

11 텍스트를 뒤틀기 위해 Type Tool(수평 문자, **T**)을 선택한 후 옵션 바의 Create warped text(뒤틀어진 텍스트 만들기, ⬚)를 클릭한다. Style(스타일) : Arc(부채꼴), Bend(구부리기) : 40%로 값을 변경하고 OK 를 누른다.

12 Type Tool(수평 문자, **T**)을 선택한 후 빈 공간을 클릭한다. 공항 체크인 꿀팁!을 입력한 후 Ctrl + Enter 를 눌러 완료한다.

13 옵션 바 또는 [Character(문자)] 패널에서 돋움, 16pt, #ffffff로 설정한다.

14 레이어 스타일을 적용하기 위해 [Layers(레이어)] 패널 하단의 *fx*를 눌러 Stroke(획)를 선택한 후 아래와 같이 값을 변경하고 OK 를 누른다.
- Size(크기) : 2px
- Position(위치) : Outside(바깥쪽)
- Fill Type(칠 유형) : Color(색상)
- 색상값 : #993366

15 Type Tool(수평 문자, **T**)을 선택한 후 빈 공간을 클릭한다. GO!를 입력하고 Ctrl + Enter 를 눌러 완료한다.

16 옵션 바 또는 [Character(문자)] 패널에서 Arial, Bold, 30pt로 설정한다.

⑰ 레이어 스타일을 적용하기 위해 [Layers(레이어)] 패널 하단의 **fx**를 눌러 Gradient Overlay(그 레이디언트 오버레이)를 선택한 후 아래와 같이 값을 변경한다.
- Opacity(불투명도) : 100%
- Style : Linear(선형)
- Angle(각도) : 90°
- Scale(비율) : 100%

⑱ Gradient 편집 창(■■■■▼)을 클릭한 후 Color Stop(색상 정지점)을 더블클릭하여 좌측 : #333333, 우측 : #ff0066으로 값을 변경하고 OK를 누른다.

⑲ 레이어 스타일을 추가하기 위해 Stroke(획)를 선 택한 후 아래와 같이 값을 변경하고 OK를 누른다.
- Size(크기) : 2px
- Position(위치) : Outside(바깥쪽)
- Fill Type(칠 유형) : Color(색상)
- 색상값 : #ffffcc

07 ▶ PSD, JPG 형식으로 저장하기

❶ [File(파일)]−[Save(저장)](Ctrl+S)를 선택한 후 기존 파일에 덮어쓰기 한다.

❷ JPG 파일 형식으로 저장하기 위해 [File(파일)]−[Save as(다른 이름으로 저장)](Shift+Ctrl+S)를 선택한 후 파일 형식을 클릭해 JPEG로 선택한다. '내 PC₩문서₩GTQ' 폴더에 '수험번호−성명−3'으로 입력한 후 [저장]을 누른다.

❸ PSD 파일의 사이즈를 1/10로 줄이기 위해 [Image(이미지)]−[Image Size(이미지 크기)](Alt+Ctrl+I)를 선택한 후 단위 : Pixel, Width(폭) : 60px, Height(높이) : 40px, Resolution(해상도) : 72Pixels/Inch로 설정하고 OK를 누른다.

❹ [File(파일)]−[Save(저장)](Ctrl+S)를 선택한 후 작은 사이즈로 최종 저장한다.

❺ 완성된 파일을 확인하기 위해 파일 탐색기를 열어 '내 PC₩문서₩GTQ' 폴더에서 확인한다.

❻ 시험장의 작업표시줄에 나타나는 'Koas 수험자용'을 클릭해 우측의 답안 전송을 클릭한 후 해당하는 번호에 체크한다. 하단의 답안 전송을 클릭한 후 닫기를 누르면 최종 전송된 답안으로 채점이 이루어진다.

사용 이미지 **미리보기**

1급-12.jpg

1급-13.jpg

1급-14.jpg

1급-15.jpg

1급-16.jpg

1급-17.jpg

사용자 정의 모양 **미리보기**

사용 기능

패턴 정의 및 적용	• [Edit(편집)]-[Define Pattern(패턴 정의)] • 레이어 스타일 : Pattern Overlay(패턴 오버레이)
혼합모드	Linear Burn(선형 번)
색상 조정	[Create new fill or adjustment layer(조정 레이어, ⏀)]-[Hue/Saturation(색조/채도)]
필터	• [Filter(필터)]-[Filter Gallery(필터 갤러리)]-[Texture(텍스처)]-[Texturizer(텍스처화)] • [Filter(필터)]-[Filter Gallery(필터 갤러리)]-[Brush Strokes(브러시 획)]-[Crosshatch(그물눈)]
이미지 추출	• Magic Wand Tool(자동 선택, 🪄) • Quick Selection Tool(빠른 선택, 🖌)
레이어 마스크	Add Layer Mask(레이어 마스크 추가, ▣)
이미지 사이즈	[Image(이미지)]-[Image Size(이미지 크기)](Alt + Ctrl + I)

01 ▶ 새 캔버스 생성 및 배경에 색 채우기

1 [File(파일)]−[New(새로 만들기)](Ctrl + N)를 선택한 후 아래의 조건으로 설정하고 [Create(만들기)]를 누른다.

- PRESET DETAILS(사전 설정 세부 정보)
  : 수험번호−성명−4
- 단위 : Pixels
- Width(폭) : 600
- Height(높이) : 400
- Resolution(해상도) : 72Pixels/Inch
- Color Mode(색상모드) : RGB
- Backgound Contents(배경색) : White

2 [Edit(편집)]−[Preferences(속성)]−[Guides, Grid & Slices(안내선, 격자 및 분할 영역)] (Ctrl + K)를 선택한 후 'Grid(격자)'의 Gridline Every(격자 간격) : 100Pixels, Subdivisions(세분) : 1로 설정하고 OK 를 누른다.

3 [View(보기)]−[Show(표시)]−[Grid(격자)] (Ctrl + ')와 [View(보기)]−[Rulers(눈금자)](Ctrl + R)를 나타낸다.

4 [File(파일)]−[Save as(다른 이름으로 저장)] (Shift + Ctrl + S)를 클릭한 후 '내 PC₩문서 ₩GTQ' 폴더에 '수험번호−성명−4.psd'로 입력하고 [저장]을 누른다.

5 배경에 색을 채우기 위해 도구상자의 Set foreground color(전경색, ■)을 클릭한 후 #ccffff를 입력하고 OK 를 누른다. 전경색을 채우기 위해 Alt + Delete 를 누른다.

02 ▶ 패턴 제작 및 등록

1 Pattern(패턴)을 만들기 위해 [File(파일)]− [New(새로 만들기)](Ctrl + N)를 선택한 후 아래의 조건으로 설정하고 [Create(만들기)]를 누른다.

- 단위 : Pixels
- Width(폭) : 40
- Height(높이) : 40
- Resolution(해상도) : 72Pixels/Inch
- Color Mode(색상모드) : RGB
- Backgound Contents(배경색) : White

2 Custom Shape Tool(사용자 정의 모양, ✿)을 선택한 후 옵션 바에서 Pick Tool Mode(선택 도구 모드) : Shape(모양, Shape ∨), Stroke(획) : 색상 없음(▱)으로 설정하고 아래의 모양을 찾아 그린다. Web(웹) – WWW(🌐)

3 색을 적용하기 위해 [Layers(레이어)] 패널의 Layer Thumbnail(레이어 축소판, 🖼)을 더블 클릭한 후 #3399ff를 입력하고 (OK)를 누른다.

4 [Layers(레이어)] 패널 하단 Background(배경)의 눈 아이콘(👁)을 클릭해 해제한다.

5 다른 모양을 추가하기 위해 아래의 모양을 찾아 그린다.
Music(음악) − 8분 음표(♪)

6 색을 적용하기 위해 [Layers(레이어)] 패널의 Layer Thumbnail(레이어 축소판, 🖼)을 더블 클릭한 후 #ff9900을 입력하고 (OK)를 누른다.

7 패턴을 정의하기 위해 [Edit(편집)]−[Define Pattern(패턴 정의)]을 눌러 확인 후 (OK)를 누른다.

---

03 ▶ 혼합모드 및 레이어 마스크

1 [File(파일)]−[Open(열기)](Ctrl + O)을 선택한 후 '1급−12.jpg'를 불러온다.

2 Ctrl + A 로 전체 선택한 후 Ctrl + C 로 복사하고 작업파일을 선택한 후 Ctrl + V 로 붙여넣기 한다.

3 Ctrl + T 로 크기/위치를 조절하고 Enter 를 누른다.

4 혼합모드를 적용하기 위해 [Layers(레이어)] 패널의 Blending Mode(혼합모드, Normal ˅)를 'Linear Burn(선형 번)'으로 선택한다.

5 레이어 마스크를 적용하기 위해 [Layers(레이어)] 패널 하단의 Add Layer Mask(레이어 마스크 추가, ◉)를 클릭한다.

6 도구상자에서 Gradient Tool(그레이디언트, 🔲)을 선택한 후 옵션 바에서 Gradient Presets(그레이디언트 사전 설정)을 클릭해 Basics(기본 사항)−'Black & White(검정, 흰색)'을 선택한다.

7 그림과 같이 대각선 방향으로 드래그한다.

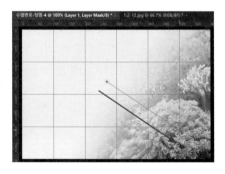

8 [File(파일)]−[Open(열기)](Ctrl + O)을 선택한 후 '1급−13.jpg'를 불러온다.

9 `Ctrl`+`A`로 전체 선택한 후 `Ctrl`+`C`로 복사하고 작업파일을 선택한 후 `Ctrl`+`V`로 붙여넣기 한다.

10 `Ctrl`+`T`로 크기/위치를 조절하고 `Enter`를 누른다.

11 [Filter(필터)]−[Filter Gallery(필터 갤러리)]−[Texture(텍스처)]−[Texturizer(텍스처화)] 필터를 적용한 다음 `OK`를 누른다.

12 **5**~**6**을 참고해 레이어 마스크를 적용하여 세로 방향으로 드래그한다.

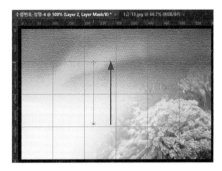

04 이미지 추출 및 색상 보정

1 [File(파일)]−[Open(열기)](`Ctrl`+`O`)을 선택한 후 '1급−14.jpg'를 불러온다.

2 Magic Wand Tool(자동 선택,) 을 선택한 후 옵션 바의 Tolerance(허용치)를 20, Contiguous(인접)에 체크한 다음 배경을 클릭한다. `Shift`와 함께 복수의 배경을 클릭해 모두 지정한다.

3 선택영역을 반전하기 위해 [Select(선택)]−[Inverse(반전)](`Shift`+`Ctrl`+`I`)를 누른다.

4 `Ctrl`+`C`로 복사하고 작업파일을 선택한 후 `Ctrl`+`V`로 붙여넣기 한다.

5 `Ctrl`+`T`로 크기/위치를 조절하고 `Enter`를 누른다.

6 레이어 스타일을 적용하기 위해 [Layers(레이어)] 패널 하단의 `fx`를 눌러 Inner Glow(내부 광선)를 선택해 적용한다.

7 레이어 스타일을 추가하기 위해 Stroke(획)를 선택한 후 아래와 같이 값을 변경하고 `OK`를 누른다.
- Size(크기) : 3px
- Position(위치) : Outside(바깥쪽)
- Fill Type(칠 유형) : Color(색상)
- 색상값 : #333333

8 [File(파일)]−[Open(열기)](`Ctrl`+`O`)을 선택한 후 '1급−15.jpg'를 불러온다.

⑨ Quick Selection Tool(빠른 선택, 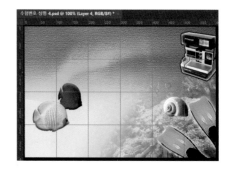)로 선택한 후 제외할 부분은 Alt 와 함께 선택한다.

⑩ Ctrl + C 로 복사하고 작업파일을 선택한 후 Ctrl + V 로 붙여넣기 한다.

⑪ Ctrl + T 로 회전/크기/위치를 조절하고 Enter 를 누른다.

⑫ [Filter(필터)]-[Filter Gallery(필터 갤러리)]-[Brush Strokes(브러시 획)]-[Crosshatch(그물눈)] 필터를 적용한 후 OK 를 누른다.

⑬ 레이어 스타일을 적용하기 위해 [Layers(레이어)] 패널 하단의 fx 를 눌러 Outer Glow(외부광선)를 선택해 적용하고 OK 를 누른다.

⑭ [File(파일)]-[Open(열기)](Ctrl + O)을 선택한 후 '1급-16.jpg'를 불러온다.

⑮ Quick Selection Tool(빠른 선택,)로 선택한다.

⑯ Ctrl + C 로 복사하고 작업파일을 선택한 후 Ctrl + V 로 붙여넣기 한다.

⑰ Ctrl + T 로 좌우대칭하기 위해 조절점 안쪽에서 마우스 오른쪽 클릭 후 Flip Horizontal(가로로 뒤집기)을 선택한다. 크기/위치를 조절하고 Enter 를 누른다.

⑱ 빨간색 계열로 보정하기 위해 Quick Selection Tool(빠른 선택,)로 선택영역(작은 물고기)을 지정한다. [Layers(레이어)] 패널 하단의 Create new fill or adjustment layer(조정 레이어,)에서 Hue/Saturation(색조/채도, Ctrl + U)를 선택한다.

⑲ [Properties(속성)] 패널의 [Hue/Saturation(색조/채도)]에서 Colorize(색상화)에 체크한 후 Hue(색조) : 0, Saturation(채도) : 50으로 값을 변경하고 OK 를 누른다.

⑳ 레이어 스타일을 적용하기 위해 [Layers(레이어)] 패널의 Layer 5(물고기)를 선택한 후 하단의 fx 를 눌러 Bevel and Emboss(경사와 엠보스)를 선택해 적용하고 OK 를 누른다.

㉑ [File(파일)]-[Open(열기)](Ctrl + O)을 선택한 후 '1급-17.jpg'를 불러온다.

㉒ Quick Selection Tool(빠른 선택,)로 선택영역을 지정한다.

㉓ Ctrl + T 로 회전/크기/위치를 조절하고 Enter 를 누른다.

05 ▶ **패스 제작 및 패턴 적용**

1 Pen Tool(펜,)을 선택한 후 옵션 바에서 Pick Tool Mode(선택 도구 모드) : Path(패스, Path ⌄), Path Operations(패스 작업) : Exclude Overlapping Shapes(모양 오버랩 제외, ⊡)로 지정한다.

2 배경 레이어의 눈 아이콘(◉)을 Alt +클릭해 나머지 레이어의 눈을 끈다. (선택사항)

Plus@

배경 레이어를 선택하지는 않는다. 새 레이어 추가 시 맨 위로 생성되지 않기 때문이다.

3 그림을 참고해 1/2만 똑바르게 그린 다음 패스의 유실을 방지하기 위해 [Path(패스)] 패널을 선택한다. Work Path(작업 패스) 이름 부분을 더블 클릭한 후 Save Path(패스 저장)가 나오면 OK 를 누른다.

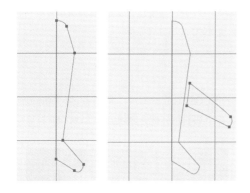

4 Path Selection Tool(패스 선택, ▶)로 Alt 와 함께 드래그해 복제한다.

5 Ctrl + T 로 조절점 안쪽에서 마우스 오른쪽 클릭 후 Flip Horizontal(가로로 뒤집기)을 선택하여 배치하고 Enter 를 누른다.

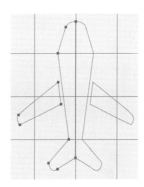

6 비행기 몸체만 레이어로 지정하기 위해 Path Selection Tool(패스 선택, ▶)로 몸체만 선택한 후 [Path(패스)] 패널 하단의 Load as a selection(패스를 선택영역으로 지정, ⊞)을 클릭한다.

7 [Layers(레이어)] 패널로 이동한 후 하단의 Create a new layer(새 레이어, ⊞, Ctrl + Shift + N)를 클릭해 추가한다.

8 색을 채우기 위해 도구상자의 Set foreground color(전경색, ▣)를 클릭한 후 #ffffcc를 입력하고 OK 를 누른다. 전경색을 채우기 위해 Alt + Delete 를 누른다.

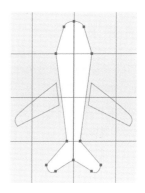

⑨ 비행기 날개만 레이어로 지정하기 위해 Path Selection Tool(패스 선택, ▶)로 몸체만 선택한다. [Path(패스)] 패널 하단의 Load as a selection(패스를 선택영역으로 지정, ⬚)을 클릭한다.

⑩ [Layers(레이어)] 패널로 이동한 후 하단의 Create a new layer(새 레이어, ⊞, Ctrl + Shift + N)를 클릭해 추가한다.

⑪ 색을 채우기 위해 도구상자의 Set foreground color(전경색, ■)를 클릭한 후 #339999를 입력하고 OK 를 누른다. 전경색을 채우기 위해 Alt + Delete 를 누른다.

⑫ 선택영역을 해제하기 위해 [Select(선택)] − [Deselect(해제)](Ctrl + D)를 누른다.

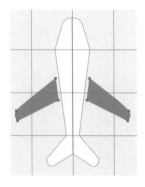

⑬ 레이어 스타일을 추가하기 위해 Drop Shadow(그림자 효과)를 선택해 적용하고 OK 를 누른다.

⑭ 모든 레이어의 눈을 켜기 위해 레이어의 눈 아이콘(👁)에서 마우스 오른쪽 클릭 후 'Show/hide all other layers(다른 모든 레이어 표시/숨기기)'를 클릭한다.

⑮ Shift 와 함께 Layer 7(비행기 몸체)를 복수로 선택한 후 Ctrl + T 로 회전/크기/위치를 조절하고 Enter 를 누른다.

Plus@

패스의 잔상이 남아 있다면 [Path(패스)] 패널에서 여백을 클릭하면 사라진다.

⑯ 패턴을 적용하기 위해 [Layers(레이어)] 패널의 Layer 7(몸체)를 선택한 후 하단의 fx 를 눌러 Pattern Overlay(패턴 오버레이)를 선택한다. Pattern(패턴)의 목록 단추를 클릭해 정의한 패턴을 선택한다.

Plus@

패턴의 크기를 조절하고 싶다면 Scale(비율)을 조정한 후 출력형태를 참고해 맞춘다.

⑰ 레이어 스타일을 추가하기 위해 Drop Shadow(그림자 효과)를 선택해 적용하고 OK 를 누른다.

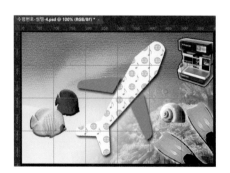

1 Custom Shape Tool(사용자 정의 모양, 🔧)을 선택한 후 옵션 바에서 Pick Tool Mode(선택 도구 모드) : Shape(모양, `Shape ∨`), Stroke(획) : 색상 없음(◻)으로 설정한다. 모양 선택(`Shape: →∨`)을 눌러 아래의 모양을 찾아 그린다.

- 기본 경로 : Legacy Shapes and More(레거시 모양 및 기타) – All Legacy Default Shapes(모든 레거시 기본 모양)
- Symbols(기호) – 체크 표시(✔)

2 색을 적용하기 위해 [Layers(레이어)] 패널의 Layer Thumbnail(레이어 축소판, 🖼)을 더블클릭한 후 #ff3333을 입력하고 (OK)를 누른다.

3 레이어 스타일을 적용하기 위해 [Layers(레이어)] 패널 하단의 *fx.*를 눌러 Bevel and Emboss(경사와 엠보스)를 선택해 적용하고 (OK)를 누른다.

4 다른 모양을 추가하기 위해 아래의 모양을 찾아 그린다.
Nature(자연) – 파형(〰)

5 색을 적용하기 위해 [Layers(레이어)] 패널의 Layer Thumbnail(레이어 축소판, 🖼)을 더블클릭한 후 #ffffff를 입력하고 (OK)를 누른다.

6 레이어 스타일을 추가하기 위해 [Layers(레이어)] 패널 하단의 *fx.*를 눌러 Drop Shadow(그림자 효과)를 선택해 적용하고 (OK)를 누른다.

7 불투명도를 조정하기 위해 [Layers(레이어)] 패널의 Opacity(불투명도)를 70%로 설정한다.

8 메뉴 부분을 만들기 위해 아래의 모양을 찾아 그린다.
Nature(자연) – 구름 1(☁)

9 레이어 스타일을 적용하기 위해 [Layers(레이어)] 패널 하단의 *fx.*를 눌러 Gradient Overlay(그레이디언트 오버레이)를 선택한 후 아래와 같이 값을 변경한다.

- Opacity(불투명도) : 100%
- Style : Reflected(반사)
- Angle(각도) : 90°
- Scale(비율) : 100%
- Reverse(반전)에 체크

10 Gradient(그레이디언트) 편집 창(▬▬∨)을 클릭한 후 Color Stop(색상 정지점)을 더블클릭하여 좌측 : #99ffff, 우측 : #ffffff로 값을 변경하고 (OK)를 누른다.

11 레이어 스타일을 추가하기 위해 Stroke(획)를 선택한 후 아래와 같이 값을 변경하고 (OK)를 누른다.

- Size(크기) : 2px
- Position(위치) : Outside(바깥쪽)
- Fill Type(칠 유형) : Color(색상)
- 색상값 : #00ccff

12 메뉴에 텍스트를 입력하기 위해 Type Tool(수평 문자, T)을 선택한다. Shift +클릭 후 참가 안내를 입력하고 Ctrl + Enter 를 눌러 완료한다.

Plus@

Shift +클릭 후 입력하는 이유는 모양이 선택된 상태에서 텍스트를 입력하면 영역 안에 글자가 입력되기 때문이다.

⑬ 옵션 바 또는 [Character(문자)] 패널에서 돋움, 18pt, #ffffff로 설정한다.

⑭ 레이어 스타일을 적용하기 위해 [Layers(레이어)] 패널 하단의 *fx*를 눌러 Stroke(획)를 선택한 후 아래와 같이 값을 변경하고 (OK)를 누른다.
- Size(크기) : 2px
- Position(위치) : Outside(바깥쪽)
- Fill Type(칠 유형) : Color(색상)
- 색상값 : #6699ff

⑮ 메뉴를 복제하기 위해 배너 모양과 텍스트 레이어를 Shift 로 클릭한 다음 Move Tool(이동,) 을 선택해 Alt 와 함께 아래쪽 방향으로 드래그하여 두 번 복제한다.

⑯ 두 번째의 텍스트를 수정하기 위해 [Layers(레이어)] 패널의 Indicates Text Layer(텍스트 레이어, T)를 더블클릭한 후 사전등록을 입력하고 Ctrl + Enter 를 눌러 완료한다.

⑰ 세 번째 텍스트도 ⑯와 같은 방법으로 전시안내로 수정한다.

⑱ 사전등록 레이어의 Stroke(획) 부분을 더블클릭한 후 아래와 같이 값을 변경하고 (OK)를 누른다.
- Size(크기) : 2px
- Position(위치) : Outside(바깥쪽)
- Fill Type(칠 유형) : Color(색상)
- 색상값 : #cc33ff

⑲ 두 번째 모양의 Stroke(획) 부분을 더블클릭한 후 아래와 같이 값을 변경한다.
- Size(크기) : 2px
- Position(위치) : Outside(바깥쪽)
- Fill Type(칠 유형) : Color(색상)
- 색상값 : #cc66ff

07 ▶ 문자 효과

❶ Type Tool(수평 문자, T)을 선택한 후 빈 공간을 클릭한다. 지구촌 여행박람회를 입력하고 Ctrl + Enter 를 눌러 완료한다.

❷ 옵션 바 또는 [Character(문자)] 패널에서 돋움, 45pt, 왼쪽 정렬로 설정한다.

Plus@

CS6 버전에서는 줄 간격이 넓게 보일 수 있으므로 줄 간격의 값을 제시된 텍스트 크기보다 약간 크게 조절하면 출력형태와 유사하다.

❸ 레이어 스타일을 적용하기 위해 [Layers(레이어)] 패널 하단의 *fx*를 눌러 Gradient Overlay(그레이디언트 오버레이)를 선택한 후 아래와 같이 값을 변경한다.
- Opacity(불투명도) : 100%
- Style : Linear(선형)
- Angle(각도) : 90°
- Scale(비율) : 100%

4 Gradient 편집 창(■■■■▨)을 클릭한 후 Color Stop(색상 정지점)을 더블클릭하여 좌측 : #0066ff, 중간 : #cc66ff, 우측 : #ff9900으로 값을 변경하고 OK 를 누른다.

5 레이어 스타일을 추가하기 위해 Stroke(획)를 선택한 후 아래와 같이 값을 변경하고 OK 를 누른다.
- Size(크기) : 2px
- Position(위치) : Outside(바깥쪽)
- Fill Type(칠 유형) : Color(색상)
- 색상값 : #ffffff

6 텍스트를 뒤틀기 위해 Type Tool(수평 문자, T)을 선택한 후 옵션 바의 Create warped text(뒤틀어진 텍스트 만들기, T)를 클릭하여 Style(스타일) : Arch(아치), Bend(구부리기) : −30%, Horizontal Distortion(가로 왜곡) : −50%로 값을 변경하고 OK 를 누른다.

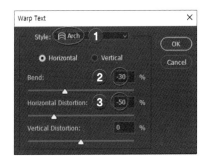

7 Type Tool(수평 문자, T)을 선택한 후 빈 공간을 클릭한다. A Global Travel Fair를 입력하고 Ctrl + Enter 를 눌러 완료한다.

8 옵션 바 또는 [Character(문자)] 패널에서 Times New Roman, Bold, 20pt, #ffffff로 설정한다.

9 레이어 스타일을 적용하기 위해 [Layers(레이어)] 패널 하단의 *fx* 를 눌러 Stroke(획)를 선택한 후 아래와 같이 값을 변경하고 OK 를 누른다.
- Size(크기) : 2px
- Position(위치) : Outside(바깥쪽)
- Fill Type(칠 유형) : Gradient(그레이디언트)
- Style(스타일) : Linear(선형)
- Angle(각도) : 0°

10 Gradient(그레이디언트) 편집 창(■■■■□)을 클릭한 후 Color Stop(색상 정지점)을 더블클릭하여 좌측 : #6633cc, 우측 : #cc6600으로 값을 변경하고 OK 를 누른다.

11 텍스트를 뒤틀기 위해 Type Tool(수평 문자, T)을 선택한 후 옵션 바의 Create warped text(뒤틀어진 텍스트 만들기, T)를 클릭하여 Style(스타일) : Arc(부채꼴), Bend(구부리기) : −30%로 값을 변경하고 OK 를 누른다.

12 Type Tool(수평 문자, T)을 선택한 후 빈 공간을 클릭한다. 여행상품확인을 입력하고 Ctrl + Enter 를 눌러 완료한다.

13 옵션 바 또는 [Character(문자)] 패널에서 굴림, 20pt, #333399로 설정한 후 확인만 선택하여 #ff0000으로 변경한다.

⑭ 레이어 스타일을 적용하기 위해 Stroke(획)를 선택한 후 아래와 같이 값을 변경하고 (OK)를 누른다.

- Size(크기) : 2px
- Position(위치) : Outside(바깥쪽)
- Fill Type(칠 유형) : Color(색상)
- 색상값 : #ffffff

08 ▶ PSD, JPG 형식으로 저장하기

① [File(파일)]─[Save(저장)](Ctrl + S)를 선택한 후 기존 파일에 덮어쓰기 한다.

② JPG 파일 형식으로 저장하기 위해 [File(파일)]─[Save as(다른 이름으로 저장)](Shift + Ctrl + S)를 선택한 후 파일 형식을 클릭해 JPEG로 선택한다. '내 PC₩문서₩GTQ' 폴더에 '수험번호─성명─4'로 입력한 후 [저장]을 누른다.

③ PSD 파일의 사이즈를 1/10로 줄이기 위해 [Image(이미지)]─[Image Size(이미지 크기)](Alt + Ctrl + I)를 선택한 후 단위 : Pixel, Width(폭) : 60px, Height(높이) : 40px, Resolution(해상도) : 72Pixels/Inch로 설정하고 (OK)를 누른다.

④ [File(파일)]─[Save(저장)](Ctrl + S)를 선택한 후 작은 사이즈로 최종 저장한다.

⑤ 완성된 파일을 확인하기 위해 파일 탐색기를 열어 '내 PC₩문서₩GTQ' 폴더에서 확인한다.

⑥ 시험장의 작업표시줄에 나타나는 'Koas 수험자용'을 클릭해 우측의 답안 전송 을 클릭한 후 해당하는 번호에 체크한다. 하단의 답안 전송 을 클릭한 후 닫기 를 누르면 최종 전송된 답안으로 채점이 이루어진다.

⊘ Check Point !

		O	X
공통	• 제시된 크기(px)와 해상도(72Pixels/Inch)로 파일을 만들었나요? • '수험번호-성명-문제번호.psd'로 저장했나요? • 그리드(Ctrl + ')와 눈금자(Ctrl + R)를 표시했나요? • 시험지에도 자를 이용해 100픽셀씩 그리드를 그려주었나요?		
문제1번	• 만든 패스를 저장했나요? • 클리핑 마스크를 적용했나요? • 각 이미지와 Shape(모양)에 레이어 스타일과 필터를 적용했나요?		
문제2번	• 제시된 색상으로 보정했나요? • 각 이미지와 Shape(모양)에 레이어 스타일과 필터를 적용했나요?		
문제3번	• 배경에 색을 적용했나요? • Blending Mode(혼합모드)를 적용했나요? • 레이어 마스크의 방향을 맞게 적용했나요? • 제시된 색상으로 보정했나요? • 각 이미지와 Shape(모양)에 레이어 스타일과 필터를 적용했나요?		
문제4번	• 배경에 색을 적용했나요? • 패턴을 제작하여 등록하였나요? • Blending Mode(혼합모드)를 적용했나요? • 레이어 마스크의 방향을 맞게 적용했나요? • 제시된 색상으로 보정했나요? • 1급-17.jpg를 제외한 이미지와 Shape(모양)에 레이어 스타일과 필터를 적용했나요? • 펜 도구를 이용하여 오브젝트를 그려 패턴으로 적용하였나요?		
공통	• '수험번호-성명-문제번호.jpg'로 저장했나요? • 1/10로 줄여 '수험번호-성명-문제번호.psd'로 저장했나요?		

※ 시험장에서는 반드시 전송까지 실행해 주세요.

제5회 실전 모의고사
[S/W:포토샵]

급수	문제유형	시험시간	수험번호	성명
1급	A	90분		

수험자 유의사항

- 수험자는 문제지를 받는 즉시 응시하고자 하는 과목 및 급수가 맞는지 확인한 후 수험번호와 성명을 작성합니다.
- 파일명은 본인의 "수험번호−성명−문제번호"로 공백 없이 정확히 입력하고 답안폴더(내 PC₩문서₩GTQ)에 jpg 파일과 psd 파일의 2가지 포맷으로 저장해야 하며, jpg 파일과 psd 파일의 내용이 상이할 경우 0점 처리됩니다. 답안문서 파일명이 "수험번호−성명−문제번호"와 일치하지 않거나, 답안 파일을 전송하지 않아 미제출로 처리될 경우 불합격 처리됩니다.
- 문제의 세부조건은 '영문(한글)' 형식으로 표기되어 있으니 유의하시기 바랍니다.
- 수험자 정보와 저장한 파일명, 저장 위치가 다를 경우 전송이 되지 않으므로, 주의하시기 바랍니다.
- 답안 작성 중에도 주기적으로 '저장'과 '답안 전송'을 이용하여 감독위원 PC로 답안을 전송하셔야 합니다.
  (※ 작업한 내용을 저장하지 않고 전송할 경우 이전의 저장내용이 전송되오니 이점 반드시 유념하시기 바랍니다.)
- 답안문서는 지정된 경로 외의 다른 보조기억장치에 저장하는 행위, 지정된 시험 시간 외에 작성된 파일을 활용한 행위, 기타 허용되지 않은 프로그램(이메일, 메신저, 게임, 네트워크 등) 이용 시 부정행위로 간주되어 자격기본법 제32조에 의거 본 시험 및 국가공인 자격시험을 2년간 응시할 수 없습니다.
- 시험 중 부주의 또는 고의로 시스템을 파손한 경우와 〈수험자 유의사항〉에 기재된 방법대로 이행하지 않아 생기는 불이익은 수험자의 책임임을 알려 드립니다.
- 시험을 완료한 수험자는 최종적으로 저장한 답안파일이 전송되었는지 확인한 후 감독위원의 지시에 따라 문제지를 제출하고 퇴실합니다.

답안 작성요령

- 온라인 답안 작성 절차
  수험자 등록 ⇒ 시험 시작 ⇒ 답안파일 저장 ⇒ 답안 전송 ⇒ 시험 종료
- 내 PC₩문서₩GTQ₩Image 폴더에 있는 그림 원본파일을 사용하여 답안을 작성하시고 최종답안을 답안폴더(내 PC₩문서₩GTQ)에 저장하여 답안을 전송하시고, 이미지의 크기가 다른 경우 감점 처리됩니다.
- 배점은 총 100점으로 이루어지며, 점수는 각 문제별로 차등 배분됩니다.
- 각 문제는 주어진 〈조건〉에 따라 작성하고, 언급하지 않은 조건은 《출력형태》와 같이 작성합니다.
- 배치 등의 편의를 위해 주어진 눈금자의 단위는 '픽셀'입니다.
- 그 외는 출력형태(효과, 이미지, 문자, 색상, 레이아웃, 규격 등)와 같게 작업하십시오.
- 문제 조건에 서체의 지정이 없을 경우 한글은 굴림이나 돋움, 영문은 Arial로 작업하십시오. (단, 그 외에 제시되지 않은 문자 속성을 기본값으로 작성하지 않은 경우는 감점 처리됩니다.)
- Image Mode(이미지 모드)는 별도의 처리조건이 없을 경우에는 RGB(8비트)로 작업하십시오.
- 모든 답안 파일은 해상도 72pixels/inch로 작업하십시오.
- Layer(레이어)는 각 기능별로 분할해야 하며, 임의로 합칠 경우나 각 기능에 대한 속성을 해지할 경우 해당 요소는 0점 처리됩니다.

문제 1 [기능평가] 고급 Tool(도구) 활용

20점

다음의 《조건》에 따라 아래의 《출력형태》와 같이 작업하시오.

조건

원본이미지	문서₩GTQ₩lmage문서₩GTQ₩1급-1.jpg, 1급-2.jpg, 1급-3.jpg		
파일 저장 규칙	JPG	파일명	문서₩GTQ₩수험번호-성명-1.jpg
		크기	400 × 500 pixels
	PSD	파일명	문서₩GTQ₩수험번호-성명-1.psd
		크기	40 × 50 pixels

1. 그림 효과

① 1급-1.jpg : 필터 – Dry Brush(드라이 브러시)
② Save Path(패스 저장) : 팔레트 모양
③ Mask(마스크) : 팔레트 모양, 1급-2.jpg를 이용하여 작성
　레이어 스타일 – Stroke(선/획)(4px, 그레이디언트(#3366ff, #cc66ff)), Inner Shadow(내부 그림자)
④ 1급-3.jpg : 레이어 스타일 – Outer Glow(외부 광선)
⑤ Shape Tool(모양 도구) :
　– 손바닥 모양 (#3366ff, #33cc00, 레이어 스타일 – Inner Glow(내부 광선))
　– 장식 모양 (#ffff33, 레이어 스타일 – Drop Shadow(그림자 효과))

2. 문자 효과

① Creative Art (Times New Roman, Regular, 50pt, #ffff99, 레이어 스타일 – Stroke(선/획)(3px, 그레이디언트(#9933ff, #0033ff))

출력형태

[기능평가] 사진편집 응용

다음의 《조건》에 따라 아래의 《출력형태》와 같이 작업하시오.

조건

원본이미지			문서\GTQ\Image문서\GTQ\1급-4.jpg, 1급-5.jpg, 1급-6.jpg	
파일 저장 규칙	JPG	파일명	문서\GTQ\수험번호-성명-2.jpg	
		크기	400 × 500 pixels	
	PSD	파일명	문서\GTQ\수험번호-성명-2.psd	
		크기	40 × 50 pixels	

1. 그림 효과

① 1급-4.jpg : 필터 – Rough Pastels(거친 파스텔)

② 색상 보정 : 1급-5.jpg – 파란색, 녹색 계열로 보정

③ 1급-5.jpg : 레이어 스타일 – Bevel and Emboss(경사와 엠보스)

④ 1급-6.jpg : 레이어 스타일 – Outer Glow(외부 광선)

⑤ Shape Tool(모양 도구) :

– 퍼즐 모양 (#66cc66, #9999ff, 레이어 스타일 – Inner Shadow(내부 그림자))

– 지구본 모양 (#ff9933, 레이어 스타일 – Drop Shadow(그림자 효과), Opacity(불투명도)(70%))

2. 문자 효과

① 두뇌 회전 집중력 강화 (궁서, 40pt, 레이어 스타일 – 그레이디언트 오버레이(#000000, #ff0033), Stroke(선/획)(2px, #ffffff))

출력형태

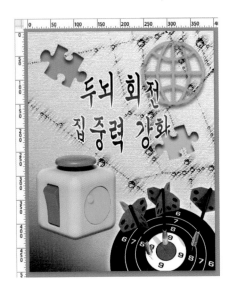

[실무응용] 포스터 제작

다음의 《조건》에 따라 아래의 《출력형태》와 같이 작업하시오.

조건

원본이미지	문서₩GTQ₩Image₩1급-7.jpg, 1급-8.jpg, 1급-9.jpg, 1급-10.jpg, 1급-11.jpg		
파일 저장 규칙	JPG	파일명	문서₩GTQ₩수험번호-성명-3.jpg
		크기	600 × 400 pixels
	PSD	파일명	문서₩GTQ₩수험번호-성명-3.psd
		크기	60 × 40 pixels

1. 그림 효과

① 배경 : #6699cc

② 1급-7.jpg : Blending Mode(혼합모드) - Vivid Light(선명한 라이트), Opacity(불투명도)(70%), 레이어 마스크 - 가로 방향으로 흐릿하게

③ 1급-8.jpg : 필터 - Paint Daubs(페인트 덥스/페인트 바르기), 레이어 마스크 - 대각선 방향으로 흐릿하게

④ 1급-9.jpg : 필터 - Wind(바람), 레이어 스타일 - Inner Shadow(내부 그림자)

⑤ 1급-10.jpg : 레이어 스타일 - Stroke(선/획)(5px, 그레이디언트(#0033cc, 투명으로))

⑥ 1급-11.jpg : 색상 보정 - 녹색 계열로 보정, 레이어 스타일 - Bevel and Emboss(경사와 엠보스)

⑦ 그 외 《출력형태》 참조

2. 문자 효과

① 2025 체스 올림피아드 (궁서, 27pt, 레이어 스타일 - 그레이디언트 오버레이(#ffff00, #ff9999), Stroke(선/획)(2px, #660066), Drop Shadow(그림자 효과))

② 대표적인 마인드 스포츠 (돋움, 20pt, #000000, 레이어 스타일 - Stroke(선/획)(2px, #ffffcc))

③ 2025 Chess Olympiad (Arial, Regular, 16pt, #ffffff, 레이어 스타일 - Stroke(선/획)(2px, 그레이디언트(#339966, #cc00cc)))

④ http://www.chess.com (Arial, Bold, 15pt, #ff0000, 레이어 스타일 - Stroke(선/획)(2px, #ccffff))

출력형태

Shape Tool(모양 도구) 사용
#ffcc99
레이어 스타일 -
Drop Shadow(그림자효과)

Shape Tool(모양 도구) 사용
#6699ff, #339966,
레이어 스타일 -
Inner Glow(내부 광선)

Shape Tool(모양 도구) 사용
레이어 스타일 - 그레이디언트
오버레이(#ff00ff, #00cccc),
Outer Glow(외부 광선)

문제 4 [실무응용] 웹 페이지 제작

35점

다음의 《조건》에 따라 아래의 《출력형태》와 같이 작업하시오.

조건

원본이미지	문서₩GTQ₩Image₩1급-12.jpg, 1급-13.jpg, 1급-14.jpg, 1급-15.jpg, 1급-16.jpg, 1급-17.jpg		
파일 저장 규칙	JPG	파일명	문서₩GTQ₩수험번호-성명-4.jpg
		크기	600 × 400 pixels
	PSD	파일명	문서₩GTQ₩수험번호-성명-4.psd
		크기	60 × 40 pixels

1. 그림 효과

① 배경 : #ffffcc
② 패턴(장식, 별 모양) : #336699, #ffffff
③ 1급-12.jpg : Blending Mode(혼합모드) - Multiply(곱하기), 레이어 마스크 - 대각선 방향으로 흐릿하게
④ 1급-13.jpg : 필터 - Angled Strokes(각진 획), 레이어 마스크 - 세로 방향으로 흐릿하게
⑤ 1급-14.jpg : 레이어 스타일 - Outer Glow(외부 광선)
⑥ 1급-15.jpg : 필터 - Film Grain(필름 그레인), 레이어 스타일 - Drop Shadow(그림자 효과)
⑦ 1급-16.jpg : 색상 보정 - 파란색 계열로 보정, 레이어 스타일 - Drop Shadow(그림자 효과)
⑧ 그 외 《출력형태》 참조

2. 문자 효과

① 유네스코 음악창의 도시 (궁서, 40pt, 레이어 스타일 - 그레이디언트 오버레이(#ffff99, #33cc99), Stroke(선/획)(2px, #0066cc))
② Music and Creativity (Arial, Regular, 24pt, 40pt, #0066cc, 레이어 스타일 - Stroke(선/획)(2px, #ffcc33))
③ 최근 활동 영상 (궁서, 18pt, #0066cc, 레이어 스타일 - Stroke(선/획)(2px, #ccffff))
④ 정책안내 커뮤니티 관련뉴스 (굴림, 18pt, #000000, 레이어 스타일 - Stroke(선/획)(2px, #33cccc, #ff9999))

출력형태

Shape Tool(모양 도구) 사용
#ccffcc, 레이어 스타일 -
Stroke(선/획)(2px, #6699ff)

Pen Tool(펜 도구) 사용
레이어 스타일 -
그레이디언트 오버레이
(#ff3300, #ffcc33),
Drop Shadow(그림자 효과)

Shape Tool(모양 도구) 사용
#cc9900, 레이어 스타일 -
Inner Shadow(내부 그림자)

Shape Tool(모양 도구) 사용
레이어 스타일 - 그레이디언트 오버레이(#ffffff,
#99cccc),
Stroke(선/획)(2px, #33cccc, #ff3300)

사용 이미지 **미리보기**

1급-1.jpg

1급-2.jpg

1급-3.jpg

사용자 정의 모양 **미리보기**

사용 기능

필터	[Filter(필터)]−[Filter Gallery(필터 갤러리)]−[Artistic(예술효과)]−[Dry Brush(드라이 브러시)]
클리핑 마스크	Create Clipping Mask(클리핑 마스크 만들기, `Alt` + `Ctrl` + `G`)
이미지 추출	Quick Selection Tool(빠른 선택,)
이미지 사이즈	[Image(이미지)]−[Image Size(이미지 크기)](`Alt` + `Ctrl` + `I`)

01 ▶ 새 캔버스 생성 및 필터

1 [File(파일)]−[New(새로 만들기)](Ctrl + N)를 선택한 후 아래의 조건으로 설정하고 [Create(만들기)]를 누른다.

- PRESET DETAILS(사전 설정 세부 정보) : 수험번호−성명−1
- 단위 : Pixels
- Width(폭) : 400
- Height(높이) : 500
- Resolution(해상도) : 72Pixels/Inch
- Color Mode(색상모드) : RGB
- Backgound Contents(배경색) : White

2 [Edit(편집)]−[Preferences(속성)]−[Guides, Grid & Slices(안내선, 격자 및 분할 영역)](Ctrl + K)를 선택한 후 'Grid(격자)'의 Gridline Every(격자 간격) : 100Pixels, Subdivisions(세분) : 1로 설정하고 OK 를 누른다.

3 [View(보기)]−[Show(표시)]−[Grid(격자)](Ctrl + `)와 [View(보기)]−[Rulers(눈금자)](Ctrl + R)를 나타낸다.

4 [File(파일)]−[Save as(다른 이름으로 저장)](Shift + Ctrl + S)를 클릭한 후 '내 PC₩문서₩GTQ' 폴더에 '수험번호−성명−1.psd'로 입력하고 [저장]을 누른다.

5 [File(파일)]−[Open(열기)](Ctrl + O)을 선택한 후 '1급−1.jpg'를 불러온다.

6 Ctrl + A 로 전체 선택한 후 Ctrl + C 로 복사하고 작업파일을 선택한 후 Ctrl + V 로 붙여넣기 한다.

7 Ctrl + T 로 크기/위치를 조절하고 Enter 를 누른다.

8 [Filter(필터)]−[Filter Gallery(필터 갤러리)]−[Artistic(예술효과)]−[Dry Brush(드라이 브러시)] 필터를 적용한 다음 OK 를 누른다.

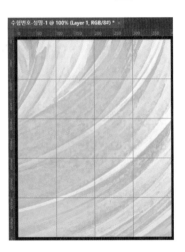

02 ▶ 패스 제작 및 패스 저장

1 Pen Tool(펜,)을 선택한 후 옵션 바에서 Pick Tool Mode(선택 도구 모드) : Path(패스, Path), Path Operations(패스 작업) : Exclude Overlapping Shapes(모양 오버랩 제외,)로 지정한다.

2 Layer 1(배경 이미지)의 눈 아이콘( )을 클릭해 숨기게 한 다음 패스를 그리기 위해 [Path(패스)] 패널을 누른다. (선택사항)

3 그림과 같이 그린다.

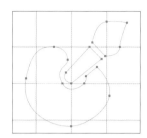

4 Ellipse Tool(타원, ◯)을 선택한 후 옵션 바에서 Pick Tool Mode(선택 도구 모드) : Path (패스, Path ⌄), Path Operations(패스 작업) : Exclude Overlapping Shapes(모양 오버랩 제외, ◙)로 지정한다.

5 타원을 하나 그린 다음 Path Selection Tool(패스 선택, ▸)로 Alt 와 함께 드래그해 복제한다.

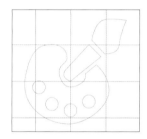

Plus@

만약 기존 패스가 사라졌을 경우 Work Path(작업 패스) 레이어를 클릭하면 패스가 나타난다.

6 패스를 저장하기 위해 [Path(패스)] 패널의 Work Path(작업 패스) 이름 부분을 더블클릭한 후 Save Path(패스 저장) 대화상자가 나오면 팔레트 모양을 입력하고 OK 를 누른다.

7 패스를 선택영역으로 지정하기 위해 Ctrl +Path Thumbnail(패스 축소판)을 클릭한 후 선택영역이 생기면 [Layers(레이어)] 패널을 선택하여 하단의 Create a new layer(새 레이어, ◫, Shift + Ctrl + N)를 클릭해 추가한다.

8 임의의 색을 추가하기 위해 Alt + Delete 를 눌러 전경색(◰)을 추가한다.

9 선택영역을 해제하기 위해 [Select(선택)]−[Deselect(해제)](Ctrl + D)를 누른다.

10 배경 이미지의 눈 아이콘(◉)을 클릭해 보이게 한다.

⑪ 레이어 스타일을 적용하기 위해 [Layers(레이어)] 패널 하단의 *fx.*를 눌러 Stroke(획)를 선택한 후 아래와 같이 값을 변경한다.
  · Size(크기) : 4px
  · Position(위치) : Outside(바깥쪽)
  · Fill Type(칠 유형) : Gradient(그레이디언트)
  · Style(스타일) : Linear(선형)
  · Angle(각도) : 0°

Plus@

[Layers(레이어)] 패널에서 해당 레이어의 회색영역을 더블클릭해도 적용할 수 있다.

⑫ Gradient(그레이디언트) 편집 창(▨▨▨▨)을 클릭한 후 Color Stop(색상 정지점)을 더블클릭하여 좌측 : #3366ff, 우측 : #cc66ff로 값을 변경하고 (OK)를 누른다.

⑬ 레이어 스타일을 추가하기 위해 Inner Shadow(내부 그림자)를 선택해 적용하고 (OK)를 누른다.

03 ▶ **클리핑 마스크 및 레이어 스타일 적용**

① [File(파일)]−[Open(열기)](Ctrl + O)을 선택한 후 '1급−2.jpg'를 불러온다.

② Ctrl + A 로 전체 선택한 후 Ctrl + C 로 복사하고 작업파일을 선택한 후 Ctrl + V 로 붙여넣기 한다.

③ Ctrl + T 로 크기/위치를 조절하고 Enter 를 누른다.

④ 클리핑 마스크를 적용하기 위해 [Layers(레이어)] 패널의 Layer3(물감)에서 마우스 오른쪽 클릭 후 Create Clipping Mask(클리핑 마스크 만들기, Alt + Ctrl + G)를 선택한다.

⑤ [File(파일)]−[Open(열기)](Ctrl + O)을 선택한 후 '1급−3.jpg'를 불러온다.

⑥ Quick Selection Tool(빠른 선택, ✏️)로 배경을 선택한 후 제외할 부분은 Alt 와 함께 선택한다.

7 선택영역을 반전하기 위해 [Select(선택)]−[Inverse(반전)](Shift + Ctrl + I)를 누른다.

8 Ctrl + C 로 복사하고 작업파일을 선택한 후 Ctrl + V 로 붙여넣기 한다.

9 Ctrl + T 로 회전/크기/위치를 조절하고 Enter 를 누른다.

10 레이어 스타일을 적용하기 위해 [Layers(레이어)] 패널 하단의 *fx* 를 눌러 Outer Glow(외부 광선)를 선택해 적용하고 OK 를 누른다.

---

04 **모양 지정 및 레이어 스타일**

1 Custom Shape Tool(사용자 정의 모양, ✿)을 선택한 후 옵션 바에서 Pick Tool Mode(선택 도구 모드) : Shape(모양, Shape ∨), Stroke(획) : 색상 없음(⬜)으로 설정한다. 모양 선택(Shape: ➡ ∨)을 눌러 아래의 모양을 찾아 그린다.

- 기본 경로 : Legacy Shapes and More(레거시 모양 및 기타) − All Legacy Default Shapes (모든 레거시 기본 모양)
- Objects(물건) − 왼손(✋)

2 색을 적용하기 위해 [Layers(레이어)] 패널의 Layer Thumbnail(레이어 축소판, ▦)을 더블 클릭한 후 #3366ff를 입력하고 OK 를 누른다.

3 레이어 스타일을 적용하기 위해 [Layers(레이어)] 패널 하단의 *fx* 를 눌러 Inner Glow(내부 광선)를 선택해 적용하고 OK 를 누른다.

4 Ctrl + J 를 눌러 복제한다.

Plus@

Move Tool(이동)을 선택한 후 Shape(모양)를 Alt 와 함께 드래그하여 이동복사 할 수 있다.

5 Ctrl + T 로 좌우대칭하기 위해 조절점 안쪽에서 마우스 오른쪽 클릭 후 Flip Horizontal(가로로 뒤집기)을 선택한다. 크기/위치를 조절하고 Enter 를 누른다.

6 색을 적용하기 위해 [Layers(레이어)] 패널의 Layer Thumbnail(레이어 축소판, ▦)을 더블 클릭한 후 #33cc00을 입력하고 OK 를 누른다.

7 다른 모양을 추가하기 위해 아래의 모양을 찾아 그린다.
Ornaments(장식) − 장식 5(✾)

8 색을 적용하기 위해 [Layers(레이어)] 패널의 Layer Thumbnail(레이어 축소판, ▦)을 더블 클릭한 후 #ffff33을 입력하고 OK 를 누른다.

9 레이어 스타일을 적용하기 위해 [Layers(레이어)] 패널 하단의 *fx* 를 눌러 Drop Shadow(그림자 효과)를 선택해 적용하고 OK 를 누른다.

05 ▸ 문자 효과

1 Type Tool(수평 문자, **T**)을 선택한 후 빈 공간을 클릭한다. Creative Art를 입력하고 Ctrl + Enter를 눌러 완료한다.

2 옵션 바 또는 [Character(문자)] 패널에서 Times New Roman, Regular, 50pt, #ffff99로 설정한다.

3 레이어 스타일을 적용하기 위해 [Layers(레이어)] 패널 하단의 **fx.**를 눌러 Stroke(획)를 선택한 후 아래와 같이 값을 변경한다.
- Size(크기) : 3px
- Position(위치) : Outside(바깥쪽)
- Fill Type(칠 유형) : Gradient(그레이디언트)
- Style(스타일) : Linear(선형)
- Angle(각도) : 90°

4 Gradient(그레이디언트) 편집 창(▨▨▨▨▨)을 클릭한 후 Color Stop(색상 정지점)을 더블클릭하여 좌측 : #9933ff, 우측 : #0033ff로 값을 변경하고 OK 를 누른다.

5 텍스트를 뒤틀기 위해 Type Tool(수평 문자, **T**)을 선택한 후 옵션 바의 Create warped text(뒤틀어진 텍스트 만들기, **ɪ**)를 클릭한다. Style(스타일) : Rise(상승), Bend(구부리기) : +50%로 값을 변경하고 OK 를 누른다.

06 ▸ PSD, JPG 형식으로 저장하기

1 [File(파일)]-[Save(저장)](Ctrl + S)를 선택한 후 기존 파일에 덮어쓰기 한다.

2 JPG 파일 형식으로 저장하기 위해 [File(파일)]-[Save as(다른 이름으로 저장)](Shift + Ctrl + S)를 선택한 후 파일 형식을 클릭해 JPEG로 선택한다. '내 PC₩문서₩GTQ' 폴더에 '수험번호-성명-2'로 입력한 후 [저장]을 누른다.

3 PSD 파일의 사이즈를 1/10로 줄이기 위해 [Image(이미지)]-[Image Size(이미지 크기)](Alt + Ctrl + I)를 선택한 후 단위 : Pixel, Width(폭) : 40px, Height(높이) : 50px, Resolution(해상도) : 72Pixels/Inch로 설정하고 OK 를 누른다.

4 [File(파일)]-[Save(저장)](Ctrl + S)를 선택한 후 작은 사이즈로 최종 저장한다.

5 완성된 파일을 확인하기 위해 파일 탐색기를 열어 '내 PC₩문서₩GTQ' 폴더에서 확인한다.

6 시험장의 작업표시줄에 나타나는 'Koas 수험자용'을 클릭해 우측의 답안 전송 을 클릭한 후 해당하는 번호에 체크한다. 하단의 답안 전송 을 클릭한 후 닫기 를 누르면 최종 전송된 답안으로 채점이 이루어진다.

사용 이미지 미리보기

1급-4.jpg   1급-5.jpg   1급-6.jpg

사용자 정의 모양 미리보기

사용 기능

필터	[Filter(필터)]−[Filter Gallery(필터 갤러리)]−[Artistic(예술효과)]−[Rough Pastels(거친 파스텔)]
색상 조정	[Create new fill or adjustment layer(조정 레이어, ◐)]−[Hue/Saturation(색조/채도)]
이미지 추출	• Magic Wand Tool(자동 선택, 🪄) • Quick Selection Tool(빠른 선택, 🖌)
이미지 사이즈	[Image(이미지)]−[Image Size(이미지 크기)](Alt + Ctrl + I)

1 [File(파일)]−[New(새로 만들기)](Ctrl + N)를 선택한 후 아래의 조건으로 설정하고 [Create(만들기)]를 누른다.
- PRESET DETAILS(사전 설정 세부 정보)
  : 수험번호−성명−2
- 단위 : Pixels
- Width(폭) : 400
- Height(높이) : 500
- Resolution(해상도) : 72Pixels/Inch
- Color Mode(색상모드) : RGB
- Backgound Contents(배경색) : White

2 [Edit(편집)]−[Preferences(속성)]−[Guides, Grid & Slices(안내선, 격자 및 분할 영역)](Ctrl + K)를 선택해 'Grid(격자)'의 Gridline Every(격자 간격) : 100Pixels, Subdivisions(세분) : 1로 설정하고 (OK)를 누른다.

3 [View(보기)]−[Show(표시)]−[Grid(격자)](Ctrl + ')와 [View(보기)]−[Rulers(눈금자)](Ctrl + R)를 나타낸다.

Plus@

CS6 버전 이하에서는 눈금자에서 마우스 오른쪽 클릭 후 단위를 px로 변경한다.

4 [File(파일)]−[Save as(다른 이름으로 저장)](Shift + Ctrl + S)를 클릭한 후 '내 PC₩문서₩GTQ' 폴더에 '수험번호−성명−2.psd'로 입력한 후 [저장]을 누른다.

5 [File(파일)]−[Open(열기)](Ctrl + O)을 선택한 후 '1급−4.jpg'를 불러온다.

6 Ctrl + A 로 전체 선택한 후 Ctrl + C 로 복사하고 작업파일을 선택한 후 Ctrl + V 로 붙여넣기 한다.

7 Ctrl + T 로 크기/위치를 조절하고 Enter 를 누른다.

8 [Filter(필터)]−[Filter Gallery(필터 갤러리)]−[Artistic(예술효과)]−[Rough Pastels(거친 파스텔)] 필터를 적용한 다음 (OK)를 누른다.

1 [File(파일)]−[Open(열기)](Ctrl + O)을 선택한 후 '1급−5.jpg'를 불러온다.

2 Magic Wand Tool(자동 선택, )을 선택한 후 옵션 바의 Tolerance(허용치)를 32, Contiguous(인접)에 체크한 다음 배경을 클릭한다.

3 추가적인 선택영역은 Polygonal Lasso Tool(다각형 올가미,) 등을 이용해 Shift 와 함께 선택영역을 추가한다.

4 선택영역을 반전하기 위해 [Select(선택)]−[Inverse(반전)](Shift + Ctrl + I)를 누른다.

5 Ctrl + C 로 복사하고 작업파일을 선택한 후 Ctrl + V 로 붙여넣기 한다.

6 Ctrl + T 로 크기/위치를 조절하고 Enter 를 누른다.

7 녹색 계열로 보정하기 위해 Quick Selection Tool(빠른 선택,)로 선택영역(우측 동그라미)을 지정한다. [Layers(레이어)] 패널 하단의 [Create new fill or adjustment layer(조정 레이어,)]를 클릭한 후 [Hue/Saturation(색조/채도)]를 선택한다.

8 Colorize(색상화)에 체크한 후 Hue(색조) : 130, Saturation(채도) : 50, Lightness : −20 으로 값을 변경하고 OK 를 누른다.

9 파란색 계열로 보정하기 위해 Layer 2를 선택하고 Quick Selection Tool(빠른 선택,)로 선택영역(좌측 스위치)을 지정한 후 [Layers(레이어)] 패널 하단의 [Create new fill or adjustment layer(조정 레이어,)]를 클릭해 [Hue/Saturation(색조/채도)]를 선택한다.

10 Colorize(색상화)에 체크한 후 Hue(색조) : 230, Saturation(채도) : 50, Lightness : −20 으로 값을 변경하고 OK 를 누른다.

Plus@

제시된 색상 계열로 보이면 되므로 값은 조절 가능하다.

11 레이어 스타일을 적용하기 위해 [Layers(레이어)] 패널의 Layer 2(퍼즐)을 선택한 후 하단의 를 눌러 Bevel and Emboss(경사와 엠보스)를 선택해 적용하고 OK 를 누른다.

03 ▶ 이미지 추출 및 레이어 스타일

1 [File(파일)]−[Open(열기)](Ctrl + O)을 선택한 후 '1급−6.jpg'를 불러온다.

2 Magic Wand Tool(자동 선택, 🪄)을 선택한 후 옵션 바의 Tolerance(허용치)를 32, Contiguous(인접)에 체크한 다음 배경을 클릭한다.

3 선택영역을 반전하기 위해 [Select(선택)]−[Inverse(반전)](Shift + Ctrl + I)를 누른다.

4 Ctrl + C 로 복사하고 작업파일을 선택해 맨 위의 레이어에 클릭한 후 Ctrl + V 로 붙여넣기 한다.

5 Ctrl + T 로 크기/위치를 조절하고 Enter 를 누른다.

6 레이어 스타일을 적용하기 위해 [Layers(레이어)] 패널 하단의 *fx* 를 눌러 Outer Glow(외부 광선)를 선택해 적용하고 (OK)를 누른다.

04 ▶ 모양 지정 및 레이어 스타일

1 Custom Shape Tool(사용자 정의 모양, 🎨)을 선택한 후 옵션 바에서 Pick Tool Mode(선택 도구 모드) : Shape(모양, Shape ∨), Stroke(획) : 색상 없음(▱)으로 설정한다. 모양 선택(Shape: ▸∨)을 눌러 아래의 모양을 찾아 그린다.
Objects(물건) − 퍼즐 1(▦)

2 Ctrl + T 로 회전/크기/위치를 조절하고 Enter 를 누른다.

3 색을 적용하기 위해 [Layers(레이어)] 패널의 Layer Thumbnail(레이어 축소판, 🖼)을 더블 클릭한 후 #9999ff를 입력하고 (OK)를 누른다.

4 레이어 스타일을 적용하기 위해 [Layers(레이어)] 패널 하단의 *fx* 를 눌러 Inner Shadow(내부 그림자)를 선택해 적용하고 (OK)를 누른다.

5 Ctrl + J 를 눌러 복제한다.

6 Ctrl + T 로 회전/크기/위치를 조절하고 Enter 를 누른다.

7 색을 적용하기 위해 [Layers(레이어)] 패널의 Layer Thumbnail(레이어 축소판, 🖼)을 더블 클릭한 후 #66cc66을 입력하고 (OK)를 누른다.

8 다른 모양을 추가하기 위해 아래의 모양을 찾아 그린다.
Symbols(기호) − 세계(🌐)

9 색을 적용하기 위해 [Layers(레이어)] 패널의 Layer Thumbnail(레이어 축소판, 🖼)을 더블 클릭한 후 #ff9933을 입력하고 (OK)를 누른다.

⑩ 레이어 스타일을 적용하기 위해 [Layers(레이어)] 패널 하단의 fx를 눌러 Drop Shadow(그림자 효과)를 선택해 적용하고 (OK)를 누른다.

⑪ 불투명도를 조정하기 위해 [Layers(레이어)] 패널의 Opacity(불투명도)를 70%로 설정한다.

문자 효과

❶ Type Tool(수평 문자, T)을 선택한 후 빈 공간을 클릭한다. 두뇌 회전 집중력 강화를 입력하고 (Ctrl)+(Enter)를 눌러 완료한다.

❷ 옵션 바 또는 [Character(문자)] 패널에서 궁서, 40pt, 가운데 정렬로 설정한다.

❸ 레이어 스타일을 적용하기 위해 [Layers(레이어)] 패널 하단의 fx를 눌러 Gradient Overlay(그레이디언트 오버레이)를 선택한 후 아래와 같이 값을 변경한다.
- Opacity(불투명도) : 100%
- Style : Reflected(반사)
- Angle(각도) : 90°
- Scale(비율) : 100%
- Reverse 체크

❹ Gradient 편집 창(▬▬▬▬▬)을 클릭한 후 Color Stop(색상 정지점)을 더블클릭하여 좌측 : #000000, 우측 : #ff0033으로 값을 변경하고 (OK)를 누른다.

❺ 레이어 스타일을 추가하기 위해 Stroke(획)를 선택한 후 아래와 같이 값을 변경하고 (OK)를 누른다.
- Size(크기) : 2px
- Position(위치) : Outside(바깥쪽)
- Fill Type(칠 유형) : Color(색상)
- 색상값 : #ffffff

6 텍스트를 뒤틀기 위해 Type Tool(수평 문자, ⊤)을 선택한 후 옵션 바의 Create warped text(뒤틀어진 텍스트 만들기, ⊥)를 클릭한다. Style(스타일) : Bulge(돌출), Bend(구부리기) : +50%로 값을 변경하고 OK 를 누른다.

06 ▶ PSD, JPG 형식으로 저장하기

1 [File(파일)]−[Save(저장)](Ctrl + S)를 선택한 후 기존 파일에 덮어쓰기 한다.

2 JPG 파일 형식으로 저장하기 위해 [File(파일)]−[Save as(다른 이름으로 저장)](Shift + Ctrl + S)를 선택한 후 파일 형식을 클릭해 JPEG로 선택한다. '내 PC₩문서₩GTQ' 폴더에 '수험번호−성명−2'로 입력한 후 [저장]을 누른다.

3 PSD 파일의 사이즈를 1/10로 줄이기 위해 [Image(이미지)]−[Image Size(이미지 크기)](Alt + Ctrl + I)를 선택한 후 단위 : Pixel, Width(폭) : 40px, Height(높이) : 50px, Resolution(해상도) : 72Pixels/Inch로 설정하고 OK 를 누른다.

4 [File(파일)]−[Save(저장)](Ctrl + S)를 선택한 후 작은 사이즈로 최종 저장한다.

5 완성된 파일을 확인하기 위해 파일 탐색기를 열어 '내 PC₩문서₩GTQ' 폴더에서 확인한다.

6 시험장의 작업표시줄에 나타나는 'Koas 수험자용'을 클릭해 우측의 답안 전송 을 클릭한 후 해당하는 번호에 체크한다. 하단의 답안 전송 을 클릭한 후 닫기 를 누르면 최종 전송된 답안으로 채점이 이루어진다.

사용 이미지 미리보기

1급-7.jpg

1급-8.jpg

1급-9.jpg

1급-10.jpg

1급-11.jpg

사용자 정의 모양 미리보기

사용 기능

혼합모드	Vivid Light(선명한 라이트)
색상 조정	[Image(이미지)]−[Adjustment(조정)]−[Hue/Saturation(색조/채도)](Ctrl + U)
필터	• [Filter(필터)]−[Filter Gallery(필터 갤러리)]−[Artistic(예술효과)]−[Paint Daubs(페인트 덥스/페인트 바르기)] • [Filter(필터)]−[Stylize(스타일화)]−[Wind(바람)]
이미지 추출	• Magic Wand Tool(자동 선택, 🪄) • Quick Selection Tool(빠른 선택, 🖌)
레이어 마스크	Add Layer Mask(레이어 마스크 추가, ▣)
선택영역 안쪽에 붙여넣기	[Edit(편집)]−[Paste Special(특수 붙여넣기)]−[Paste Into(안쪽에 붙여넣기)](Alt + Ctrl + Shift + V)
이미지 사이즈	[Image(이미지)]−[Image Size(이미지 크기)](Alt + Ctrl + I)

01 새 캔버스 생성 및 배경에 색 채우기

1 [File(파일)]−[New(새로 만들기)](Ctrl + N)를 선택한 후 아래의 조건으로 설정하고 [Create(만들기)]를 누른다.

- PRESET DETAILS(사전 설정 세부 정보)
  : 수험번호−성명−3
- 단위 : Pixels
- Width(폭) : 600
- Height(높이) : 400
- Resolution(해상도) : 72Pixels/Inch
- Color Mode(색상모드) : RGB
- Backgound Contents(배경색) : White

2 [Edit(편집)]−[Preferences(속성)]−[Guides, Grid & Slices(안내선, 격자 및 분할 영역)](Ctrl + K)를 선택한 후 'Grid(격자)'의 Gridline Every(격자 간격) : 100Pixels, Subdivisions(세분) : 1로 설정하고 OK 를 누른다.

3 [View(보기)]−[Show(표시)]−[Grid(격자)](Ctrl + ')와 [View(보기)]−[Rulers(눈금자)](Ctrl + R)를 나타낸다.

4 [File(파일)]−[Save As(다른 이름으로 저장)](Shift + Ctrl + S)를 클릭한 후 '내 PC₩문서₩GTQ' 폴더에 '수험번호−성명−3.psd'로 입력하고 [저장]을 누른다.

5 배경에 색을 채우기 위해 도구상자의 Set foreground color(전경색, ■)를 클릭한 후 #6699cc를 입력하고 OK 를 누른다. 전경색을 채우기 위해 Alt + Delete 를 누른다.

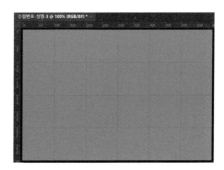

02 혼합모드 및 레이어 마스크

1 [File(파일)]−[Open(열기)](Ctrl + O)을 선택한 후 '1급−7.jpg'를 불러온다.

2 Ctrl + A 로 전체 선택한 후 Ctrl + C 로 복사하고 작업파일을 선택한 후 Ctrl + V 로 붙여넣기 한다.

3 Ctrl + T 로 크기/위치를 조절하고 Enter 를 누른다.

4 혼합모드를 적용하기 위해 [Layers(레이어)] 패널의 Blending Mode(혼합모드, Normal)를 'Vivid Light(선명한 라이트)'로 선택한다.

5 불투명도를 조정하기 위해 [Layers(레이어)] 패널 상단의 Opacity(불투명도)를 70%로 설정한다.

6 레이어 마스크를 적용하기 위해 [Layers(레이어)] 패널 하단의 Add Layer Mask(레이어 마스크 추가, 🔘)를 클릭한다.

7 도구상자에서 Gradient Tool(그레이디언트, ▣)을 선택한 후 옵션 바에서 Gradient Presets(그레이디언트 사전 설정)을 클릭해 Basics(기본 사항)—'Black & White(검정, 흰색)'을 선택한다.

8 그림과 같이 가로 방향으로 드래그한다.

9 [File(파일)]—[Open(열기)](Ctrl + O)을 선택한 후 '1급—8.jpg'를 불러온다.

10 Ctrl + A 로 전체 선택한 후 Ctrl + C 로 복사하고 작업파일을 선택한 후 Ctrl + V 로 붙여넣기 한다.

11 Ctrl + T 로 좌우대칭하기 위해 조절점 안쪽에서 마우스 오른쪽 클릭 후 Flip Horizontal(가로로 뒤집기)을 선택한다. 크기/위치를 조절하고 Enter 를 누른다.

12 [Filter(필터)]—[Filter Gallery(필터 갤러리)]—[Artistic(예술효과)]—[Paint Daubs(페인트 덥스/페인트 바르기)] 필터를 적용한 다음 (OK)를 누른다.

13 **6**~**7**을 참고해 레이어 마스크를 적용한다.

14 그림과 같이 대각선 방향으로 드래그한다.

1 [File(파일)]−[Open(열기)](Ctrl + O)을 선택한 후 '1급−9.jpg', '1급−10.jpg'를 불러온다.

2 먼저 '1급−10.jpg'에서 Magic Wand Tool(자동 선택,) 을 선택한 후 옵션 바의 Tolerance(허용치)를 10, Contiguous(인접)에 체크한 다음 배경을 클릭한다.

3 추가로 선택할 영역이 있다면 Shift 와 함께 클릭하여 선택영역으로 지정한다.

4 선택영역을 반전하기 위해 [Select(선택)]−[Inverse(반전)](Shift + Ctrl + I)를 누른다.

5 Ctrl + C 로 복사하고 작업파일을 선택해 맨 위의 레이어에 클릭한 후 Ctrl + V 로 붙여넣기 한다.

6 Ctrl + T 로 크기/위치를 조절하고 Enter 를 누른다.

7 Quick Selection Tool(빠른 선택,)로 퍼즐 부분을 선택영역으로 지정한다.

8 '1급−9.jpg'로 이동한 후 Ctrl + A 로 전체 선택하고 Ctrl + C 로 복사한다. 작업파일을 선택한 후 [Edit(편집)]−[Paste Special(특수 붙여넣기)]−[Paste Into(안쪽에 붙여넣기)](Alt + Ctrl + Shift + V)를 누른다.

9 Ctrl + T 로 크기/위치를 조절하고 Enter 를 누른다.

10 [Filter(필터)]−[Stylize(스타일화)]−[Wind(바람)] 필터를 적용한 다음 OK 를 누른다.

11 레이어 스타일을 적용하기 위해 [Layers(레이어)] 패널 하단의 *fx*를 눌러 Inner Shadow(내부 그림자)를 선택해 적용하고 OK 를 누른다.

12 레이어 스타일을 적용하기 위해 [Layers(레이어)] 패널의 Layer 3(퍼즐)을 선택한다. 하단의 *fx*를 눌러 Stroke(획)를 선택한 후 아래와 같이 값을 변경한다.
- Size(크기) : 5px
- Position(위치) : Outside(바깥쪽)
- Fill Type(칠 유형) : Gradient(그레이디언트)
- Style(스타일) : Linear(선형)
- Angle(각도) : 0°
- Reverse에 체크

13 Gradient(그레이디언트) 편집 창( )을 클릭한 후 Color Stop(색상 정지점)을 더블클릭하여 좌측 : #0033cc, 우측 Opacity Stop(불투명도 정지점) : 0%로 값을 변경하고 OK 를 누른다.

04 이미지 추출 및 색상 보정

1 [File(파일)]−[Open(열기)](Ctrl + O)을 선택한 후 '1급−11.jpg'를 불러온다.

2 Quick Selection Tool(빠른 선택, 🖊️)로 배경을 선택한 후 제외할 부분은 Alt 와 함께 선택한다.

3 선택영역을 반전하기 위해 [Select(선택)]−[Inverse(반전)](Shift + Ctrl + I)를 누른다.

4 Ctrl + C 로 복사하고 작업파일을 선택한 후 Ctrl + V 로 붙여넣기 한다.

Plus@

붙여넣기 했으나 추출되지 못한 배경이 남아 있다면 다시 선택하여 Delete 를 누른 후 Ctrl + D 로 선택해제한다.

5 Ctrl + T 로 크기/위치를 조절하고 Enter 를 누른다.

6 녹색 계열로 보정하기 위해 Quick Selection Tool(빠른 선택, 🖊️)로 선택영역(노란 인형)을 지정한다. [Layers(레이어)] 패널 하단의 Create new fill or adjustment layer(조정 레이어, ◑)에서 Hue/Saturation(색조/채도, Ctrl + U)을 선택한다.

7 [Properties(속성)] 패널의 [Hue/Saturation(색조/채도)]에서 Colorize(색상화)에 체크한 후 Hue(색조) : 130, Saturation(채도) : 50, Lightness : −20으로 값을 변경하고 OK 를 누른다.

8 레이어 스타일을 적용하기 위해 [Layers(레이어)] 패널의 Layer 5(인형)를 선택한 후 하단의 *fx* 를 눌러 Bevel and Emboss(경사와 엠보스)를 선택해 적용하고 OK 를 누른다.

05 모양 지정 및 레이어 스타일

1 Custom Shape Tool(사용자 정의 모양, 🖈)을 선택한 후 옵션 바에서 Pick Tool Mode(선택 도구 모드) : Shape(모양, Shape), Stroke(획) : 색상 없음(◻)으로 설정한다. 모양 선택(Shape: →)을 눌러 아래의 모양을 찾아 그린다.
Ornaments(장식) − 헤데라 3(🦶)

2 색을 적용하기 위해 [Layers(레이어)] 패널의 Layer Thumbnail(레이어 축소판, 🔲)을 더블 클릭한 후 #6699ff를 입력하고 OK 를 누른다.

3 레이어 스타일을 적용하기 위해 [Layers(레이어)] 패널 하단의 *fx.*를 눌러 Inner Glow(내부 광선)를 선택해 적용하고 OK 를 누른다.

4 Ctrl + J 를 눌러 복제한다.

5 Ctrl + T 로 좌우대칭하기 위해 조절점 안쪽에서 마우스 오른쪽 클릭 후 Flip Horizontal(가로로 뒤집기)을 선택한다. 회전/크기/위치를 조절하고 Enter 를 누른다.

6 색을 적용하기 위해 [Layers(레이어)] 패널의 Layer Thumbnail(레이어 축소판,)을 더블클릭한 후 #339966을 입력하고 OK 를 누른다.

7 다른 모양을 추가하기 위해 아래의 모양을 찾아 그린다.
Web(웹) – 웹 검색()

8 색을 적용하기 위해 [Layers(레이어)] 패널의 Layer Thumbnail(레이어 축소판,)을 더블클릭한 후 #ffcc99를 입력하고 OK 를 누른다.

9 레이어 스타일을 적용하기 위해 [Layers(레이어)] 패널 하단의 *fx.*를 눌러 Drop Shadow(그림자 효과)를 선택해 적용하고 OK 를 누른다.

10 다른 모양을 추가하기 위해 아래의 모양을 찾아 그린다.
Objects(물건) – 색종이 조각()

11 레이어 스타일을 적용하기 위해 [Layers(레이어)] 패널 하단의 *fx.*를 눌러 Gradient Overlay(그레이디언트 오버레이)를 선택한 후 아래와 같이 값을 변경한다.
- Opacity(불투명도) : 100%
- Style : Linear(선형)
- Angle(각도) : 90°
- Scale(비율) : 100%

12 Gradient(그레이디언트) 편집 창()을 클릭한 후 Color Stop(색상 정지점)을 더블클릭하여 좌측 : #ff00ff, 우측 : #00cccc로 값을 변경하고 OK 를 누른다.

13 레이어 스타일을 추가하기 위해 Outer Glow(외부 광선)를 선택해 적용하고 OK 를 누른다.

06 문자 효과

1 Type Tool(수평 문자, T)을 선택한 후 빈 공간을 클릭한다. 2025 체스 올림피아드를 입력하고 Ctrl + Enter를 눌러 완료한다.

2 옵션 바 또는 [Character(문자)] 패널에서 궁서, 27pt, 왼쪽 정렬로 설정한다.

3 레이어 스타일을 적용하기 위해 [Layers(레이어)] 패널 하단의 fx를 눌러 Gradient Overlay(그레이디언트 오버레이)를 선택한 후 아래와 같이 값을 변경한다.

- Opacity(불투명도) : 100%
- Style : Reflected(반사)
- Angle(각도) : 0°
- Scale(비율) : 100%

4 Gradient 편집 창( )을 클릭한 후 Color Stop(색상 정지점)을 더블클릭하여 좌측 : #ffff00, 우측 : #ff9999로 변경하고 OK를 누른다.

5 레이어 스타일을 적용하기 위해 [Layers(레이어)] 패널 하단의 fx를 눌러 Stroke(획)를 선택한 후 아래와 같이 값을 변경한다.

- Size(크기) : 2px
- Position(위치) : Outside(바깥쪽)
- Fill Type(칠 유형) : Color(색상)
- 색상값 : #660066

6 레이어 스타일을 추가하기 위해 Drop Shadow(그림자 효과)를 선택해 적용하고 OK를 누른다.

7 텍스트를 뒤틀기 위해 Type Tool(수평 문자, T)을 선택한 후 옵션 바의 Create warped text(뒤틀어진 텍스트 만들기,)를 클릭한다. Style(스타일) : Arc Upper(부채꼴), Bend(구부리기) : +50%로 값을 변경하고 OK를 누른다.

8 Type Tool(수평 문자, T)을 선택한 후 빈 공간을 클릭한다. 대표적인 마인드 스포츠를 입력하고 Ctrl + Enter를 눌러 완료한다.

9 옵션 바 또는 [Character(문자)] 패널에서 돋움, 20pt, #000000으로 설정한다.

10 레이어 스타일을 적용하기 위해 [Layers(레이어)] 패널 하단의 fx를 눌러 Stroke(획)를 선택한 후 아래와 같이 값을 변경하고 OK를 누른다.

- Size(크기) : 2px
- Position(위치) : Outside(바깥쪽)
- Fill Type(칠 유형) : Color(색상)
- 색상값 : #ffffcc

11 텍스트를 뒤틀기 위해 Type Tool(수평 문자, T)을 선택한 후 옵션 바의 Create warped text(뒤틀어진 텍스트 만들기,)를 클릭한다. Style(스타일) : Arc(부채꼴), Bend(구부리기) : −30%로 값을 변경하고 OK를 누른다.

12 Type Tool(수평 문자, T)을 선택한 후 빈 공간을 클릭한다. 2025 Chess Olympiad을 입력하고 Ctrl + Enter를 눌러 완료한다.

13 옵션 바 또는 [Character(문자)] 패널에서 Arial, Regular, 16pt, #ffffff로 설정한다.

⑭ 레이어 스타일을 적용하기 위해 [Layers(레이어)] 패널 하단의 *fx*를 눌러 Stroke(획)를 선택한 후 아래와 같이 값을 변경하고 (OK)를 누른다.
- Size(크기) : 2px
- Position(위치) : Outside(바깥쪽)
- Fill Type(칠 유형) : Gradient(그레이디언트)
- Style(스타일) : Linear(선형)
- Angle(각도) : 0°

⑮ Gradient 편집 창( )을 클릭한 후 Color Stop(색상 정지점)을 더블클릭하여 좌측 : #339966, 우측 : #cc00cc로 값을 변경하고 (OK)를 누른다.

⑯ Type Tool(수평 문자, T)을 선택한 후 빈 공간을 클릭한다. http://www.chess.com을 입력하고 Ctrl + Enter 를 눌러 완료한다.

⑰ 옵션 바 또는 [Character(문자)] 패널에서 Arial, Bold, 15pt, #ff0000으로 설정한다.

⑱ 레이어 스타일을 적용하기 위해 [Layers(레이어)] 패널 하단의 *fx*를 눌러 Stroke(획)를 선택한 후 아래와 같이 값을 변경하고 (OK)를 누른다.
- Size(크기) : 2px
- Position(위치) : Outside(바깥쪽)
- Fill Type(칠 유형) : Color(색상)
- 색상값 : #ccffff

07 PSD, JPG 형식으로 저장하기

❶ [File(파일)]−[Save(저장)](Ctrl + S)를 선택한 후 기존 파일에 덮어쓰기 한다.

❷ JPG 파일 형식으로 저장하기 위해 [File(파일)]−[Save as(다른 이름으로 저장)](Shift + Ctrl + S)를 선택한 후 파일 형식을 클릭해 JPEG로 선택한다. '내 PC₩문서₩GTQ' 폴더에 '수험번호−성명−3'으로 입력한 후 [저장]을 누른다.

❸ PSD 파일의 사이즈를 1/10로 줄이기 위해 [Image(이미지)]−[Image Size(이미지 크기)](Alt + Ctrl + I)를 선택한 후 단위 : Pixel, Width(폭) : 60px, Height(높이) : 40px, Resolution(해상도) : 72Pixels/Inch로 설정하고 (OK)를 누른다.

❹ [File(파일)]−[Save(저장)](Ctrl + S)를 선택한 후 작은 사이즈로 최종 저장한다.

❺ 완성된 파일을 확인하기 위해 파일 탐색기를 열어 '내 PC₩문서₩GTQ' 폴더에서 확인한다.

❻ 시험장의 작업표시줄에 나타나는 'Koas 수험자용'을 클릭해 우측의 답안 전송 을 클릭한 후 해당하는 번호에 체크한다. 하단의 답안 전송 을 클릭한 후 닫기 를 누르면 최종 전송된 답안으로 채점이 이루어진다.

1급-12.jpg

1급-13.jpg

1급-14.jpg

1급-15.jpg

1급-16.jpg

1급-17.jpg

사용자 정의 모양 미리보기

사용 기능

패턴 정의 및 적용	• [Edit(편집)]−[Define Pattern(패턴 정의)] • [Edit(편집)]−[Fill(칠)]
혼합모드	Multiply(곱하기)
색상 조정	[Create new fill or adjustment layer(조정 레이어,)]−[Hue/Saturation(색조/채도)]
필터	• [Filter(필터)]−[Filter Gallery(필터 갤러리)]−[Brush Strokes(브러시 획)]−[Angled Strokes(각진 선/획)] • [Filter(필터)]−[Filter Gallery(필터 갤러리)]−[Artistic(예술효과)]−[Film Grain(필름 그레인)]
이미지 추출	• Quick Selection Tool(빠른 선택,) • Polygonal Lasso Tool(다각형 올가미,)
레이어 마스크	Add Layer Mask(레이어 마스크 추가,)
이미지 사이즈	[Image(이미지)]−[Image Size(이미지 크기)](Alt + Ctrl + I)

01 ▶ 새 캔버스 생성 및 배경에 색 채우기

1 [File(파일)]−[New(새로 만들기)](Ctrl + N)를 선택한 후 아래의 조건으로 설정하고 [Create(만들기)]를 누른다.
- PRESET DETAILS(사전 설정 세부 정보)
  : 수험번호−성명−4
- 단위 : Pixels
- Width(폭) : 600
- Height(높이) : 400
- Resolution(해상도) : 72Pixels/Inch
- Color Mode(색상모드) : RGB
- Backgound Contents(배경색) : White

2 [Edit(편집)]−[Preferences(속성)]−[Guides, Grid & Slices(안내선, 격자 및 분할 영역)] (Ctrl + K)를 선택한 후 'Grid(격자)'의 Gridline Every(격자 간격) : 100Pixels, Subdivisions(세분) : 1로 설정하고 OK 를 누른다.

3 [View(보기)]−[Show(표시)]−[Grid(격자)] (Ctrl + ')와 [View(보기)]−[Rulers(눈금자)](Ctrl + R)를 나타낸다.

4 [File(파일)]−[Save as(다른 이름으로 저장)] (Shift + Ctrl + S)를 클릭한 후 '내 PC₩문서 ₩GTQ' 폴더에 '수험번호−성명−4.psd'로 입력하고 [저장]을 누른다.

5 배경에 색을 채우기 위해 도구상자의 Set foreground color(전경색, ■)을 클릭한 후 #ffffcc를 입력하고 OK 를 누른다. 전경색을 채우기 위해 Alt + Delete 를 누른다.

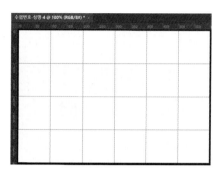

02 ▶ 패턴 제작 및 등록

1 Pattern(패턴)을 만들기 위해 [File(파일)]−[New(새로 만들기)](Ctrl + N)를 선택한 후 아래의 조건으로 설정하고 [Create(만들기)]를 누른다.
- 단위 : Pixels
- Width(폭) : 40
- Height(높이) : 40
- Resolution(해상도) : 72Pixels/Inch
- Color Mode(색상모드) : RGB
- Backgound Contents(배경색) : White

2 Custom Shape Tool(사용자 정의 모양, ✿)을 선택한 후 옵션 바에서 Pick Tool Mode(선택 도구 모드) : Shape(모양, [Shape ∨]), Stroke(획) : 색상 없음(◻)으로 설정하고 아래의 모양을 찾아 그린다.
Ornaments(장식) − 백합(⚜)

3 색을 적용하기 위해 [Layers(레이어)] 패널의 Layer Thumbnail(레이어 축소판,)을 더블클릭한 후 #336699를 입력하고 (OK)를 누른다.

4 [Layers(레이어)] 패널 하단의 Background(배경)의 눈 아이콘(👁)을 클릭해 해제한다.

5 다른 모양을 추가하기 위해 아래의 모양을 찾아 그린다.
Shapes(모양) − 5포인트 별(⭐)

6 색을 적용하기 위해 [Layers(레이어)] 패널의 Layer Thumbnail(레이어 축소판,)을 더블클릭한 후 #ffffff를 입력하고 (OK)를 누른다.

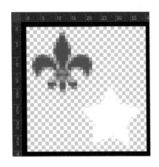

7 패턴을 정의하기 위해 [Edit(편집)]−[Define Pattern(패턴 정의)]를 눌러 확인 후 (OK)를 누른다.

03 ▶ 혼합모드 및 레이어 마스크

1 [File(파일)]−[Open(열기)]((Ctrl)+(O))을 선택한 후 '1급−12.jpg'를 불러온다.

2 (Ctrl)+(A)로 전체 선택한 후 (Ctrl)+(C)로 복사하고 작업파일을 선택한 후 (Ctrl)+(V)로 붙여넣기 한다.

3 (Ctrl)+(T)로 크기/위치를 조절하고 (Enter)를 누른다.

4 혼합모드를 적용하기 위해 [Layers(레이어)] 패널의 Blending Mode(혼합모드, Normal)를 'Multiply(곱하기)'로 선택한다.

5 레이어 마스크를 적용하기 위해 [Layers(레이어)] 패널 하단의 Add Layer Mask(레이어 마스크 추가, ◉)를 클릭한다.

6 도구상자에서 Gradient(그레이디언트,)을 선택한 후 옵션 바에서 Gradient Presets(그레이디언트 사전 설정)을 클릭해 Basics(기본 사항)−'Black & White(검정, 흰색)'을 선택한다.

7 그림과 같이 대각선 방향으로 드래그한다.

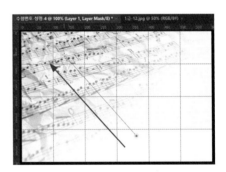

8 [File(파일)]−[Open(열기)]((Ctrl)+(O))을 선택한 후 '1급−13.jpg'를 불러온다.

9 Ctrl + A 로 전체 선택한 후 Ctrl + C 로 복사하고 작업파일을 선택한 후 Ctrl + V 로 붙여넣기 한다.

10 Ctrl + T 로 크기/위치를 조절하고 Enter 를 누른다.

11 [Filter(필터)]−[Filter Gallery(필터 갤러리)]−[Brush Strokes(브러시 획)]−[Angled Strokes(각진 선/획)] 필터를 적용한 다음 (OK)를 누른다.

12 **5**~**6**을 참고해 레이어 마스크를 적용하여 세로 방향으로 드래그한다.

---

04 **이미지 추출 및 색상 보정**

1 [File(파일)]−[Open(열기)](Ctrl + O)을 선택한 후 '1급−14.jpg'를 불러온다.

2 Quick Selection Tool(빠른 선택, ✏)로 선택영역을 지정한다.

3 Ctrl + C 로 복사하고 작업파일을 선택한 후 Ctrl + V 로 붙여넣기 한다.

4 Ctrl + T 로 좌우대칭하기 위해 조절점 안쪽에서 마우스 오른쪽 클릭 후 Flip Horizontal(가로로 뒤집기)을 선택한다. 회전/크기/위치를 조절하고 Enter 를 누른다.

5 레이어 스타일을 적용하기 위해 [Layers(레이어)] 패널 하단의 _fx_.를 눌러 Outer Glow(외부광선)를 선택해 적용하고 (OK)를 누른다.

6 [File(파일)]−[Open(열기)](Ctrl + O)을 선택한 후 '1급−15.jpg'를 불러온다.

7 Polygonal Lasso Tool(다각형 올가미, ✏)로 선택영역을 지정한다.

> **Plus@**
>
> 그리드로 인해 선택에 지장이 있다면 Alt + ' 를 눌러 숨기거나 [View(보기)]−[Snap To(스냅 옵션)]−[Grid(그리드)]의 선택을 해제하면 그리드의 영향을 받지 않는다.

8 Ctrl + C 로 복사하고 작업파일을 선택한 후 Ctrl + V 로 붙여넣기 한다.

9 Ctrl + T 로 크기/위치를 조절하고 Enter 를 누른다.

10 [Filter(필터)]−[Filter Gallery(필터 갤러리)]−[Artistic(예술효과)]−[Film Grain(필름 그레인)] 필터를 적용한 다음 (OK)를 누른다.

11 레이어 스타일을 적용하기 위해 [Layers(레이어)] 패널 하단의 *fx.*를 눌러 Drop Shadow(그림자 효과)를 선택해 적용하고 (OK)를 누른다.

12 [File(파일)]−[Open(열기)](Ctrl + O)을 선택한 후 '1급−16.jpg'를 불러온다.

13 Quick Selection Tool(빠른 선택, 🖌)로 선택영역을 지정한다.

14 Ctrl + C 로 복사하고 작업파일을 선택한 후 Ctrl + V 로 붙여넣기 한다.

15 Ctrl + T 로 크기/위치를 조절하고 Enter 를 누른다.

16 파란색 계열로 보정하기 위해 Quick Selection Tool(빠른 선택, 🖌)로 선택영역(앞부분)을 지정한다. [Layers(레이어)] 패널 하단의 Create new fill or adjustment layer(조정 레이어, ◑)에서 Hue/Saturation(색조/채도, Ctrl + U)을 선택한다.

17 [Properties(속성)] 패널의 [Hue/Saturation(색조/채도)]에서 Colorize(색상화)에 체크한 후 Hue(색조) : 230, Saturation(채도) : 50으로 값을 변경하고 (OK)를 누른다.

18 레이어 스타일을 적용하기 위해 [Layers(레이어)] 패널의 Layer 5(오카리나)를 선택한 후 하단의 *fx.*를 눌러 Drop Shadow(그림자 효과)를 선택해 적용하고 (OK)를 누른다.

19 [File(파일)]−[Open(열기)](Ctrl + O)을 선택한 후 '1급−17.jpg'를 불러온다.

20 Quick Selection Tool(빠른 선택, 🖌)로 배경을 선택영역으로 지정한 후 반전하기 위해 [Select(선택)]−[Inverse(반전)](Shift + Ctrl + I)를 누른다.

21 Ctrl + C 로 복사하고 작업파일을 선택한 후 맨 위의 레이어를 선택하고 Ctrl + V 로 붙여넣기 한다.

22 Ctrl + T 로 회전/크기/위치를 조절하고 Enter 를 누른다.

1 Pen Tool(펜, )을 선택한 후 옵션 바에서 Pick Tool Mode(선택 도구 모드) : Path(패스, ` Path ∨ `), Path Operations(패스 작업) : Combine Shapes(모양 결합, ⬛)로 지정한다.

2 배경 레이어의 눈 아이콘(👁)을 `Alt`＋클릭 후 나머지 레이어의 눈을 끈다. (선택사항)

> **Plus@**
>
> 배경 레이어를 선택하지는 않는다. 새 레이어 추가 시 맨 위로 생성되지 않기 때문이다.

3 출력형태를 참고해 그린 다음 패스의 유실을 방지하기 위해 [Path(패스)] 패널을 선택한다. Work Path(작업 패스) 이름 부분을 더블클릭한 다음 Save Path(패스 저장)가 나오면 `OK`를 누른다. (선택사항)

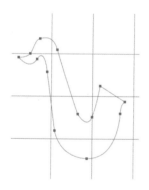

4 원의 모양만큼 빼기 위해 Ellipse Tool(타원, ⬭)을 선택한 후 옵션 바에서 Pick Tool Mode(선택 도구 모드) : Path(패스), Path Operations(패스 작업) : Subtract Front Shape(전면 모양 빼기, ⬛)로 지정한다.

> **Plus@**
>
> [Path(패스)] 패널에서 `Ctrl`＋Path Thumbnail(패스 축소판)을 클릭해 중간중간 모양을 확인한 후 선택을 해제(`Ctrl`＋`D`)한다.

> **Plus@**
>
> 만약 기존 패스가 사라졌을 경우 [Path(패스)] 패널의 작업 패스를 클릭하면 작업 중인 패스가 나타난다.

5 Path Selection Tool(패스 선택, ▶)로 직전의 원을 선택한 후 `Ctrl`＋`C`, `Ctrl`＋`V`로 복제한다.

6 `Ctrl`＋`T`로 `Alt`와 함께 중심을 기준으로 줄인 다음 `Enter`를 누른다.

7 작은 원을 보이게 하기 위해 옵션 바에서 Path Operations(패스 작업) : Combine Shapes(모양 결합, ▣)로 변경한다.

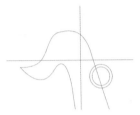

8 [Path(패스)] 패널의 Path Thumbnail(패스 축소판)을 Ctrl과 함께 클릭하여 선택영역을 확인한다.

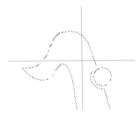

9 Path Selection Tool(패스 선택, ▶)로 Alt 와 함께 드래그해 복제한다.

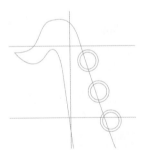

10 큰 원을 Alt 와 함께 드래그해 Ctrl + T 로 크기를 줄인 다음 아랫부분에 3개의 원을 출력형태를 참고하여 배치한다.

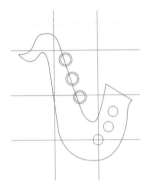

11 Rectangle Tool(사각 도형, ▣)을 선택한 후 옵션 바에서 Pick Tool Mode(선택 도구 모드) : Path(패스), Path Operations(패스 작업) : Combine Shapes(모양 결합, ▣), 곡률 : 20px로 지정한 다음 출력형태를 참고해 그린다.

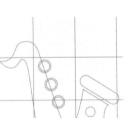

12 패스를 선택영역으로 지정하기 위해 Ctrl + Path Thumbnail(패스 축소판)을 클릭한 후 선택영역이 생기면 [Layers(레이어)] 패널을 선택하여 하단의 Create a new layer(새 레이어, ▣, Shift + Ctrl + N)를 클릭해 추가한다.

13 임의의 색을 추가하기 위해 Alt + Delete 를 누른 후 전경색(■)을 추가한다.

14 Ctrl + D 로 선택영역을 해제한다.

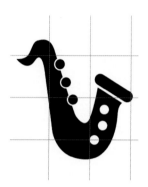

15 레이어 스타일을 적용하기 위해 [Layers(레이어)] 패널 하단의 fx 를 눌러 Gradient Overlay(그레이디언트 오버레이)를 선택한 후 아래와 같이 값을 변경한다.
- Opacity(불투명도) : 100%
- Style : Linear(선형)
- Angle(각도) : 90°
- Scale(비율) : 100%

16 Gradient(그레이디언트) 편집 창(■)을 클릭한 후 Color Stop(색상 정지점)을 더블클릭하여 좌측 : #ff3300, 우측 : #ffcc33으로 값을 변경하고 OK 를 누른다.

17 레이어 스타일을 추가하기 위해 Drop Shadow(그림자 효과)를 선택해 적용하고 OK 를 누른다.

18 패턴을 적용하기 위해 Layer 7(색소폰)의 Layer Thumbnail(레이어 축소판)을 Ctrl 과 함께 클릭해 선택영역으로 지정한다. 하단의 Create a new layer(새 레이어, ▣, Ctrl + Shift + N)를 클릭해 추가한다.

19 [Edit(편집)]−[Fill(칠)]을 선택한 후 Contents(내용) : Pattern(패턴)으로 변경한다. Custom Pattern(사용자 정의 패턴)에서 만들어 놓은 패턴을 선택한 다음 OK 를 누른다.

20 선택영역을 해제하기 위해 [Select(선택)]−[Deselect(해제)](Ctrl + D)를 누른다.

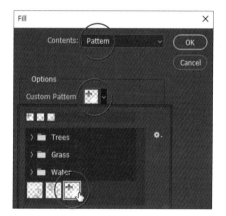

Plus α

패턴의 크기를 조절하고 싶다면 앞서 만들어 놓은 패턴 파일에서 [Image(이미지)]−[Image Size(이미지 크기)](Alt + Ctrl + I)를 조절해 재등록하여 채운다.

21 모든 레이어의 눈을 켜기 위해 레이어의 눈 아이콘(👁)에서 마우스 오른쪽 클릭 후 'Show/hide all other layers(다른 모든 레이어 표시/숨기기)'를 클릭한다.

06 ▶ 모양 지정 및 레이어 스타일

1 Custom Shape Tool(사용자 정의 모양, ✿)을 선택한 후 옵션 바에서 Pick Tool Mode(선택 도구 모드) : Shape(모양, Shape ▾), Stroke(획) : 색상 없음(⬚)으로 설정한다. 모양 선택(Shape: → ▾)을 눌러 아래의 모양을 찾아 그린다.
Web(웹) − 볼륨(🔊)

2 색을 적용하기 위해 [Layers(레이어)] 패널의 Layer Thumbnail(레이어 축소판, ▦)을 더블 클릭한 후 #ccffcc를 입력하고 (OK)를 누른다.

3 레이어 스타일을 적용하기 위해 [Layers(레이어)] 패널 하단의 *fx*,를 눌러 Stroke(획)를 선택한 후 아래와 같이 값을 변경하고 (OK)를 누른다.
· Size(크기) : 2px
· Position(위치) : Outside(바깥쪽)
· Fill Type(칠 유형) : Color(색상)
· 색상값 : #6699ff

4 다른 모양을 추가하기 위해 아래의 모양을 찾아 그린다.
Banners and Awards(배너 및 상장) − 트로피(🏆)

5 색을 적용하기 위해 [Layers(레이어)] 패널의 Layer Thumbnail(레이어 축소판, ▦)을 더블 클릭한 후 #cc9900을 입력하고 (OK)를 누른다.

6 레이어 스타일을 적용하기 위해 [Layers(레이어)] 패널 하단의 *fx*,를 눌러 Inner Shadow(내부 그림자)를 선택해 적용하고 (OK)를 누른다.

7 메뉴 부분을 만들기 위해 아래의 모양을 찾아 그린다.
Banners and Awards(배너 및 상장) − 배너3 (▭)

8 레이어 스타일을 적용하기 위해 [Layers(레이어)] 패널 하단의 *fx*,를 눌러 Gradient Overlay(그레이디언트 오버레이)를 선택한 후 아래와 같이 값을 변경한다.
· Opacity(불투명도) : 100%
· Style : Linear(선형)
· Angle(각도) : 90°
· Scale(비율) : 100%
· Reverse(반전)에 체크

9 Gradient(그레이디언트) 편집 창(▭)을 클릭한 후 Color Stop(색상 정지점)을 더블클릭하여 좌측 : #ffffff, 우측 : #99cccc로 값을 변경하고 OK 를 누른다.

10 레이어 스타일을 추가하기 위해 Stroke(획)를 선택한 후 아래와 같이 값을 변경하고 OK 를 누른다.
- Size(크기) : 2px
- Position(위치) : Outside(바깥쪽)
- Fill Type(칠 유형) : Color(색상)
- 색상값 : #33cccc

11 메뉴에 텍스트를 입력하기 위해 Type Tool(수평 문자, T)을 선택한다. Shift +클릭 후 정책안내를 입력하고 Ctrl + Enter 를 눌러 완료한다.

Plus@

Shift +클릭 후 입력하는 이유는 모양이 선택된 상태에서 텍스트를 입력하면 영역 안에 글자가 입력되기 때문이다.

12 옵션 바 또는 [Character(문자)] 패널에서 굴림, 18pt, 왼쪽 정렬, #000000으로 설정한다.

13 레이어 스타일을 적용하기 위해 [Layers(레이어)] 패널 하단의 *fx*를 눌러 Stroke(획)를 선택한 후 아래와 같이 값을 변경하고 OK 를 누른다.
- Size(크기) : 2px
- Position(위치) : Outside(바깥쪽)
- Fill Type(칠 유형) : Color(색상)
- 색상값 : #33cccc

14 메뉴를 복제하기 위해 배너 모양과 텍스트 레이어를 Shift 로 클릭한다. Move Tool(이동, ✛)을 선택한 후 Alt 와 함께 오른쪽 방향으로 드래그하여 두 번 복제한다.

15 두 번째의 텍스트를 수정하기 위해 [Layers(레이어)] 패널의 Indicates Text Layer(텍스트 레이어, T)를 더블클릭한 후 커뮤니티를 입력하고 Ctrl + Enter 를 눌러 완료한다.

16 세 번째 텍스트도 **15**와 같은 방법으로 관련뉴스로 수정한다.

17 커뮤니티 레이어의 Stroke(획) 부분을 더블클릭한 후 아래와 같이 값을 변경하고 OK 를 누른다.
- Size(크기) : 2px
- Position(위치) : Outside(바깥쪽)
- Fill Type(칠 유형) : Color(색상)
- 색상값 : #ff9999

18 두 번째 모양의 Stroke(획) 부분을 더블클릭한 후 아래와 같이 값을 변경하고 OK 를 누른다.
- Size(크기) : 2px
- Position(위치) : Outside(바깥쪽)
- Fill Type(칠 유형) : Color(색상)
- 색상값 : #ff3300

07 ▶ 문자 효과

1 Type Tool(수평 문자, **T**)을 선택한 후 빈 공간을 클릭한다. 유네스코 음악창의 도시를 입력하고 Ctrl + Enter 를 눌러 완료한다.

2 옵션 바 또는 [Character(문자)] 패널에서 궁서, 40pt로 설정한다.

3 레이어 스타일을 적용하기 위해 [Layers(레이어)] 패널 하단의 *fx* 를 눌러 Gradient Overlay(그레이디언트 오버레이)를 선택한 후 아래와 같이 값을 변경한다.
- Opacity(불투명도) : 100%
- Style : Linear(선형)
- Angle(각도) : 90°
- Scale(비율) : 100%
- Reverse(반전)에 체크

4 Gradient(그레이디언트) 편집 창(▨)을 클릭한 후 Color Stop(색상 정지점)을 더블클릭하여 좌측 : #ffff99, 우측 : #33cc99로 값을 변경하고 OK 를 누른다.

5 레이어 스타일을 추가하기 위해 Stroke(획)를 선택한 후 아래와 같이 값을 변경하고 OK 를 누른다.
- Size(크기) : 2px
- Position(위치) : Outside(바깥쪽)
- Fill Type(칠 유형) : Color(색상)
- 색상값 : #0066cc

6 텍스트를 뒤틀기 위해 Type Tool(수평 문자, **T**)을 선택한 후 옵션 바의 Create warped text(뒤틀어진 텍스트 만들기, **工**)를 클릭한다. Style(스타일) : Arc Upper(부채꼴), Bend(구부리기) : +20%로 값을 변경하고 OK 를 누른다.

7 Type Tool(수평 문자, **T**)을 선택한 후 빈 공간을 클릭한다. Music and Creativity를 입력하고 Ctrl + Enter 를 눌러 완료한다.

8 옵션 바 또는 [Character(문자)] 패널에서 Arial, Regular, 24pt, #0066cc로 설정하고 M, C만 선택하여 40pt로 변경한다.

9 레이어 스타일을 적용하기 위해 [Layers(레이어)] 패널 하단의 *fx* 를 눌러 Stroke(획)를 선택한 후 아래와 같이 값을 변경하고 OK 를 누른다.
- Size(크기) : 2px
- Position(위치) : Outside(바깥쪽)
- Fill Type(칠 유형) : Color(색상)
- 색상값 : #ffcc33

10 텍스트를 뒤틀기 위해 Type Tool(수평 문자, **T**)을 선택한 후 옵션 바의 Create warped text(뒤틀어진 텍스트 만들기, **工**)를 클릭한다. Style(스타일) : Arc(부채꼴), Bend(구부리기) : 20%로 값을 변경하고 OK 를 누른다.

11 Type Tool(수평 문자, **T**)을 선택한 후 빈 공간을 클릭한다. 최근 활동 영상을 입력하고 Ctrl + Enter 를 눌러 완료한다.

12 옵션 바 또는 [Character(문자)] 패널에서 궁서, 18pt, #0066cc로 설정한다.

⑬ 레이어 스타일을 적용하기 위해 [Layers(레이어)] 패널 하단의 **fx**를 눌러 Stroke(획)를 선택한 후 아래와 같이 값을 변경하고 (OK)를 누른다.

- Size(크기) : 2px
- Position(위치) : Outside(바깥쪽)
- Fill Type(칠 유형) : Color(색상)
- 색상값 : #ccffff

08 ▶ PSD, JPG 형식으로 저장하기

① [File(파일)]−[Save(저장)]((Ctrl)+(S))를 선택한 후 기존 파일에 덮어쓰기 한다.

② JPG 파일 형식으로 저장하기 위해 [File(파일)]−[Save as(다른 이름으로 저장)]((Shift)+(Ctrl)+(S))를 선택한 후 파일 형식을 클릭해 JPEG로 선택한다. '내 PC₩문서₩GTQ' 폴더에 '수험번호−성명−4'로 입력한 후 [저장]을 누른다.

③ PSD 파일의 사이즈를 1/10로 줄이기 위해 [Image(이미지)]−[Image Size(이미지 크기)]((Alt)+(Ctrl)+(I))를 선택한 후 단위 : Pixel, Width(폭) : 60px, Height(높이) : 40px, Resolution(해상도) : 72Pixels/Inch로 설정하고 (OK)를 누른다.

④ [File(파일)]−[Save(저장)]((Ctrl)+(S))를 선택한 후 작은 사이즈로 최종 저장한다.

⑤ 완성된 파일을 확인하기 위해 파일 탐색기를 열어 '내 PC₩문서₩GTQ' 폴더에서 확인한다.

⑥ 시험장의 작업표시줄에 나타나는 'Koas 수험자용'을 클릭해 우측의 답안 전송 을 클릭한 후 해당하는 번호에 체크한다. 하단의 답안 전송 을 클릭한 후 닫기 를 누르면 최종 전송된 답안으로 채점이 이루어진다.

⊘ Check Point !

		O	X
공통	• 제시된 크기(px)와 해상도(72Pixels/Inch)로 파일을 만들었나요? • '수험번호−성명−문제번호.psd'로 저장했나요? • 그리드(Ctrl + ')와 눈금자(Ctrl + R)를 표시했나요? • 시험지에도 자를 이용해 100픽셀씩 그리드를 그려주었나요?		
문제1번	• 만든 패스를 저장했나요? • 클리핑 마스크를 적용했나요? • 각 이미지와 Shape(모양)에 레이어 스타일과 필터를 적용했나요?		
문제2번	• 제시된 색상으로 보정했나요? • 각 이미지와 Shape(모양)에 레이어 스타일과 필터를 적용했나요?		
문제3번	• 배경에 색을 적용했나요? • Blending Mode(혼합모드)를 적용했나요? • 레이어 마스크의 방향을 맞게 적용했나요? • 제시된 색상으로 보정했나요? • 각 이미지와 Shape(모양)에 레이어 스타일과 필터를 적용했나요?		
문제4번	• 배경에 색을 적용했나요? • 패턴을 제작하여 등록하였나요? • Blending Mode(혼합모드)를 적용했나요? • 레이어 마스크의 방향을 맞게 적용했나요? • 제시된 색상으로 보정했나요? • 1급−17.jpg를 제외한 이미지와 Shape(모양)에 레이어 스타일과 필터를 적용했나요? • 펜 도구를 이용하여 오브젝트를 그려 패턴으로 적용하였나요?		
공통	• '수험번호−성명−문제번호.jpg'로 저장했나요? • 1/10로 줄여 '수험번호−성명−문제번호.psd'로 저장했나요?		

※ 시험장에서는 반드시 전송까지 실행해 주세요.

좋은 책을 만드는 길, 독자님과 함께 하겠습니다.
· ·

2024 SD에듀 유선배 GTQ 포토샵 1급 과외노트

초 판 발 행	2024년 5월 10일 (인쇄 2024년 3월 28일)
발 행 인	박영일
책 임 편 집	이해욱
저 자	조인명
편 집 진 행	노윤재 · 장다원
표지디자인	김도연
편집디자인	윤아영 · 채현주
발 행 처	(주)시대교육
공 급 처	(주)시대고시기획
출 판 등 록	제 10-1521호
주 소	서울시 마포구 큰우물로 75 [도화동 538 성지 B/D] 9F
전 화	1600-3600
팩 스	02-701-8823
홈 페 이 지	www.sdedu.co.kr

I S B N	979-11-383-6920-6(13000)
정 가	22,000원